中国制度研究丛书
China Sytem Research Series

赵剑英　主编

Zhao Jianying　Editor

中国法律制度

李林　莫纪宏　等著

STUDY ON LEGAL

SYSTEM OF CHINA

中国社会科学出版社
CHINA SOCIAL SCIENCES PRESS

图书在版编目（CIP）数据

中国法律制度/李林，莫纪宏等著 . —北京：中国社会科学出版社，
2014.10（2017.6 重印）

ISBN 978 - 7 - 5161 - 4576 - 0

Ⅰ.①中⋯　Ⅱ.①李⋯②莫⋯　Ⅲ.①司法制度—研究—中国

Ⅳ.①D926

中国版本图书馆 CIP 数据核字（2014）第 163932 号

出 版 人	赵剑英
责任编辑	王　茵
责任校对	任晓晓
责任印制	王　超

出　　　版	中国社会科学出版社
社　　　址	北京鼓楼西大街甲 158 号
邮　　　编	100720
网　　　址	http://www.csspw.cn
发 行 部	010 - 84083685
门 市 部	010 - 84029450
经　　　销	新华书店及其他书店

印刷装订	北京君升印刷有限公司
版　　次	2014 年 10 月第 1 版
印　　次	2017 年 6 月第 2 次印刷

开　　本	710 × 1000　1/16
印　　张	26
插　　页	2
字　　数	355 千字
定　　价	76.00 元

总　序

　　改革开放近四十年来，中国经济社会飞速发展，中国特色社会主义取得了巨大成功，这一成功被称为"中国模式""中国奇迹""中国道路"，受到了世界的普遍赞誉，也受到一些质疑、歪曲甚至攻击。但是，那些赞誉更多的是基于中国经济发展的成功，而没有深入分析、理解和认同成功背后的制度因素。这不仅仅是因为他们对中国制度的认识不足，更是因为他们执守所谓现代性的"西方中心论"模式。另外，长期以来，我们自身对中国特色社会主义制度也缺乏主动的探索和研究，缺乏自觉的认识和自信的底气。其实，近四十年持续快速的增长以及所取得的巨大成就，绝非偶然，而是有其内在的历史必然性。中国的成功自有其成功之道，这个成功之道就是"中国理论"和"中国制度"。可以说，中国改革发展成就的最根本体现就在制度进步上。习近平总书记在庆祝中国共产党成立 95 周年大会上的讲话中指出："我们要坚信，中国特色社会主义制度是当代中国发展进步的根本制度保障，是具有鲜明中国特色、明显制度优势、强大自我完善能力的先进制度。"①

在中国革命和社会主义现代化的实践中，在迈向中华民族伟大复兴的漫漫征途中，中国共产党领导中国人民经过艰难曲折的探索形成了中国特色社会主义道路、理论体系和制度。中国特色社会主义道路是现代化的实现途径，中国特色社会主义理论体系是行动指南，中国特色社会主义制度是根本保障，三者统一于中国特色社会主义伟大实践。中国特色社会主义理论体系最终要体现在实践层面，落实到制度建设上。中国特色社会主义实践成果和经验都需要制度规范来保障和巩固。改革开放和中国特色社会主义的可持续发展，必须要建立系统完备、科学规范、运行有效的中国特色社会主义制度体系。

当代中国制度体系是历史地形成的。制度自信源于其深厚的历史文化传统和实践基础，以及由此形成的自身特色。独特的基本国情、独特的历史命运和独特的文化传统铸就了中国自己特有的制度。这种深厚的历史文化传统突出地表现在以下两点：一是天下胸襟。以海纳百川的气度不断包容、吸收、融合不同民族的文化因素，使自身民族文化不断有新的活力注入。二是家国情怀。追求团结统一，反对分裂，有超强的爱国主义和民族凝聚力的传统基因。这些历史文化传统深刻地影响着当今中国制度体系。近代以来中国人民在追求国家富强、民族振兴、人民幸福的过程中艰辛探索，走出了一条具有中国特色的革命、建设和以改革开放为动力的发展道路，逐步形成了一整套政治经济文化社会等制度体系。习近平总书记精辟指出："中国特色社会主义这条道路是在改革开放三十多年的伟大实践中走出来的，是

---

① 习近平：《在庆祝中国共产党成立95周年大会上的讲话》，人民出版社2016年版，第13页。

在中华人民共和国成立六十多年的持续探索中走出来的，是在对近代以来一百七十多年发展历程的深刻总结中走出来的，是在对中华民族五千多年悠久文明的传承中走出来的，具有深厚的历史渊源和广泛的现实基础。"① 习近平总书记这一论述十分清晰深刻地阐明了中国制度的历史渊源和实践基础。

当代中国制度体系是在实践中不断发展完善的。以毛泽东同志为核心的党的第一代中央领导集体带领全党全国各族人民完成了新民主主义革命，进行了社会主义改造，确立了社会主义基本制度，成功实现了中国历史上最深刻、最伟大的社会变革，为当代中国一切发展进步奠定了根本政治前提和制度基础。以邓小平同志为核心的党的第二代中央领导集体带领全党全国各族人民深刻总结我国社会主义建设正反两方面经验，从我国还处于并将长期处于社会主义初级阶段的国情出发，作出把党和国家工作中心转移到经济建设上来、实行改革开放的历史性决策，以新的实践推动中国制度的发展和完善。邓小平同志对中国特色社会主义制度体系建设高度关注，他在 1992 年就提出了制度建设的目标："恐怕再有三十年的时间，我们才会在各方面形成一整套更加成熟、更加定型的制度。在这个制度下的方针、政策，也将更加定型化。"②

近四十年来，在"一个中心、两个基本点"的党的基本路线指引下，在改革开放的伟大实践中，我们逐步确立了以公有制为主体、多种所有制经济共同发展的基本经济制度和分配制度；建立了符合社会主义市场经济要求的中国特色社会主义法律体系；进一步完善了人民

① 《习近平总书记系列重要讲话读本》，学习出版社、人民出版社 2014 年版，第 30 页。

② 《邓小平文选》第 3 卷，人民出版社 1993 年版，第 372 页。

代表大会制的根本政治制度，中国共产党领导的多党合作和政治协商制度、民族区域自治制度以及基层群众自治制度等基本政治制度；逐步建立了在这些基本制度基础上的经济体制、政治体制、文化体制、社会体制等各项具体制度，还有中国共产党全国代表大会制度、民主集中制、领导干部任期制、选人用人制度、党内监督制度等党内法规制度，以上这些因素相互联系、相互协同，形成一整套系统的当代中国制度体系。

党的十八大以来，以习近平同志为核心的党中央不断推进实践创新、理论创新和制度创新。党的十八届三中全会特别提出要全面深化改革，完善和发展中国特色社会主义制度，推进国家治理体系和治理能力现代化。这表明我们把制度建设提高到国家治理能力和治理体系现代化的重要层面。比如，积极探索长期执政条件下自我监督的有效途径，深化国家监察体制改革，成立监察委员会，制定和完善国家监察法，构建党统一领导的反腐败工作体制，推出《中国共产党党内监督条例》，把全面从严治党与全面深化改革、全面依法治国有机结合起来，增强中国共产党自我净化、自我完善、自我革新、自我提高能力。在加强对权力监督的制度设计上取得了重大进步，以规治党和依法治国相结合成为我国治理体系的一个极为重要的特色。

当代中国的制度自信不是虚妄的自以为是，而是建立在近四十年改革开放的巨大成就基础上的，是被长时间实践检验证明了的。同时，与西方发达资本主义国家的制度相比，中国制度正日益显示出独特的优势和强大的生命力。当今世界正处于前所未有的大变革大动荡的时代。特别是2008年世界金融危机以来，西方发达资本主义国家面临经济萎靡、恐怖主义、难民问题相互交织等难题，发展举步维艰、危机四起，新自由主义在实践中四处碰壁，资本主义政治制度和社会治理遇到空前危机，受到广泛质疑。而中国特色社会主义作为一种新的制度体系对西方资本主义制度构成挑战，愈来愈引起有识之士和世界人民的重视。中国特色社会主义制度的优越性正蓬勃展现。对此，习近平总书记作了系统全面的概括："这样一套制度安排，能够有效保证人民享有更加广泛、更加充实的权利和自由，保证人民广泛参加国家治理和社会治理；能够有效调节国家政治关系，发展充满活力的政党关系、民族关系、宗教关系、阶层关系、海内外同胞关系，增强民族凝聚力，形成安定团结的政治局面；能够集中力量办大事，有效促进社会生产力解放和发展，促进现代化建设各项事业，促进人民生活质量和水平不断提高；能够有效维护国家独立自主，有力维护国家主权、安全、发展利益，维护中国人民和中华民族的福祉。"①

系统完备、科学规范的中国制度体系的建立和运行是中国特色社会主义的最大成就，是我们自信的底气所在，也是中华民族伟大复兴的根本标志。制度建设及其完善非一日之功，我们既要以时不我待的精神去推动制度体系的现代化；同时，制度居于社会系统中的上层建筑层面，制度建设又必须遵循生产力与生产关系、经济基础与上层建筑决定与反作用的基本规律。当前，党和国家的宏观制度向中观制度和微观制度的延伸细化也才刚刚开始，各种制度和体制之间的相互协同配套还存在很多不足。完善和发展中国特色社会主义制度，必须对中国特色社会主义道路上一系列重大问题进行攻坚克难和深入研究。为此，中国社会科学出版社组织国内著名学者编写的这套《中国制度研究丛书》，旨在对中国特色社会主义制度的历史渊源、实践基础、基本内容、内在逻辑、特点和优势以及未来的发展目标、步骤等有关

---

① 习近平：《在庆祝全国人民代表大会成立 60 周年大会上的讲话》，《人民日报》2014 年 9 月 6 日第 2 版。

重大问题进行深入研究与探讨。这样的工作，有助于我们明确建设系统完备、科学规范、运行有效的中国特色社会主义制度体系的着力点，以进一步增强我们的制度自信。

期待这套丛书成为国内外读者了解中国、理解中国制度的入门书。

中国社会科学出版社社长

赵剑英

2016 年 12 月 30 日

本书作者写作分工：

第一章　中国法律制度概述（李　林）

第二章　中国的立法制度（李　林）

第三章　中国特色法律体系（李　林）

第四章　中国的宪法法律制度（莫纪宏）

第五章　中国的行政法律制度（李洪雷）

第六章　中国的民商事法律制度（谢鸿飞）

第七章　中国的经济法律制度（席月民）

第八章　中国的社会法律制度（谢增毅）

第九章　中国的刑法制度（邓子滨）

第十章　中国的诉讼与非诉讼程序法律制度（冀祥德）

第十一章　"一国两制"与特别行政区法律制度（陈欣新）

第十二章　国际法与中国法律体系（朱晓青）

目　录

第 一 章

中国法律制度概述

第一节 法律和法律制度的界定

法律制度的概念，涉及"法律"这个核心词。只有理解了中国人所说的"法律"的含义，才能对中国语境下的"法律制度"有全面把握。

一 中国语境下的法律与法律渊源

（一）何谓法律?

在西方语境下，不同法律学派对"法律"（Law）有不同的解释和观点，有些解释和观点甚至是截然相反的。例如，规范论的观点——以哈特为代表的现代西方法学中的法律实证主义者普遍认为，法是一个社会为着决定什么行动应受公共权力加以惩罚或强制执行而直接或间接地使用的一批特殊规则。又如，意志论的观点——法国卢梭认为：法不过是"意志的记录"；① 德国法

---

① ［法］卢梭:《社会契约论》，何兆武译，商务印书馆1980年版，第51页。

哲学家黑格尔认为法即意志的表现①。再如,事实论的观点——美国法学家卢埃林认为:法不是本本上的官方律令,法存在于官员或平民的实际活动中,特别是存在于法官的审判活动中。官员们关于争端所做的裁决就是法律。②

在中国的古代汉语中,"法"与"法律"有自己的解释。据中国历史上第一部字书《说文解字》的考证,汉语中"法"的古体是"灋"。"灋,刑也,平之如水,从水;廌,所以触不直者去之,从去。"③ 这一解释表明,古代中国的"法"和"刑"是通用的;"平之如水,从水",表明法有"公平"的象征;"廌,所以触不直者去之,从去",表明法有"明断曲直"的含义。据说廌是一种神兽,《神异经》称之为"獬豸",其"性知有罪……有罪则触,无罪则不触"。

在中国古代,"法"除与"刑"通用外,还常与"律"通用。《唐律疏义》指出:"法亦律也,故谓之为律。""法"与"律"合起来作为"法律"这一合成词,在古代文献中偶尔出现过,但主要是近现代的用法。清末以来,经由日本而受西方大陆法系的影响和清末变法的需要,"法"与"法律"常常是并用的。

在当代中国,多数教科书里所定义的"法律",是指由国家制定或认可并依靠国家强制力保证实施的,反映由特定物质生活条件所决定的统治阶级意志,规定权利和义务,以确认、保护和发展统治阶级有利的社会关系和社会秩序为目的的行为规范体系④。在表现形式上,当代中国的"法律"一词有广义和狭义两种用法。广义的"法律"指法律的整体,是指中国法律体系中的所有法律规范文件。狭义的法律仅指全国人大及其常委会制定

---

① 〔德〕黑格尔:《法哲学原理》,范扬、张企泰译,商务印书馆 1961 年版,第 10、36 页。

② K. N. Llewelly, *The Bramble Bush*, 1930, p. 3.

③ 转引自《梁启超全集》,北京出版社 1999 年版,第 1258 页。

④ 本书编写组:《法理学》(马克思主义理论研究和建设工程重点教材),人民出版社、高等教育出版社 2011 年出版,第 36 页。

的基本法律和法律。学理习惯上，中国学者往往把广义的法律称为"法"，狭义的法律称作"法律"。

（二）中国语境下的法律渊源

法律渊源（Sources of Law）又称为"法的渊源"，简称"法源"，是指法律的存在形式。法律渊源是一个多义词，它来自于罗马法的 Fontes Juris，本意是指法的源泉。在 18 世纪布莱克斯通的《英国法释义》一书中尚未使用"法律渊源"一词。19 世纪时，奥斯丁在《法理学的范围》（1863 年）一书中较早使用了"法律渊源"的概念，用来表明法律规范所由以产生的渊源在于主权者。克拉克在他 1883 年出版的《法理学》中，把"法律渊源"区分为"法的内容所由产生的渊源和为认识法所提供的资料"两种，前者为"Sources of Law"，后者为法律形式"Forms of Law"。① 这里的区分把法律渊源视为法的权威、效力的来源等实质性渊源，以及法的历史和内容的渊源；法律形式则被视为法的存在方式，包括成文法和习惯法等。

中国学者对于法律渊源从不同角度进行了分类，如形式渊源与实质渊源，正式渊源与非正式渊源，直接渊源与间接渊源，主要渊源和次要渊源等等。这些分类都有各自的合理性和科学性，同时也有某些局限性。事实上，各个国家、各种文化的法律发展是相异其趣的，没有统一的模式可以简单概括或者描述出各个不同类型法律发展的历史过程。法律渊源是各国和各种法律文化发展的组成部分，当然也不可能有简单统一的发展方式。

当代中国的法律渊源是指直接法律渊源，主要包括宪法、法律、行政法规、地方性法规和条约等。

1. 宪法（Constitutional Law）

在绝大多数成文法国家，宪法是国家的根本法，在国内法体系中具有

---

① ［日］高柳贤三：《英美法源理论》，杨磊等译，西南政法学院 1983 年内部出版，第 1—3 页。

最高法律效力，是法的最根本最集中的渊源。中国现行宪法渊源主要由 1982 年颁布的《中华人民共和国宪法》和 1988 年、1993 年、1999 年、2004 年对该宪法的修改补充（共有 31 条修正案），以及有关宪法性法律组成，包括《组织法》、《选举法》、《民族区域自治法》、《香港特别行政区基本法》、《澳门特别行政区基本法》、《国旗法》、《国徽法》、《国籍法》、《全国人民代表大会和地方各级人民代表大会代表法》等。宪法是中国的根本法，具有最高的法律渊源地位和效力地位。一切法律法规都不得同宪法相抵触。宪法的这种地位，一是由它规定的是国家基本生活、基本制度和公民基本权利义务的内容决定的；二是因为它是国家其他法律渊源产生的基础，是制定其他法律的根本依据；三是它要经过严格的修改程序，即由全国人大常委会或者 1/5 以上的全国人大代表提议，并由 2/3 以上的全国人大代表通过，才能修改。

中国宪法最高渊源的法律地位主要体现在宪法解释和监督方面：（1）宪法规定全国人大常委会负责解释宪法和监督宪法实施。解释宪法主要通过全国人大或全国人大常委会在所制定的立法中阐释宪法的基本精神和有关规定的含义，或者以决议、决定等形式解释宪法。（2）全国人大有权改变或者撤销全国人大常委会不适当的决定，撤销全国人大常委会制定的同宪法相抵触的法律。（3）全国人大常委会有权监督国务院、中央军事委员会、最高人民法院、最高人民检察院的工作；撤销国务院制定的同宪法、法律相抵触的行政法规、决定和命令，撤销省、自治区、直辖市的人大及其常委会制定的同宪法、法律、行政法规相抵触的地方性法规和决议。

中国宪法最高渊源的法律地位在实行"一国两制"方针的情况下，对于香港特别行政区、澳门特别行政区也有例外。这是在特别行政区实行资本主义制度所必需的，而且是在内地坚持社会主义为主体，在《中华人民共和国宪法》基础上的例外。香港特区和澳门特区基本法是根据《中华人民共和国宪法》制定的，符合宪法的规定，在这个前提下，特别行政区立法涉及的内容仅以基本法的规定为依据，特区立法机关制定的任何法律不得同基本法相抵触。就法律的效力渊源而言，基本法没有要求特区的全部立法不同宪法相抵触，这就体现了特区法律渊源的高度自治，从法源上保证了"一国两制"的贯彻实施。

2. 法律（Law）

在一般意义上讲，英文的"Law"具有两种含义：一是指某种社会规范秩序，二是指在自然或者社会的进程中普遍存在的规律。前者通常称为"规范的法"，后者则称为"描述性法则"或者"科学规律"。有些中国学者把"Law"分为"法"和"法律"，认为它们是不同层次的两个概念，"法"高于"法律"且指导"法律"，因此"法"是"法律"的实质性渊源。但是，在法的形式渊源意义上，"Law"实际上同时具有"法"和"法律"的含义，两者并无截然区别。

中国宪法把全国人大及其常委会制定的立法规范性文件规定为位阶次于宪法的法律渊源，包括"基本法律"和"法律"。在同一部宪法中，使用了"基本法律"和"法律"两级不同的渊源概念，前者用于表述全国人大制定的法律，后者用于表述全国人大常委会制定的法律。宪法规定，全国人大制定和修改刑事、民事、国家机构和其他的基本法律；全国人大常委会制定和修改除应当由全国人大制定的法律以外的其他法律，在全国人大闭会期间，全国人大常委会有权对全国人大制定的法律在不同该法律基本原则相抵触的前提下进行部分补充和修改。

从对中国宪法规定的法律渊源观察，作为法律渊源的基本法律和法律是存在明显区别的，表现为：（1）制定机关不同。基本法律由全国人大制定，法律由全国人大常委会制定。在中国，立法机关的法律地位通常是决定其所立之法的效力等级的根本因素，法律地位高者，其立的法的效力地位也就高。（2）内容不同。基本法律调整和规范国家的基本制度、基本社会关系，规定公民的基本权利和义务；法律通常则没有规范"基本"内容的权力。（3）效力不同。法律的制定不得同基本法律相抵触；常委会对基本法律的部分补充和修改也只能在不抵触的条件下进行。但是，在宪法的这一规定以及其他相关的规定中，又存在与上述理解相悖的现象，这种现象也可有另一种解释。

在上述宪法条款规定的表述中，全国人大一方面有权制定"基本法律"，另一方面全国人大常委会有权制定和修改除应当由全国人大制定的"法律"以外的⋯⋯在同一条文中，全国人大制定的同一类规范既被称为"基本法律"，又被称为"法律"，两者在法律渊源的概念使用上被混为一谈。另外，宪法规定，国务院、省级地方人大有权在不同宪法、法律相抵触的前提下制定行政法规或者地方性法规。这里不抵触的只有"法律"，而没有"基本法律"。因此有人认为，不能把中国宪法规定的"基本法律"和"法律"分开来理解或者解释，它们是一个整体，是一个概念。这种看法是缺乏说服力的。如果两者是同一个概念，那么宪法使用"基本法律"一词就成为多余；如果在法律渊源意义上两者是不可分的，那么，就不能使用全国人大常委会制定的"法律"同全国人大制定的"基本法律"相抵触的立法表述，因为它们是一回事，自己不可能同自己相抵触；如果它们不是一回事，那么，两者出现抵触时，在渊源上如何区分。由此导致我们在实践中面临的一个问题是，《香港特别行政区基本法》和《澳门特别行政区基本法》的法律渊源地位，是属于"基本法律"还是"法律"？如果属于基本法律，宪法中没有关于不抵触基本法律的规定，是否意味着香港特区的立法可以同基本法相抵触（这种可以抵触的理解显然不对）。如果属于法律，那么基本法的法律渊源地位又如何同其他法律相区别。

3. **行政法规**（Regulation or Rule and Delegated Legislation）

按照西方传统的权力分工理论，权力机关（议会）是汇集人民意志的机关，负责代表人民制定法律；行政机关即法律的执行机关，负责严格执行议会制定的法律；司法机关居于"中间人"的地位，根据公正原则负责把法律适用到具体司法案件。在传统分权理论上，行政机关和司法机关是没有立法权（Legislative Power）的。行政机关为了执行法律，可以根据宪法和法律规定的职权制定行政规则（Rule-making）。在法律渊源上，行政规则可以有多种名称，如称为行政命令、行政决议、行政规定或者行政规章等等。

宪法明确规定，国务院有权制定行政法规。行政法规的法律渊源地位在宪法、基本法律和法律之下，地方性法规之上。制定行政法规要以宪法、法律为立法依据，且不得与之相抵触。地方性法规则不得同行政法规相抵触。行政法规制定权可以涉及的范围十分广泛，主要有：全国行政工作的管理权，领导和管理全国经济、教育、科学、文化、卫生、体育、计划生育、民政、公安、司法行政、监察、国防建设，对基本人权的具体保障等等。根据《立法法》的规定，国务院制定的行政法规，可以就下列事项做出规定：（1）为执行法律的规定需要制定行政法规的事项；（2）宪法第89条规定的国务院行政管理职权的事项。

国务院根据全国人大常委会的特别授权，进行授权立法。1978年以来，全国人大常委会对国务院的立法授权，共有三次：第一次，1983年授权国务院修改和补充关于安置老弱病残干部暂行办法和关于工人退休退职暂行办法；第二次，1984年授权国务院制定和发布税收暂行条例；第三次，1985年授权国务院制定有关经济改革和对外开放工作的暂行规定和条例。这些授权是在中国立法处于恢复和起步发展阶段、全国人大及其常委会的立法不能满足改革开放的发展需要情况下出现的，以后已不采用这种授权立法方式，而改为"法条授权"。所谓法条授权是指立法机关在其制定的法律中，运用其中的法律条款，将某项或者某些立法职权授予有关主体。在中国，法条授权比较灵活方便，针对性强，但是也存在随意性较大、难以监控等弊端。

4. 地方性法规（Local Law and Regulation）

由享有地方立法权的机关制定的在地方特定区域适用的规范性法律文件，称为地方性法规。地方性法规在联邦制国家和单一制国家的法律渊源表现形式不尽相同。联邦制国家的成员邦或州与联邦政府是分权关系，享有较大的立法权。在法律渊源上，它们可以制定邦或州的宪法以及其他内容广泛的地方性法律和规定。单一制国家的地方与中央是授权与被授权的关系，地方有无立法职权以及有多少立法职权，完全由中央政府以宪法或者法律加以规定。因此，在法律渊源上，并不是任何单一制国家都有地方性法规作为该国法律渊源而存在。允许制定地方性法规的国家，其权限范围也不尽相同。

在当代中国，广义地讲，作为法渊源的地方性法规包括各级有地方立法权的人大及其常委会制定的地方性法规（狭义的）、地方的授权立法、自治条例、单行条例、特别行政区的立法等。根据中国宪法、基本法、组织法或者有关授权法的规定，享有地方立法职权的机关有：省级人大及其常委会，省会市的人大及其常委会，较大市的人大及其常委会；因特别授权取得立法职权的市的人大及其常委会，特别行政区的立法机关，民族自治地方的人大。

《宪法》第116条规定，民族自治地方的人民代表大会有权依照当地民族的政治、经济和文化的特点，制定自治条例和单行条例。根据宪法和民族区域自治法的有关规定，民族自治地方的人大享有的立法职权包括两个方面：一是与其他非民族自治地方的人大享有同样的职权，包括以制定地方性法规或其他形式讨论并决定本行政区域内的政治、经济、教育、科学、文化、卫生、民政和民族工作的重大事项；二是民族自治地方的人大享有的诸多自治立法职权。

一般认为，在法渊源的意义上自治条例和单行条例（简称"自治法规"）与地方性法规是有区别的，不宜将它们混为一谈。两者的主要区别是：（1）主体不同。地方性法规的立法主体是享有地方性法规制定权的各级人大及其常委会；自治法规的制定权由民族自治地方的人大行使，但自治州、自治县的人大也可以行使该项权力。（2）立法依据不同。制定地方性法规的要求是"在不同宪法、法律、行政法规相抵触的前提下"，根据本行政区域的具体情况和实际需要；民族自治地方的人大则是根据当地民族的政治、经济、文化特点，制定单行条例和自治条例。制定自治条例无"不抵触"的条件要求或限制。（3）立法程序不同。地方性法规需要经过备案程序，省会市和较大市的法规，报全国人大常委会批准后生效；自治州、自治县的自治法规，报省或自治区的人大常委会批准后生效，并报全国人大常委会备案。

作为法律渊源的自治法规的最大特点还在于，它可以变通法律和法规。所谓变通，是指在具体贯彻法律、法规的过程中，在坚持法律法规的基本原则和精神的前提下，以制定自治法规等形式，对于特定的地方或特定的人可以灵活适用法律、法规。

香港和澳门两个特别行政区享有更大的地方立法权。凡是属于特区自治范围的事项，其立法机关都有权制定法律。在香港特别行政区，其法律渊源主要有：香港特区基本法、立法会制定的法律，以及普通法、衡平法、从属立法和习惯法等；在澳门特别行政区，其法律渊源主要包括：澳门特区基本法、立法会制定的法律、行政长官颁布的行政法规等。

5. 条约（Treaty）

在国际法上，条约有广狭不同的两种定义。狭义的条约是指以"条约"为名称的国家之间的协定。广义的条约，按照1969年《维也纳条约法公约》的规定，是指"国家间所缔结而以国际法为准之国际书面协定，不论其载于一项单独文书或两项以上相互有关之文书内，亦不论其特定名称如何"。在法律渊源上，条约的适用涉及与国内法的关系，即国际法与国内法的关系。

对于条约与宪法的关系，意大利法学家卡塞西认为各国宪法的情况大体上有四种类型："1. 对国际条约的履行未作规定；2. 确定国内一切公民和官员必须遵守条约义务，但不给予条约以高于通常立法的地位；3. 规定条约优于制定法的原则，使国内立法者不能制定法律以改变或代替条约规定；4. 允许条约修改宪法规定。"①

在当代中国，对于作为法律渊源的条约是采取广义的解释。例如中国外交部主编的《中华人民共和国条约集》把条约、协定、议定书、换文等都汇编进"条约"之中，所有这些都属条约，都是中国法律渊源。中国宪法未对中国国内法与条约（国际法）的关系做出规定，但关于两者的关系，在一些法律中却有所体现。1987 年 6 月 23 日第六届全国人大常委会第二十一次会议通过的《关于对中华人民共和国缔结或者参加的国际条约所规定的罪行行使刑事管辖权的决定》明确规定，对于中国缔结或者参加的国际条约所规定的罪行，中国在所承担的条约义务的范围内，行使刑事管辖权。中国《行政诉讼法》规定，人民法院在审理涉外行政诉讼案件中，"中华人民共和国缔结或者参加的国际条约同本法有不同规定的，适用该国际条约的规定。中华人民共和国声明保留的条款除外"。中国《民事诉讼法》也规定，人民法院在审理涉外民事案件中，中国缔结或者参加的国际条约同民事诉讼法有不同规定的，适用该国际条约的规定。但是，中国声明保留的条款除外。从上述法律规定来看，对于国际法与国内法的关系，中国实行的是国际法优于国内法的原则。

二　法律制度的界定

法律制度（Legal Systems）在西文中是个多义词，在汉语里也是一个多

---

① ［意］卡塞西：《当代宪法与国际法》。转引自王铁崖《条约在中国法律制度中的地位》，载《中国法与比较法研究》第 1 卷，香港城市大学"中国法与比较法研究中心"1995 年创刊号，第 19 页。

义词。原因在于：一方面，从西文译成中文时，"Legal Systems"一词就可以翻译为"法制"、"法系"、"法律体系"、"法律制度"等等。这些译文都表达了某种法律群、法律的聚合体或者某类法律的存在形态，因而译文无论是"法制"、"法系"、"法律体系"还是"法律制度"，只要这些词在全文中保持译文的同一性，就都有一定的合理性。另一方面，汉语表达的"法律制度"一词，又有多种解释。这里试举几例。

第一，认为"法律制度"是指一个国家或地区的所有法律原则、法律规范和法律文本的总称。在这种解释的意义上，法律制度就是特定空间范围内各种法律规则的总和，是"复数"的法律存在形式，大致等同于中国语境下的"法律体系"。由于在汉语中，"制度"一词有时被解释为"要求大家共同遵守的办事规程或行动准则，或者是在一定历史条件下形成的法令、礼俗等规范"，因此在构词法上，法律大致就是制度，或者说制度大致就是法律，把法律与制度合并起来使用，表达的不过是一种同义反复的强调。

第二，认为"法律制度"是"法制"或者"法律和制度"的别称。例如，中国法学院通常使用教材——"中国法律制度史"或者"中国法制史"、"西方法律制度史"或者"西方法制史"等，其"法律制度"表达的内容基本上等同于"法制"或者"法律和制度"的理念。

第三，认为"法律制度"是一个"法律系统"，因为"Systems"一词在汉语里既可以指"制度"或者"体制"，也可以指"系统"或者"体系"。当法律制度被解释为一个"法律系统"时，法律制度作为一个为社会输送行为规则与裁判标准的集合体，其主要的价值与地位就在于媒介了法学研究与实践。在静态意义上，它反映并记载着国家的社会体制与价值诉求；在动态意义上，它则通过法律制度的内部运作机制与外部表现结构将法学研究中的发现与成果输入的同时将法律制度的表达要素规则等要素输出。①

---

① 参见任立华《法律制度的界定——内在于法学研究与实践之间的张力》，《法治论坛》2006 年第 1 辑。

第四，认为"法律制度"是与宗教制度、经济制度、社会制度、政治制度、文化制度、道德体系等不尽相同的制度形态，是一种由法律规范构成的、规定权利与义务并具有国家强制性的制度体系。这是从法律制度的外延来解释"法律制度"的一种观点。

第五，认为"法律制度"是由立法制度、执法制度、司法制度以及公法、私法、社会法、国际法等构成的制度体系。中国由于不采用西方罗马法以来关于公法与私法的划分理论和标准，而采用"中国特色社会主义法律体系"的构建理论和划分标准，因此在当代中国，它的法律体系在一定意义上就是指法律制度，是法律制度的规范化和条文化表现形式。

美国法学家弗里德曼在《法律制度：从社会科学角度观察》一书中，认为有许多方法可以观察法律制度，但对于"法律制度……没有学者和公众都同意的定义"。[①] 弗里德曼认为，对"法律制度"难以下一个定义，但法律制度由各种公认的次要制度组成，这些次要制度的"共同点在于都是制度，以规范或规则运行，与国家相连，或有一个至少和国家行为相类似的权力机构"[②]。法律制度是一个系统，它的运行过程"是通过社会环境对法系统的'输入'系统对输入物的'处理'、作为处理结果的'输出'输出物对外部的'影响'和'效果'以及在此基础上社会环境对于系统的'反馈'等步骤而构成的"[③]，所以，可以把法律制度理解为一种"输入—处理—输出"的系统。

本书无意给"法律制度"这个词下个精确的定义，只打算在"中国法律制度"这个名词下，围绕中国的立法制度和中国特色法律体系这两条主

---

① ［美］弗里德曼：《法律制度：从社会科学角度观察》，李琼英、林欣译，中国政法大学出版社1994年版，第1页。

② 同上书，第12页。

③ 季卫东：《法的根源与效果》，载［美］弗里德曼《法律制度：从社会科学角度观察》，李琼英、林欣译，中国政法大学出版社1994年版，代译序第6页。

线，深入浅出地把中国的立法体制、法律体系、宪法及宪法相关法、行政法、民商法、经济法、社会法、刑法、诉讼与非诉讼程序法、"一国两制"与特别行政区法律、国际法与中国法律体系等内容介绍给国内外读者，以期帮助广大读者从一个角度全面理解当代中国的法律制度。

第二节　新中国法律制度建设的历程

中国是一个具有五千多年文明史的古国，中华法系源远流长。早在公元前21世纪，中国就已经产生了奴隶制的习惯法。春秋战国时期（前770—前221年），中国开始制定成文法，出现了自成体系的成文法典。唐朝（618—907年）时，中国形成了较为完备的封建法典，并为以后历代封建王朝所传承和发展。中华法系成为世界独树一帜的法系，古老的中国为人类法制文明做出了重要贡献。

同西方法律产生的渊源一样，中国最早的法律渊源也是习惯法。在古籍的记载中，夏朝制"禹刑"；"商有乱政，而作汤刑"。西周除了《九刑》、《吕刑》外，周王颁发的誓、诰、命也是重要的法律渊源。中国最早的成文法是公元前536年郑国执政子产的"铸刑书于鼎"。从这些记载可以看出，中国古代法律渊源主要是指刑法。战国时期，魏国的李悝"集诸国刑典"，制定了第一部比较完整的法典，史称"《法经》六篇"。在法之上的是"礼"，这是中国古代社会的主要习惯法。礼是道德规范的概括，"德主刑辅"反映了法律的地位。

封建社会以后，中国成文法的形式渊源日趋完备成熟，发展出了多种形式。唐代以后的成文法已经有了"律、令、格、式"作为主要法律渊源，"典、敕、比、例"也是法律的重要渊源。清末，在修律大臣沈家本的主持下，中国以西方大陆法系的法律为蓝本，借鉴法国、德国和日本的法律渊源形式，制定了刑律、民律和诉讼法草案，打破了中国延续两千多年的法律渊源的传统。此后，中华民国时期的立法继续效仿西方大陆法系，建立了以"六法"（宪法、民商法、行政法、刑法、民事诉讼法、刑事诉讼法）为主要框架的法律渊源体系。

当代中国的法律体系渊源于中国共产党领导的革命根据地政权时期。从 1931 年中华苏维埃共和国建立革命根据地政权到新中国成立，革命政权先后制定了《宪法大纲》、《政权组织法》、《劳动法》、《婚姻法》、《刑事法令》、《诉讼法令》等。由于处在战争时期，政策、命令、决议等具有法律渊源的效力，有时其效力高于宪法和法律规范。在中国共产党的领导下，中国人民经过革命、建设、改革和发展，逐步走上了建设社会主义法治国家的道路。[①]

1949 年中华人民共和国成立后，伴随着中国政治、经济、社会和文化的曲折发展，新中国法治建设大致经历了两个大的阶段、七个发展时期。

一 1949 年新中国成立到 1978 年改革开放的法制建设

（一）新中国法制奠基：1949 年中华人民共和国成立至 1954 年宪法颁布

从 1949 年 10 月中华人民共和国成立到 1954 年宪法颁布前，是中国社会主义法制的奠基时期。1949 年 9 月，中国人民政治协商会议第一届全体会议通过了具有临时宪法性质的《共同纲领》，制定了《中央人民政府组织法》。《共同纲领》第 17 条明确规定："废除国民党反动派政府一切压迫人民的法律、法令和司法制度，制定保护人民的法律、法令，建立人民司法制度。"这两个宪法性法律及其他相关法律，奠定了新中国成立初期法律制度的基础。

---

① 参见国务院新闻办公室 2008 年发表的《中国的法治建设》白皮书。

这个时期，为适应新中国成立初期政治斗争和法制建设的需要，国家确立了政权过渡时期"多元性的立法体制"：中国人民政治协商会议制定根本法；中央人民政府制定并解释国家的法律、法令并监督其执行；政务院有权颁布决议和命令并审查其执行，废除或修改所属各部、委、署、院和各级地方政府与国家的法律、法令和政务院的决议、命令相抵触的决议和命令，向中央人民政府提出议案；根据地方政府组织通则，大行政区、省、市、县的人民政府委员会可制定法令、条例和单行法规，民族自治机关可制定单行法规。

这种立法体制提高了立法效率，从中央到地方的立法速度明显加快。例如，为组织建立国家政权方面的法律主要有：《共同纲领》、《中国人民政治协商会议组织法》、《中央人民政府组织法》、《各界人民代表会议组织通则》（已宣布失效）、《大行政区人民政府委员会组织通则》（已宣布失效）、《政务院及其所属各机关组织通则》（已宣布失效）、《人民法院暂行组织条例》（已宣布失效）、《最高人民检察署暂行组织条例》（已宣布失效）、《省各界人民代表会议组织通则》（已宣布失效）、《市各界人民代表会议组织通则》（已宣布失效）、《县各界人民代表会议组织通则》（已宣布失效）等。为剿匪和镇压反革命以巩固政权、维护社会秩序方面的法律主要有：《惩治反革命条例》（已宣布失效）、《管制反革命分子暂行办法》（已宣布失效）、《惩治土匪暂行条例》（已宣布失效）、《城市治安条例》（已宣布失效）、《农村治安条例》（已宣布失效）。为恢复发展国民经济，稳定经济秩序，惩治贪污腐化行为方面的主要法律有：《全国税政实施要则》、《关于统一国家财政经济工作的决定》、《妨害国家货币治罪暂行条例》、《禁止国家货币票据及证券出入国境暂行办法》（已宣布失效）、《救济失业工人暂行办法》（已宣布失效）、《劳动保险条例》（1951年实施，1953、1956年两次修订）、《私营企业暂行条例》、《惩治贪污条例》（已宣布失效）、《关于处理贪污、浪费及克服官僚主义错误的若干规定》、《暂行海关法》等。土地改革、社会民主改革方面的法律有：《土地改革法》（1950 年实施，1987 年底失效）、《关于划分农村阶级成分的决定》、《关于土地改革中对华侨土地财产的处理办法》、《婚姻法》等。

新中国的司法制度是同新生政权一起建立的。1949 年 10 月 1 日，中央人民政府委员会第一次会议任命沈钧儒为最高人民法院院长、罗荣桓为最高人民检察署署长。10 月 22 日，最高人民法院和最高人民检察署举行成立大会，沈钧儒、罗荣桓分别就职。1951 年，中央人民政府颁布了《人民法院暂行组织条例》（已宣布失效）、《最高人民检察署暂行组织条例》（已宣布失效）、《地方各级人民检察署组织通则》（已宣布失效）等法律，规定了人民法院和人民检察署的体制和职权，开始自上而下地建立各级人民法院和人民检察署的组织体系。

基层选举工作于 1953 年 3 月开始，到 1954 年 5 月胜利完成。到 1954 年 8 月，县级以上地方各级人民代表大会先后全部建立。"除台湾省尚未解放外，中国人民已经在 25 个省、内蒙古自治区、西藏地方、昌都地区，3 个直辖市，2216 个县和相当于县的行政单位，163 个市，821 个市辖区和 224660 个乡建立了自己的政权，此外还建立了 65 个县级以上民族自治地方的自治机关。"①

（二）新中国法制创立：1954 年宪法颁布至 1958 年"反右运动"

1954—1957 年是中国社会主义法制的创立时期。这一时期颁布了新中国第一部社会主义类型的宪法。1953 年初，中央人民政府委员会决定成立中华人民共和国宪法起草委员会，毛泽东任委员会主席，朱德、宋庆龄等 32 人任委员。1954 年 9 月 15 日，宪法草案提交第一届全国人大第一次全体会议审议通过，为社会主义法制建立和发展提供了宪法基础，标志着新中

---

① 楼邦彦：《中华人民共和国宪法基本知识》，新知识出版社 1955 年版，第 32 页。

国法制正式建立。

这一时期，执政党的工作重心从阶级斗争转向经济建设。1956 年中共八大召开，刘少奇在中共八大政治报告中指出："我们目前在国家工作中的迫切任务之一，是着手系统地制定比较完备的法律，健全我们国家的法制"，"革命的暴风雨时期已经过去了，新的生产关系已经建立起来，斗争的任务已经变为保护社会生产力的顺利发展，因此社会主义革命的方法也就必须跟着改变，完备的法制就是完全必要的了"。

1. 开展立法工作

1954 年宪法颁布后，宪法明确全国人大为行使国家立法权的唯一机关，立法权趋于集中统一。据统计，从 1954 年到 1957 年反右派斗争前，全国人大及其常委会、国务院制定的法律、法规和国务院各部委制定的较重要法规性文件共 731 件①。这些法律、法规、条例的制定，充实了中国的法律体系，为新中国成立之初的经济、政治和社会建设步入法制轨道提供了法律依据和法治保障。一些重要的基本法律，如刑法、民法、民事诉讼法等也在抓紧起草。刑法到 1957 年已修改 22 稿，并发给人大代表征求意见；民法已完成大部分起草任务，并开始向有关单位征求意见；刑事诉讼法开始起草，并于 1957 年 6 月写出初稿。

2. 建立司法制度

在第一届全国人大第一次会议上，重新制定了《人民法院组织法》（1980 年 1 月 1 日起施行，1983 年、1986 年、2006 年修正）和《人民检察院组织法》（1979 年制定，1983 年、1986 年两次修订）。根据法院组织法的规定，法院组织体系由三级（县级、省级、最高人民法院）改为四级（基层、中级、省高级、最高人民法院），并规定设立军事、铁路、水上运输等专门人民法院，实行四级二审制。最高人民法院是国家最高审判机关，负

---

① 如《城市居民委员会组织条例》、《户口登记条例》、《农业生产合作社示范章程》、《逮捕拘留条例》、《治安管理处罚条例》等。

责监督地方各级人民法院和专门人民法院的审判工作。各级人民法院内设审判委员会，其任务是总结审判经验，讨论重大或疑难案件和其他有关审判工作的问题。

根据检察院组织法的规定，检察机关的领导体制由过去的"双重领导"（上级检察署和同级人民政府委员会）改为"垂直领导"（地方各级检察院和专门检察院在上级检察院的领导下，并且一律在最高检察院的统一领导下进行工作），从上至下设立四级检察院，检察机关内部实行检察长领导下的检察委员会制。检察机关是国家的法律监督机关，负责一般法律监督、侦查监督、审判监督和监所监督等。

中国司法工作的一些基本原则和制度建立和发展起来。这些制度和原则包括：公安、检察和法院三机关分工负责、互相监督、互相制约的制度，检察机关和审判机关独立行使职权的制度，法律面前人人平等原则，人民陪审员制度，公开审判和辩护制，合议庭制度和回避制度，两审终审制和死刑复核制，审判监督制等。这些制度至今仍是中国司法体制的重要基础。

加强公安建设。新中国成立初期公安队伍是由军队转过来的。1954年宪法施行后，公安力量实现了普通警察与武装警察的分离，主要负责维护社会治安。1957年全国人大常委会制定了《人民警察条例》（1995年施行《人民警察法》时宣布废止），对人民警察的性质、任务和职权做了明确规定，从而使人民警察建设走上了正轨。

建立劳动改造制度。政府颁布了《劳动改造条例》（1990年3月《看守所条例》施行时宣布废止）和《劳动改造罪犯刑满释放及安置就业暂行处理办法》。这两个条例建立了中国的劳动改造制度，对劳动改造机关，劳动改造的方针、政策、办法以及劳改人员释放后的就业安置等做了具体规定。国务院发布《关于劳动教养问题的决定》，对收容审查和劳动教养的对象范围和方法做了规定。

3. 推进监察和法制工作

根据国务院组织法和地方人民代表大会、地方人民委员会组织法，在国务院设立监察部，在省、直辖市、设区的市人民委员会和专员公署设置监察机关，在工作特别需要的县和不设区的市由专署或省的监察机关重点派监察组，并受委派机关的垂直领导。1955 年 11 月，国务院颁布了《监察部组织简则》，对监察体制等做了具体规定，从而使国家监察工作开始走上程序化、法制化轨道。

1954 年 11 月，第一届全国人大常委会第二次会议批准设立国务院法制局。国务院颁布《国务院法制局组织简则》，对国务院法制局的任务、内部机构设置、体制、审议法规、会议制度等做了专门规定。

新中国的律师制度、公证制度相继建立起来。到 1957 年 6 月，全国已建立 19 个律师协会，817 个法律顾问处，有 2500 多名专职律师和 300 多名兼职律师；到 1957 年底，全国有 51 个市设立公证处，1200 多个市、县法院受理公证业务，有专职公证员近千名，共办理公证事项 29 万多件。国家仲裁制度初步建立，有关部门制定了《中国国际贸易促进仲裁委员会对外贸易仲裁委员会仲裁程序暂行规定》，对仲裁范围、仲裁员的产生、仲裁组织、裁决及执行等做了详尽规定。

4. 建立发展政法教育

政法教育是从培训干部开始的。1949 年 11 月，将朝阳大学改建成新中国第一所培养司法专门人才的大学——中国政法大学；1950 年创建了中国人民大学，该校法律系成为新中国成立的第一个正规法律教育系，本科法律教育开始启动。到 1957 年，全国高等政法院系已发展到 10 个，招生人数达到 8245 人。新中国成立后的 8 年中，政法院系毕业生达 13090 人，研究生 263 人。

（三）新中国法制受挫：1958 年反右运动至 1976 年"文化大革命"结束

1957—1976 年是中华人民共和国历史由曲折走向挫折的 20 年。由于在国家工作的指导上出现了"左"倾错误，特别是"文化大革命"的"左"倾严重错误，人民代表大会制度一度遭到严重破坏，党和国家的工作、社会主义民主法制建设都受到严重影响，给我们留下了深刻教训。

1957年下半年，毛泽东对法治的态度和看法发生了根本改变。在1958年8月召开的中共中央政治局扩大会议上，毛泽东说：法律这个东西没有也不行，但我们有我们这一套，还是马青天那一套好，调查研究，就地解决，调解为主……不能靠法律治多数人，大多数人靠养成习惯……不靠民法、刑法来维持秩序……到底是法治还是人治？看来实际靠人，法律只能作为办事的参考。①

此后，中国法制建设逐渐倒退，主要表现在以下几个方面：其一，社会主义法制基本原则（如法律面前人人平等原则；公检法机关分工负责、互相制约原则；法院依法独立审判原则；检察院行使一般法律监督权，依法独立行使检察权原则；被告人有权获得辩护原则）遭到批判和否定。其二，立法工作逐步趋于停滞。全国人大及其常委会、国务院及其所属部门发布的规范性文件，1958年为143件，1965年仅有14件。从1958—1966年，不仅比较重要的法律一部都没有制定出来，而且刑法、刑事诉讼法、民法、民事诉讼法等基本法律的起草也停了下来。其三，一些法制机构被撤销。1959年撤销了司法部、监察部、国务院法制局；律师、公证队伍被解散；公检法三机关来分工负责互相监督的司法制度被取消，代之以公检法三机关的合署办公。其四，从1957年开始，破坏法制、侵犯公民权利、乱抓人、乱捕人的做法日渐盛行起来。

进入十年"文化大革命"时期，新中国建立的民主法制设施几乎被全面摧毁，社会主义法制受到严重破坏：全国人大及其常委会的活动被停止，中央"文革"小组成为事实上的最高权力机构；全国各地踢开党委、政府闹革命，合法的政权机关被革命委员会所代替；公民权利遭到严重侵害，

---

① 参见全国人大常委会办公厅编《人民代表大会制度建设四十年》，中国民主法制出版社1991年版，第102页。

个人的生命自由财产得不到法制保障。"文革"期间，从国家主席到普通公民，无数人被批斗、抄家、囚禁甚至被毒打致死；公检法机关被彻底砸烂；1969 年人民检察院被正式宣布撤销；公安部、最高人民法院只留下少数人，事实上陷入了瘫痪状态。

二　1978 年改革开放以来中国的法治建设

1978 年中国实行改革开放政策以来，法治建设经历了四个发展时期。

（一）法治恢复和重建：1976 年"文化大革命"结束至 1982 年宪法颁布

1976 年"文化大革命"结束，中国开始了拨乱反正的工作。1978 年 12 月，邓小平在中共中央工作会议闭幕会上强调指出："为了保障人民民主，必须加强法治。必须使民主制度化、法律化，使这种制度和法律不因领导人的改变而改变，不因领导人的看法和注意力的改变而改变。现在的问题是法律很不完备，很多法律还没有制定出来。应该集中力量制定刑法、民法、诉讼法和其他各种必要的法律，例如工厂法、人民公社法、森林法、草原法、环境保护法、劳动法、外国人投资法等等，经过一定的民主程序讨论通过，并且加强检察机关和司法机关，做到有法可依，有法必依，执法必严，违法必究"；他指出，"国家和企业、企业和企业、企业和个人等等之间的关系，也要用法律的形式来确定；它们之间的矛盾，也有不少要通过法律来解决。现在立法的工作量很大，人力很不够，因此法律条文开始可以粗一点，逐步完善。有的法规地方可以先试搞，然后经过总结提高，制定全国通行的法律。修改补充法律，成熟一条就修改补充一条，不要等待'成套设备'。总之，有比没有好，快搞比慢搞好"①。这些思想，符合当

---

① 邓小平：《解放思想，实事求是，团结一致向前看》，载《邓小平文选》第 2 卷，人民出版社 1994 年版，第 147 页。

时实际，成为 1978 年以后一段时间内中国法治工作的指导方针，对于加快法治建设步伐、及时解决"无法可依"的问题具有重要的指导意义。

1978 年 12 月 18 日，中共十一届三中全会召开。全会总结了历史经验教训，特别是"文化大革命"的历史教训，将民主法治建设提到崭新的高度，在新中国法治史上具有里程碑意义。全会认为，为了保障人民民主，必须加强社会主义法制，使民主制度化、法律化，使这种制度和法律具有稳定性、连续性和极大的权威，做到有法可依，有法必依，执法必严，违法必究。从现在起，应当把立法工作摆到全国人大及其常委会的重要议程上来。检察机关和司法机关要保持应有的独立性；要忠实于法律和制度，忠实于人民利益，忠实于事实真相；要保证人民在自己的法律面前人人平等，不允许任何人有超于法律之上的特权。

新时期法治建设开端的主要标志是 1979 年的大规模立法。1979 年 7 月，五届全国人大二次会议审议通过了《刑法》、《刑事诉讼法》、《地方各级人大和地方各级政府组织法》、《全国人大和地方各级人大选举法》、《法院组织法》、《检察院组织法》、《中外合资经营企业法》等七个重要法律。"在一次会议上通过这样多的重要法律，这在中国社会主义立法史上还是第一次。"①邓小平在人大会议期间指出："这次全国人大开会制定了七个法律……这是建立安定团结政治局面的必要保障。……这次会议以后，要接着制定一系列的法律。我们的民法还没有，要制定；经济方面的很多法律，比如工厂法等等，也要制定。我们的法律是太少了，成百个法律总要有的……现在只是开端。"②

1979 年 9 月，中共中央发出《关于坚决保证刑法、刑事诉讼法切实实施的指示》（中发〔1979〕64 号），指出刑法和刑事诉讼法的颁布，对加强

---

① 吴大英、刘瀚等：《中国社会主义立法问题》，群众出版社 1984 年版，第 64 页。
② 邓小平：《民主和法制两手都不能削弱》，载《邓小平文选》第 2 卷，人民出版社 1994 年版，第 189 页。

社会主义法治具有特别重要的意义。它们能否严格执行，是衡量中国是否实行社会主义法治的重要标志。中央 64 号文件批评了过去长期存在的轻视法制、有了政策就不要法律、以言代法、以权压法等现象，对党委如何领导司法工作提出了明确要求：（1）严格按照刑法和刑事诉讼法办事，坚决改变和纠正一切违反刑法、刑事诉讼法的错误思想和做法。各级党委领导人都不得把个人意见当作法律，强令别人执行。（2）党对司法工作的领导，主要是方针、政策的领导。加强党的领导，最重要的一条，就是切实保证人民检察院独立行使检察权，人民法院独立行使审判权，使之不受行政机关、团体和个人的干涉。（3）迅速健全各级司法机关，努力建设一支坚强的司法工作队伍。（4）广泛、深入地宣传法律，为正式实施刑法和刑事诉讼法做准备。（5）党的各级组织，领导干部和全体党员，都要带头遵守法律。必须坚持法律面前人人平等的原则，绝不允许有不受法律约束的公民，绝不允许有凌驾于法律之上的特权。取消各级党委审批案件的制度。中央 64 号文件被认为是中国社会主义法制建设新阶段的重要标志。

应当怎样对待改革开放前近 30 年制定的法律、法令和行政法规？1980 年，彭真副委员长在五届全国人大常委会第 15 次会议的报告中重申，[①] 新中国成立以来制定的法律、法令，除同第五届全国人大和全国人大常委会制定的宪法、法律、法令相抵触的以外，继续有效。新中国成立后的 17 年，国家制定的法律、法令和行政法规有 1500 多件。其中许多法规现在仍然是适用的或者基本适用的。重申过去法规的效力，使我们在立法任务十分繁重、力量不足的情况下，可以集中力量去制定那些当前最急需而过去又没有的法规，特别是经济方面的法规。这是健全社会主义法治的一项重要措施。过去制定的法律、法令和行政法规，大体可以分为三种情况：一是由于历史的发展，已经完成了自己的历史使命，自然失去了效力。如《土地

---

① 彭真：《中华人民共和国第五届全国人民代表大会常务委员会报告》（1980 年）。

改革法》、《私营企业暂行条例》等。有些已为新的法律所代替，如1953年制定的《选举法》，1954年制定的《人民法院组织法》、《人民检察院组织法》等，已为五届全国人大二次会议制定的相应法律所代替。二是现在仍然适用或者基本适用但需稍加修改、补充的。属于这种情况的很多，如《治安管理处罚条例》、《关于劳动教养问题的决定》、《关于国家行政机关工作人员的奖惩暂行规定》、《城市居民委员会组织条例》等。三是需要做根本性的修改或废止的。这种情况是比较少的。哪些法规现在仍然适用，哪些法规要加以修改或补充，需要进行大量的调查研究，按照当前实际情况来决定。全国人大常委会、国务院及其所属各主管部门正在根据这个精神审查整理。对既有法律、法规进行必要清理，明确它们是否继续有效、是否需要修改或废除，对于大规模开展新时期的立法工作，具有重要的奠基意义。

在不断加强立法工作的同时，中国法治的其他方面得到恢复和重建。

1979年9月9日，中共中央发出批示，强调"加强中国共产党对司法工作的领导，切实保证司法机关行使宪法和法律规定的职权。中央对司法工作的领导，主要是文件、政策的领导"。同时，中央批示要"迅速健全各级司法机构，努力建设一支坚强的司法工作队伍"。[①] 1979年第五届全国人大第十二次会议和1983年第六届全国人大常委会第二次会议，先后对人民法院组织法进行了若干补充和修改，人民法院组织得到进一步健全。

1978年3月第五届全国人大第一次会议通过的《中华人民共和国宪法》第43条规定，重新设立人民检察院，同年6月1日最高人民检察院正式办公。根据宪法规定，第五届全国人大第二次会议于1979年7月1日审议通过了《中华人民共和国人民检察院组织法》。

公安、司法行政和安全等机构得到恢复或者重建。1979年6月15日中

---

① 《当代中国的审判工作》上册，当代中国出版社1993年版，第155页。

共中央政法小组向中共中央报送了《关于恢复司法机构的建议》。1979 年 9 月 13 日，第五届全国人大常委会第十一次会议在充分准备的基础上，"为了适应社会主义法治建设的需要，加强司法行政工作"，① 决定重建司法部。司法部组建后，地方各级司法厅（局）也相继组建起来，司法行政工作得以恢复。

1979 年 7 月颁布的刑事诉讼法和人民法院组织法明确规定被告人可以委托律师辩护。1979 年初，黑龙江呼兰县开始配备律师承办刑事辩护工作。随后北京市、上海市及黑龙江的大庆、哈尔滨、四川的璧山等七个市、县先后恢复了律师组织，开展起部分律师业务。截至 1980 年 10 月，全国已有河南、陕西、山东 3 省成立了律师协会；北京、天津、上海、辽宁、黑龙江、江苏、甘肃等 17 个省、市成立了律师协会筹备会或筹备领导小组；全国共建立了 381 个法律顾问处，有专职律师人员 3000 多名。1980 年 8 月，第五届全国人大第十五次会议讨论通过了《中华人民共和国律师暂行条例》。②

1980 年 1 月，中央恢复成立了中央政法委员会。

1982 年 7 月，中国法学会成立。

1983 年 6 月，国务院提请六届全国人大一次会议批准成立国家安全部，以加强对国家安全工作的领导。7 月 1 日，国家安全部召开成立大会。

新时期法治建设开端的另一个重要标志，是对林彪、江青两个反革命集团的历史审判。1980 年 11 月 20 日，最高人民法院特别法庭对两个反革命集团的主犯进行公开审判，分别判处江青、张春桥死刑，缓期两年执行，剥夺政治权利终身。判处王洪文无期徒刑，剥夺政治权利终身。判处姚文元有期徒刑 20 年，其他主犯也被判处有期徒刑。从 1980 年底至 1983 年初，

---

① 《当代中国的司法行政工作》，当代中国出版社 1995 年版，第 57 页。

② 韩延龙主编：《中华人民共和国法制通史》（下），中共中央党校出版社 1998 年版，第 794—795 页。

一些地方和军队也审判了林彪和江青两个"反革命集团案"在各地的一批骨干分子以及军内骨干分子。两案审判对中国法治建设具有重大意义，它彻底终结了"文化大革命"，表明人治时代结束了，中国今后要走上依法办事的法治道路。

"到 1982 年底，全国大规模的平反冤假错案工作基本结束，据不完全统计，经中共中央批准平反的影响较大的冤假错案有 30 多件，全国共平反纠正了约 300 万名干部的冤假错案，47 万多名共产党员恢复了党籍，数以千万计的无故受株连的干部和群众得到了解脱"，并"给错划成右派的 53 万人进行了摘帽平反"。①

（二）法治发展：1982 年宪法颁布至 1992 年中共十四大召开

十一届三中全会为新时期法治建设扫除了思想障碍，全面修改宪法就成为当务之急。1980 年 9 月，全国人大成立以叶剑英为主任委员的宪法修改委员会，在充分发扬民主的基础上，1982 年 12 月 4 日五届全国人大五次会议通过了新宪法。八二宪法继承了五四宪法的基本原则，并根据新时期社会主义建设的需要，有许多重要改革和发展。例如，鉴于"文化大革命"肆意践踏宪法的历史教训，宪法序言和总纲第 5 条确立社会主义法治原则，规定了宪法的根本地位和宪法保障制度，以维护法治的统一和尊严。加强了最高国家权力机关常设机关的建设，扩大了全国人大常委会的职权，从而大大强化了全国人大的立法和监督职能。加强地方政权建设，规定县级以上地方各级人大设常委会，并赋予其保障宪法、法律在本行政区域内实施的职责。省、自治区、直辖市人大及其常委会有权制定地方性法规，还有监督地方"一府两院"的职责。通过总结"文化大革命"任意践踏公民权利的历史教训，宪法对公民的基本权利做了新的充实和更明确的规定，

---

① 《国史通鉴》第 4 卷，红旗出版社 1993 年版，第 42 页。

并加强了保障性措施。另外，宪法在加强国家政权建设，健全国家制度方面，还有许多其他改革。

1982 年宪法是新中国法治史上的重要里程碑，为新时期法治建设的大厦立起了支柱，对新时期法治建设起到了极大的推动和保障作用。

1982 年宪法第 31 条明确规定："国家在必要时得设立特别行政区。在特别行政区内实行的制度按照具体情况由全国人民代表大会以法律规定。"1984 年 12 月，中英两国政府签署了关于香港问题的联合声明，确认中华人民共和国政府于 1997 年 7 月 1 日恢复对香港行使主权，从而实现了 100 多年来全国人民收回香港的共同愿望。[①] 1985 年 4 月 10 日，第六届全国人大第三次会议在正式批准《中英联合声明》的同时，决定成立香港特别行政区基本法起草委员会，负责香港特别行政区基本法的起草工作。1990 年 4 月 4 日，七届全国人大第三次会议通过了《中华人民共和国香港特别行政区基本法》。1987 年 4 月 13 日，中葡两国政府签署了《关于澳门问题的联合声明》，澳门特别行政区基本法的起草被提上议事日程。1988 年 4 月 13 日，七届全国人大一次会议通过了《关于成立中华人民共和国澳门特别行政区基本法起草委员会的决定》。1993 年 3 月 31 日，八届全国人大第一次会议通过了《中华人民共和国澳门特别行政区基本法》。香港特别行政区基本法和澳门特别行政区基本法的颁布，是中国国家生活的大事，也是中国法治建设的大事。它把"一国两制"原则用基本法的形式确立，是中国立法史上的创举；它以法典确立了香港和澳门回归后的根本制度，是香港和澳门各方面生活所必须遵循的基本法典，为香港和澳门的经济发展和政治稳定提供了重要法律保障。

1988 年 2 月，中共中央正式提出修改宪法的建议，承认私有制经济的合法性，肯定了土地可以依法实行转让。1988 年 4 月，七届全国人大第一

---

① 参见《中国法律年鉴》（1987 年），法律出版社 1987 年版，第 522 页。

次会议审议通过了宪法修正案，规定"国家允许私营经济在法律规定的范围内存在和发展"；"土地的使用权可以依照法律的规定转让"。随后，1990年5月19日，国务院颁行的《城镇国有土地使用权出让和转让暂行条例》，成为土地使用权上市交易的具体规则。

1985年11月，六届全国人大常委会第十三次会议做出《关于在公民中基本普及法律常识的决议》，普法工作有了长足的发展，人民群众的法治观念、法律意识有了明显的提高。

这一时期，为了保障社会主义现代化建设的顺利进行，全国人大和全国人大常委会把制定经济方面的法律作为立法工作的重点，先后制定了《经济合同法》、《统计法》、《环境保护法（试行）》、《海洋环境保护法》、《水污染防治法》、《食品卫生法（试行）》、《海上交通安全法》，并批准了《国家建设征用土地条例》。同时，为了适应对外开放的需要，有利于引进外国资本和技术，还制定了《中外合资经营企业法》、《中外合资经营企业所得税法》、《外国企业所得税法》、《个人所得税法》、《商标法》和《专利法》，并批准了《广东省经济特区条例》。中国经济领域已有一些基本的法律，但是还不完备，还需要进一步制定一批重要的经济法律和对外经济合作方面的法律，保障对外开放和经济体制改革的顺利进行。① 1993年，彭冲副委员长在总结七届全国人大的立法工作时说，五年来，全国人大及其常委会通过了宪法修正案和59个法律，27个关于法律问题的决定，共计87个。1988年修改了宪法的个别条款，肯定了私营经济的地位，允许土地使用权依法转让，对中国改革开放和经济建设产生了积极的影响。常委会始终把制定有关经济建设和改革开放方面的法律作为立法工作的重点，制定了有关经济方面的法律21个，对《民事诉讼法（试行）》进行了补充和修改，对《土地管理法》、《中外合资经营企业法》、《环境保护法》、《专利

---

① 陈丕显：《中华人民共和国第六届全国人民代表大会常务委员会报告》（1985年）。

法》、《商标法》等法律做了修改和完善。①

（三）建设社会主义市场经济法治和实施依法治国基本方略：1992 年中共十四大至 2012 年中共十八大召开

1992—1997 年，有两大事件必将永载中华人民共和国的法治史册。一是社会主义市场经济体制得以确立，社会主义市场经济法律体系初步构建；二是依法治国、建设社会主义法治国家的基本方略得以确立。在人类探索社会主义的道路上，中国第一次把市场经济和社会主义制度结合起来，把人民当家做主、党的领导和依法治国结合起来，开创了中国特色社会主义理论和实践新的发展道路。

1992 年，中共十四大报告明确指出，中国经济体制改革的目标是在坚持公有制和按劳分配为主体、其他经济成分和分配方式为补充的基础上，建立和完善社会主义市场经济体制。确立了建设社会主义市场经济体制的总体改革目标。与此相适应，要高度重视法治建设，加强立法工作，建立和完善社会主义市场经济法律体系，特别是抓紧制定与完善保障改革开放、加强宏观经济管理、规范微观经济行为的法律和法规，这是建立社会主义市场经济体制的迫切要求。

1993 年，随着中国改革开放的深入，宪法修改再次成为一项紧迫的任务。1993 年 3 月，八届全国人大一次会议通过宪法修正案，把建设有中国特色社会主义的理论和改革开放、社会主义市场经济等以根本大法的形式固定下来；确立了社会主义市场经济在宪法中的地位，标志着中国开始大规模完善以宪法为依据的各种经济法律法规，从而把以市场为取向的改革完全纳入以宪法为核心的法治体系中。实践证明，1988 年和 1993 年这两次修改对中国改革开放和现代化建设都发挥了重要的促进和保障作用。为维

---

① 彭冲：《中华人民共和国第八届全国人民代表大会常务委员会报告》（1993 年）。

护宪法的权威性和稳定性，自 1988 年起，中国开始采用审议和公布"宪法修正案"，并在宪法正文后附录的方式。

1993 年 11 月，中共十四届三中全会第一次明确提出了社会主义市场经济的基本框架，要"建立适应市场经济要求，产权清晰、权责明确、政企分开、管理科学的现代企业制度"，从而促进了中国国有企业的改革向着理顺产权关系、实现现代企业制度的方向发展。这一变革使中国经济体制改革中的两大任务——政企分开和转换企业经营机制找到了落实的杠杆。这两大任务的实现离不开适应现代企业制度运行的公司法、证券法、金融法、破产法等一整套法律制度。社会主义市场经济体制框架中重要的一条就是建立社会主义市场经济法律体系的框架。

1997 年 7 月 1 日和 1999 年 12 月 20 日，中国政府分别对香港、澳门恢复行使主权。这是"一国两制"构想的伟大胜利。基本法是调整中央与特别行政区以及特别行政区内部的基本关系的宪法性法律，它较好地解决了"主权"与"治权"的关系，具有独创性，在特别行政区创设了一种新型的自治形式和独特的政治体制，形成了独立的司法制度和相对独立的法律体系，建立起了新的中央与地方关系。① 基本法是中国历史的创举，它为"一国两制"的成功奠下稳固的基石，是两地法律体系的结晶，它的成功代表着"一国两制"的成功。②

1996 年，八届全国人大四次会议制定的《关于国民经济和社会发展"九五"计划和 2010 年远景目标纲要》，第一次以具有国家法律效力的文件形式，规定了"依法治国，建设社会主义法制国家"的内容，与此同时，法学界关于依法治国的探讨形成热潮，有关"法制"与"法治"的讨论成为一大焦点。

---

① 文正邦：《关于我国法制发展战略的思考》，《现代法学》1993 年第 2 期。
② 王贵国、梁美芬：《一国两制：从理论到实践》，《太平洋法律和政策期刊》1998 年第 2 期。

1997 年，中共十五大把依法治国确立为党领导人民治国理政的基本方略。1999 年，九届全国人大二次会议通过了第三次宪法修正案。此次修宪主要内容有：在序言中写进"邓小平理论"；第 5 条增加一款：实行依法治国，建设社会主义法治国家。第 6 条规定基本经济制度为以公有制为主体，多种所有制经济共同发展。第 8 条规定农村集体经济实行家庭承包经营为基础、多种分配方式并存。第 11 条明确个体经济、私营经济是社会主义市场经济的重要组成部分，国家保护个体经济、私营经济的合法权利和利益。国家对个体经济、私营经济实行引导、监督和管理。第 28 条将"反革命的活动"改为"危害国家安全的犯罪活动"。宪法规定依法治国基本治国方略，从人治到法治，这是一个历史性的跨越。

2002 年，中共十六大明确提出，发展社会主义民主政治，最根本的是要把坚持党的领导、人民当家做主和依法治国有机统一起来。党的领导是人民当家做主和依法治国的根本保证，人民当家做主是社会主义民主政治的本质要求，依法治国是党领导人民治理国家的基本方略。"三者有机统一"是社会主义政治文明的本质特征，是发展社会主义民主政治、建设社会主义法治国家必须始终坚持的政治方向。

2004 年，十届全国人大二次会议通过了第四次宪法修正案。这次修宪突出了"以人为本"的理念和保障人权的原则，对宪法所规定的许多重要的制度都做了修改和完善。尤其是将尊重保障人权、保障合法私有财产权等重要内容载入宪法，又一次以根本大法的形式确认了改革开放理论创新与实践发展的重大成果。

2007 年，中共十七大对未来民主法治建设做出战略部署，提出全面落实依法治国基本方略，加快建设社会主义法治国家的总任务，要求必须坚持科学立法、民主立法，完善中国特色社会主义法律体系；加强宪法和法律实施，坚持公民在法律面前一律平等，维护社会公平正义，维护社会主义法治的统一、尊严、权威；推进依法行政，深化司法体制改革，加强政法队伍建设；深入开展法治宣传教育，弘扬法治精神；尊重和保障人权，维护宪法和法律的权威；等等。

2011 年 3 月，全国人大常委会吴邦国委员长向全世界宣告，中国特色社会主义法律体系如期形成。截至 2012 年底，中国已制定现行宪法和现行有效的法律 243 部、行政法规 721 部、地方性法规 9200 多部、自治条例和单行条例 780 多件。

2012 年 11 月，中共十八大对过去五年法治建设的成绩做出总结："民主法制建设迈出新步伐。政治体制改革继续推进。实行城乡按相同人口比例选举人大代表。基层民主不断发展。中国特色社会主义法律体系形成，社会主义法治国家建设成绩显著。爱国统一战线巩固壮大。行政体制改革深化，司法体制和工作机制改革取得新进展。"

（四）全面建设法治中国：2012 年中共十八大以来法治建设的任务和目标

中共十八大的召开，确立了全面建设法治中国的战略目标，中国的法治建设进入了新的发展时期。根据中华民族伟大复兴的中国梦和"两个一百年"的国家发展战略，在中国法治建设已取得显著成就、依法治国事业有了明显进步的背景下，未来进一步加强法治建设，全面推进依法治国，不断深化法制改革，从法律体系走向法治体系，从法律大国走向法治强国，按照建设法治中国"两步走"的战略目标全面推进法治建设。

第一步，到 2020 年全面建成小康社会时，基本建成法治中国。中共十八大报告指出，综观国际国内大势，中国发展仍处于可以大有作为的重要战略机遇期。我们要准确判断重要战略机遇期内涵和条件的变化，全面把握机遇，沉着应对挑战，赢得主动，赢得优势，赢得未来，确保到 2020 年实现全面建成小康社会宏伟目标。到 2020 年全面建成小康社会时，科学立法、严格执法、公正司法、全民守法全面实现，依法治国基本方略得到全面落实，中国特色法律体系更加完善，法治政府基本建成，司法公信力不断提高，人权得到切实尊重和保障，国家各项工作实现法治化，基本建成法治中国。

第二步，到 2049 年中华人民共和国成立 100 周年时，整体建成法治中国。依法治国、依法执政、依法行政共同推进的各项任务全面完成，法治国家、法治政府、法治社会一体建设的各项指标全面达到，法治精神、法治权威、法治秩序的各项要求全面满足，自由平等、民主人权、公平正义、和谐文明的法治中国整体建成。

第 二 章

中国的立法制度

第一节　立法体制的历史发展

立法体制是一个国家关于立法主体及其立法权限划分的制度。新中国成立以后，立法体制大致经历了三个时期，形成了三种既有历史联系又不尽相同的立法体制。

一　第一个时期：地方分散的立法体制

从中华人民共和国成立的 1949 年到 1954 年宪法的颁布，是中国实行分散立法体制的时期。这一时期，中国立法权力的行使具有多极化和分散化的特点，主要表现为从中央到地方的多级主体享有立法职权。在中央一级，享有立法职权的主体是中国人民政治协商会议全体会议和中央人民政府委员会和政务院。

根据 1949 年 9 月 27 日中国人民政治协商会议第一届全体会议通过的《中国人民政治协商会议组织法》的规定，在普选的全国人大召开以前，由中国人民政治协商会议全体会议执行全国人大的职权，其享有的立法职权是：制定或者修改中国人民政治协商会议组织法；制定或者修改中国人民政治协商会议共同纲领；制定或者修改中央人民政府组织法。

根据1949年9月27日中国人民政治协商会议第一届全体会议通过的《中华人民共和国中央人民政府组织法》的规定，中央人民政府委员会依据共同纲领行使以下立法职权：制定并解释国家的法律，颁布法令并监督其执行；废除或者修改政务院发布的与国家的法律、法令相抵触的决议和命令；批准或者废除或者修改中华人民共和国与外国订立的条约和协定。

根据中央人民政府组织法的规定，政务院有权：颁布决议和命令，并审查其执行；有权废除或者修改各委、部、会、院、署、行和各级政府与国家的法律、法令和政务院的决议、命令相抵触的决议和命令；有权向中央人民政府提出议案。

在地方一级，行使地方立法职权的主体包括大行政区的人民政府，省的人民政府，直辖市、大行政区辖市和省辖市的人民政府，县人民政府，以及民族自治地方的自治机关。

根据1949年12月26日政务院制定的《大行政区人民政府委员会组织通则》的规定，大行政区人民政府有权拟定与地方政务有关的暂行法令条例，报政务院批准或者备案。

根据1950年1月6日政务院制定的《省、市、县人民政府组织通则》的规定，省人民政府有权拟定与本省政务有关的暂行法令条例，报主管大行政区人民政府转请政务院批准或者备案。直辖市、大行政区辖市和省辖市的人民政府，有权拟定与本市政务有关的暂行条例，报上级人民政府批准。县人民政府有权拟定与县政有关的单行法规报请省人民政府批准或者备案。

根据《中华人民共和国民族区域自治实施纲要》的规定，各民族自治区的自治机关在中央人民政府和上级人民政府法令所规定的范围内，依其自治权限，可以制定本自治地方的单行法规，呈报上两级人民政府核准并报政务院备案。

1954年6月19日，由中央人民政府委员会第三十二次会议决定，撤销大行政区，大行政区一级的立法职权随之取消。

这一时期之所以赋予众多主体以立法职权，形成分散立法的格局，主要原因：一是形势变更的需要。新中国成立，百废待兴，革命和建设都需要秩序和规范，但由于彻底废除了国民党的伪法统，要依靠中央立法很快制定出能够满足和适应形势发展所需要的大量法律法令，是不可能的。二是此时期的立法权限划分体制"完全基于当时新老解放区的情况差别悬殊而确立的。对新解放的地区，不论其为省级或县级，都有必要给予立法的权力，以便因地制宜地实行各项改革，建立民主政权，恢复和发展国民经济"。在这种立法模式下，提高了立法效率，从中央到地方的立法速度大大加快。

据统计，从1950—1953年，中央立法共435件，年均立法109件。地方立法虽无全面的详细统计数字，但从浙江、内蒙古以及上海的立法情况却可见一斑。浙江从1950—1953年，共制定暂行法令条例和单行法规653件，年均立法163件；内蒙古从1950—1954年，制定各种条例和规范性文件368件，年均立法73.6件；上海从1950—1954年9月，制定暂行法令条例和单行法规799件，年均立法159件。

二 第二个时期：中央集权的立法体制

从1954年宪法颁布到1979年全国人大五届二次会议前，中国实行的是中央集权的立法模式。在这个时期，立法权限比较集中，除民族自治地方外，其他地方权力机关均不享有立法职权，国家行政机关亦无立法方面的职权。1954年宪法规定，全国人大是行使国家立法权的唯一机关，有权修改宪法和制定法律，全国人大常委会有权解释法律和制定法令。

1955 年，第一届全国人大第二次会议通过的《关于授权常务委员会制定单行法规的决议》，把享有国家立法权的范围扩大到了全国人大常委会。该授权决议解释的理由是："随着社会主义建设和社会主义改造事业的进展，国家急需制定各项法律，以适应国家建设和国家工作的要求。在全国人民代表大会闭会期间，有些部分性质的法律，不可避免地急需常务委员会通过实施。为此……授权常务委员会依照宪法的精神、根据实际需要，适时地制定部分性质的法律即单行法规。"

1959 年，第二届全国人大第一次会议，进一步授权全国人大常委会在全国人大闭会期间根据情况的发展和工作的需要，有权修改现行法律中已经不适用的条文。

民族自治地方的自治机关有权制定自治条例和单行条例，报全国人大常委会批准。由于宪法和有关组织法没有规定，各省、市、县原有的拟定法令、条例或单行法规的立法职权实际上已被取消。

中国这个时期的立法权限划分的体制突出地体现了中央集权的特征。

三 第三个时期：集权的分权立法体制

从 1979 年第五届全国人大第二次会议至今，中国采行的是集权的分权立法体制。

第二节 立法职权划分

在中国法律体系中，作为立法合法性渊源和依据的主要法源性法律是宪法和立法法。

一 中华人民共和国宪法（1982 年颁布）

1982 年宪法是中国的现行宪法。迄今，虽经过了四次修改，但有关立法制度的基本内容和主要框架并没有变动。现行宪法有关立法职权制度的规定如下：

第一，全国人大的立法职权包括：修改宪法。在中国，修改宪法要由全国人大常委会或者 1/5 以上的全国人大代表提议，并由全国人大以全体代表的 2/3 以上的多数通过；监督宪法的实施；制定和修改刑事、民事、国家机构的和其他的基本法律；改变或者撤销全国人大常委会不适当的决定；决定特别行政区的设立及其制度。

第二，全国人大常委会的立法职权包括：解释宪法，监督宪法实施；制定和修改除应由全国人大制定的法律以外的其他法律；在全国人大闭会期间，对全国人大制定的法律进行部分补充和修改；解释法律；撤销国务院制定的同宪法、法律相抵触的行政法规、决定和命令；撤销省、自治区、直辖市国家权力机关制定的同宪法、法律和行政法规相抵触的地方性法规和决议；决定同外国缔结的条约和重要协定的批准和废除。

第三，国务院的立法职权包括：根据宪法和法律，规定行政措施，制定行政法规，发布决定和命令；向全国人大或者全国人大常委会提出议案；同外国缔结条约和协定；改变或者撤销各部、各委员会发布的不适当的命令、指示和规章；改变或者撤销地方各级国家行政机构的不适当的决定和命令。

第四，省、直辖市的人大及其常委会，在不同宪法、法律、行政法规相抵触的前提下，可以制定地方性法规，报全国人大常委会备案。

第五，民族自治区、自治州、自治县的自治机关除了行使宪法规定的同级地方国家机关的职权外，同时还依照宪法、民族区域自治法和其他法律规定的权限行使自治权；民族自治地方的人大有权依照当地民族的政治、经济和文化的特点，制定自治条例和单行条例。自治区的自治条例和单行条例，报全国人大常委会批准后生效；自治州、自治县的自治条例和单行条例，报省或者自治区的人大常委会批准后生效，并报全国人大常委会备案。

1982 年宪法规定的以上立法职权制度，只是中国现行立法制度的主体的、基本的和框架的部分，在该宪法颁布实施以来的 30 年中，采用一般立法、授权立法等方式，上述制度在实践中得到不断完善、充实和发展。

二　中华人民共和国立法法（2000 年颁布）

2000 年 3 月 15 日，九届全国人大第三次会议通过了《中华人民共和国立法法》。这部法律于 2000 年 7 月 1 日起施行。立法法除了明确规定中国立法的指导思想和基本原则外，还在以下方面对立法做出重要规定。

第一，立法法进一步划分了有关立法主体的立法权限，特别是明确规定了只能由全国人大及其常委会制定法律的事项的专属立法职权，内容包括：国家主权的事项；各级人民代表大会、人民政府、人民法院和人民检察院的产生、组织和职权；民族区域自治制度、特别行政区制度、基层群众自治制度；犯罪和刑罚；对公民政治权利的剥夺、限制人身自由的强制措施和处罚；对非国有财产的征收；民事基本制度；基本经济制度以及财政、税收、海关、金融和外贸的基本制度；诉讼和仲裁制度；必须由全国人大及其常委会制定法律的其他事项。

第二，立法法对全国人大及其常委会的授权立法做出原则规定：全国人大及其常委会的授权决定应当明确授权的目的、范围；被授权机关应当严格按照授权目的和范围行使该项权力；被授权机关不得将该项权力转授给其他机关；授权立法事项，制定法律的条件成熟时，由全国人大及其常委会及时制定法律；法律制定后，相应立法事项的授权终止。

第三，立法法明确规定了全国人大和全国人大常委会的立法程序。

第四，立法法明确规定了法律解释的基本规则。

第五，立法法对行政法规的制定原则做出了规范。

第六，立法法对地方性法规、自治条例和单行条例、规章的制定原则做出了规范。

第七，立法法明确规定了法律适用的一般原则和相关问题：（1）关于法律体系的位阶：宪法具有最高的法律效力，一切法律、行政法规、地方性法规、自治条例和单行条例、规章都不得同宪法相抵触；法律的效力高于行政法规、地方性法规、规章；行政法规的效力高于地方性法规、规章；地方性法规的效力高于本级和下级地方政府规章；省、自治区的人民政府制定的规章的效力高于本行政区域内的较大的市的人民政府制定的规章。（2）关于变通规定的适用：自治条例和单行条例依法对法律、行政法规、地方性法规做变通规定的，在本自治地方适用自治条例和单行条例；经济特区法规根据授权对法律、行政法规、地方性法规做变通规定的，在本经济特区适用经济特区法规的规定。（3）关于规章的效力和实施：部门规章之间、部门规章与地方政府规章之间具有同等效力，在各自的权限范围内施行。（4）关于一般法与特别法、新法与旧法的适用原则：同一机关制定的法律、行政法规、地方性法规、自治条例和单行条例、规章，特别规定与一般规定不一致的，适用特别规定；新的规定与旧的规定不一致的，适用新的规定。（5）关于法不溯及既往：法律、行政法规、地方性法规、自治条例和单行条例、规章不溯及既往，但为了更好地保护公民、法人和其他组织的权利和利益而做的特别规定除外。（6）关于立法规定不一致时的裁决。（7）关于改变或者撤销立法的规定。（8）关于法律备案的规定。（9）关于法律相抵触的解决。

三　全国人大及其常委会的授权立法规范

1979 年以来，全国人大或其常委会曾多次做出授权决定，授予有关主体以立法权，从而使之获得了立法职权或者扩大了立法职权。有关立法授权决定主要有以下一些。

第一，对国务院的授权立法，共有三次（参见第一章第一节第 7 页）。

第二，对省级人大及其常委会的关于经济特区的特别授权立法，共有两次。第一次，1981 年 11 月，第五届全国人大常委会第二十一次会议通过决议，授权广东省、福建省的人民代表大会及其常务委员会，根据有关的法律、法令、政策规定的原则，按照各自经济特区的具体情况和实际需要，制定经济特区的各项单行经济法规，并报全国人大常委会和国务院备案；第二次，1988 年 3 月，第七届全国人大第一次会议，授权海南省人民代表大会及其常务委员会根据海南经济特区的具体情况和实际需要制定法规，在海南经济特区实施。

第三，对其他经济特区的特别授权立法，共有三次。

第一次，1992 年 7 月，第七届全国人大常委会第二十六次会议，审议了国务院关于提请授权深圳市人民代表大会及其常务委员会和深圳市人民政府分别制定深圳经济特区法规和深圳经济特区规章的议案，决定授权深圳市人民代表大会及其常务委员会根据具体情况和实际需要，遵循宪法的规定以及法律和行政法规的基本原则，制定法规，在深圳经济特区实施，并报全国人大常委会、国务院和广东省人民代表大会常务委员会备案；授权深圳市人民政府制定规章并在深圳经济特区组织实施。

第二次，1994 年 3 月第八届全国人大第二次会议，审议了福建省袁启彤等 36 名全国人大代表在八届全国人大一次会议上提出的关于授权厦门市人大及其常委会和厦门市政府分别制定法规和规章的议案，决定授权厦门市人民代表大会及其常务委员会根据经济特区的具体情况和实际需要，遵循宪法的规定以及法律和行政法规的基本原则，制定法规，在厦门经济特区实施，并报全国人大常委会、国务院和福建省人民代表大会常务委员会备案；授权厦门市人民政府制定规章并在厦门经济特区组织实施。

第三次，1996年3月，第八届全国人大第四次会议通过决定，授权汕头市和汕头市人民代表大会及其常务委员会根据其经济特区的具体情况和实际需要，遵循宪法的规定以及法律和行政法规的基本原则，制定法规，分别在汕头和珠海经济特区实施，并报全国人大常委会、国务院和广东省人民代表大会常务委员会备案；授权汕头市和珠海市人民政府制定规章并分别在汕头和珠海经济特区组织实施。

第四次，有关组织法、立法法的立法授权。1982年12月，第五届全国人大第五次会议，对1979年通过的《中华人民共和国地方各级人民代表大会和地方各级人民政府组织法》做了修改。修改后的组织法明确规定，省、自治区的人民政府所在地的市和经国务院批准的较大的市的人民代表大会常务委员会，可以拟定本市需要的地方性法规草案，提请省、自治区的人民代表大会常务委员会审议制定，并报全国人大常委会和国务院备案；并且规定，省、自治区、直辖市以及省、自治区的人民政府所在地的市和经国务院批准的较大的市的人民政府，可以根据法律和国务院的行政法规，制定规章。1995年全国人大常委会修改《中华人民共和国地方各级人民代表大会和地方各级人民政府组织法》时，将地方政府制定规章的有关规定修改为："省、自治区、直辖市的人民政府可以根据法律、行政法规和本省、自治区、直辖市的地方性法规，制定规章，报国务院和本级人民代表大会常务委员会备案。省、自治区的人民政府所在地的市和经国务院批准的较大的市的人民政府，可以根据法律、行政法规和本省、自治区的地方性法规，制定规章，报国务院和省、自治区的人民代表大会常务委员会、人民政府以及本级人民代表大会常务委员会备案。"

立法法规定，较大的市的人大及其常务委员会根据本市的具体情况和实际需要，在不同宪法、法律、行政法规和本省、自治区的地方性法规相抵触的前提下，可以制定地方性法规，报省、自治区的人大常务委员会批准后施行。立法法同时规定，该法所称较大的市是指省、自治区的人民政府所在地的市，经济特区所在地的市和经国务院批准的较大的市。

四　国务院的立法职权

根据《中华人民共和国宪法》和《中华人民共和国立法法》等的规定，国务院享有以下事项的立法职权。

第一，为执行法律的规定需要制定行政法规的事项。

第二，《宪法》第 89 条规定的国务院行政管理职权的事项，包括：根据宪法和法律，规定行政措施，制定行政法规，发布决定和命令；向全国人大或者全国人大常委会提出议案；规定各部和各委员会的任务和职责，统一领导各部和各委员会的工作，并且领导不属于各部和各委员会的全国性的行政工作；统一领导全国地方各级国家行政机关的工作，规定中央和省、自治区、直辖市的国家行政机关的职权的具体划分；编制和执行国民经济和社会发展计划和国家预算；领导和管理经济工作和城乡建设；领导和管理教育、科学、文化、卫生、体育和计划生育工作；领导和管理民政、公安、司法行政和监察等工作；管理对外事务，同外国缔结条约和协定；领导和管理国防建设事业；领导和管理民族事务，保障少数民族的平等权利和民族自治地方的自治权利；保护华侨的正当的权利和利益，保护归侨和侨眷的合法的权利和利益；改变或者撤销各部、各委员会发布的不适当的命令、指示和规章；改变或者撤销地方各级国家行政机关的不适当的决定和命令；批准省、自治区、直辖市的区域划分，批准自治州、县、自治县、市的建置和区域划分；决定省、自治区、直辖市的范围内部分地区的戒严；审定行政机构的编制，依照法律规定任免、培训、考核和奖惩行政人员；全国人大和全国人大常委会授予的其他职权。

五 中央军事委员会的立法职权

根据《国防法》、《立法法》等的规定，中央军事委员会享有制定军事法规的立法职权，中央军事委员会各总部、军兵种、军区享有制定军事规章立法职权。

1997 年第八届全国人大第五次会议通过的《国防法》规定，中央军事委员会领导全国武装力量，对以下事项方面享有军事法规的制定权：统一指挥全国武装力量；决定军事战略和武装力量的作战方针；领导和管理中国人民解放军的建设，制订规划、计划并组织实施；向全国人大或者全国人大常委会提出议案；根据宪法和法律，制定军事法规，发布决定和命令；决定中国人民解放军的体制和编制，规定总部以及军区、军兵种和其他军区级单位的任务和职责；依照法律、军事法规的规定，任免、培训、考核和奖惩武装力量成员；批准武装力量的武器装备体制和武器装备发展规划、计划，协同国务院领导和管理国防科研生产；会同国务院管理国防经费和国防资产；法律规定的其他职权。

立法法规定，中央军事委员会根据宪法和法律，制定军事法规。中央军事委员会各总部、军兵种、军区，可以根据法律和中央军事委员会的军事法规、决定、命令，在其权限范围内，制定军事规章。军事法规、军事规章在武装力量内部实施。军事法规、军事规章的制定、修改和废止办法，由中央军事委员会依照立法法规定的原则规定。

在军事立法制度方面，中国形成了三级军事立法体制：即全国人大及其常委会制定军事法律；中央军委单独或者与国务院联合制定军事法规和军事行政法规；军队各大单位制定军事规章，或军委各总部与国务院各部委联合制定军事行政规章。并且统一了军事立法程序：根据军队建设的实际需要和宪法的有关规定，中央军委制定了《中国人民解放军立法程序暂行条例》，从立法规划、计划，到法规起草、审议，以及发布实施等，都做了明确规定。军队各大单位根据中央军委的条例制定相应的实施办法、实现了军事立法工作的规范化、制度化。中国军事立法在坚持符合本国国情、军情的同时，还注重与中国在国际军事领域已经加入的条约、协定相衔接，使军事法的内容与国际法准则和惯例相一致。

六 省级和较大市的人民代表大会及其常务委员会的立法职权

根据宪法、地方各级人民代表大会和地方各级人民政府组织法、立法法等的规定，省级人民代表大会及其常务委员会、较大市的人民代表大会及其常务委员会，制定地方性法规的立法职权。

省、自治区、直辖市的人民代表大会及其常务委员会，有权依照宪法和法律制定在本行政区域内实施的地方性法规。地方性法规可以就下列事项做出规定：为执行法律、行政法规的规定，需要根据本行政区域的实际情况做具体规定的事项；属于地方性事务需要制定地方性法规的事项。

地方性法规立法的有关事项包括县级以上的地方各级人大行使下列职权：在本行政区域内，保证宪法、法律、行政法规和上级人大及其常委会决议的遵守和执行，保证国家计划和国家预算的执行；审查和批准本行政区域内的国民经济和社会发展计划、预算以及它们执行情况的报告；讨论、决定本行政区域内的政治、经济、教育、科学、文化、卫生、民政、民族工作的重大事项；选举本级人大常委会的组成人员；选举省长、副省长，自治区主席、副主席，市长、副市长，州长、副州长，县长、副县长，区长、副区长；选举本级人民法院院长和人民检察院检察长；选出的人民检察院检察长，须报经上一级人民检察院检察长，提请该级人大常委会批准；选举上一级人大代表；听取和审查本级人大常委会的工作报告；听取和审查本级人民政府和人民法院、人民检察院的工作报告；改变或者撤销本级人大常委会不适当的决议；撤销本级人民政府的不适当的决定和命令；保护社会主义的全民所有的财产和劳动群众集体所有的财产，保护公民私人所有的合法财产，维护社会秩序，保障公民的人身权利、民主权利和其他权利；保障农村集体经济组织应有的自主权；保障少数民族的权利；保障宪法和法律赋予妇女的男女平等、同工同酬和婚姻自由等各项权利。

地方性法规立法的有关事项包括县级以上的地方各级人大常委会行使下列职权：在本行政区域内，保证宪法、法律、行政法规和上级人大及其常委会决议的遵守和执行；领导或者主持本级人大代表的选举；召集本级人大会议；讨论、决定本行政区域内的政治、经济、教育、科学、文化、卫生、民政、民族工作的重大事项；根据本级人民政府的建议，决定对本行政区域内的国民经济和社会发展计划、预算的部分变更；监督本级人民政府、人民法院和人民检察院的工作，联系本级人大代表，受理人民群众对上述机关和国家工作人员的申诉和意见；撤销下一级人大及其常委会的不适当的决议；撤销本级人民政府的不适当的决定和命令；在本级人大闭会期间，决定副省长、自治区副主席、副市长、副州长、副县长、副区长的个别任免；在省长、自治区主席、市长、州长、县长、区长和人民法院院长、人民检察院检察长因故不能担任职务的时候，从本级人民政府、人民法院、人民检察院副职领导人员中决定代理的人选；决定代理检察长，须报上一级人民检察院和人大常委会备案；根据省长、自治区主席、市长、州长、县长、区长的提名，决定本级人民政府秘书长、厅长、局长、主任、科长的任免，报上一级人民政府备案；按照人民法院组织法和人民检察院组织法的规定，任免人民法院副院长、庭长、副庭长、审判委员会委员、审判员，任免人民检察院副检察长、检察委员会委员、检察员，批准任免下一级人民检察院检察长；省、自治区、直辖市的人大常委会根据主任会议的提名，决定在省、自治区内按地区设立的和在直辖市内设立的中级人民法院院长的任免，根据省、自治区、直辖市的人民检察院检察长的提名，决定人民检察院分院检察长的任免；在本级人大闭会期间，决定撤销个别副省长、自治区副主席、副市长、副州长、副县长、副区长的职务；决定撤销由它任命的本级人民政府其他组成人员和人民法院副院长、庭长、副庭长、审判委员会委员、审判员，人民检察院副检察长、检察委员会委员、检察员，中级人民法院院长，人民检察院分院检察长的职务；在本级人大闭会期间，补选上一级人大出缺的代表和撤换个别代表；决定授予地方的荣誉称号。

按照立法法的规定，除立法法第 8 条规定的全国人大及其常委会专属立法权的事项外，其他事项国家尚未制定法律或者行政法规的，省、自治区、直辖市和较大的市根据本地方的具体情况和实际需要，可以先制定地方性法规。在国家制定的法律或者行政法规生效后，地方性法规同法律或者行政法规相抵触的规定无效，制定机关应当及时予以修改或者废止。

七 民族自治地方人大的立法职权

根据宪法、地方各级人民代表大会和地方各级人民政府组织法、民族区域自治法、立法法等的规定，自治区和较大市的人民代表大会及其常委会享有制定地方性法规的立法职权；此外，县级以上民族自治地方的人大均享有制定自治条例和单行条例的立法职权。

民族自治地方立法机关与普通行政区立法机关一样享有制定地方性法规的权限。自治区人大及其常委会，在不同宪法、法律、行政法规相抵触的前提下，可以制定实施细则、实施办法或具体规定等地方性法规，报全国人大常委会备案。自治区人民政府所在地的市和经国务院批准的较大市的人大，根据本市的具体情况和实际需要，在不同宪法、法律、行政法规和本自治区的地方性法规相抵触的前提下，可以制定实施细则、实施办法或具体规定等地方性法规，报自治区人大常委会批准，并由自治区人大常委会报全国人大常委会和国务院备案。

民族自治地方立法机关除了与普通行政区立法机关一样享有制定地方性法规的权限外，还享有制定民族自治条例和单行条例的权限。自治区、自治州、自治县人大有权依照当地民族的政治、经济和文化的特点，制定自治条例和单行条例。自治区的自治条例和单行条例，报全国人大常委会批准后生效；自治州、自治县的自治条例和单行条例，报省、自治区、直辖市的人大常委会批准后生效，并报全国人大常委会备案。

民族区域自治法明确规定了民族自治地方人大享有的立法职权的有关事项，主要包括：

第一，民族自治地方的人大有权依照当地民族的政治、经济和文化的特点，制定自治条例和单行条例。自治区的自治条例和单行条例，报全国人大常委会批准后生效。自治州、自治县的自治条例和单行条例报省、自治区、直辖市的人大常委会批准后生效，并报全国人大常委会和国务院备案。

第二，上级国家机关的决议、决定、命令和指示，如有不适合民族自治地方实际情况的，自治机关可以报经该上级国家机关批准，变通执行或者停止执行；该上级国家机关应当在收到报告之日起60日内给予答复。

第三，民族自治地方的自治机关在执行职务的时候，依照本民族自治地方自治条例的规定，使用当地通用的一种或者几种语言文字；同时使用几种通用的语言文字执行职务的，可以以实行区域自治的民族的语言文字为主。

第四，民族自治地方的自治机关根据社会主义建设的需要，采取各种措施从当地民众中大量培养各级干部、各种科学技术、经营管理等专业人才和技术工人，充分发挥他们的作用，并且注意在少数民族妇女中培养各级干部和各种专业技术人才。民族自治地方的自治机关录用工作人员的时候，对实行区域自治的民族和其他少数民族的人员应当给予适当的照顾。民族自治地方的自治机关可以采取特殊措施，优待、鼓励各种专业人员参加自治地方各项建设工作。

第五，民族自治地方的企业、事业单位依照国家规定招收人员时，优先招收少数民族人员，并且可以从农村和牧区少数民族人口中招收。

第六，民族自治地方的自治机关依照国家的军事制度和当地的实际需要，经国务院批准，可以组织本地方维护社会治安的公安部队。

第七，民族自治地方的自治机关在国家计划的指导下，根据本地方的特点和需要，制订经济建设的方针、政策和计划，自主安排和管理地方性的经济建设事业。

第八，民族自治地方的自治机关在坚持社会主义原则的前提下，根据法律规定和本地方经济发展的特点，合理调整生产关系和经济结构，努力发展社会主义市场经济。民族自治地方的自治机关坚持公有制为主体、多种所有制经济共同发展的基本经济制度，鼓励发展非公有制经济。

第九，民族自治地方的自治机关根据法律规定，确定本地方内草场和森林的所有权和使用权。民族自治地方的自治机关保护、建设草原和森林，组织和鼓励植树种草。禁止任何组织或者个人利用任何手段破坏草原和森林。严禁毁草毁林开垦耕地。

第十，民族自治地方的自治机关依照法律规定，管理和保护本地方的自然资源。民族自治地方的自治机关根据法律规定和国家的统一规划，对可以由本地方开发的自然资源，优先合理开发利用。

第十一，民族自治地方的自治机关在国家计划的指导下，根据本地方的财力、物力和其他具体条件，自主地安排地方基本建设项目。

第十二，民族自治地方的自治机关自主地管理隶属于本地方的企业、事业。

第十三，民族自治地方依照国家规定，可以开展对外经济贸易活动，经国务院批准，可以开辟对外贸易口岸。与外国接壤的民族自治地方经国务院批准，开展边境贸易。民族自治地方在对外经济贸易活动中，享受国家的优惠政策。

第十四，民族自治地方的财政是一级财政，是国家财政的组成部分。民族自治地方的自治机关有管理地方财政的自治权。凡是依照国家财政体制属于民族自治地方的财政收入，都应当由民族自治地方的自治机关自主地安排使用。民族自治地方在全国统一的财政体制下，通过国家实行的规范的财政转移支付制度，享受上级财政的照顾。民族自治地方的财政预算支出，按照国家规定，设机动资金，预备费在预算中所占比例高于一般地区。民族自治地方的自治机关在执行财政预算过程中，自行安排使用收入的超收和支出的节余资金。

第十五，民族自治地方的自治机关对本地方的各项开支标准、定员、定额，根据国家规定的原则，结合本地方的实际情况，可以制定补充规定和具体办法。自治区制定的补充规定和具体办法，报国务院备案；自治州、自治县制定的补充规定和具体办法，须报省、自治区、直辖市人民政府批准。

第十六，民族自治地方的自治机关在执行国家税法的时候，除应由国家统一审批的减免税收项目以外，对属于地方财政收入的某些需要从税收上加以照顾和鼓励的，可以实行减税或者免税。

第十七，民族自治地方根据本地方经济和社会发展的需要，可以依照法律规定设立地方商业银行和城乡信用合作组织。

第十八，民族自治地方的自治机关根据国家的教育方针，依照法律规定，决定本地方的教育规划，各级各类学校的设置、学制、办学形式、教学内容、教学用语和招生办法。

第十九，民族自治地方的自治机关自主地发展民族教育，扫除文盲，举办各类学校，普及九年义务教育，采取多种形式发展普通高级中等教育和中等职业技术教育，根据条件和需要发展高等教育，培养各少数民族专业人才。民族自治地方的自治机关为少数民族牧区和经济困难、居住分散的少数民族山区，设立以寄宿为主和助学金为主的公办民族小学和民族中学，保障就读学生完成义务教育阶段的学业。办学经费和助学金由当地财政解决，当地财政困难的，上级财政应当给予补助。招收少数民族学生为主的学校（班级）和其他教育机构，有条件的应当采用少数民族文字的课本，并用少数民族语言讲课；根据情况从小学低年级或者高年级起开设汉语文课程，推广全国通用的普通话和规范汉字。各级人民政府要在财政方面扶持少数民族文字的教材和出版物的编译和出版工作。

第二十，民族自治地方的自治机关自主地发展具有民族形式和民族特点的文学、艺术、新闻、出版、广播、电影、电视等民族文化事业，加大对文化事业的投入，加强文化设施建设，加快各项文化事业的发展。民族自治地方的自治机关组织、支持有关单位和部门收集、整理、翻译和出版民族历史文化书籍，保护民族的名胜古迹、珍贵文物和其他重要历史文化遗产，继承和发展优秀的民族传统文化。

第二十一，民族自治地方的自治机关自主地决定本地方的科学技术发展规划，普及科学技术知识。

第二十二，民族自治地方的自治机关，自主地决定本地方的医疗卫生事业的发展规划，发展现代医药和民族传统医药。民族自治地方的自治机关加强对传染病、地方病的预防控制工作和妇幼卫生保健，改善医疗卫生条件。

第二十三，民族自治地方的自治机关自主地发展体育事业，开展民族传统体育活动，增强各族人民的体质。

第二十四，民族自治地方的自治机关积极开展和其他地方的教育、科学技术、文化艺术、卫生、体育等方面的交流和协作。自治区、自治州的自治机关依照国家规定，可以和国外进行教育、科学技术、文化艺术、卫生、体育等方面的交流。

第二十五，民族自治地方的自治机关根据法律规定，制定管理流动人口的办法。

第二十六，民族自治地方实行计划生育和优生优育，提高各民族人口素质。民族自治地方的自治机关根据法律规定，结合本地方的实际情况，制定实行计划生育的办法。

第二十七，民族自治地方的自治机关保护和改善生活环境和生态环境，防治污染和其他公害，实现人口、资源和环境的协调发展。

民族自治地方还享有法律变通权，即民族自治地方的自治机关根据本地方的具体情况，在不违背宪法和法律的原则下，有权采取特殊政策和灵活措施，加速民族自治地方经济、文化建设事业的发展。民族自治区、自治州、自治县的地方立法机关，都可以根据实际需要和可能，在立法上对全国法律法规、地方性法规进行变通。民族自治地方不能全部适用法律规定的，可以由自治区人大根据当地民族的政治、经济、文化的特点和法律规定的基本原则，制定变通或者补充的规定，报请全国人大常委会批准施行。截至2011年，民族自治地方立法机关对法律和行政法规的规定做出变通和补充规定的有75件，内容涉及婚姻、继承、资源开发、计划生育、未成年人保护、社会治安、环境保护以及土地、森林、草原管理等方面。

根据宪法、立法法和民族区域自治法的相关规定，民族自治地方不能变通立法的事项包括：宪法的规定不能变通；民族区域自治法的规定不能变通；属于中央专属立法权限范围的事项不能变通。立法法第8条规定了10项只能由法律加以规定的专属立法权限事项。其他法律、行政法规有关民族问题的专门规定不能变通。除宪法和民族区域自治法外，目前中国共有 59 部法律对民族问题做了相关规定，由于这些规定已充分考虑到民族自治地方的特点和实际情况，因此不能再立法变通。授权变通的法律和行政法规的基本原则和精神不能变通。如《婚姻法》第 50 条授权民族自治地方人大有权结合当地民族婚姻家庭的具体情况，制定变通规定。但变通婚姻法时，不能变通婚姻法关于婚姻自由、一夫一妻、男女平等等基本原则。就是说，变通立法不得变通颠覆被变通的法律、法规，否则就突破了变通立法的底线。国家法律、行政法规适合"当地民族的政治、经济和文化特点"的规定，不能再做变通。

八 特别行政区立法会制定特区法律的立法职权

根据宪法第 31 条设立的香港特别行政区和澳门特别行政区，是中国地方立法的特殊地区。根据"一国两制"方针，在特别行政区实行资本主义制度。按照香港特别行政区基本法、澳门特别行政区基本法的规定，特别行政区享有较内地地方国家权力机关更大的立法职权，除外交、国防以及其他属于中央政府管理范围的事务不能立法外，香港、澳门特别行政区立法会有权对特区高度自治范围内的一切事务制定、修改和废止法律。

在中国立法制度下，特别行政区是实行高度自治的地方。特别行政区享有的立法权，是中国地方立法权体系的一个组成部分，既是维护和保障社会主义祖国统一、民族繁荣昌盛的体现，同时又是维护和保障特别行政区实行资本主义制度、实行高度自治权的表现。香港、澳门原有的法律，即普通法、衡平法、条例、附属立法和习惯法，除由全国人大常委会宣布为同基本法相抵触或经特别行政区立法机关做出修改者外，予以保留。特别行政区立法会依据宪法、特别行政区基本法的赋权，按照法定程序制定的法律，须报全国人大常委会备案。备案不影响法律的生效。特别行政区立法机关享有的立法权突破了现行宪法规定的内地地方立法机关和民族自治地方立法机关所享有立法权限的范围。对特别行政区立法机关行使的权限，主要是采取"将有关法律发回"的原则。而且这种"发回"是有条件的：一是须在全国人大常委会征得特别行政区基本法委员会意见之后；二是须认定特别行政区立法机关制定的法律不符合基本法关于中央管理的事务及中央和香港特别行政区的关系的条款。①

第三节　立法程序

在中国，立法程序有广义和狭义的区分。广义的立法程序，是指中央和地方的立法主体（国家权力机关、行政机关和军事机关等）制定、修改、补充、解释或废止法律规范性文件应当遵循的活动步骤、规则和次序。狭义的立法程序，是指立法机关行使立法职权，制定、修改、补充、解释或废止法律规范性文件的活动程序，主要包括提出法律议案、审议法律草案、表决法律草案、公布法律四个阶段。

一　提出立法议案的程序

提出立法议案是有权主体依照一定程序向立法机关提出的关于制定、认可、修改、补充、解释或废止某项法律的立法动议。

（一）有权提出立法议案的主体

根据中国宪法和有关法律的规定，有权向全国人大提出立法议案的包

---

①　张福森主编：《社会主义法制理论读本》，人民出版社 2002 年版，第 140 页。

括：全国人大主席团①、全国人大常委会、全国人大的各专门委员会、国务院、中央军事委员会、最高人民法院、最高人民检察院、一个代表团或者30 名以上的全国人大代表。

有权向全国人大常委会提出立法议案的包括：委员长会议、全国人大的各专门委员会、国务院、中央军事委员会、最高人民法院、最高人民检察院、10 名以上全国人大常委会组成人员。

有权提出宪法修正案的包括：全国人大常委会，或者 1/5 以上的全国人大代表。

在地方人大及其常委会的立法中，在地方人大会议期间，有权提出地方立法议案的包括：大会主席团、常务委员会、各专门委员会、本级政府以及代表 10 人以上联名；在人大闭会期间，有权提出地方立法议案的主体包括：常委会主任会议、本级人民政府、人民代表大会的各专门委员会以及常委会组成人员 5 人以上联名。

（二）立法议案的范围和格式

关于提出立法议案的范围，法律设定了两个界限：一是要求提案主体只能就自己业务范围内的问题行使提案权；二是规定提案主体只能提出属于职权范围内的立法议案。立法法规定，提出法律议案，应当同时提出法律草案文本及其说明，并提供必要的资料。法律草案的说明应当包括制定该法律的必要性和主要内容。

在立法技术方面，法律议案根据内容需要，可以分编、章、节、条、款、项、目。编、章、节、条的序号用中文数字依次表述，款不编序号，项的序号用中文数字加括号依次表述，目的序号用阿拉伯数字依次表述。

---

① 全国人大主席团是全国人大会议的主持者，成员通常由常委会提出名单草案，由代表大会预备会议决定，人数有 100 多人，成员来自各方面的代表人士。

（三）起草法律草案

起草法案虽然重要，但不属于中国立法程序的正式组成部分。在中国立法实践中，法律草案基本上由提出立法议案的机关组织起草。

由全国人大主席团、全国人大常委会及其委员长会议、全国人大各专门委员会提出的法律议案，通常由全国人大各专门委员会、办公厅、全国人大常委会法制工作委员会起草。

由国务院提出的立法议案，通常由国务院法制机构和有关部门起草。行政法规由国务院组织起草。国务院有关部门认为需要制定行政法规的，应当向国务院报请立项。在起草过程中，应当广泛听取有关机关、组织和公民的意见。起草工作完成后，起草单位应当将草案及其说明、各方面对草案主要问题的不同意见和其他有关资料送国务院法制机构进行审查。

最高人民法院负责起草与司法审判以及司法审判组织有关的法律草案。

最高人民检察院负责起草与检察工作和检察组织有关的法律草案。

中央军事委员会起草有关军事的法律草案，主要由军委法制局承担起草任务。

有些涉及面比较宽的法律，常常由一个主要部门牵头、各有关方面参加草案。当遇到需要起草专业性、技术性较强而往往其适用面较窄的法律草案，也可委托专门机构或专家、学者起草。法律草案起草完毕后，要经有立法提案权的国家机关和人员，向立法机关正式提出法律议案，才能列入立法机关的议事日程。

（四）立法议案的审查和处置

在中国，立法议案提出后不可能全部成为审议的对象。立法议案能否被列入议程，一般都须经过审查和处置程序。只有那些被列入议程的立法议案，才能进入审议程序。立法法和其他有关法律对立法议案的审查和处置程序做出明确规定。

首先，全国人大常委会、国务院、中央军事委员会、最高人民法院、最高人民检察院、全国人大各专门委员会向全国人大提出法律议案，由主席团决定列入会议议程。一个代表团或者30名以上的代表联名向全国人大提出法律议案，由主席团决定是否列入会议议程，或者先交有关的专门委员会审议、提出是否列入会议议程的意见，再决定是否列入会议议程。列入全国人大会议议程的法律议案，在交付表决前，提案人要求撤回的，应当说明理由，经主席团同意，并向大会报告，对该法律议案的审议即行终止。

其次，国务院、中央军事委员会、最高人民法院、最高人民检察院、全国人大各专门委员会向常委会提出法律议案，由委员长会议决定列入常委会会议议程，或者先交有关的专门委员会审议、提出报告，再决定列入常委会会议议程。如果委员长会议认为法律议案有重大问题需要进一步研究，可以建议提案人修改完善后再向常委会提出。常委会组成人员10人以上联名向常委会提出法律议案，由委员长会议决定是否列入常委会会议议程；或者先交有关的专门委员会审议、提出是否列入会议议程的意见，再决定是否列入常委会会议议程。

列入常委会会议议程的法律议案，除特殊情况外，应当在会议举行的7日前将法律草案发给常委会组成人员。不列入常委会会议议程的，应当向常委会会议报告或者向提案人说明。

最后，在全国人大闭会期间，向全国人大提出的法律议案可以先向常委会提出，经常委会会议依照法律规定的程序审议后，决定提请全国人大审议。常委会决定提请全国人大会议审议的法律议案，应当在会议举行的一个月前将法律草案发给代表。

二　审议立法议案的程序

立法议案被列入议程后，进入实质性的审议阶段。中国立法制度中，审议法律草案的程序包括审次制度、委员会审查、立法听证等内容。

(一) 立法议案的审次制度

中国的立法机关不实行连续会期制度，立法过程中也没有采取"三读会"（Three Readings）程序，而是实行立法议案的"审次"制度。从1983年开始，全国人大常委会对法律草案一般实行两次会议审议。从实践上看，两次审议比过去一次审议确有进步，但对很多重要、复杂的法律草案来说，两次审议的安排仍显得仓促。在审议法律草案时，由于审议时间不充裕，一些常委会组成人员只能就法律草案的结构、文字等技术性问题发表意见，难于对法律草案的主要问题提出有针对性、有深度、有价值的具体意见。第九届全国人大常委会把原来一般实行两次会议审议改为一般实行三次会议审议。

立法法规定，对列入全国人大会议审议的法律议案，首先由全体会议听取提案者关于法律议案的说明，然后由各代表团全体会议和分组会议审议，并由法律委员会和有关专门委员会审议。为了使代表大会通过的法律草案日臻完善，一般在提交审议前，先由全国人大常委会听取法律草案的说明，并进行讨论、修改，然后再提请代表大会会议审议。对列入全国人大常委会会议议程的法律草案，实行至少两审的制度，即在第一次常委会会议上听取提案者关于法律草案的说明，进行初步审议后，交法律委员会和有关专门委员会审议，由法律委员会向下一次或者以后的常委会会议提出审议结果的报告，再次经常委会分组会议、联组会议审议后，才提请常委会全体会议表决。常委会会议在审议法律草案中，往往提出各种不同意见，经过反复讨论和辩论，对法律草案多次修改，最后多数人形成比较一致的意见才付诸表决。根据需要，可以召开联组会议或者全体会议，对法律草案中的主要问题进行讨论。各方面意见比较一致的，可以经两次会议审议后交付表决；部分修改的法律草案，各方面意见比较一致的，也可以经一次会议审议即交付表决。

第一次审议的任务是：围绕立法的必要性和重大问题，审议提案人提交的立法议案。主要是决定把立法议案列入议程；由提案机关或人员向大会做法律草案的说明，说明的内容一般包括：立法理由，法律草案的起草经过、基本精神及主要问题等；对法律草案的指导思想、主要原则、基本框架进行初步审议；责成有关专门委员会会后依据常委会组成人员提出的审议意见，对法律草案进行审查。

第二次审议的任务是：围绕法律草案的专业问题和矛盾焦点，审议有关专门委员会提交的修改草案。主要是听取有关专门委员会的审查报告或审查意见；围绕法律草案的重点、难点和分歧意见，对法律草案的内容、条文、概念、文字表述等进行深入审议；提出立法修正案；责成法律委员会会后根据有关专门委员会的审查报告、常委会组成人员提出的审议意见和修正案，对法律草案进行统一审查和修改，形成法律草案修改稿。

第三次审议的任务是：围绕法律草案的合法性和立法技术等问题，审议法律委员会提交的修改草案。主要是听取法律委员会关于法律草案修改的说明；对修改后的法律草案进行审议；根据常委会多数组成人员的审议意见形成法律草案建议表决稿；然后对法律文件（包括立法修正案和法律草案建议表决稿）进行最后表决。

列入全国人大会议议程的法律议案，一次会议不能完成审议的，由主席团提出，并经大会全体会议决定后，或授权常委会审议决定，并报全国人大下次会议备案，或提请全国人大下次会议审议。

列入常委会会议议程的法律议案，经三次会议审议后，仍有重大问题需要进一步研究的，由委员长会议提出，经联组会议或者全体会议同意，可以暂不付表决，交法律委员会和有关的专门委员会进一步审议。因各方面对制定该法律的必要性、可行性等重大问题存在较大意见分歧搁置审议满两年的，或者因暂不付表决经过两年没有再次列入常委会会议议程审议的，由委员长会议向常委会报告，该法律案终止审议。

（二）专门委员会对立法议案的审查

全国人大的专门委员会承担着研究、审议和拟定立法议案的职能。按照《中华人民共和国立法法》、《全国人民代表大会议事规则》等法律的规定，对列入全国人大会议议程的法律议案，由有关的专门委员会进行审议，向主席团提出审议意见。由法律委员会根据各代表团和有关的专门委员会的审议意见，对法律议案进行统一审议，向主席团提出审议结果报告和法律草案修改稿，对重要的不同意见应当在审议结果报告中予以说明，主席团会议审议通过后，印发会议。对列入常委会会议议程的法律议案，由有关的专门委员会进行审议，提出审议意见。由法律委员会根据常委会组成人员、有关的专门委员会的审议意见和各方面提出的意见，对法律草案进行统一审议，提出修改情况的汇报或者审议结果报告和法律草案修改稿。

按照宪法和有关法律的规定，专门委员会审查法律草案实行有关专门委员会审查与法律委员会统一审查相结合。法律草案由有关的专门委员会进行审议，提出审议意见。法律委员会根据代表或常委会组成人员、有关专门委员会的审议意见和各方面的意见，对法律草案进行统一审议，提出修改情况和主要问题的汇报或审议结果的报告及草案修改稿。法律委员会对有关专门委员会的重要的不同意见应当在汇报或者审议结果报告中予以说明。对有关的专门委员会的重要审议意见没有采纳的，应当向有关的专门委员会反馈。

法律委员会、有关的专门委员会在审查法律草案时应发扬民主，走群众路线，听取各方面的意见。听取意见可以采取座谈会、论证会、听证会等多种形式。列入常委会会议议程的法律草案，法律委员会、有关的专门委员会和常委会工作机构应当听取各方面的意见。专门委员会审议法律草案时，应当召开全体会议审议，根据需要，可以要求有关机关、组织派有关负责人说明情况。专门委员会之间对法律草案的重要问题意见不一致时，应当向委员长会议报告。列入常委会会议议程的法律草案，常委会工作机构应当收集整理分组审议的意见和各方面提出的意见以及其他有关资料，分送法律委员会和有关的专门委员会，并根据需要，印发常委会会议。一些重要的法律草案，向全民公布，广泛征求意见。①

（三）立法听证

《立法法》第34条规定："列入常务委员会会议议程的法律案，法律委员会、有关的专门委员会和常务委员会工作机构应当听取各方面的意见。听取意见可以采取座谈会、论证会、听证会等多种形式。"立法听证制度作为审议法律议案的一种重要形式，得到了确认。

三 表决立法议案的程序

（一）立法议案的表决方式

根据宪法和有关法律规定，全国人大及其常委会表决法律草案的方式有无记名投票表决、举手表决或其他方式表决。过去，表决法律草案通常采用举手方式。从1986年3月第六届全国人大常委会第十五次会议及1990年3月七届全国人大第三次会议开始，常委会、代表大会表决法律草案一般都采用按电子表决器的方式。另外，法律规定，宪法修正案的表决，必须采用无记名投票的方式。

中国立法机关表决法律草案采取"一揽子"投票的方式。由于没有采用部分表决的方法，就有可能出现表决者对法律草案的某一款、某一条、某一

---

① 张福森主编：《社会主义法制理论读本》，人民出版社2002年版，第144—149页。

节、某一章、某一编有意见，从而对整个法律文件投反对票或者弃权票的现象。

按照有关法律的规定，法律草案修改稿经各代表团审议，并经法律委员会根据各代表团的审议意见进行修改，提出法律草案表决稿，由主席团提请大会全体会议表决；交付表决的议案，有修正案的，要先表决修正案；法律草案在审议中有重大问题需要进一步研究的，经主席团提出，由大会全体会议决定，可以授权常委会根据代表的意见进一步审议，做出决定，提出修改方案，提请全国人大下次会议审议决定。

（二）表决立法议案的计票

根据中国宪法和有关法律的规定，全国人大及其常委会表决法律草案时，以全体人大代表或者常委会委员的过半数赞成通过。宪法的修改，则需要全国人大代表 2/3 以上的多数赞成通过。

四　公布法律的程序

根据宪法和有关法律的规定以及立法惯例，新制定的法律，其正式文本必须予以公布。法律部分条文被修改或者废止的，必须公布新的法律文本。

中国法律对公布法律的主体、公布法律的时间、公布法律的方式等，均有程序性规定。

（一）关于公布法律的主体

宪法及其修正案由全国人大主席团以全国人大公告的形式公布。全国人大及其常委会表决通过的法律由国家主席以主席令的形式公布；签署公布法律的主席令载明该法律的制定机关、通过和施行日期。行政法规由国务院总理签署的国务院令的形式公布；国务院令应当载明该行政法规的制定机关、通过日期和施行时间。省、自治区、直辖市的人大制定的地方性法规，由大会主席团发布公告予以公布。省、自治区、直辖市的人大常委会制定的地方性法规，由常委会发布公告予以公布。较大的市的人大及其常委会制定的地方性法规报经批准后，由较大的市的人大常委会发布公告予以公布。自治条例和单行条例报经批准后，分别由自治区、自治州、自治县的人大常委会发布公告予以公布。部门规章由部门首长签署命令予以公布。地方政府规章由省长或者自治区主席或者市长签署命令予以公布。

（二）关于公布法律和法律生效的时间

中国立法程序对法律通过后多长时间内予以公布没有具体明文规定。从立法实践看，法律由全国人大或全国人大常委会通过后，通常由国家主席当日签发。法律生效一般分三种情况：一是法律自公布之日起生效；二是法律公布后某一日生效；三是法律生效要依另外法律生效时间而定。还有些法律本身没有规定生效日期，而是在公布法律时的公告中规定生效日期。

（三）关于公布法律的方式

立法法规定，法律签署公布后，应当及时在《全国人民代表大会常务委员会公报》和在全国范围内发行的报纸上刊登。在《全国人民代表大会常务委员会公报》上刊登的法律文本为标准文本。

行政法规签署公布后，应当及时在《国务院公报》和在全国范围内发行的报纸上刊登。在《国务院公报》上刊登的行政法规文本为标准文本。

地方性法规、自治区的自治条例和单行条例公布后，及时在本级人大常委会公报和在本行政区域范围内发行的报纸上刊登。在常委会公报上刊登的地方性法规、自治条例和单行条例文本为标准文本。

国务院部门规章签署公布后，及时在《国务院公报》或者部门公报和在全国范围内发行的报纸上刊登。地方政府规章签署公布后，及时在本级人民政府公报和在本行政区域范围内发行的报纸上刊登。在《国务院公报》或者部门公报和地方人民政府公报上刊登的规章文本为标准文本。

第四节　立法备案审查、法律解释及解决立法抵触的程序

中国法律对有关立法备案审查程序、法律解释权限与程序、法律适用中有关问题的解决程序，做了明确规定。

一　备案审查

《立法法》第89条规定，行政法规、地方性法规、自治条例和单行条例、规章应当在公布后的30日内依照下列规定报有关机关备案。

第一，行政法规报全国人大常委会备案；

第二，省、自治区、直辖市的人大及其常委会制定的地方性法规，报全国人大常委会和国务院备案；较大的市的人大及其常委会制定的地方性法规，由省、自治区的人大常委会报全国人大常委会和国务院备案；

第三，自治州、自治县制定的自治条例和单行条例，由省、自治区、直辖市的人大常委会报全国人大常委会和国务院备案；

第四，部门规章和地方政府规章报国务院备案；地方政府规章应当同时报本级人大常委会备案；较大的市的人民政府制定的规章应当同时报省、自治区的人大常委会和人民政府备案；

第五，根据授权制定的法规应当报授权决定规定的机关备案。

国务院于2001年12月颁布的《法规规章备案条例》，对报国务院备案的

法规规章的有关程序做出明确规定。

(一) 适用范围

国务院《法规规章备案条例》所适用的法规，是指省、自治区、直辖市和较大的市的人大及其常委会依照法定职权和程序制定的地方性法规，经济特区所在地的省、市的人大及其常委会依照法定职权和程序制定的经济特区法规，以及自治州、自治县的人大依照法定职权和程序制定的自治条例和单行条例。国务院《法规规章备案条例》所适用的规章，包括部门规章和地方政府规章。部门规章，是指国务院各部、各委员会、中国人民银行、审计署和具有行政管理职能的直属机构（简称"国务院部门"）根据法律和国务院的行政法规、决定、命令，在本部门的职权范围内依照《规章制定程序条例》制定的规章。地方政府规章，是指省、自治区、直辖市和较大的市的人民政府根据法律、行政法规和本省、自治区、直辖市的地方性法规，依照《规章制定程序条例》制定的规章。

(二) 报送备案的时间和主体

法规、规章公布后，应当自公布之日起30日内，依照下列规定报送备案：地方性法规、自治州和自治县的自治条例和单行条例由省、自治区、直辖市的人大常委会报国务院备案；部门规章由国务院部门报国务院备案，两个或者两个以上部门联合制定的规章，由主办的部门报国务院备案；省、自治区、直辖市人民政府规章由省、自治区、直辖市人民政府报国务院备案；较大的市的人民政府规章由较大的市的人民政府报国务院备案，同时报省、自治区人民政府备案；经济特区法规由经济特区所在地的省、市的人大常委会报国务院备案。

(三) 备案工作的组织领导

国务院部门，省、自治区、直辖市和较大的市的人民政府应当依法履行规章备案职责，加强对规章备案工作的组织领导。

国务院部门法制机构，省、自治区、直辖市人民政府和较大的市的人民政府法制机构，具体负责本部门、本地方的规章备案工作。国务院法制机构依照本条例的规定负责国务院的法规、规章备案工作，履行备案审查监督职责。

（四）法规、规章的报送

依照国务院《法规规章备案条例》报送国务院备案的法规、规章，径送国务院法制机构；报送法规备案，按照全国人大常委会关于法规备案的有关规定执行；报送规章备案，应当提交备案报告、规章文本和说明，并按照规定的格式装订成册，一式十份；报送法规、规章备案，具备条件的，应当同时报送法规、规章的电子文本。

（五）报送法规、规章的登记和公布

（1）登记。报送法规、规章备案，符合国务院《法规规章备案条例》第 2 条和第 6 条第 2 款、第 3 款规定的，国务院法制机构予以备案登记；不符合第 2 条规定的，不予备案登记；符合第 2 条规定但不符合第 6 条第 2 款、第 3 款规定的，暂缓办理备案登记。暂缓办理备案登记的，由国务院法制机构通知制定机关补充报送备案或者重新报送备案；补充或者重新报送备案符合规定的，予以备案登记。（2）公布。经备案登记的法规、规章，由国务院法制机构按月公布目录；编辑出版法规、规章汇编的范围，应当以公布的法规、规章目录为准。

（六）对法规、规章提出审查建议

国家机关、社会团体、企业事业组织、公民认为地方性法规同行政法规相抵触的，或认为规章以及国务院各部门、省、自治区、直辖市和较大

的市的人民政府发布的其他具有普遍约束力的行政决定、命令同法律、行政法规相抵触的，可以向国务院书面提出审查建议，由国务院法制机构研究并提出处理意见，按照规定程序处理。

（七）备案审查的法定事项

国务院法制机构对报送国务院备案的法规、规章，就下列事项进行审查：是否超越权限；下位法是否违反上位法的规定；地方性法规与部门规章之间或者不同规章之间对同一事项的规定不一致，是否应当改变或者撤销一方的或者双方的规定；规章的规定是否适当；是否违背法定程序。

（八）备案审查的处理

国务院法制机构审查法规、规章时，认为需要有关的国务院部门或者地方人民政府提出意见的，有关的机关应当在规定期限内回复；认为需要法规、规章的制定机关说明有关情况的，有关的制定机关应当在规定期限内予以说明。经审查，地方性法规同行政法规相抵触的，由国务院提请全国人大常委会处理。地方性法规与部门规章之间对同一事项的规定不一致的，由国务院法制机构提出处理意见，报国务院依照《立法法》第86条第1款第（二）项的规定处理。经审查，规章超越权限，违反法律、行政法规的规定，或者其规定不适当的，由国务院法制机构建议制定机关自行纠正；或者由国务院法制机构提出处理意见报国务院决定，并通知制定机关。部门规章之间、部门规章与地方政府规章之间对同一事项的规定不一致的，由国务院法制机构进行协调；经协调不能取得一致意见的，由国务院法制机构提出处理意见报国务院决定，并通知制定机关。对《规章制定程序条例》第2条第2款、第8条第2款规定的无效规章，国务院法制机构不予备案，并通知制定机关。规章在制定技术上存在问题的，国务院法制机构可以向制定机关提出处理意见，由制定机关自行处理。规章的制定机关应当自接到国务院《法规规章备案条例》第 14 条、第 15 条、第 16 条规定的通知之日起 30 日内，将处理情况报国务院法制机构。

（九）其他规定

根据国务院《法规规章备案条例》第 15 条做出的处理结果，可以作为对最高人民法院依照《行政诉讼法》第 53 条送请国务院解释或者裁决的答复。法规、规章的制定机关应当于每年 1 月底前将上一年所制定的法规、规章目录报国务院法制机构。对于不报送规章备案或者不按时报送规章备案的，由国务院法制机构通知制定机关，限期报送；逾期仍不报送的，给予通报，并责令限期改正。省、自治区、直辖市人民政府应当依法加强对下级行政机关发布的规章和其他具有普遍约束力的行政决定、命令的监督，依照国务院《法规规章备案条例》的有关规定，建立相关的备案审查制度，维护社会主义法制的统一，保证法律、法规的正确实施。

二 法律解释

《立法法》第四节对法律解释的基本规则做出了专门规定。

实施法律解释的主体。法律解释权属于全国人大常委会。法律的规定需要进一步明确具体含义的、法律制定后出现新的情况需要明确适用法律依据的，由全国人大常委会解释。

法律解释的提出。国务院、中央军事委员会、最高人民法院、最高人民检察院和全国人大各专门委员会，以及省、自治区、直辖市的人大常委会，可以向全国人大常委会提出法律解释要求。

法律解释的程序。全国人大常委会工作机构研究拟定法律解释草案，由委员长会议决定列入常委会会议议程。法律解释草案经常委会会议审议，由法律委员会根据常委会组成人员的审议意见进行审议、修改，提出法律解释草案表决稿。法律解释草案表决稿由常委会全体组成人员的过半数通过，由常委会发布公告予以公布。

法律解释的效力。全国人大常委会的法律解释同法律具有同等效力。

有关行政法规的解释问题，国务院有专门规定。1999 年 5 月 10 日，国务院办公厅发出《关于行政法规解释权限和程序问题的通知》，对行政法规（包括法律的实施细则、实施条例）和国务院、国务院办公厅有关贯彻实施法律、行政法规问题的规范性文件等的解释权限和程序做出明确规定。具体内容如下。

凡属于行政法规条文本身需要进一步明确界限或者做补充规定的问题，由国务院做出解释。这些立法性的解释，由国务院法制办公室按照行政法规草案审查程序提出意见，报国务院同意后，根据不同情况，由国务院发布或者由国务院授权有关行政主管部门发布。

凡属于行政工作中具体应用行政法规的问题，有关行政主管部门在职权范围内能够解释的，由其负责解释；有关行政主管部门解释有困难或者其他有关部门对其做出的解释有不同意见，要求国务院解释的，由国务院法制办公室承办，做出解释，其中涉及重大问题的，由国务院法制办公室提出意见，报国务院同意后做出解释，答复有关行政主管部门，同时抄送其他有关部门。

凡属于国务院、国务院办公厅有关贯彻实施法律、行政法规的规范性文件的解释问题，由国务院法制办公室承办，做出解释，其中涉及重大问题的，由国务院法制办公室提出意见，报国务院同意后做出解释。国务院、国务院办公厅其他文件的解释，仍按现行做法，由国务院办公厅承办。

三 立法抵触的解决程序

《立法法》明确规定了启动解决立法抵触的基本程序。

　　国务院、中央军事委员会、最高人民法院、最高人民检察院和各省、自治区、直辖市的人大常委会认为行政法规、地方性法规、自治条例和单行条例同宪法或者法律相抵触的，可以向全国人大常委会书面提出进行审查的要求，由常委会工作机构分送有关的专门委员会进行审查、提出意见。

　　其他国家机关和社会团体、企业事业组织以及公民认为行政法规、地方性法规、自治条例和单行条例同宪法或者法律相抵触的，可以向全国人大常委会书面提出进行审查的建议，由常委会工作机构进行研究，必要时，送有关的专门委员会进行审查、提出意见。

　　全国人大专门委员会在审查中认为行政法规、地方性法规、自治条例和单行条例同宪法或者法律相抵触的，可以向制定机关提出书面审查意见；也可以由法律委员会与有关的专门委员会召开联合审查会议，要求制定机关到会说明情况，再向制定机关提出书面审查意见。制定机关应当在两个月内研究提出是否修改的意见，并向全国人大法律委员会和有关的专门委员会反馈。

　　全国人大法律委员会和有关的专门委员会审查认为行政法规、地方性法规、自治条例和单行条例同宪法或者法律相抵触而制定机关不予修改的，可以向委员长会议提出书面审查意见和予以撤销的议案，由委员长会议决定是否提请常委会会议审议决定。

　　但在实践中，究竟什么是立法"相抵触"，还没有具有可操作性的标准。

四　立法规定不一致的裁决

　　当各种立法之间的规定出现不一致的情况时，应当怎么办？《立法法》对解决立法不一致的问题规定了相应的裁决机制。

（一）　全国人大常委会的裁决权

（1）法律之间对同一事项的新的一般规定与旧的特别规定不一致，不能确定如何适用时，由全国人大常委会裁决。（2）根据授权制定的法规与法律规定不一致，不能确定如何适用时，由全国人大常委会裁决。

（二）　国务院的裁决权

（1）行政法规之间对同一事项的新的一般规定与旧的特别规定不一致，不能确定如何适用时，由国务院裁决。（2）部门规章之间、部门规章与地方政府规章之间对同一事项的规定不一致时，由国务院裁决。（3）地方性法规与部门规章之间对同一事项的规定不一致，不能确定如何适用时，由国务院提出意见，国务院认为应当适用地方性法规的，应当决定在该地方适用地方性法规的规定；认为应当适用部门规章的，应当提请全国人大常委会裁决。

（三）　制定机关的裁决权

地方性法规、规章之间不一致，并且是同一机关制定的新的一般规定与旧的特别规定不一致时，由制定机关裁决。

（四）　改变或者撤销的法定事项

法律、行政法规、地方性法规、自治条例和单行条例、规章有下列情形之一的，由有关机关依照《立法法》第88条规定的权限予以改变或者撤销：超越权限的；下位法违反上位法规定的；规章之间对同一事项的规定不一致，经裁决应当改变或者撤销一方的规定的；规章的规定被认为不适当，应当予以改变或者撤销的；违背法定程序的。

（五）改变或者撤销的权限

《立法法》规定的改变或者撤销法律、行政法规、地方性法规、自治条例和单行条例、规章的权限是：全国人大有权改变或者撤销它的常委会制定的不适当的法律，有权撤销全国人大常委会批准的违背《宪法》和《立法法》第66条第2款规定的自治条例和单行条例；全国人大常委会有权撤销同宪法和法律相抵触的行政法规，有权撤销同宪法、法律和行政法规相抵触的地方性法规，有权撤销省、自治区、直辖市的人大常委会批准的违背《宪法》和《立法法》第66条第2款规定的自治条例和单行条例；国务院有权改变或者撤销不适当的部门规章和地方政府规章；省、自治区、直辖市的人大有权改变或者撤销它的常委会制定的和批准的不适当的地方性法规；地方人大常委会有权撤销本级人民政府制定的不适当的规章；省、自治区的人民政府有权改变或者撤销下一级人民政府制定的不适当的规章；授权机关有权撤销被授权机关制定的超越授权范围或者违背授权目的的法规，必要时可以撤销授权。

第 三 章

中国特色法律体系

第一节 世界法系划分与中华法系

一 关于法系的概念

法系（genealogy of law）是按照历史渊源、继受关系和法律制度的共同性对国家和地区的划分，是对具有某些共同法律传统的若干国家和地区的法律现象的总称。英语法学著作中用来指称法系的词还有：legal family，legal group，legal genealogy，legal system。有的西方比较法学家，为了避免用语上的困难，特别是为了避免用 legal system 这一多义词来称呼"法系"，就用法律传统一词来代替。

在中国语境下，法系不同于法律体系、法学体系、法的历史类型等概念。法律体系是指由一个国家内部各个现行法律部门所构成的有机统一整体。法学体系是指由法学的各个分支学科所组成的有机体系。它与法系有一定联系，但又区别于法系。法学体系是一种学科体系，是一种学理分类。而法系是一种关涉传统的体系，是一种现实分类。在当代中国的法学话语体系中，还有一个概念是"法的历史类型"。法的历史类型是按照历史上法的阶级本质和其所依赖的经济基础对法所进行的基本分类。与法系比较，前者侧重时间性，后者侧重地域性；前者侧重实质特征，后者侧重形式特征。

二 古代世界法系

（一）古代世界法系的概况

美国比较法学者威格摩尔 1928 年出版的《世界法系概览》（*A Panorama of the World's Legal Systems*，Washington Law Book Company，1928）一书中，将世界古代各国法律制度分成 16 个法系，即埃及法系、美索不达米亚法系（巴比伦法或楔形文字法）、希伯来法系、中华法系、印度法系、希腊法系、罗马法系、日本法系、伊斯兰法系、凯尔特法系、斯拉夫法系、日耳曼法系、海事法系、教会法系、大陆法系、英美法系。

在以后的变迁过程中，上述不同文明的法系，有的消亡了，如埃及法系、美索不达米亚法系、希腊法系、希伯来法系、凯尔特法系、教会法系；有的被融合了，如罗马法系、斯拉夫法系、日耳曼法系、海事法系、日本法系；有的基本上未经融合而生存下来，如中华法系、印度法系、伊斯兰法系；有的经历了大规模融合更新和再造，几乎面目全非，如大陆法系和英美法系。

法国比较法学家达维德在 1964 年出版的《当代主要法律体系》一书中指出："我们可以把法归类为'系'，就像宗教方面（基督教、伊斯兰教、印度教等）、语言学方面（罗曼语、斯拉夫语、闪米特语、尼罗河流域语等）一样，可以忽略次要的区别不去管它，而确认'系'的存在。"达维德认为，把"把法归类成系，简化为少数类型，可以便于对当代世界各国法的介绍和理解"。

（二）中华法系

中华民国时期著名法律史学家杨鸿烈认为，中华法系是指数千年来支配全人类最大多数，与道德相混自成一独立系统且其影响于其他东亚诸国之法律制度。中华法系包括古代的中国法、朝鲜法、日本法、琉球法、安南法、暹罗（xiān luó，即泰国）法和缅甸地区法。

如果从时间和空间两方面来界定中华法系，在中国的秦汉至隋唐这段时间为中华法系的成型期，其范围包括东亚大陆、朝鲜半岛、日本列岛、琉球群岛和中南半岛部分地区。在中国的唐宋至清末这段时间为中华法系的存续和内部变化期，其范围还是包括上述地区。从公元19世纪中期开始，西方法律文化在列强的武力和殖民政策支持下向东亚扩展和传播，中华法系开始瓦解。20世纪初，清廷迫于压力正式"变法修律"，作为中华法系母法的中国法整体瓦解。至此，中华法系不再有实体的存在，而是被作为具有法律文化传统和遗产意义的历史性法系对待。

根据大陆著名中国法律史专家张晋藩先生的研究，中华法系具有以下十个突出特点：引礼入法，礼法结合；法自君出，权尊于法；家族本位，伦理法治；天人合一，情理法统一；民刑不分，重刑轻民；司法行政不分，司法从属行政；刑讯逼供，罪从供定；援法定罪，类推裁判；无讼是求，调处息争；依法治官，明职课责。

中华法文化曾长期居于世界的先进行列，影响着东南亚诸国法制文明的发展，被公认为最具有代表意义的世界古代法系之一，古老中国为人类法制文明做出了重要贡献。

三　当代世界三大法系

达维德强调指出，"从实效出发，我们只首先简要地突出主要特征，这些特征使我们得以辨认现代世界上三个主要法系"，它们是大陆法系、英美法系和社会主义法系。"但这些法系，不论它们多么重要、传播多么广泛，都远不能反映现代法律世界的全部真实情况。"

（一）大陆法系

大陆法系（continental law system or system of civil law），又称民法法系、罗马法系等，是以罗马法为基础而发展起来的法律的总称。大陆法系最先产生于欧洲大陆，以罗马法为历史渊源，以民法为典型，以法典化的成文法为主要形式。大陆法系包括两个支系：法国法系和德国法系。法国法系是以 1804 年《法国民法典》为蓝本建立起来的，以强调个人权利为主导思想，反映了自由资本主义时期社会经济的特点。德国法系是以 1896 年《德国民法典》为基础建立起来的，强调国家干预和社会利益，是垄断资本主义时期法的典型。

属于大陆法系的国家和地区除了法国、德国外，还包括意大利、西班牙等欧洲大陆国家，也包括曾是法国、西班牙、荷兰、葡萄牙四国殖民地的国家和地区，如阿尔及利亚、埃塞俄比亚等及中美洲的一些国家，国民党统治时期的旧中国和现在中国的台湾地区、澳门特别行政区也属于这一法系。

大陆法系具有以下主要特点：全面继承罗马法；实行法典化，法律规范的抽象化概括化；明确立法与司法的分工，强调制定法的权威，一般不承认法官的造法功能；法学在推动法律发展中起着重要作用。

（二）英美法系

英美法系（Anglo-American law system），又称普通法法系、英国法系，是以英国中世纪以来的法律，特别是其普通法（Common Law）为基础而发展起来的法律的总称。英美法系起源于 11 世纪诺曼人入侵英国后逐步形成的以判例形式出现的普通法。

英美法系的范围，除英国（不包括苏格兰）、美国（不包括路易斯安那州）外，主要是曾是英国殖民地、附属国的国家和地区，如印度、巴基斯坦、新加坡、缅甸、加拿大（不包括魁北克省）、澳大利亚、新西兰、马来西亚等。中国香港特别行政区也属于英美法系。

英美法系的主要特点是：以英国为中心，以英国普通法为基础；以判例法为主要表现形式，遵循先例；变革相对缓慢，具有保守性，"向后看"的思维习惯；在法律发展中，法官具有突出作用；体系庞杂，缺乏系统性；注重程序的"诉讼中心主义"。

（三）社会主义法系

社会主义法系，是对以马克思主义法学为理论基础的社会主义国家的法律的统称。由于它最早是从苏联法律发展起来的，故此又称"苏维埃法系"。西方法学家大都把亚洲一些社会主义国家的法律列为远东法系，故在苏联解体、东欧剧变之前，西方又把它称为"苏联—东欧社会主义法系"。

社会主义法系有三个主要特点：第一，它是社会主义国家的法系，在意识形态上具有鲜明的阶级性，以马克思主义为理论指导，崇尚集体主义和国家主义，因而它不同于以个人主义为理论基础的资本主义国家的各个法系，包括大陆法系和英美法系；第二，它是在批判和继承大陆法系和英美法系的传统的基础上发展起来的一个新兴法系，从其诞生至今不足百年的历史，而大陆法系、英美法系都有悠久的历史和传统；第三，它在法典结构和司法组织等方面同大陆法系的传统有某些相似之处，而同英美法系的差别比较显著，这是因为大多数社会主义国家所继承的法律传统，或者从属于大陆法系如苏联、东欧各国的法律传统，或者接近于大陆法系如中国、越南等国的法律传统。

（四）当代中国属于何种法系？

当代中国属于何种法系，法学界尚有争论。中国比较法学家沈宗灵教授在其《比较法研究》一书中，将世界法系（法律制度）划分为：民法法系、普通法法系、苏维埃社会主义法律制度以及当代中国社会主义法律制度，而没有认可"社会主义法系"这个概念。

法国比较法学家达维德在论及"社会主义法系"的范围时，认为"社会主义的"一词没有明确的含义，因此社会主义法系应当以苏联法为中心，只包括苏联、罗马尼亚、捷克斯洛伐克、南斯拉夫、阿尔巴尼亚、保加利亚、匈牙利、波兰和东德，而中国法属于远东法的类型，古巴法也不属于社会主义法系。

德国比较法学家 K. 茨威格特在论及中华人民共和国法时指出，尽管中国法在政治理念、法律和司法等许多方面接受了苏联的制度，"但是，两国在法律制度上还是存在着重大的差异"。因此，茨威格特认为，当代中国法像安哥拉、埃塞俄比亚、圭亚那、莫桑比克等非洲国家一样，只有在做出很大保留的前提下才能归入社会主义法系。

事实上，包括达维德、茨威格特以及中国的一些法学家，都把当代中国法视为"混合法系"。所谓混合法系（Mixed Legal System），从广义上讲，是指由两个或两个以上法律传统或法系的成分所构成的法律体系；狭义上讲，则专指由民法法系和普通法法系混合构成的法律体系。西方学者在讨论混合法系问题时通常使用狭义的概念。茨威格特指出：有些"混血"的法律体系不能归入适当的法系，这些法律体系有希腊、美国路易斯安那州、加拿大魁北克省、英国苏格兰、以色列、菲律宾、波多黎各、中华人民共和国和其他法律体系。

由上可见，如果从当代世界法系和国际比较法学的角度来看，包括中国内地和香港特别行政区、澳门特别行政区和台湾地区在内的当代中国法体系，基本上可以纳入"混合法系"的范畴，或者说是具有"一国两制"特征的"混合法系"。

第二节 世界法系对近现代中国法律体系的影响

一 近现代中国法律体系的来源

总体来看，近现代中国法律体系大致有以下四个历史来源。

一是西方两大法系的影响。清末变法和国民党政府统治时期，中国法律制度主要是向西方大陆法系国家学习，但都没有成功。中国共产党领导的法制建设，从 1931 年革命根据地创建法制到新中国成立初期全国性法律制度的建立，多是全面向苏联老大哥取经学习的。20 世纪 50 年代中苏关系交恶后，由于复杂的历史原因和特定的历史条件，中国逐渐走上了忽视法制、崇尚人治的道路。1978 年改革开放以后，尤其是 1991 年苏联解体、东欧剧变以来，中国在加强社会主义法治建设、落实依法治国基本方略、深化司法（体制）改革的过程中，比较多地注意吸收和借鉴西方发达国家法治建设的有益经验，在民商法领域，兼采普通法系和大陆法系国家的诸多基本制度；在刑事法领域，《刑法》和《刑事诉讼法》借鉴和吸收了国外罪刑法定和公开审判等现代刑事法治的基本原则和精神，参照国外刑事立法经验，在刑事法律中规定了资助恐怖活动罪、洗钱罪、内幕交易罪、操纵证券期货交易价格罪、妨害信用卡管理罪等新罪名。

二是苏联社会主义法系的影响。"十月革命帮助了全世界的也帮助了中国的先进分子，用无产阶级的宇宙观作为观察国家命运的工具，重新考虑自己的问题。走俄国人的路——这就是结论。"① 当时中国共产党人的意识形态和政治理论倒向苏联，意味着对苏联模式的全盘接受，其中包括有条

---

① 《毛泽东选集》第 4 卷，人民出版社 1991 年版，第 1472 页。

件地接受苏联社会主义的法律制度。1931 年建立中华苏维埃的政权体制和法律制度，主要是苏联制度的搬用。当时制定的中华苏维埃共和国的《宪法大纲》、《婚姻条例》、《政府组织法》、《中央组织法》、《地方组织法》、《选举法》、《军事裁判所暂行组织条例》、《处理反革命案件和司法机关暂行程序》、《裁判部暂行组织和裁判条例》等，对中华苏维埃政权的建立及其法律制度的形成，奠定了法制基础。这些法律中的许多内容，就是通过梁柏台等人从苏联法制中引进的。

三是中国古代传统法律文化和法律制度传统的影响。以国家权力为后盾，以解决社会纷争为主要内容的司法活动，早在夏代已出现，其后经历了数千年的发展，形成了较为完备的中华法律制度体系和以儒家"中庸"思想为核心的东方法律文化传统。中国特色社会主义法律制度的产生和发展，既要大革几千年封建专制制度和封建文化的命，又要古为今用、推陈出新，汲取中华法系源远流长的文化养分。过去，革命理论对中国古代传统法律文化和法律制度的认识不深、重视不够，批判多于继承，否定多于认可，致使它对中国特色社会主义法律制度的积极影响十分有限。

四是中国共产党领导人民政权建设中的法制实践经验。从国情出发、从实践出发、从党的中心任务出发，学习苏联的法制模式，在构建人民民主政权司法制度的实践中不断积累经验，这是新中国司法制度历史渊源的实践基础和主要来源，中国特色社会主义司法制度的许多原则、制度和做法，都肇始于此。今天中国法制体系中独具特色的很多制度设计和司法原则，都能够从中华苏维埃共和国的法制中寻找到源头，如梁柏台倡导并确立的公开审判和巡回法庭制度，提倡在审判活动中"重视证据、重视程序"、审判要公开、调解制度等等；抗日战争时期创造的"马锡五审判方式"、调解与审判相辅相成的做法和原则，对新中国司法建设产生了重要影响，成为中国特色社会主义司法制度的重要渊源。

二 清末法律改革与西方法系

"清末新政"的法律改革，是一次大规模的改革，清朝政府十分重视，专设修订法律馆，委任沈家本、伍廷芳为修律大臣，并派团专赴日本考察法律。这次法制改革，不是继承和沿袭所谓"中华法系"的历史传统和"诸法合体"的法典编纂体例，而是另起炉灶，基本采用和汲取世界近代法律和法学的成果，完全在新的基础上重新制定的。

清末法律改革，先后起草或制定了新的刑法典、民法与商法、刑事诉讼法与民事诉讼法、行政法等。其中虽大多未及正式颁行，但大陆法系的许多法律制度和法律文化思想经由日本被移植到中国，近代中国法律体系开始形成。

例如，《大清刑律草案》是由日本东京帝国大学法律教授冈田朝太郎起草的。冈田朝太郎是日本著名法律专家，他的译著《刑法各论》和《刑法总论》在当时的中国很有影响。

又如，《大清民律草案》，是由日本法学士、东京控诉院判事松冈义正起草的。该草案基本依《日本民法典》编订，采"五分法"体例；其主体部分——总则、债权、物权，由松冈义正执笔；亲属、继承两部分，因较多涉及中国风俗民情的特点，由修订法律馆的中方学者章宗元、朱献文、高种、陈录执笔。

再如，《大清商律草案》，由日本东京帝国大学商科及法律教授志田钾太郎执笔起草，分为总则、商行为、公司法、海船法、票据法几个部分，基本是依《日本商法》写成。

三 中华民国的"六法全书"与大陆法系

"六法全书"，有狭义和广义之分，狭义的"六法全书"，原指国民党政府制定的"宪法、刑法、民法、商法、刑事诉讼法、民事诉讼法"的六法。广义的"六法全书"则包括了以上六大法典为主的国民党政府的所有法律。

"清末新政"法律改革完成的上述立法，构成中国近代法律体系的基础。国民党政府的"六法全书"，也基本由此沿袭而来。

中华民国"六法"体系基本完善的标志，是正式出现了以"六法全书"命名的法规汇编。1912 年，上海法政学社正式开始以"中华六法全书"为名出版系列法规汇辑。1913 年商务印书馆开始以"中华六法全书"为名出版系列法规汇编。此后，以"六法全书"命名的法规汇编本层出不穷，到 1941 年左右就出现了附有立法要旨、立法理由、判例、解释例、参照条文的《六法全书》版本，这标志着六法体例的全面成熟。

四　新中国前 30 年的法律创制与苏联法的影响

新中国成立初期，"请进来"、"走出去"、"一边倒"，全面学习移植苏联的司法制度。如中国 1954 年宪法基本上是以苏联 1936 年宪法为蓝本制定的。刘少奇在关于 1954 年宪法草案的报告中指出，"我们所走过的道路就是苏联走过的道路。宪法关于人民代表大会制度的规定就是根据革命根据地政权建设的经验，并参照苏联和各人民民主国家的经验规定的"。我们的宪法"参考了苏联的先后几个宪法和各人民民主国家的宪法。显然，以苏联为首的社会主义先进国家的经验，对我们有很大的帮助。我们的宪法草案结合了中国的经验和国际的经验"。当时苏联的社会主义法制理论、法制模式和司法制度，成为建立新中国司法制度的非常重要的来源。[①] 新中国成立初期基本上走了一条"全盘苏化"的法制发展道路。

在中国立法中，大量的苏联法律制度被引进。重视土地法、婚姻法、

---

① 参见何勤华《关于新中国移植苏联司法制度的反思》，《中外法学》2002 年第 3 期。

刑事法律方面的立法。经济法的概念被接受。在司法方面，关于法院的设置和上下级法院的关系，人民陪审员制度，审判的组织、刑事审判原则、审判程序也都是向苏联老大哥学习的。设立独立的检察机关并赋予法律监督职权，也是照搬苏联的检察制度。

最能反映新中国 20 世纪 50 年代至 60 年代学习苏联法以制定中国法倾向的，是民法典的制定和编纂。中国从 1954 年开始起草民法典，至 1956 年 12 月完成新中国的第一部《民法草案》。这一民法典草案，其编制体例和基本制度均参考 1922 年的《苏俄民法典》，标志着中国对苏联民法的继受。中国对苏联民法的继受，因 1959 年中国共产党对苏联共产党修正主义路线的批判而告终。

五　1978 年改革开放以来世界法律文明对中国法律体系的影响

立足于中国国情认真研究、学习和借鉴国外立法的有益经验，是中国立法发展的一条基本经验。中国在制定各项法律时，非常注意搜集、整理国外有关的法律规定，特别是西方发达国家的立法，加以研究、比较，从中汲取对中国有用的东西。对于其中反映市场经济规律性、共同性的内容，以及国际交往中形成的国际法规范和惯例，大胆地吸收和借鉴，有的适合中国实际的法律规定可以直接移植。[①] 例如，在民商法领域，民法通则、物权法、合同法等法律，兼采普通法系和大陆法系国家的诸多基本制度，吸收了国际通行的私法精神与立法原则。在行政法领域，吸收了现代行政法治中通行的比例原则、信赖保护等原则。在刑事法领域，《刑法》和《刑事诉讼法》借鉴和吸收了国外罪刑法定和公开审判等现代刑事法治的基本原则和精神。在知识产权保护和环境保护的立法方面，也吸收了不少国外的

---

① 田纪云：《第九届全国人大第一次会议全国人大常委会工作报告》（1998 年）。

立法经验。①

全国人大及其常委会在立法过程中学习、借鉴、吸收外国立法经验的情况。参见表3—1。

表3—1 　　　　22部法律在立法过程中吸收借鉴外国法经验的情况

序号	中国法律名称	立法时间	立法借鉴外国法经验涉及的国家	借鉴外国立法经验涉及的主要内容
1	食品卫生法	1982年11月	日本、美国、德国、罗马尼亚	本法的适用范围，食品卫生监督，禁止销售的食品，营业场所和设施的卫生要求，行政处理和处罚，刑事处罚
2	水污染防治法	1984年5月	美国、日本、苏联、罗马尼亚	主管机关，各类水质标准和污染物排放标准的制定，对超标排污和造成水污染危害的企业、设施实行限期改进及停工、停产的决定权，法律责任
3	药政法	1984年6月	苏联、日本、美国、英国、新加坡	药品管理的主管机关，药品生产、销售许可证或执照及其有效期限，进口药品的管理，新药的管理，违法药品问题
4	民法通则	1986年4月	美国、英国、德国、法国、日本	调整商品经济的主要法律——性质和作用：民法、商法、经济法、劳动法、社会法
5	企业破产法（试行）	1986年12月	英国、法国、意大利、荷兰、比利时、德国、爱尔兰	破产的条件，破产程序的提出，破产程序的分类，破产诉讼的司法管辖权
6	标准化法	1988年12月	波兰、匈牙利、捷克斯洛伐克、日本、法国、南斯拉夫	标准体系和标准的制定，标准的执行，产品质量认证，标准实施的监督检查，法律责任

---

① 国务院新闻办公室：《中国的法治建设》白皮书，2008年2月28日发表。

续表

序号	中国法律名称	立法时间	立法借鉴外国法经验涉及的国家	借鉴外国立法经验涉及的主要内容
7	环境保护法	1989年12月	美国、日本、苏联、罗马尼亚、韩国、德国	环境保护立法模式，关于"环境"的定义，污染物排放许可证制度，排污费，环境污染损害赔偿的诉讼时效，等等
8	中外合资经营企业法（修正案）	1990年4月	美国、日本、德国、荷兰、卢森堡、法国、意大利、苏联、罗马尼亚、波兰、埃及、智利、印度尼西亚、韩国、泰国、新加坡、马来西亚	公司法或民法中关于公司期限的规定，外国投资法中关于合营企业经营期限的规定
9	著作权法	1990年9月	美国、法国、德国、日本、苏联、意大利、英国、巴西、罗马尼亚、南斯拉夫、保加利亚、大陆法系、英美法系	著作权法保护的作品，作者，著作权的内容，著作权的归属，邻接权，对著作权的限制，著作权合同，侵权责任，职务作品版权归属，等等
10	水土保持法	1991年6月	美国、印度、日本、苏联、澳大利亚、新西兰	水土流失情况，水土保持治理经验，水土保持治理措施，等等
11	税收征收管理法	1992年9月	美国、英国、法国、印度、荷兰、加拿大、日本、德国	查询纳税人银行账户，纳税人离境管理，对欠税人财产和欠税人在银行存款的强制执行，对逃避纳税嫌疑人实施强制措施，征税强制执行措施，偷税逃税构成犯罪的条件，等等

续表

序号	中国法律名称	立法时间	立法借鉴外国法经验涉及的国家	借鉴外国立法经验涉及的主要内容
12	海商法	1992 年 11 月	国际海事组织和英国法律专家	国际海上货运合同，提单运输中合同成立时间问题，国际海上运输与国内沿海运输的法律适用问题，船舶所有权和抵押权登记的效力，提单运输承运人的基本义务，海上拖航中发生的损害赔偿责任，船舶优先权，对油轮救助的特别补偿，等等
13	矿山安全法	1992 年 11 月	美国、日本、印度、中国台湾	矿山安全的执法机关及其职权，矿山建设的安全保障，矿山事故的报告与处理，法律责任
14	商标法（修正案）	1993 年 2 月	美国、法国、德国、日本、意大利、泰国	对假冒他人注册商标行为的处罚，对伪造他人注册商标识别标志行为的处罚，对销售假冒他人注册商标的商品行为的处罚，对法人假冒、伪造注册商标行为的处罚，对假冒注册商标的商品的处理
15	反不正当竞争法	1993 年 9 月	美国、德国、日本、韩国、匈牙利	立法体例：分别立法、统一立法和分散立法，主管机关及其职权，不正当竞争行为，民事、行政和刑事法律责任，等等
16	公司法	1993 年 12 月	德国、日本、韩国、法国、英国、挪威、瑞典、意大利、瑞士、奥地利、美国、比利时、荷兰、丹麦等国家	股份有限公司、有限责任公司与无限责任公司的主要区别，公司的设立，股份、股票和公司债，股权的转让，公司的机构，股东会，董事会，监事会，公司的会计，年度会计报表及其审计，公积金，股息，控股公司和参与公司，公司的转化、合并、解散与清算，外国公司，法律中关于公司的罚则等

续表

序号	中国法律名称	立法时间	立法借鉴外国法经验涉及的国家	借鉴外国立法经验涉及的主要内容
17	预算法	1994 年 3 月	俄罗斯、罗马尼亚、西班牙、日本、德国、泰国、英国、韩国	预算的收支平衡和赤字问题，预算的审批，预算的调整，对预算执行情况和决算的监督，等等
18	劳动法	1994 年 7 月	美国、加拿大、英国、法国、日本、罗马尼亚、俄罗斯、保加利亚、波兰、匈牙利、蒙古、伊拉克等国家	劳动合同的内容，劳动合同的期限，劳动合同的形式，劳动合同的变更，劳动合同的终止，终止劳动合同的补偿等
19	仲裁法	1994 年 8 月	荷兰、瑞士、瑞典、日本、国际商事制裁示范法	撤销裁决，不予执行裁决等
20	审计法	1994 年 8 月	美国、奥地利、西班牙、加拿大、土耳其、德国、法国、新加坡、日本、印度、瑞典、约旦、沙特阿拉伯等国家	审计机关的设置，审计监督范围，审计调查的权限等
21	合同法	1999 年 3 月	美国、加拿大、澳大利亚、德国、英国、意大利、西班牙、日本、法国、韩国等国家	合同法的发展情况，合同自由原则，合同效力，商务代理人，情势变更，公益捐赠，赠予合同，借贷合同，租赁合同，承揽制度，货物运输合同，旅游合同物的瑕疵担保，托收信贷合同，销售特许合同，委托合同，等等

续表

序号	中国法律名称	立法时间	立法借鉴外国法经验涉及的国家	借鉴外国立法经验涉及的主要内容
22	立法法	2000 年 3 月	美国、德国、英国、法国、日本、意大利、俄罗斯、白俄罗斯	立法权限划分，立法制度，地方立法，立法程序，宪法关于立法制度的规定，立法体制，立法指导思想，立法基本原则，授权立法，立法技术，等等

资料来源：顾昂然：《回望：我经历的立法工作》，法律出版社 2009 年版；《立法札记：关于我国部分法律制定情况的介绍【1982—2004 年】》，法律出版社 2006 年版；《新中国民主法制建设》，法律出版社 2002 年版。张春生：《中华人民共和国立法法释义》，法律出版社 2000 年版，等等。

中国立法充分学习借鉴了包括西方立法经验在内的一切人类立法文明的有益成果，不仅大量学习借鉴了西方经济立法、民商事立法、环境保护和能源立法、社会立法等的经验，而且适量学习借鉴了西方民主政治立法、行政立法等的经验；不仅学习借鉴了西方大陆法系的立法经验，而且学习借鉴了普通法系和其他法系的立法经验；不仅学习借鉴了外国的立法经验，而且学习借鉴了中国香港、澳门和台湾地区的立法经验。

第三节　中国特色法律体系的理论与实践

一　中国为何采用"法律体系"的概念

什么是法律体系（Legal System）？中国学者在 20 世纪 80 年代前半期，曾经有过一场大规模的讨论。这场讨论对于推动中国的法制建设，特别是立法工作，起到了重要作用。中国法学界认为："法律体系通常指由一个国家的全部现行法律规范分类组合为不同的法律部门而形成的有机联系的统一整体。"这种观点，主要源于苏联的关于法律体系的传统理论。而苏联这种理论的产生和发展，有特定的历史条件和背景。

众所周知，西方大陆法系国家通常在两个意义上使用法律体系概念：一是将法律体系视为法系，如法国著名比较法学家达维德所著《当代主要法律体系》，实际讨论的多是法系问题。德国著名比较法学家茨威格特所著《比较法总论》，在一定意义上将法系视同法律体系。二是习惯上将法律体系分为公法和私法的"两分法"。这是从古罗马乌尔比安对法律体系做出公法、私法划分以后，一直沿袭至今的基本分类方法。其他关于"经济法"和"社会法"以及"五法体系"或者"六法体系"，都是以公法和私法划分为基础和前提的。

在普通法系，其基本分类是普通法和衡平法。在法的分类上，普通法和衡平法缺乏系统性和严格的标准，多数是从中世纪的诉讼形式发展而来的，如普通法系并没有单一的民法和商法，有关的内容分散在财产法、侵权行为法、合同法、信托法、票据法等法律中。

从渊源上说，中国法律体系的构建理论和划分方法，是从苏联承袭过来的，其理论上的全民公有制经济特征和政治上的阶级斗争意识形态主导，在一定程度上影响甚至制约了中国建立在社会主义市场经济体制和构建和谐社会基础之上的法律体系的自我完善和全面发展。

在法律体系的构建理论方面，中国没有采用西方国家普遍使用的公法与私法的划分理论，而是基本上采用了苏联社会主义的法律体系原理。在苏联，法学家们根据革命导师列宁于1922年确立的政治原则和政治逻辑："我们不承认任何'私法'，在我们看来，经济领域中的一切都属于公法范围，而不属于私法范围……由此只是扩大国家干预'私法'关系的范围，扩大国家废除'私人'合同的权力……而是把我们的革命法律意识运用到

'公民法律关系'上去",① 否定了西方国家公法与私法划分的理论。同时，为了显示社会主义法律体系与西方资本主义关于法律体系理论的根本区别，适应理想社会主义公有制经济基础的性质，苏联学者另辟蹊径，"试图找到其特有的将法律体系划分为部门的'独特的'主要标准"②。这种强烈的意识形态愿望和现实政治需要，引发了苏联学者对于法律体系的理论争论。

在 1938—1940 年的第一次争论中，苏联学者得出了法分为部门的基础是实体标准——受法调整的关系的特殊性或法律调整对象的结论。依据这一标准，将现行法律体系分为 10 个法律部门——国家法、行政法、劳动法、土地法、集体农庄法、财政预算法、家庭法、民法、刑法和诉讼法。③

20 世纪 50 年代中期，苏联对法律体系问题的争论有所发展，得出的结论是：除了将法律调整对象作为主要标准外，还必须划分出附加标准——法律调整方式。④ 于是，关于把刑法划分为一个法律部门的理论依据和具体方法的问题，就迎刃而解了。1981 年，在关于法律体系的讨论中，苏联法学家进一步确认了将法律调整对象和调整方式作为法律部门划分标准的理论。

显而易见，以苏联为代表的社会主义国家法律体系部门划分的实际意义，或许其政治价值大于其学术和实践价值，这种理论产生与存在的主要目的，是为了解决法律体系姓"资"姓"社"的问题，其次才是按照法律科学和法学传统来构建一个国家的法律体系。因为只有用这种划分理论和

---

① 《列宁全集》第 36 卷，人民出版社 1959 年版，第 587 页。

② ［俄］B. B. 拉扎列夫主编：《法与国家的一般理论》，王哲等译，法律出版社 1999 年版，第 161 页。

③ 同上。

④ 在 20 世纪 30 年代的这次讨论中，苏联学者勃拉图西提出，应当把调整方法也作为分类标准，但这一意见没有得到采纳。1956 年第二次讨论苏联法律体系问题时，大多数学者认为只以法律调整对象作为划分标准已不够了，几乎一致同意把法律调整的对象同法律调整的方法一起看作划分法律部门的统一根据。参见吴大英、任允正《苏联法学界关于法的体系的讨论情况简介》，载张友渔等《法学理论论文集》，群众出版社 1984 年版，第 287 页。

方法，才能取代公法和私法这种以承认私有制为经济基础合法前提的划分标准，才能彰显出社会主义新型法律体系的公有制性质，及其比资本主义社会更先进的社会主义本质。由于不采用上述部门法的划分方法仍然可以构建一个国家的法律体系，而且千百年来世界上绝大多数国家都不采用这种方法，但并不影响其法律体系的形成、存在和发展，因此，建构法律体系的路径是可以有所不同的，划分部门法的建构方法只是其中的一种。

20世纪90年代中期，苏联解体后的俄罗斯学者逐步修改了苏联社会主义时期关于法律体系的看法，他们不仅承认了公法和私法的划分，而且还对法律体系做了重新界定："法律体系是指全部法律规范根据调整的对象（被调整关系的性质和复杂性）和方式（直接规定方式、允许方式及其他）分为法律部门（宪法、行政法、民法、刑法等）和法律制度（选举制度、财产制度、正当防卫制度等）。"① 此时，俄罗斯学者对于法律体系的理解，已经大大突破了原来以调整对象和调整方法为内容的法律体系概念，而把法律制度加入其中，拓展了法律体系概念的范围。

何谓法律体系？2003年4月25日，在十届全国人大常委会关于《我国的立法体制、法律体系和立法原则》的法制讲座中，主讲人对这个问题做出了回答。所谓法律体系，是指一个国家的全部法律规范，按照一定的原则和要求，根据不同法律规范的调整对象和调整方法的不同，划分为若干法律门类，并由这些法律门类及其所包括的不同法律规范形成相互有机联系的统一整体。"关于法律门类划分，上届全国人大常委会经组织专题研究，按照基本上达成的共识，认为将中国的法律体系划分为以下七个门类比较合适"②，即宪法及宪法相关法、民法商法、行政法、经济法、社会法、

---

① ［俄］B.B.拉扎列夫主编：《法与国家的一般理论》，王哲等译，法律出版社1999年版，第38—39页。

② 参见杨景宇《我国的立法体制、法律体系和立法原则》，2003年4月25日第十届全国人大常委会法制讲座第一讲。

刑法、诉讼与非诉讼程序法。

如果我们把今天划分为七个法律部门的中国法律体系，与当年划分为十个法律部门的苏联法律体系相比，可以发现，中国特色社会主义法律体系一方面坚持了法律体系的社会主义性质，基本上采用了苏联社会主义法律体系的划分原理，而没有采用西方国家通常的法律标准；另一方面，又根据中国社会主义市场经济、分配制度等现实国情，对中国法律体系部门做出了初步划分。

表3—2　　　　　　　　　　苏联与中国法律体系部门划分比较

序号	苏联	中国
1	国家法	宪法与宪法相关法
2	行政法	行政法
3	劳动法	社会法
4	土地法	经济法
5	集体农庄法	
6	财政预算法	
7	家庭法	
8	民法	民法商法
9	刑法	刑法
10	诉讼法	诉讼与非诉讼法

二　中国特色社会主义法律体系的实践发展

中共十一届三中全会提出，为了发展社会主义民主，必须健全社会主义法制，使民主制度化、法律化。从此，确立了在现代化建设中应当发展社会主义民主和健全社会主义法制的基本方针。健全社会主义法制，应当做到"有法可依、有法必依、执法必严、违法必究"。十一届三中全会还明确要求，"必须做到有法可依，从现在起，应当把立法工作摆到全国人民代表大会及其常务委员会的重要议程上来"。实现有法可依，成为新时期法制建设的首要任务。1980 年邓小平进一步重申："要继续发展社会主义民主，健全社会主义法制。这是三中全会以来中央坚定不移的基本方针，今后也决不允许有任何动摇。我们的民主制度还有不完善的地方，要制定一系列的法律、法令和条例，使民主制度化、法律化。"①

建立社会主义法律体系，实现有法可依，是新时期中国法治建设的一项长期任务，也是新时期立法工作的一个基本目标。

1982 年，第五届全国人大常委会第五次会议工作报告中首次明确提出，"立法要从我国的实际情况出发，按照社会主义法制原则，逐步建立有中国特色的独立的法律体系"。

1987 年，党的十三大报告向全世界宣布："社会主义民主和法制的建设逐步发展，以宪法为基础的社会主义法律体系初步形成。"

1988 年 3 月，七届全国人大一次会议指出："过去五年立法工作的重大进展，使中国在国家政治生活、经济生活、社会生活的基本方面，已经不再是无法可依，而是有法可依。以宪法为基础的社会主义法律体系已经初步形成。"

1993 年，为了深化经济体制改革，建立社会主义市场经济体制，中共在《关于建立社会主义市场经济体制若干问题的决定》中，提出"法制建设的目标是：加快经济立法，进一步完善民商法律、刑事法律、有关国家机构和行政管理方面的法律，本世纪末初步建立适应社会主义市场经济的法律体系"。

1994 年，第八届全国人大常委会第二次会议提出："按照宪法的要求，常委会把经济立法作为第一位的任务，争取在本届任期内大体形成社会主义市场经济法律体系的框架。"

———————

① 邓小平：《贯彻调整方针，保证安定团结》，载《邓小平文选》第 2 卷，人民出版社 1994 年版，第 359 页。

1995 年，全国人大常委会"继续把立法工作放在首位，加快经济立法，在形成社会主义市场经济法律体系框架方面迈出了重要步伐"。

1996 年，第八届全国人大常委会第四次会议工作报告指出，过去一年常委会的立法工作"在形成社会主义市场经济法律体系方面迈出了重要步伐，为改革开放和现代化建设的顺利进行提供了法律保障"。

1997 年，第八届全国人大常委会第五次会议工作报告总结道：常委会"抓紧立法，在建立社会主义市场经济法律体系方面迈出重要步伐……社会主义市场经济法律体系框架已初具规模"。1997 年，中共十五大在确立依法治国基本方略的同时，明确提出社会主义法治国家建设过程中的立法目标，是"到 2010 年形成有中国特色的社会主义法律体系"。

1998 年，第九届全国人大常委会第一次会议工作报告在总结立法工作时指出，过去五年的"立法不仅数量多，质量也有所提高，为形成具有中国特色社会主义法律体系奠定了基础"。今后立法工作的目标和任务是"继续加强立法工作，把经济立法放在重要位置，提高立法质量，努力建设有中国特色社会主义法律体系"。

从 1997 年到 2010 年形成有中国特色的社会主义法律体系，用 13 年时间实现这一立法目标，大致可分为三个阶段。

九届全国人大期间（1998—2003 年）——"初步形成中国特色社会主义法律体系"。所谓"初步形成"是指以宪法为基础，以民事、刑事、经济、行政和诉讼等方面的基本法律为核心，以不同层级的法律、行政法规、地方性法规为内容的法律体系初步形成。2003 年 3 月 10 日李鹏委员长在总结过去五年全国人大常委会工作的报告中指出："在前几届工作的基础上，经过不懈努力，构成中国特色社会主义法律体系的各个法律部门已经齐全，每个法律部门中主要的法律已经基本制定出来，加上国务院制定的行政法规和地方人大制定的地方性法规，以宪法为核心的中国特色社会主义法律体系已经初步形成。"

十届全国人大期间（2003—2008 年）——"基本形成中国特色社会主义法律体系"。所谓"基本形成"，就是在"初步形成"的基础上，将每个法律部门中支架性的、现实急需的、条件成熟的法律制定和修改完成。2008 年 3 月，吴邦国委员长在十一届全国人大一次会议上指出：中国特色社会主义法律体系，是以宪法为核心、法律为主干，由宪法及宪法相关法、民法商法、行政法、经济法、社会法、刑法、诉讼与非诉讼程序法七个法律部门和法律、行政法规、地方性法规三个层次规范构成的统一整体。在前几届全国人大及其常委会立法工作的基础上，经过十届全国人大及其常委会的不懈努力，目前，中国现行有效的法律 229 件，加上现行有效的行政法规约 600 件、地方性法规 7000 多件，构成中国特色社会主义法律体系的各个法律部门已经齐全，各个法律部门中基本的、主要的法律及配套规定已经制定出来，中国特色社会主义法律体系已经基本形成，国家经济、政治、文化、社会生活的各个方面基本实现了有法可依。[①]

十一届全国人大期间（2008—2013 年）——到 2010 年"形成中国特色社会主义法律体系"。所谓"形成中国特色社会主义法律体系"，是指涵盖社会关系各个方面的法律部门已经齐全，各法律部门中基本的、主要的法律已经制定，相应的行政法规和地方性法规比较完备，法律体系内部总体做到科学和谐统一。2011 年 3 月 10 日，吴邦国委员长向十一届全国人大四次会议做全国人大常委会的工作报告中宣布，到 2010 年底，中国已制定现行有效法律 236 件、行政法规 690 多件、地方性法规 8600 多件，并全面完成对现行法律和行政法规、地方性法规的集中清理工作。一个立足中国国情和实际、适应改革开放和社会主义现代化建设需要、集中体现党和人民意志的，以宪法为统帅，以宪法相关法、民法商法等多个法律部门的法律为主干，由法律、行政法规、地方性法规等多个层次的法律规范构成的中

---

① 国务院新闻办公室：《中国的法治建设》白皮书，2008 年 2 月 28 日发表。

国特色社会主义法律体系已经形成。

由上可见，随着中国经济社会体制改革的不断深化和社会主义民主法治建设的不断发展，中国立法者对法律体系的认识也在不断提高。从"建立有中国特色的独立的法律体系"发展为"社会主义法律体系初步形成"，从"形成社会主义市场经济法律体系框架"发展为"建立社会主义市场经济法律体系"，从"建立社会主义法律体系"发展为"形成中国特色社会主义法律体系"，从"初步形成"、"基本形成"发展为"形成"，所有这些变化，都显示了中国对立法工作认识的不断提高、对法律体系的认识不断完善、对形成中国特色社会主义法律体系实践过程的认识不断深化。

三 中国特色社会主义法律体系的主要内容

中国特色社会主义法律体系，是以宪法为统帅，以法律为主干，以行政法规、地方性法规为重要组成部分，由宪法及宪法相关法、民法商法、行政法、经济法、社会法、刑法、诉讼与非诉讼程序法等多个法律部门组成的有机统一整体。中国特色社会主义法律体系目前是由三个层次、七个部门组成的。

宪法是国家的根本法，在中国特色社会主义法律体系中居于统帅地位。宪法在中国特色社会主义法律体系中具有最高权威和法律效力，一切法律、行政法规、地方性法规的制定都必须以宪法为依据，遵循宪法的基本原则，不得与宪法相抵触。

（一）中国特色社会主义法律体系的三个层次

中国特色社会主义法律体系包括三个层次的内容。

一是法律。包括基本法律和法律，由全国人大及其常委会制定和解释。

二是行政法规。国务院根据宪法和法律制定的行政法规。

三是地方性法规。主要包括：省、自治区、直辖市的人大及其常委会可以制定地方性法规。较大市的人大及其常委会可以制定地方性法规，报省、自治区的人大常委会批准后施行。民族自治地方的人大有权制定自治条例和单行条例；自治条例和单行条例可以对法律和行政法规的规定做出变通规定，但不得违背法律和行政法规的基本原则，不得对宪法和民族区域自治法的规定以及其他法律、行政法规专门就民族自治地方所做的规定做出变通规定。经济特区所在地的省、市的人大及其常委会根据全国人大及其常委会的授权决定，遵循宪法的规定以及法律、行政法规的基本原则，制定法规，在经济特区范围内实施。

（二）中国特色社会主义法律体系的七个部门

中国特色社会主义法律体系目前由以下七个部门组成。

1. 宪法相关法

宪法相关法是与宪法相配套、直接保障宪法实施和国家政权运作等方面的法律规范的总和，大多属于全国人大及其常委会的专属立法权限，主要包括四个方面：一是有关国家机构的产生、组织、职权和基本工作制度的法律，如《选举法》、《地方各级人民代表大会和地方各级人民政府组织法》、《全国人民代表大会组织法》、《国务院组织法》、《人民法院组织法》、《人民检察院组织法》等；二是有关民族区域自治制度、特别行政区制度、基层群众自治制度的法律，如《民族区域自治法》、《香港特别行政区基本法》、《澳门特别行政区基本法》、《居民委员会组织法》、《村民委员会组织法》等；三是有关维护国家主权、领土完整和国家安全的法律，如《缔结条约程序法》、《领海及毗连区法》、《专属经济区和大陆架法》、《反分裂国家法》和《国旗法》、《国徽法》等；四是有关保障公民基本权利的法律，如《集会游行示威法》、《国家赔偿法》等。截至 2011 年 8 月底，中国已制定宪法相关法方面的法律 38 部和一批行政法规、地方性法规。

2. 民法商法

民法是调整平等主体的公民之间、法人之间、公民和法人之间的财产关系和人身关系的法律规范,遵循民事主体地位平等、意思自治、公平、诚实信用等基本原则。商法调整商事主体之间的商事关系,遵循民法的基本原则,同时秉承保障商事交易自由、等价有偿、便捷安全等原则。关于民法和商法是分立还是合一,各国做法不尽相同,有的民商合一,有的民商分立。中国采取的是民商合一的立法模式。1978 年以来,中国制定了《合同法》、《物权法》、《农村土地承包法》、《侵权责任法》、《婚姻法》、《收养法》、《继承法》、《涉外民事关系法律适用法》、《公司法》、《合伙企业法》、《个人独资企业法》、《商业银行法》、《证券投资基金法》、《农民专业合作社法》、《证券法》、《海商法》、《票据法》、《保险法》、《专利法》、《商标法》、《著作权法》、《中外合资经营企业法》、《外资企业法》、《中外合作经营企业法》等法律。截至 2011 年 8 月底,中国已制定民法商法方面的法律 33 部和一大批规范商事活动的行政法规、地方性法规。

3. 行政法

行政法是关于行政权的授予、行政权的行使以及对行政权的监督的法律规范,调整的是行政机关与行政管理相对人之间因行政管理活动发生的关系,遵循职权法定、程序法定、公正公开、有效监督等原则,既保障行政机关依法行使职权,又注重保障公民、法人和其他组织的权利。1978 年以来,中国制定了《行政处罚法》、《行政复议法》、《行政许可法》、《行政强制法》、《环境保护法》、《环境影响评价法》、《水污染防治法》、《海洋环境保护法》、《大气污染防治法》、《环境噪声污染防治法》、《固体废物污染环境防治法》、《放射性污染防治法》、《教育法》、《义务教育法》、《高等教育法》、《职业教育法》、《教师法》、《药品管理法》、《母婴保健法》、《献血法》、《传染病防治法》、《体育法》、《国境卫生检疫法》、《居民身份证法》、《公民出境入境管理法》、《枪支管理法》、《消防法》、《禁毒法》、《治安管

理处罚法》、《突发事件应对法》、《公务员法》、《人民警察法》、《驻外外交
人员法》、《国防动员法》、《军事设施保护法》、《人民防空法》、《兵役法》、
《国防教育法》、《科学技术进步法》、《科学技术普及法》、《文物保护法》、
《非物质文化遗产法》等法律。截至 2011 年 8 月底，中国已制定行政法方
面的法律 79 部和一大批规范行政权力的行政法规、地方性法规。

4. 经济法

经济法是调整国家从社会整体利益出发，对经济活动实行干预、管理
或者调控所产生的社会经济关系的法律规范。经济法为国家对市场经济进
行适度干预和宏观调控提供法律手段和制度框架，防止市场经济的自发性
和盲目性所导致的弊端。1978 年以来，中国制定了《预算法》、《价格法》、
《中国人民银行法》、《企业所得税法》、《个人所得税法》、《车船税法》、
《税收征收管理法》、《银行业监督管理法》、《反洗钱法》、《农业法》、《种
子法》、《农产品质量安全法》、《铁路法》、《公路法》、《民用航空法》、《电
力法》、《土地管理法》、《森林法》、《水法》、《矿产资源法》、《节约能源
法》、《可再生能源法》、《循环经济促进法》、《清洁生产促进法》、《反不正
当竞争法》、《价格法》、《反垄断法》等法律。截至 2011 年 8 月底，中国已
制定经济法方面的法律 60 部和一大批相关行政法规、地方性法规。

5. 社会法

社会法是调整劳动关系、社会保障、社会福利和特殊群体权益保障等
方面的法律规范，遵循公平和谐和国家适度干预原则，通过国家和社会积
极履行责任，对劳动者、失业者、丧失劳动能力的人以及其他需要扶助的
特殊人群的权益提供必要的保障，维护社会公平，促进社会和谐。1978 年
以来，中国制定了《劳动法》、《矿山安全法》、《职业病防治法》、《安全生
产法》、《劳动合同法》、《就业促进法》、《劳动争议调解仲裁法》、《红十字
会法》、《公益事业捐赠法》、《工会法》、《社会保险法》、《残疾人保障法》、
《未成年人保护法》、《妇女权益保障法》、《老年人权益保障法》、《预防未

成年人犯罪法》等法律。截至 2011 年 8 月底，中国已制定社会法方面的法律 18 部和一大批规范劳动关系和社会保障的行政法规、地方性法规。

6. 刑法

刑法是规定犯罪与刑罚的法律规范。它通过规范国家的刑罚权，惩罚犯罪，保护人民，维护社会秩序和公共安全，保障国家安全。截至 2011 年 8 月底，中国已制定一部统一的刑法、8 个刑法修正案以及《关于惩治骗购外汇、逃汇和非法买卖外汇犯罪的决定》，并通过了 9 个有关刑法规定的法律解释。

7. 诉讼与非诉讼程序法

诉讼与非诉讼程序法是规范解决社会纠纷的诉讼活动与非诉讼活动的法律规范。诉讼法律制度是规范国家司法活动解决社会纠纷的法律规范，非诉讼程序法律制度是规范仲裁机构或者人民调解组织解决社会纠纷的法律规范。截至 2011 年 8 月底，中国已制定了诉讼与非诉讼程序法方面的法律 10 部，主要有《刑事诉讼法》、《民事诉讼法》、《行政诉讼法》、《仲裁法》、《人民调解法》、《引渡法》、《海事诉讼特别程序法》、《劳动争议调解仲裁法》、《农村土地承包经营纠纷调解仲裁法》等法律。

第四节 中国特色法律体系的完善

中国特色社会主义法律体系的形成只是基本解决了无法可依的问题，用到 2020 年全面建成小康社会时"社会主义民主更加完善，社会主义法制更加完备，依法治国基本方略得到全面落实"的标准来衡量，用到 2050 年整体建成法治中国的战略目标来要求，形成更加民主科学完善的中国特色社会主义法律体系，还有很长的路要走。

一 立法工作实现五个转变

中国特色社会主义法律体系如期形成，无法可依的问题基本解决以后，中国立法工作应当实现以下转变。

第一，法治建设的重点应当从以立法为中心向切实实施宪法和法律为中心转变，更加重视法治的作用，推动宪法法律实施与法律体系构建的全面协调发展。

第二，立法工作应当从"有法可依"向"科学立法"转变。有法可依着重解决的是立法数量问题，即法律法规的有无问题；科学立法着重解决的是立法质量问题。

第三，立法工作应当从数量型立法向质量型立法转变。不仅要考察立法数量的 GDP，更要关注立法的质量和实效；不仅要有不计其数的纸面上的法律规范，更要有能够真正发挥作用的现实中的法治功能。

第四，立法工作应当从以创制法律为主，向统筹创制法律与清理法律、编纂法典、解释法律、修改法律、补充法律、废止法律的协调发展转变，使法律体系的清理、完善和自我更新更加制度化、规范化、常态化，使法律体系更加具有科学性、稳定性、权威性和生命力。

第五，立法工作应当从"成熟一部制定一部、成熟一条制定一条"的"摸着石头过河"的立法模式，向科学规划、统筹安排、协调发展的立法模式转变；从立法项目选择的"避重就轻"、"拈易怕难"向立法就是要"啃硬骨头"、迎难而上、攻坚克难转变，使立法真正成为分配社会利益、调整社会关系和处理社会矛盾的艺术，成为在"矛盾的焦点上"画出的杠杠。

二 把各种基本社会关系合理纳入法律调整范畴

目前，中国还有许多社会关系没有纳入法律调整规范的范畴，仍存在一些立法空白。应当抓紧时间制定以下法律：反腐败法、新闻法、政党法、社团法、宗教信仰自由法、海洋基本法、社区自治法、国家补偿法、公职人员财产申报法、机构编制法、户籍法、突发事件处置法、违法行为矫治法、行政程序法、商法通则、不动产登记法、电子商务法、宏观调控法、发展规划法、国家经济安全法、国民经济动员法、金融监管法、电信法、粮食法、社会保险法、基本医疗卫生保健法、农民权益保障法、住房保障法、法律援助法、社会救助法、人体器官与遗体捐赠法、慈善事业法、行业协会商会法、志愿服务法、社会信用法、个人信息保护法、海岛保护法、自然保护区法、陆地边界法、学前教育法、电影产业促进法、图书馆法、广播电视传输保障法等等。

当然，在强调和重视立法的同时，也必须看到立法的局限性，防止立法万能和过度立法，避免立法事无巨细、包打天下。立法对社会关系的调整，应当做到"天网恢恢，疏而不漏"，使民事立法、刑事立法、行政立法、经济立法和社会立法各自的比例均衡适当。

三　法律体系做到成龙配套

完善中国特色社会主义法律体系，应当既无重要立法缺项等"立法空白"，也无"摆设立法"、"过时立法"等重大立法瑕疵。

完善中国特色社会主义法律体系，应当保证法典法与单行法、修改法与原定法、解释法与原定法、下位法与上位法、新法与旧法、特别法与一般法、程序法与实体法、地方法与中央法、国际法与国内法等各类法律，做到上下统一、左右协调、整体和谐，构成有机统一的法律体系整体。

四　完善法律体系的构建理论和划分方法

应当以中华法系的传统文化精髓和世界法律文化的有益经验作为完

善现行法律体系的文化基础，以"一个国家、两种制度、三个法系、四个法域"作为研究现行法律体系的整体对象，以创新、开放、科学和包容的思维作为完善现行法律体系的方法原则，以公法、私法、社会法、综合法、国际法等作为划分法律体系的基本范畴，积极谋划构建"中国特色法律体系"，为中华民族的统一、强盛和伟大复兴提供坚实的法律基础。

五 制定科学的立法发展战略和实施规划

围绕"中国梦"、"法治中国梦"目标的实现，应当做到：一是根据国家到2050年实现中华民族伟大复兴的战略部署，研究设计中国未来40年左右的立法发展战略，制定不断完善中国特色法律体系的"任务书"、"时间表"和"路线图"。二是结合全面落实依法治国基本方略和全面建设小康社会的阶段性任务，研究制定2010—2020年的立法规划和年度实施办法，实现立法与经济社会的协调发展。三是高度重视立法规划的民主性、科学性、权威性和严肃性，赋予立法规划必要的法律效力，确保各项立法任务高质量地完成。

六 处理好立法涉及的主要关系

建立完善的法律体系，需要统筹协调处理好立法涉及的以下重要关系：民主立法与科学立法的关系，立法民主与立法效率的关系，立法数量与立法质量的关系，立法公开与立法参与的关系，中央立法与地方立法的关系，制定法律与修改法律的关系，部门立法与人大立法的关系，单行立法与法典化立法的关系，立法形式与法律内容的关系，经济立法与社会立法的关系，立法发展与经济社会变迁的关系，法律制定与法律实施的关系。

七　不断提高立法技术水平

提高立法技术水平，应当做到：一是统筹法律制定与立法解释、立法修改、立法补充、立法废止，建立法律体系自我完善和适时更新的机制，实现立法清理的制度化和常态化。二是充分发挥立法备案审查制度、立法合法性审查制度、立法撤销制度等的作用，切实加强对法律法规合宪性与合法性的监督审查，从立法体制机制上保证法律体系的动态和谐。三是制定全国统一的立法技术规范手册，设计并推广立法技术软件，用现代高科技手段保证法律文本在结构布局、逻辑结构、语言文字、语法语句、标点符号等方面的立法技术水平不断提高。四是充分发挥立法备案审查制度、立法合法性审查制度、立法撤销制度等的作用，切实加强对法律法规合宪性与合法性的监督审查，从立法体制机制上保证法律体系的动态和谐。启动合宪性、合法性审查机制；成立宪法监督委员会。五是制定全国统一的立法技术规范手册。

八　使法律清理常态化、制度化

法律清理是使法律体系能够更好地适应经济社会发展的一种立法措施。法律清理，重点应在上位法，因为上位法的影响面大，法律效力高，应该通过上位法的修改带动下位法的完善。从内容和法律部门的角度来看，应当突出三个重点：一是有关国家体制和公权力运行的法律及其规范。二是有关尊重和保障人权的体制、程序和法律规范。三是有关经济与社会协调发展方面的法律规范。总之，清理完善法律体系，要坚持科学发展观，实现法律体系全面协调可持续地科学发展与完善。

九　推进立法的法典化

法典化是中国推进民主立法、科学立法和高质立法的必然要求，也是完善中国特色社会主义法律体系的重要标志之一。目前，中国法典化水平还很低，尚缺民法典、商法典、行政法典、行政程序法典、社会法典、经济法典、知识产权法典、环境法典、人权法典、军事法典等基本法典。无疑，前一阶段的大规模法律清理为实现法典化创造了较好的条件，但是法律清理并不必然导致法典化，它只是为法典化做出了一些基础性、前期性的准备工作，能否导致法典化，还需要进一步研究。

实现基本立法的法典化应当重视以下条件：第一，法典所要调整的经济社会关系是否基本上已经定型。如果中国大规模的经济社会文化体制改革尚未基本完成，经济社会关系处于经常变动不居状态，法典化的稳定性、权威性就会受影响。因此，实施法典化的前提条件，应该是被调整对象处于相对稳定的状态。第二，法典所要调整领域的相关立法应该基本齐备，这样法典化才有立法的基础和前提条件。在相关立法有重要缺项或者不足时，直接推进法典化立法，可能会遇到极大的困难。第三，法典化所需要的相关法学理论、立法观念、立法技术等要基本成熟到位，能够为法典化立法提供科学成熟的理论支持。第四，法典化在立法技术上还要有相应的积累，具备必要的立法经验。无论如何，法律清理将对中国的法典化产生重要的基础性和前提性作用，但法律清理并不必然导致法典化，法典化比法律清理的要求更高、难度更大。

第 四 章

中国的宪法法律制度

宪法是中国的根本法，是一切法律制度赖以产生、存在和重大变更的前提，是一切国家机关、社会组织和公民个人活动的法律依据，在中国法律制度中处于核心地位。

第一节　新中国宪法的历史发展

近现代意义上的宪法，并非中国本土文化的产物，而是西方的舶来品。早在 19 世纪前半叶，外国来华的传教士就开始翻译和介绍欧美的宪法制度。例如，美国新教第一位在华传教士裨治文所著《大美联邦志略》，在"民脱英轭"部分就介绍了美国独立的过程，而且全文翻译了美国的《独立宣言》。在"建国立政"中还将美国宪法七条介绍到中国。清末推行仿行宪政，派出大臣出洋考察国外宪政，并制定了《钦定宪法大纲》（1908 年）和《十九信条》（1911 年）。1911 年辛亥革命胜利后，在孙中山先生领导下于 1912 年 3 月 8 日通过的《中华民国临时约法》是旧中国第一部具有资产阶级民主性质的宪法文件。从 1927 年到 1949 年新中国成立，国民党政权先后制定了《中华民国宪法草案》（1936 年 5 月 5 日通过）和《中华民国宪法》（1946 年 11 月 15 日通过）。

中国共产党自 1921 年登上历史舞台，就注重运用制宪形式来反映人民的要求和中国共产党的主张。1931 年 11 月 7 日，第一次苏维埃代表大会就在江西瑞金通过了《中华苏维埃共和国宪法大纲》。抗日战争时期，陕甘宁边区第二届参议会制定和通过了《陕甘宁边区施政纲领》。1946 年 4 月 23 日，第三届边区参议会第一次会议又通过了《陕甘宁边区宪法原则》，确立了普遍、直接、平等和无记名的选举原则，规定了民族平等、男女平等以及解放区人民的各项政治、经济和文化权利。这些宪法文件对于新中国成立后制定新宪法，起到了重要的奠基作用。

新中国宪法是伴随着人民共和国的诞生而产生的。在人民共和国成立前夕，中国共产党邀请中国社会各民主党派、无党派人士和社会贤达，于 1949 年 9 月 29 日由中国人民政治协商会议第一届全体会议通过了《中国人民政治协商会议共同纲领》，简称《共同纲领》。它是中国宪法史上第一个比较完备的新民主主义性质的宪法文件，又称为"临时宪法"。它的制定对确立新中国成立初期的大政方针，巩固新生的人民民主专政政权起到了非常重要的法律保障作用。

《共同纲领》分序言和总纲、政权机构、军事制度、经济政策、文化教育政策、民族政策、外交政策 7 章，总计 60 条。这个纲领规定中华人民共和国是新民主主义及人民民主的国家；政权是工人阶级、农民阶级、小资产阶级、民族资产阶级及其他爱国民主分子的人民民主统一战线政权，而以工农联盟为基础，以工人阶级为领导；目标是反对帝国主义、封建主义和官僚资本主义，为中国的独立、民主、和平、统一和富强而奋斗。它为新中国制定了政权机构、军事制度以及经济政策、文化教育政策、民族政策、外交政策的总原则，规定人民享有广泛的民主权利和应尽的义务，成为新中国的建设蓝图。

从 1949 年到 1953 年，中国按照《共同纲领》的规定先后完成了祖国大陆的统一，完成了土地改革，进行了镇压反革命和各种民主改革，恢复了国民经济。1953 年，中国开始了有计划地进行社会主义建设和社会主义改造的新时期。随着政治、经济各方面工作的顺利进行，新中国有必要在《共同纲领》的基础之上制定一个比较完备的宪法。

中央人民政府委员会在 1953 年 1 月 13 日成立了以毛泽东为首的中华人民共和国宪法起草委员会。宪法起草委员会在 1954 年 3 月接受了中共提出的宪法草案初稿，随即在北京和全国各大城市组织各民主党派、各人民团体和社会各方面的代表共 8000 多人，用两个多月的时间，对这个初稿进行了认真的讨论。经过讨论修改后的宪法草案，由中央人民政府委员会在 1954 年 6 月 14 日公布，交付全国人民讨论。全国人民的讨论进行了两个多月，共有 15000 多万人参加。广大人民群众热烈拥护这个宪法草案，同时提出了很多修改和补充意见。根据这些意见，宪法起草委员会对宪法草案再度做出修改，经 1954 年 9 月 9 日中央人民政府委员会第三十四次会议讨论通过，提交 1954 年 9 月 15 日召开的第一届全国人民代表大会第一次会议审议了这个草案。1954 年 9 月 20 日，第一届全国人民代表大会第一次会议出席代表以无记名投票方式一致通过了《中华人民共和国宪法》。中华人民共和国第一部宪法正式诞生了。1954 年宪法除序言部分之外，计有总纲、国家机构、公民的基本权利和义务、国旗国徽首都 4 章，106 条。它确立了新中国的根本政治制度，首次规定"中华人民共和国的一切权力属于人民"。它是社会主义类型的宪法。1954 年宪法的颁布实施，推动了社会主义改造和社会主义建设事业的前进，使中国的民主法制建设进入了一个崭新阶段。

1966 年开始的"文化大革命"，使中国的政治生活和社会生活陷入全面混乱之中，"文革"奉行的"以阶级斗争为纲"和"坚持无产阶级专政下继续革命"的理论，左右了执政党和国家的路线方针，催生了 1975 年宪法。1975 年宪法虽然肯定了 1954 年宪法所确立的基本宪法原则，但它是一部具有严重缺陷的宪法。例如，相比 1954 年宪法而言，1975 年宪法在篇幅上只有 4 章 30 条，在法制建设方面不仅没有前进，反而倒退了很多。

1978 年 3 月 5 日，五届全国人大一次会议通过了中国的第三部宪法。这部宪法比 1975 年宪法有了重大变化，但仍然存在许多缺陷，主要是仍保留了"坚持无产阶级专政下的继续革命"和公民有"大鸣、大放、大辩论、大字报"（"四大"）的权利等错误提法。1978 年宪法共有 4 章 60 条。1979 年 7 月五届人大二次会议和 1980 年 9 月五届人大三次会议，以"决议"形式两次对这部宪法进行部分修改，废除了"四大"，恢复了 1954 年宪法所确立的一系列基本国家制度。至此，新中国已经制定过三部宪法和对宪法进行过四次修改。

1978 年 12 月，中共十一届三中全会以后，中国全面清理"文化大革命"的错误，深入总结新中国成立以来的历史经验，恢复并根据新情况制定一系列正确的方针和政策，使国家的政治生活、经济生活和文化生活发生了巨大的变化。1978 年宪法在许多方面已经同现实的情况和国家生活的需要不相适应，有必要对它进行全面的修改。中共十一届六中全会通过的《关于建国以来党的若干历史问题的决议》和第十二次全国代表大会通过的文件，为宪法修改提供了重要的依据。

1980 年 9 月 10 日，第五届全国人民代表大会第三次会议，决定成立宪法修改委员会，主持修改现行宪法。宪法修改委员会和它的秘书处成立以后，经过广泛征集和认真研究各地方、各部门、各方面的意见，于 1982 年 2 月提出《中华人民共和国宪法修改草案》讨论稿。宪法修改委员会第二次会议，用九天的时间对讨论稿进行了讨论和修改。全国人大常委会委员、全国政协常委会部分委员、各民主党派和人民团体领导人，中共中央各部门、国务院各部门、人民解放军各领导机关以及各省、自治区、直辖市的负责人，也都提出了修改意见。4 月，宪法修改委员会第三次会议又进行了九天的讨论并通过了宪法修改草案，由全国人大常务委员会公布，交付全国各族人民讨论。

　　这次全民讨论的规模之大、参加人数之多、影响之广，都是前几次宪法修改活动所无法比拟的。它足以表明全国工人、农民、知识分子和其他各界人士管理国家事务的政治热情的高涨。通过全民讨论，发扬民主，使宪法的修改更好地集中了群众的智慧。这次全民讨论，实际上也是一次全国范围的群众性的法制教育，增强了干部和群众遵守宪法和维护宪法尊严的自觉性。讨论中普遍认为，这个宪法修改草案科学地总结了中国社会主义发展的历史经验，反映了全国各族人民的共同意志和根本利益，是合乎国情、适应社会主义现代化建设的需要的。全民讨论中也提出了大量的各种类型的意见和建议。宪法修改委员会秘书处根据这些意见和建议，对草案又进行了一次修改。许多重要合理的意见都得到采纳，原来草案的基本内容没有变动，具体规定做了许多补充和修改，总共有近百处，纯属文字的改动还没有计算在内。还有一些意见，虽然是好的，但实施的条件不具备、经验不够成熟，或者宜于写在其他法律和文件中，不需要写进国家的根本法，因而没有写上。这个草案，经宪法修改委员会第四次会议历时五天逐条讨论，又做了一些修改，于 11 月 23 日在宪法修改委员会第五次会议上通过，并于 1982 年 11 月 26 日提交第五届全国人民代表大会第五次会议审议。1982 年 12 月 4 日，第五届全国人民代表大会第五次会议以无记名投票方式，通过了《中华人民共和国宪法》。同日由大会主席团正式公布。新中国成立以后的第四部宪法，也是最好的一部宪法诞生了。它的根本特点是，规定了中国的根本制度和根本任务，确定了四项基本原则和改革开放的基本方针。它规定，全国各族人民和一切组织，都必须以宪法为根本的活动准则，任何组织或个人，都不得有超越宪法和法律的特权。

　　1988 年和 1993 年，中国先后对宪法进行过两次修改。1988 年 3 月 31 日，七届全国人大第一次会议，审议通过了宪法修正案。1988 年修宪的内容包括宪法第 11 条增加：国家允许私营经济在法律规定的范围内存在和发展；宪法第 10 条第 4 款改为：土地的使用权可以依照法律的规定转让。这次修改开创了两个第一：一个是第一次在法律上承认私有经济，另一个是第一次在法律上承认了土地使用权的商品化。随后，1990年5月19日，由国务院55号令颁布和实施的《中华人民共和国城镇国有土地使用权出让和转让暂行条例》，则成为土地使用权上市交易的具体规则。

1993年2月14日，中共中央再次提出宪法修正案草案；3月20日，第八届全国人民代表大会第一次会议通过这个修正案。修正案内容总计9条，主要有：将"社会主义初级阶段"和"有中国特色的社会主义"、"改革开放"写进了宪法；用"家庭联产承包为主的责任制"来取代"人民公社"；用"市场经济"取代"计划经济"。

实践证明，1988年和1993年这两次修宪，对中国改革开放和现代化建设都发挥了重要的促进和保障作用。为维护宪法的权威性和稳定性，自1988年修改起，中国开始采用审议和公布"宪法修正案"，并在宪法正文后使用附录的方式。

1999年3月15日，第九届全国人大第二次会议通过了宪法修正案的第12条至第17条，对宪法序言有关部分和宪法第5条、第6条、第8条第1款、第11条、第28条进行了修改。这次修宪所涉及问题无论深度和广度以及尖锐程度都超过了对现行宪法的前两次修正。修宪的主要内容有：在序言中写进"邓小平理论"；第5条增加一款：实行依法治国，建设社会主义法治国家；第6条规定基本经济制度以公有制为主体，多种所有制经济共同发展；第8条规定农村集体经济实行家庭承包经营为基础、多种分配方式并存；第11条明确个体经济、私营经济是社会主义市场经济的重要组成部分，国家保护个体经济、私营经济的合法权利和利益；国家对个体经济、私营经济实行引导、监督和管理；第28条将"反革命的活动"改为"危害国家安全的犯罪活动"；等等。

2004年3月14日，第十届全国人民代表大会第二次会议通过了《中华人民共和国宪法修正案》。这次宪法修改，是新中国宪法的第九次修改，也是现行宪法的第四次修改。这次宪法修改突出了"以人为本"的理念和保障人权的原则，对宪法所规定的许多重要的制度都做了修改和完善。主要包括13项内容：（1）确立"三个代表"重要思想在国家政治和社会生活中的指导地位。（2）增加推动物质文明、政治文明和精神文明协调发展的内容。（3）在统一战线的表述中增加社会主义事业的建设者。（4）完善土地征用制度。（5）进一步明确国家对发展非公有制经济的方针。（6）完善对私有财产保护的规定。（7）增加建立健全社会保障制度的规定。（8）增加尊重和保障人权的规定。（9）完善全国人民代表大会组成的规定。（10）关于紧急状态的规定。（11）关于国家主席职权的规定。（12）修改乡镇政权任期的规定。（13）增加对国歌的规定。

2004年修宪，使中国宪法所确立的指导思想更加科学，使各项宪法制度更趋完善。特别是通过将"人权"写入宪法，使宪法很好地适应了当今世界各国宪法保障人权的总体要求，凸显了宪法在保障人权方面所起到的基础性的法律保障作用，反映了中国宪法自身发展的历史进步性。自此，标志着现代文明国家的民主、法治与人权价值在中国宪法中都得到了肯定，成为中国社会不断有序向前发展的制度动力和力量源泉。

第二节　宪法的法律形式和主要制度

一　宪法的主要法律形式

从中国宪法的法律形式来看，具有宪法效力的法律形式主要包括1982年宪法典以及针对1982年宪法典的四次修正案。

1982年宪法典，全称《中华人民共和国宪法》，共包括序言和4章，138条。

其中，序言部分介绍了中国民主主义革命和社会主义建设的重要事件，肯定了宪法是中国各族人民共同奋斗的成果；规定了中国社会主义建设时期必须坚持的"四项基本原则"，包括坚持马克思列宁主义、毛泽东思想、邓小平理论和"三个代表"思想的指导，坚持走社会主义道路，坚持人民民主专政，坚持党的领导；序言还规定了一系列重要的对内对外的路线、方针和基本国策；最后，序言还确立了宪法作为国家根本法的法律效力，肯定了宪法在中国社会主义法律体系中的核心地位。

宪法第一章"总纲"，共32条，全面和系统地规定了中国的国家性质和国家结构形式，国家政权的组织形式，社会主义法制的统一原则，社会主义的基本政治制度、经济制度、文化制度以及一些最重要的基本国策，为建设有中国特色的社会主义奠定了政治基础。

宪法第二章"公民的基本权利和义务"，共24条，第33条至第50条详细地规定了公民所享有的各项基本权利，包括法律面前平等权，选举权和被选举权，言论、出版、集会、结社、游行和示威的自由，宗教信仰自由，人身自由不受侵犯，人格尊严不受侵犯，住宅不受侵犯，通信自由和通信秘密受法律保护，批评、建议、申诉、控告和检举的权利，劳动的权利和义务，休息的权利，退休权，物质帮助权，受教育的权利和义务，进行科学研究、文学艺术创作和其他文化活动的自由，妇女与男子平等权，婚姻、家庭、母亲和儿童受保护，华侨、归侨和侨眷的合法权益等，其中，第33条第4款规定，"国家尊重和保障人权"。该条款突出了宪法对"人权"的高度重视。第51条规定了公民行使权利和自由必须受到公共利益的限制。第52条至第56条规定了公民的基本义务，包括有维护国家统一和全国各民族团结的义务；有维护祖国的安全、荣誉和利益的义务；必须遵守宪法和法律，保守国家秘密，爱护公共财产，遵守劳动纪律，遵守公共秩序，尊重社会公德；依照法律服兵役和参加民兵组织的义务；有依照法律纳税的义务。

宪法第三章"国家机构",共 7 节,79 条,全面和系统地规定了中国的国家政权组织形式,包括国家机关的产生、组织体系、职权、任期、活动程序、相互关系等等,并以此确立了国家权力的合法运行机制。其中,第一节规定了"全国人民代表大会"的组织形式,第二节规定了"中华人民共和国主席"的组织形式,第三节规定了"国务院"的组织形式,第四节规定了"中央军事委员会"的组织形式;第五节规定了"地方各级人民代表大会和地方各级人民政府"的组织形式,第六节规定了"民族自治地方的自治机关"的组织形式,第七节规定了"人民法院和人民检察院"的组织形式。

宪法第四章"国旗、国歌、国徽、首都",共 3 条,具体规定了中国的国家象征制度。

1982 年宪法生效至今,曾通过了四次宪法修正案,共计 31 条。其中,1988 年宪法修正案包括 2 条;1993 年宪法修正案包括 9 条;1999 年宪法修正案包括 6 条;2004 年宪法修正案包括 14 条。上述宪法修正案属于 1982 年宪法文本的补充规定或者是修改规定,修正案的内容都是针对 1982 年宪法的具体条款的,因此,31 条宪法修正案文本本身不能独立地予以引用,而是要结合宪法修正案具体修改的宪法典的条款来加以引用。例如,宪法修正案第 24 条规定:宪法第 33 条增加一款,作为第 3 款:"国家尊重和保障人权。"第 3 款相应地改为第 4 款。所以,宪法修正案第 24 条必须结合宪法典第 33 条才能获得法律效力。经过 31 条宪法修正案修改过的 1982 年宪法文本是具有正式法律效力的,可以予以法律适用的最新的宪法文本依据。在适用宪法条文时,应当引用经过宪法修正案修改过的宪法条文,而不能将未经修改的宪法条文与修改宪法条文的宪法修正案并列在一起加以引用,这是中国宪法文本适用区别于其他国家宪法文本适用的最大特点。此外,宪法修正案还存在对同一宪法条文进行多次修改的情形,例如,宪法修正案第 3 条、第 12 条和第 18 条都对宪法序言第七自然段进行了相应修改,在引用宪法序言第七自然段时，应当以宪法修正案第18条的修改条文为准。

中国宪法目前主要的法律形式只有宪法典和宪法修正案两种。

在实践中，中国还形成了一些宪法习惯，对宪法文本的规定做了很好的补充。例如，宪法经过了四次修改。其中每一次宪法修改的程序都是通过作为执政党的共产党的组织和推动，最后交全国人大常委会正式提交全国人大审议通过，这充分体现了中国宪法确立的根本政治制度"人民代表大会制度"的宪法特征，即"党的领导、人民当家做主与依法治国三者有机统一"是新时期下中国宪法制度存在的基本原则和正当性基础，也进一步肯定了执政党中国共产党对国家生活和政治生活的政治领导地位以及执政党通过将党的政策转化为国家宪法和法律的依法执政方式的重要特征。

新中国成立60多年来特别是改革开放30多年来，中国共产党领导中国人民制定宪法和法律，经过各方面坚持不懈的共同努力，到2010年底，一个立足中国国情和实际、适应改革开放和社会主义现代化建设需要、集中体现中国共产党和中国人民意志，以宪法为统帅，以宪法相关法、民法商法等多个法律部门的法律为主干，由法律、行政法规、地方性法规等多个层次法律规范构成的中国特色社会主义法律体系已经形成，国家经济建设、政治建设、文化建设、社会建设以及生态文明建设的各个方面实现有法可依。

遵循宪法原则所建立的宪法相关法、民商法、行政法、经济法、社会法、刑法以及诉讼及非诉讼程序法等七个法律部门确立的各项宪法和法律制度，涵盖了社会关系和社会生活的各个方面，把国家各项工作、社会各个方面纳入了法治化轨道，为依法治国、建设社会主义法治国家提供了坚实的基础。法律已经成为中国公民、法人和其他组织解决各种矛盾和纠纷的重要手段，也为中国各级人民法院维护公民、法人和其他组织的合法权益提供了重要依据。

二 宪法所建立的主要宪法制度

目前，依据宪法所建立起来的宪法制度主要有以下几个方面：

（一）宪法作为根本法的法制统一制度

宪法从以下几个方面确立了宪法的根本法地位。

1. 宪法具有根本法的法律效力

宪法序言明确规定：本宪法以法律的形式确认了中国各族人民奋斗的成果，规定了国家的根本制度和根本任务，是国家的根本法，具有最高的法律效力。全国各族人民、一切国家机关和武装力量、各政党和各社会团体、各企业事业组织，都必须以宪法为根本的活动准则，并且负有维护宪法尊严、保证宪法实施的职责。

2. 宪法是维护社会主义法制统一的法律保障

宪法第 5 条规定：中华人民共和国实行依法治国，建设社会主义法治国家。国家维护社会主义法制的统一和尊严。一切法律、行政法规和地方性法规都不得同宪法相抵触。一切国家机关和武装力量、各政党和各社会团体、各企业事业组织都必须遵守宪法和法律。一切违反宪法和法律的行为，必须予以追究。任何组织或者个人都不得有超越宪法和法律的特权。

3. 宪法修改必须通过严格的法律程序

宪法第 64 条第 1 款规定：宪法的修改，由全国人民代表大会常务委员会或者 1/5 以上的全国人民代表大会代表提议，并由全国人民代表大会以全体代表的 2/3 以上的多数通过。而第 2 款则规定：法律和其他议案由全国人民代表大会以全体代表的过半数通过。很显然，宪法修正案的提出及通过相对于一般法律来说其程序要更加严格，这也就保证了宪法的权威性。

4. 宪法是制定法律、法规和规章等一切规范性文件的法律依据

宪法作为国家的根本法，居于一切法律形式的最顶端，除了自身具有

最高法律效力之外，其他一切法律、法规和规章的制定都必须以宪法为依据。例如，《立法法》第3条明确规定：立法应当遵循宪法的基本原则，以经济建设为中心，坚持社会主义道路、坚持人民民主专政、坚持中国共产党的领导、坚持马克思列宁主义毛泽东思想邓小平理论，坚持改革开放。再如，宪法第89条第1项规定：国务院"根据宪法和法律"，制定行政法规。宪法第100条也规定：省、直辖市的人民代表大会和它们的常务委员会，在不同宪法、法律、行政法规相抵触的前提下，可以制定地方性法规，报全国人民代表大会常务委员会备案。第115条规定：自治区、自治州、自治县的自治机关行使宪法第三章第五节规定的地方国家机关的职权，同时依照宪法、民族区域自治法和其他法律规定的权限行使自治权，根据本地方实际情况贯彻执行国家的法律、政策。

5. 宪法是公民行使基本权利的法律依据

宪法第33条第4款规定：任何公民享有宪法和法律规定的权利，同时必须履行宪法和法律规定的义务。第53条规定：中华人民共和国公民必须遵守宪法和法律。

6. 宪法具有最高法律效力

作为国家的根本法，宪法在一切法律形式中具有最高法律效力，是国家机关、社会组织和公民个人活动的基本行为准则。宪法序言明确规定：本宪法……是国家的根本法，具有最高的法律效力。全国各族人民、一切国家机关和武装力量、各政党和各社会团体、各企业事业组织，都必须以宪法为根本的活动准则，并且负有维护宪法尊严、保证宪法实施的职责。《立法法》第78条也特别强调：宪法具有最高的法律效力，一切法律、行政法规、地方性法规、自治条例和单行条例、规章都不得同宪法相抵触。

（二）以工农联盟为基础的人民民主专政制度

宪法第1条规定，中华人民共和国是工人阶级领导的、以工农联盟为基础的人民民主专政的社会主义国家。该条明确了中国的国家性质，即中国是社会主义国家，其中，工人阶级是领导阶级，工农联盟是人民民主专政的政治基础。

（三）以公有制为基础的社会主义经济制度

宪法规定，中国的经济制度是以公有制为基础的社会主义经济制度。其中，第6条规定：中华人民共和国的社会主义经济制度的基础是生产资料的社会主义公有制，即全民所有制和劳动群众集体所有制。社会主义公有制消灭人剥削人的制度，实行各尽所能、按劳分配的原则。国家在社会主义初级阶段，坚持公有制为主体、多种所有制经济共同发展的基本经济制度，坚持按劳分配为主体、多种分配方式并存的分配制度。第7条规定：国有经济，即社会主义全民所有制经济，是国民经济中的主导力量。国家保障国有经济的巩固和发展。第12条规定：社会主义的公共财产神圣不可侵犯。国家保护社会主义的公共财产。禁止任何组织或者个人用任何手段侵占或者破坏国家的和集体的财产。

（四）以马克思主义为指导的社会意识形态及其文化制度

宪法序言规定：中国各族人民将继续在中国共产党领导下，在马克思列宁主义、毛泽东思想、邓小平理论和"三个代表"重要思想指引下，坚持人民民主专政，坚持社会主义道路，坚持改革开放，不断完善社会主义的各项制度，发展社会主义市场经济，发展社会主义民主，健全社会主义法制，自力更生，艰苦奋斗，逐步实现工业、农业、国防和科学技术的现代化，推动物质文明、政治文明和精神文明协调发展，把我国建设成为富强、民主、文明的社会主义国家。宪法第24条又明确规定：国家通过普及理想教育、道德教育、文化教育、纪律和法制教育，通过在城乡不同范围的群众中制定和执行各种守则、公约，加强社会主义精神文明的建设。国家提倡爱祖国、爱人民、爱劳动、爱科学、爱社会主义的公德，在人民中进行爱国主义、集体主义和国际主义、共产主义的教育，进行辩证唯物主义和历史唯物主义的教育，反对资本主义的、封建主义的和其他的腐朽思想。根据上述规定，马克思主义在当代中国具有意识形态领域的指导思想的地位。

（五）统一的、多民族的单一制国家结构形式

中国实行统一的、多民族的单一制国家结构形式。根据中国宪法规定，民族区域自治和特别行政区自治是中国单一制国家结构形式下重要的地方自治制度。

宪法序言规定：中华人民共和国是全国各族人民共同缔造的统一的多民族国家。平等、团结、互助的社会主义民族关系已经确立，并将继续加强。在维护民族团结的斗争中，要反对大民族主义，主要是大汉族主义，也要反对地方民族主义。国家尽一切努力，促进全国各民族的共同繁荣。宪法第 4 条第 3 款规定：各少数民族聚居的地方实行区域自治，设立自治机关，行使自治权。各民族自治地方都是中华人民共和国不可分离的部分。中国目前有 56 个民族，其中主体民族是汉族，少数民族主要包括蒙古、回、满、维吾尔、壮族、朝鲜等民族。依据宪法和民族区域自治法的规定，中国共建立了 155 个民族自治地方，其中包括 5 个自治区、30 个自治州、120 个自治县（旗）。

宪法第 31 条规定：国家在必要时得设立特别行政区。在特别行政区内实行的制度按照具体情况由全国人民代表大会以法律规定。

（六）人民代表大会制度

根据宪法的规定，人民代表大会制度是中国的根本政治制度。人民代表大会制度是中国特色的社会主义政治制度，它不同于西方国家依据"三

权分立"学说建立起来的"权力制衡"制度，它最重要的制度特征体现在"人民当家做主"原则，各级人大监督"一府两院"权力运作体制，遵循在中央的统一领导下，充分发挥地方的主动性、积极性的原则，基层群众自治原则等等。

1. 人民代表大会制度的制度基础是人民当家做主原则

人民当家做主原则内涵丰富，不仅包括了国家权力归属于人民，还涵盖了人民通过自己选举的代表组成国家权力机关行使国家权力以及人民通过各种途径和方式参政议政，参与国家事务和社会事务的管理。

宪法第2条规定：中华人民共和国的一切权力属于人民。人民依照法律规定，通过各种途径和形式，管理国家事务，管理经济和文化事业，管理社会事务。宪法第2条第2款规定：人民行使国家权力的机关是全国人民代表大会和地方各级人民代表大会。宪法第3条第2款规定：全国人民代表大会和地方各级人民代表大会都由民主选举产生，对人民负责，受人民监督。

宪法规定，各级人大作为各级国家权力机关，在县级以上人大设立常设机构，依据宪法和法律的规定行使国家权力机关的部分职权，与各级人大一起共同履行人民代表大会的职权与职责。

2. 各级人大监督"一府两院"权力运作机制

与西方国家实行的立法、行政和司法"三权分立"权力运作机制不同的是，在人民代表大会制度下，首先是人民通过自己选举的代表组成的各级人民代表大会来集中行使各项国家权力，主要包括立法权、重大事项决定权、人事任免权和监督权。其次，其他国家机关由作为国家权力机关的人民代表大会选举产生，受人民代表大会监督，对人民代表大会负责。根据宪法第3条第3款的规定：国家行政机关、审判机关、检察机关（"一府两院"）都由人民代表大会产生，对它负责，受它监督。为了加强各级人大对"一府两院"的监督，2006年8月27日第十届全国人大常委会第23次会议通过了《各级人民代表大会常务委员会监督法》。《监督法》第5条规定：各级人民代表大会常务委员会对本级人民政府、人民法院和人民检察院的工作实施监督，促进依法行政、公正司法。《监督法》规定的各级人大常委会对"一府两院"的监督形式包括：听取和审议人民政府、人民法院和人民检察院的专项工作报告；审查和批准决算，听取和审议国民经济和社会发展计划、预算的执行情况报告，听取和审议审计工作报告；对法律法规实施情况的检查；规范性文件的备案审查；询问和质询了特定问题调查；撤职案的审议和决定；等等。中国宪法所确立的人大对"一府两院"权力运作监督机制充分体现了中国人民代表大会制度的特点，即人民的权力始终由人民代表机关来集中行使，其他一切形式的国家机关必须由人大产生、对人大负责、受人大监督。人大与"一府两院"之间的基本法律关系是监督与被监督的关系，而不是"三权分立"体制下的"制约与平衡"的关系。

3. 遵循在中央的统一领导下，充分发挥地方的主动性、积极性的原则

宪法第 3 条第 4 款明确规定了人民代表大会制度下中央与地方之间的关系。掌握国家权力的国家机构分为中央国家机构与地方国家机构，中央国家机构与地方国家机构依据宪法和法律的规定，认真履行各自的职权与职责。

第一，中央国家机构。中国的中央国家机构包括：（1）全国人民代表大会及常务委员会。宪法第 57 条规定：中华人民共和国全国人民代表大会是最高国家权力机关。它的常设机关是全国人民代表大会常务委员会。宪法第 68 条规定，国家立法权由全国人大及其常委会行使，其他国家机关只能根据法律的规定或者是全国人大及常委会的授权制定相应的法规、规章。全国人大的职权及职责详细规定在宪法第 62 条中，全国人大常委会的职权及职责规定在宪法第 67 条中。（2）中华人民共和国主席。宪法第 80 条规定：中华人民共和国主席根据全国人民代表大会的决定和全国人民代表大会常务委员会的决定，公布法律，任免国务院总理、副总理、国务委员、

各部部长、各委员会主任、审计长、秘书长，授予国家的勋章和荣誉称号，发布特赦令，宣布进入紧急状态，宣布战争状态，发布动员令。第81条又规定：中华人民共和国主席代表中华人民共和国，进行国事活动，接见外国使节；根据全国人民代表大会常务委员会的决定，派遣和召回驻外全权代表，批准和废除同外国缔结的条约和重要协定。（3）国务院。宪法第85条规定：中华人民共和国国务院，即中央人民政府，是最高国家权力机关的执行机关，是最高国家行政机关。国务院的职权和职责由宪法第89条详细加以规定。（4）中央军事委员会。宪法第93条规定：中华人民共和国中央军事委员会领导全国武装力量。（5）最高人民法院。（6）最高人民检察院。全国人大、国务院、中央军事委员会、最高人民法院、最高人民检察院等中央国家机关的职权及职责由相应的国家机关组织法加以具体规定。

第二，地方国家机构。中国的地方国家机构是与中国的行政区域相适应的。宪法第30条规定：中华人民共和国的行政区域划分如下：全国分为省、自治区、直辖市；省、自治区分为自治州、县、自治县、市；县、自治县分为乡、民族乡、镇。直辖市和较大的市分为区、县。自治州分为县、自治县、市。

目前在中国，地方国家机构的设置，在省、自治区、直辖市一级设立省级人民代表大会及常设机构、省级人民政府、省级高级人民法院和省级人民检察院；在县、自治县、市一级设立县级人民代表大会及常设机构、县级人民政府、县级人民法院和县级人民检察院；在乡镇设立乡镇人民代表大会及乡镇人民政府。根据2004年宪法修正案第30条的规定，中央及其地方国家机构任期都是5年。作为地方国家机构，地方各级人大及地方各级人民政府的职权与职责由地方组织法加以具体规定。

宪法第30条第3款规定：自治区、自治州、自治县都是民族自治地方。宪法第112条规定：民族自治地方的自治机关是自治区、自治州、自治县的人民代表大会和人民政府。

特别行政区的政权组织形式由特别行政区基本法确定。特别行政区的宪法和法律地位不同于西方国家的"联邦制",也与传统意义上的单一制国家下的地方国家机关性质迥然不同,是中国宪法在国家结构形式方面的"创新"。此外,宪法第111条规定:城市和农村按居民居住地区设立的居民委员会或者村民委员会是基层群众性自治组织。居民委员会、村民委员会的主任、副主任和委员由居民选举。居民委员会、村民委员会同基层政权的相互关系由法律规定。

第三,上下级国家机关之间的关系。中国的上下级人大之间基本法律关系属于依法监督与被监督的关系;上下级政府之间属于领导与被领导的关系。在人民代表大会制度下,各级人民政府既要受同级人大的领导,同时又要受到上级政府的领导,存在着"双重领导"的体制特征;上下级法院之间属于依法实行审判监督的关系以及工作业务上的上级法院对下级法院的指导关系,上级法院的判决对于下级法院不具有判例法的约束力;上下级检察机关在业务上属于领导与被领导的关系。农村中的村民委员会与城市中的居民委员会,不属于一级国家政权机关,属于基层群众自治组织。

(七) 公民的基本权利与基本义务制度

宪法专设一章,详细规定了公民的各项基本权利和基本义务(具体内容参见上文)。

(八) 国家象征制度

宪法专章规定了国家象征制度。宪法第136条规定:中华人民共和国国旗是五星红旗。中华人民共和国国歌是《义勇军进行曲》。第137条规定:中华人民共和国国徽,中间是五星照耀下的天安门,周围是谷穗和齿轮。第138条规定:中华人民共和国首都是北京。

（九）宪法实施的监督制度

宪法及相关法律确立了中国宪法实施的监督制度，主要内容包括：

中国宪法规定了宪法实施的监督、宪法解释以及违宪审查的原则，表现为：（1）第5条第3款规定"一切法律、行政法规和地方性法规都不得同宪法相抵触"；（2）第62条规定：全国人大监督宪法的实施；（3）第67条第1款规定：全国人大常委会解释宪法，监督宪法的实施；（4）第67条第7、第8款规定：全国人大常委会撤销国务院制定的同宪法、法律相抵触的行政法规、决定和命令；撤销省、自治区、直辖市国家权力机关制定的同宪法、法律和行政法规相抵触的地方性法规和决议等。基于上述规定，建立起以全国人大常委会行使违宪审查权为核心的宪法实施监督制度、宪法解释制度和违宪审查制度。

《立法法》第90条规定："国务院、中央军事委员会、最高人民法院、最高人民检察院和各省、自治区、直辖市的人民代表大会常务委员会认为行政法规、地方性法规、自治条例和单行条例同宪法或者法律相抵触的，可以向全国人民代表大会常务委员会书面提出进行审查的要求，由常务委员会工作机构分送有关的专门委员会进行审查、提出意见。""前款规定以外的其他国家机关和社会团体、企业事业组织以及公民认为行政法规、地方性法规、自治条例和单行条例同宪法或者法律相抵触的，可以向全国人民代表大会常务委员会书面提出进行审查的建议，由常务委员会工作机构进行研究，必要时，送有关的专门委员会进行审查、提出意见。"第91条又规定：全国人民代表大会专门委员会在审查中认为行政法规、地方性法规、自治条例和单行条例同宪法或者法律相抵触的，可以向制定机关提出书面审查意见；也可以由法律委员会与有关的专门委员会召开联合审查会议，要求制定机关到会说明情况，再向制定机关提出书面审查意见。制定机关应当在两个月内研究提出是否修改的意见，并向全国人民代表大会法律委员会和有关的专门委员会反馈。全国人民代表大会法律委员会和有关的专门委员会审查认为行政法规、地方性法规、自治条例和单行条例同宪法或者法律相抵触而制定机关不予修改的，可以向委员长会议提出书面审查意见和予以撤销的议案，由委员长会议决定是否提请常务委员会会议审议决定。

《立法法》上述两条规定，完善了宪法所规定的违宪审查程序，使中国违宪审查成为一项可以制度化监督宪法实施的活动。

第三节　宪法的实施

总结宪法颁布 31 年来的实施状况，有以下几个方面值得关注。

一是宪法颁布 31 年来，最引人注目的"宪法事件"就是现行宪法的四次修改，即 1988 年、1993 年、1999 年和 2004 年的四次修宪活动以及由此产生的 31 条宪法修正案。从严格意义上来说，四次宪法修改活动都是基于宪法第 62 条第 1 项规定的全国人大"有权修改宪法"以及第 64 条第 1 款规定的"宪法的修改，由全国人民代表大会常务委员会或者五分之一以上的全国人民代表大会代表提议，并由全国人民代表大会以全体代表的三分之二以上的多数通过"相关依据进行的，所以，这四次修宪活动可视为对宪法第 62 条第 1 项和第 64 条第 1 款的具体"实施"。

二是从 1982 年五届人大五次会议通过宪法迄今，共召开了七届全国人大，而每一届全国人大从全国人大代表的选举到全国人大会议的召开，再到全国人大常委会的组成以及根据全国人大及其常委会的选举或任命产生中华人民共和国主席、国务院、中央军事委员会、最高人民法院、最高人民检察院等等国家机构及其领导人，这些具体活动都是基于宪法的相关规定进行的。所以，包括地方国家机构在内的组成活动，都属于宪法实施工作。各级国家机关依据宪法产生、行使职权和履行职责，都属于宪法学意义上的"宪法时刻"，对中国的国家生活和社会生活具有深刻影响。

三是相对于其他国家机关履行宪法实施职责的行为的不甚明确特征来说，只有全国人大及其常委会在制定基本法律和其他法律时，对宪法的"关注"最明显，产生了大量的可以重复检验的"宪法实施"的证据，故只有全国人大及其常委会的立法工作可以进行宪法实施状况的有效实证评估。

四是宪法共计四章138条，从结构上来看实施的状况不太平衡。宪法序言、总纲的实施状况无法进行科学合理的评估，国家机构部分相对来说实施状况比较到位，国旗、国徽、国歌和首都部分是完全得到实施的，但第二章公民的基本权利和义务部分实施状况相对较差，还没有建立起有效的基本权利的法律救济机制，公民还无法基于宪法上所规定的基本权利条款直接向法院或者其他性质的宪法机构主张宪法权利的法律保护。

根据对宪法实施状况的分析，可以说宪法在立法领域实施状况较好，在其他领域相对较差；宪法在国家机构的组成与活动方面落实得比较到位，但在保障公民的基本权利方面还存在不足；宪法实施的监督与违宪审查机制还没有真正有效建立起来，导致宪法实施的效果不突出，对政府和社会公众的影响力不大。

为了保障宪法实施，全国人大常委会应当有效履行宪法赋予的"解释宪法，监督宪法实施"的宪法职责，在开展宪法解释的同时，从2014年十二届全国人大二次会议开始，全国人大常委会的工作报告应当增加"全国人大及其常委会履行宪法职责、加强宪法实施监督"事项的报告程序，以此来赢得全国人大代表对全国人大及其常委会工作的更多肯定，进一步树立最高国家权力机关的权威，充分发挥其在保障宪法实施方面的应有作用。

第 五 章

中国的行政法律制度

第一节　行政法律制度的基本情况和主要原则

一　行政法律制度的概况

行政法作为调整和规范行政权的部门法，是实施依法行政、建设法治政府的制度基础，是中国特色社会主义法律体系的重要组成部分。

自 20 世纪 70 年代末中国进行改革开放以来，在法治建设日益得到重视的大背景下，行政法规范体系不断健全。尤其是在"依法治国、建设社会主义法治国家"被确立为治国方略并载入宪法之后，各级政府的依法行政取得了明显进展。1999 年 11 月，国务院发布实施《关于全面推进依法行政的决定》，明确了依法行政的任务和要求，标志着中国依法行政和法治政府建设迈上了一个新台阶。2004 年 3 月，国务院发布的《全面推进依法行政实施纲要》，确立了建设法治政府的目标，明确了未来十年全面推进依法行政的指导思想、基本原则、基本要求、主要任务和保障措施，是一份指导各级政府依法行政、建设法治政府的纲领性文件。2008 年 6 月，国务院发布了《关于加强市县政府依法行政的决定》，对提高市县政府的依法行政水平做出了全面部署。为深入贯彻落实依法治国基本方略，全面推进依法行政，进一步加强法治政府建设，2010 年 10 月国务院发布了《关于加强法治政府建设的意见》。

目前，中国行政法治体系已经大体完备，基本实现了在行政组织与公务员、行政行为与行政程序、对行政的监督与救济等方面的有法可依。（1）行政组织与公务员法。主要包括《国务院组织法》（1982 年 12 月）、《地方各级人民代表大会与地方各级人民政府组织法》（1979 年 7 月）、《公务员法》（2005 年 4 月）。（2）行政行为与行政程序法。主要包括《立法法》（2000 年 3 月）、《行政处罚法》（1996 年 3 月）、《行政许可法》（2003 年 8 月）、《行政强制法》（2011 年 6 月）、《行政法规制定程序条例》（2001 年 11 月）、《部门规章制定程序条例》（2001 年 11 月）、《法规部门规章备案条例》（2001 年 12 月）、《政府信息公开条例》（2007 年 4 月）等。此外，《行政强制法》、《行政程序法》等已经纳入全国人大常委会的立法规划。（3）监督与救济法。主要包括《行政复议法》（1999 年 4 月）、《行政诉讼法》（1989 年 4 月）、《国家赔偿法》（1994 年 5 月）、《行政监察法》（1997 年 5 月）、《各级人民代表大会常务委员会监督法》（2006 年 8 月）、《信访条例》（2005 年 1 月）、《行政监察法实施条例》（2004 年 9 月）、《行政复议法实施条例》（2007 年 5 月）、《最高人民法院执行〈中华人民共和国行政诉讼法〉若干问题的解释》（2000 年 3 月）等。此外，除了在全国范围内适用的行政法规范以外，在各地方所制定的地方性法规、地方政府规章、自治条例和单行条例中，行政法规范亦构成其主体内容。因篇幅所限，本章对行政法的介绍，仅限于适用于全国范围内的一般行政法规范。

二 行政法律制度的主要原则

（一）依法行政原则

依法行政原则包括法律优位与法律保留两个方面的要求。法律优位原则要求行政必须受法律的拘束，一切行政活动均不得与法律相抵触。法律保留原则要求，在一定行政领域中行政机关必须有法律的授权才能采取行政措施，"无法律则无行政"。国务院《全面推进依法行政实施纲要》中规定，行政机关实施行政管理，应当依照法律、法规、规章的规定进行；没有法律、法规、规章的规定，行政机关不得做出影响公民、法人和其他组织合法权益或者增加公民、法人和其他组织义务的决定，即体现了中国行政法上法律保留原则的要求。

（二）平等原则

宪法第 33 条规定："中华人民共和国公民在法律面前一律平等。"平等原则是指同等情况同等对待，不同情况不同对待。平等原则首先要求立法机关在制定法律时必须保证同等情况同等对待，只有在具有正当理由时才可以加以区别对待。其次要求行政和司法机关在解释、适用和执行法律时，不能做出武断恣意的决定，给予歧视性的差别对待。

（三）信赖保护原则

信赖保护原则的基本含义是指私人由于国家机关所实施的某项行为而产生了正当的信赖，并基于这种信赖安排了自己的生产生活，国家对于私人的这种信赖应当提供一定形式和程度的保护。中国《行政许可法》对于行政许可的废止与撤销的规定在一定程度上体现了信赖保护原则的要求。该法规定，行政机关违法做出行政许可的，其行政机关或者其上级行政机关，根据利害关系人的请求或者依据职权，可以撤销行政许可。但撤销行政许可可能对公共利益造成重大损害的，不予撤销。被许可人的合法权益因行政许可被撤销受到损害的，行政机关应当依法给予赔偿。被许可人以欺骗、贿赂等不正当手段取得行政许可的，应当予以撤销，被许可人基于行政许可取得的利益不受保护。行政许可所依据的法律、法规、规章修改或者废止，或者准予行政许可所依据的客观情况发生重大变化的，为了公共利益的需要，行政机关可以依法变更或者撤回已经生效的行政许可。由此给公民、法人或者其他组织造成财产损失的，行政机关应当依法给予补偿。

（四）比例原则

比例原则要求行政机关在采取行政措施时，应兼顾行政目的的实现和对私人权益的保护。比例原则包括三个子原则。（1）适合性原则。它要求行政权的行使必须有助于行政目的的实现。（2）必要性原则或最少侵害原则。它要求行政权力对私人权益的影响不得超越实现行政目的的必要程度，也即在所有能够实现行政目的的方式中，必须选择对私人权益损害最小、影响最轻微的方法。（3）衡量性原则或狭义比例原则。这是指在所有可以达到某一行政目的的手段中，给私人权益造成损害或不利的最小手段，其所造成的损害仍然超过该行政目的所追求的公益时，则这个行政目的就不值得追求，应该放弃。

《行政强制法》的相关规定体现了比例原则的要求，其第5条规定，行政强制的设定和实施，应当适当。采用非强制手段可以达到行政管理目的的，不得设定和实施行政强制。一些法院在行政诉讼案件中也开始将比例原则的要求应用于对行政行为的司法审查。《行政诉讼法》第54条规定，行政机关滥用职权所做出的具体行政行为，人民法院可以判决撤销。违反比例原则是滥用职权的主要表现形式之一。

（五）正当程序原则

中国法治建设中长期以来存在着"重实体、轻程序"的倾向，对程序的意义重视不够，近年来，主要受英美法自然公正与正当法律程序观念的影响，这一现象有了很大的变化。2004年国务院发布的《全面推进依法行政实施纲要》中对程序正当做了明确要求，包括：行政机关实施行政管理，除涉及国家秘密和依法受到保护的商业秘密、个人隐私外，应当公开，注意听取公民、法人和其他组织的意见；要严格遵循法定程序，依法保障行政管理相对人、利害关系人的知情权、参与权和救济权；行政机关工作人员履行职责，与行政管理相对人存在利害关系时，应当回避。《行政许可法》、《行政处罚法》、《政府信息公开条例》中对相关行政行为的程序规定，也都体现了正当程序原则的要求。根据《行政诉讼法》第 54 条规定，违反法定程序做出的具体行政行为，人民法院可以判决撤销。一些地方的法院对这里的"法定"程序做了扩大解释，认为其不仅包括成文法所明文规定的程序要求，也包括虽无成文法依据但公认属于正当程序原则所要求的最低限度保障，例如在对当事人做出不利的决定前，应当听取其意见。

第二节　行政组织和公务员法律制度

一　行政组织法律制度

改革开放以来，中国先后开展了七次比较大规模的政府机构改革（1982 年、1988 年、1993 年、1998 年、2003 年、2008 年、2013 年），政府职能不断转变，政府组织不断优化，政企分开、政事分开初步得以实现；撤销与计划经济体制相适应的工业专业经济部门，加强了市场监管部门；科学划分部门职能分工，不断调整部门管理体制。与政府机构改革相适应，中国的行政组织法也有了很大的发展。现有的行政组织法除宪法关于国家机构的有限规定外，主要由三部分构成：一是法律，包括《国务院组织法》、《地方各级人民代表大会和地方各级人民政府组织法》、《公务员法》、《中国人民银行法》、《行政监察法》等；二是单行法律中关于国家权力配置与行政组织设置的规定；三是有关国家组织的行政法规，如《国务院行政机构设置和编制管理条例》、《地方各级人民政府机构设置和编制管理条例》等。

行政组织法制是中国行政法制建设中的一个薄弱环节。从形式上来看，许多重要的行政组织法律法规尚未制定，已有的规定比较简陋，规范的事项有限。例如，《国务院组织法》仅有 11 个条文，再如《地方组织法》，其所规范的是地方各级人民代表大会与地方各级人民政府，还包括各级人民政府的派出机关，但总共只有 69 条。从实质内容来看，现有的很多规定过于原则笼统，缺乏具体性与可操作性；有些规定相互间抵触和矛盾；行政组织结构不够合理，未能贯彻效能、效率的原则；行政组织权主要掌握在政府手里，人民代表大会发挥的作用很小，行政组织的设置和调整主要依赖的是党和政府的政策与内部文件，而非国家的法律。随着民主法治建设的发展，应当进一步贯彻行政组织法定主义，健全和完善中国的行政组织法制，以合理分配行政职能，规范行政组织的设置，控制行政组织的规模。

二 公务员法律制度

公务员制度是对中国传统干部人事制度的改革与发展。改革开放以后，随着经济体制改革和各项改革的展开，原有的干部人事制度的弊端明显地暴露出来，建立国家公务员制度随之被提上了议事日程。1993 年 8 月国务院发布了《国家公务员暂行条例》，并自 1993 年 10 月 1 日起施行，在各级国家行政机关建立和推行公务员制度。这标志着中国公务员制度的初步建立。

2005 年 4 月 27 日，十届全国人大常委会通过了《公务员法》。作为中国公务员管理的基础性法律，《公务员法》在总则中确立了公务员的范围与公务员管理的原则，在后面的各章中对公务员管理的各个环节，包括录用、职务与级别设置、考核、职务任免、职务升降、奖惩、培训、交流与回避、工资福利保险、辞职辞退、退休、申诉控告、职务聘任等均做了具体规定。与西方国家的公务员制度相比，中国的现行公务员制度具有如下特征：第一，坚持统一管理，强调公务员是一个整体，没有政务官与事务官的划分，对中央公务员与地方公务员也没有分别立法。根据《公务员法》的规定，公务员是指依法履行公职、纳入国家行政编制、由国家财政负担工资福利的工作人员。公务员的范围大体包括：中国共产党机关、人大机关、行政机关、政协机关、审判机关、检察机关和民主党派机关的工作人员。《公务员法》还规定，法律、法规授权的具有公共事务管理职能的事业单位中除工勤人员以外的工作人员，经批准参照该法进行管理。第二，坚持四项基本原则，坚持党的基本路线，而非政治中立；坚持党管干部的原则，而非超越党派。第三，坚持德才兼备的用人标准，并把政治素质放在首位，而非仅强调个人能力。

　　《公务员法》通过以后，公务员主管部门（中共中央组织部、中华人民共和国人力资源和社会保障部）按照急需先立、成熟即立的原则，已出台了《行政机关公务员处分条例》、《公务员奖励规定（试行）》、《公务员培训规定（试行）》、《公务员考核规定（试行）》、《新录用公务员任职定级规定》、《公务员调任规定（试行）》、《公务员职务任免与职务升降规定（暂行）》、《公务员辞去公职规定（试行）》和《公务员辞退规定（试行）》、《公务员公开遴选办法》等配套法规和规章。中国公务员制度的未来发展，需要进一步完善与《公务员法》相配套的制度建设，同时探索公务员法制的改革，包括政务类与事务类公务员的分类管理、男女公务员实行同龄退休等。

第三节　行政立法与行政规定

一　行政立法制度

在中国，制定行政法规和行政规章（包括国务院部门规章和地方政府规章）的活动合称为行政立法。改革开放 30 多年来，中国行政立法得到了迅猛发展。数量庞大的行政立法调整的社会关系非常广泛，涉及国防、外交、公安、海关、司法行政、财政、税收、审计、劳动、人事、金融、保险、民商、对外贸易、邮电、教育、城乡建设、科学、文化、卫生、民政、环保、监察、民族事务和计划生育等各个领域和各个方面，行政立法已经成为中国立法的重要组成部分。2000 年制定的《立法法》，对行政立法的一些基本制度做了规定，明确了行政立法的权限划分，完善了程序规定，健全了监督机制。国务院于 2001 年制定的《行政法规制定程序条例》和《规章制定程序条例》，对行政立法程序做了规定。

根据中国的立法体制，国务院可以就下列事项制定行政法规：（1）为执行法律的规定需要制定行政法规的事项；（2）宪法第 89 条规定的国务院行政管理职权的事项。此外，应当由全国人大及其常委会制定法律的事项，除了犯罪和刑罚、对公民政治权利的剥夺、限制人身自由的强制措施和处罚以及有关司法制度等事项外，国务院根据全国人大及其常委会的授权可先制定行政法规。待经过实践检验，制定法律的条件成熟，再提请全国人大及其常委会制定法律。

国务院部门，包括其组成部门和具有行政管理职能的直属机构，可以根据法律和国务院的行政法规、决定、命令，在本部门的权限范围内，制定规章。部门规章规定的事项限于有关执行法律和国务院的行政法规、决定、命令的事项。

较大的市，包括省、自治区、直辖市和省、自治区人民政府所在地的市、国务院批准的较大的市、经济特区所在地的市，其人民政府可根据法律、行政法规和本省、自治区、直辖市的地方性法规，制定规章。地方政府规章可以就下列事项做出规定：（1）为执行法律、行政法规、地方性法规的规定需要制定规章的事项；（2）属于本行政区域的具体行政管理事项。

《立法法》对制定行政法规主要规定了以下程序：（1）立项和起草。《立法法》第57条规定："行政法规由国务院组织起草。国务院有关部门认为需要制定行政法规的，应当向国务院报请立项。"（2）听取意见。为了贯彻民主立法的原则，《立法法》第58条规定："行政法规在起草过程中，应当广泛听取有关机关、组织和公民的意见。听取意见可以采取座谈会、论证会、听证会等多种形式。"（3）法规草案的审查。《立法法》第59条规定："行政法规起草工作完成后，起草单位应当将草案及其说明、各方面对草案的不同意见和其他有关资料送国务院法制机构进行审查。国务院法制机构应当向国务院提出审查报告和草案修改稿，审查报告应当对草案主要问题作出说明。"（4）决定。《立法法》第60条规定："行政法规的决定程序依照中华人民共和国国务院组织法的有关规定办理。"（5）公布。《立法法》第61条规定："行政法规由总理签署国务院令公布。"（6）刊登。《立法法》第62条第1款规定："行政法规签署公布后，及时在国务院公报和在全国范围内发行的报纸上刊登。"国务院《行政法规制定程序暂行条例》对《立法法》的规定进行了细化。

对制定行政规章的程序，《立法法》第74条规定由国务院参照立法法关于行政法规制定程序的规定另行制定，立法法仅对规章的决定、公布和刊登程序做了原则规定。《立法法》第77条规定："部门规章签署公布后，及时在国务院公报或者部门公报和在全国范围内发行的报纸上刊登。地方政府规章签署公布后，及时在本级人民政府公报和本行政区域范围内发行的报纸上刊登。"国务院《规章制定程序条例》对上述规定做了细化。

2004 年国务院颁布的《全面推进依法行政实施纲要》第 17 条中，明确提出要"积极探索对政府项目尤其是经济立法项目的成本效益分析制度。政府立法不仅要考虑立法过程成本，还要研究其实施后的执法成本和社会成本"。但目前对此尚缺乏详细明确的具体规定，特别是没有具体负责的部门，操作性不强。将成本收益分析方法引入行政立法之中，对于提高决策的科学化与合理化水平具有重要的意义，应当予以更多的重视。

二　行政规定制度

行政规定，也称行政规则或者其他规范性文件，是上级行政机关对下级行政机关，或长官对其属员所做的普遍抽象的规定。行政规定包括如下种类：（1）裁量基准。在中国的行政管理实践中，较为多见的是在行政处罚和行政许可领域的裁量基准。近年来，中国许多政府部门将制定裁量基准。（2）解释基准。为了便于下级行政机关理解法律、保证法律适用的统一性，同时也方便公众明了法律的要求，行政机关通常制定解释基准。（3）技术规范。其典型为《中华人民共和国标准化法》所规定的技术标准。（4）指导纲要。在行政活动实践中，各级行政机关颁布了大量的指导纲要性文件，以引导、推进某一方面的工作。如《全面推进依法行政实施纲要》、《关于深化高等教育体制改革若干意见的通知》。（5）组织规则，即有关行政机关的内部机构设置、事务分配、人事管理等的一般性规定。

第四节　行政处罚和行政许可法律制度

一　行政处罚法律制度

行政处罚，是指行政主体依照法定权限和程序对违反行政法律规范尚未构成犯罪的行政相对人给予行政制裁的行政行为。行政处罚的种类包括：（1）警告；（2）罚款；（3）没收违法所得、没收非法财物；（4）责令停产停业；（5）暂扣或者吊销许可证、暂扣或者吊销执照；（6）行政拘留；（7）法律、行政法规规定的其他行政处罚。例如《外国人入境出境管理法》等所规定的驱逐出境、禁止进境或出境、限期出境。

《行政处罚法》是规范行政处罚的设定和实施的一般性法律，其立法目的是规范行政处罚的设定和实施，保障和监督行政机关有效实施行政管理，维护公共利益和社会秩序，保护公民、法人或者其他组织的合法权益。《行政处罚法》在行政处罚的设定、程序、执行等方面进行了一系列的制度创新，包括限制行政处罚的设定权、确立行政机关做出处罚决定之前的告知义务以及行政相对人陈述申辩权利、行政处罚听证制度、行政处罚权的相对集中行使以及"收支两条线"原则等，在中国行政法制史上都具有开创意义。其所开创的从行政手段的设定和设施两个方面对其进行规范的立法模式，也为后来的《行政许可法》、《行政强制法》所采用。此外，2005年的《治安管理处罚法》对于社会治安管理的领域的行政处罚做了全面规定，由于其与《刑法》在立法目的和规范内容等方面的相似性或高度关联性，被称之为"小刑法"。

（一）行政处罚的设定

除了法律可以设定各种类型的行政处罚，行政法规、地方性法规和规章在设定行政处罚时受到不同程度的限制。（1）行政法规可以设定除限制人身自由以外的行政处罚，当法律对违法行为已经做出行政处罚规定，行政法规只能在法律规定的给予行政处罚的行为、种类和幅度的范围内做出具体规定。（2）地方性法规可以设定除限制人身自由、吊销营业执照以外的行政处罚。法律、行政法规对违法行为已经做出行政处罚规定，地方性法规需要做出具体规定的，必须在法律、行政法规规定的给予行政处罚的行为、种类和幅度的范围内规定。（3）国务院部委制定的规章可以在法律、行政法规规定的给予行政处罚的行为、种类和幅度的范围内做出具体规定；对于尚未制定法律、行政法规的情况，规章可以设定警告或一定数量罚款的行政处罚。（4）省级人民政府和省会市的人民政府以及经国务院批准的较大的市人民政府制定的规章可以在法律、法规规定的给予行政处罚的行为、范围和幅度的范围内做出具体规定。

《行政处罚法》规定，对违法行为给予行政处罚的规定必须公布；未经公布的，不得作为行政处罚的依据。

（二）行政处罚的实施

1. 行政处罚的实施主体

《行政处罚法》在行政处罚的实施主体上进行了一些制度创新与完善。例如，为了减少多头执法、重复执法，规定了相对集中行使行政处罚权的制度：国务院或者经国务院授权的省、自治区、直辖市人民政府可以决定一个行政机关行使有关行政机关的行政处罚权。

2. 关于行政处罚的实施程序

行政处罚的实施程序分为简易程序、一般程序和听证程序三类。

其一，简易程序，又称当场处罚程序。其特点是由执法人员当场做出行政处罚的决定。适用简易程序应符合下列条件：（1）违法事实确凿；（2）有法定依据；（3）较小数额罚款或警告的行政处罚。所谓较小数额的罚款，是指对公民处以50元以下、对法人或者其他组织处以1000元以下罚款。执法人员当场做出行政处罚决定的，应当向当事人出示执法身份证件，当场交付经由执法人员签字或者盖章的行政处罚决定书。

其二，一般程序，又称普通程序。是指除法律特别规定应当适用简易程序和听证程序的以外，行政处罚通常所应适用的程序。其步骤包括：（1）立案。（2）调查。行政机关在调查或者进行检查时，执法人员不得少于两人，并应当向当事人或者有关人员出示证件。询问或者检查应当制作笔录。执法人员与当事人有直接利害关系的，应当回避。（3）告知当事人拟做出的行政处罚及其理由和依据，并听取当事人的陈述和申辩。（4）做出书面行政处罚决定。并向当事人送达。

其三，听证程序。行政处罚的听证程序是一种比一般程序更为严格正式的程序，其主要内容：（1）质证和辩论；（2）要求由非本案调查人员担任听证主持人；（3）制作听证笔录。听证程序仅适用于行政机关做出责令停产停业、吊销许可证或者执照、较大数额罚款等行政处罚决定，并且以当事人提出申请为前提，但行政机关有义务告知当事人其具有这一申请权。

3. 行政处罚决定的执行

为了防止行政机关利用行政处罚谋取私利，防范行政执法中的利益驱动，《行政处罚法》在行政处罚决定的执行方面也进行了一些制度创新。其一是罚缴分离制度。《行政处罚法》规定，做出罚款决定的行政机关应当与收缴罚款的机构分离。除法定的例外情况以外，做出行政处罚决定的行政机关及其执法人员不得自行收缴罚款。罚款、没收违法所得或者没收非法财物拍卖的款项，必须全部上缴国库，任何行政机关或者个人不得以任何形式截留、私分或者变相私分。其二是收支两条线制度。《行政处罚法》规定，财政部门不得以任何形式向做出行政处罚决定的行政机关返还罚款、没收的违法所得或返还没收非法财物的拍卖款项。

（三）行政处罚法律制度的改革完善

《行政处罚法》对规范行政处罚权的合法、正当行使，保护公民、法人或其他组织的合法权益，发挥了重要作用，但在实施过程中也暴露出了一些问题。例如，该法第 7 条规定："违法行为构成犯罪，应当依法追究刑事责任，不得以行政处罚代替刑事处罚。"在实践中，行政处罚与刑事处罚的衔接仍存在很多障碍。再如，尽管《行政处罚法》规定必须严格执行"罚缴分离"和"收支两条线"制度，但现实中很多地方财政仍将罚没收入大部分甚至全额返还执法单位。另外，行政处罚听证程序也存在适用范围过窄、实效性不足等问题。中国行政处罚法制的未来发展，一方面需要进一步修改和完善相关的规则，另一方面需要更加着力于健全公共财政等体制机制，强化规则的实施。

二 行政许可法律制度

行政许可是指行政机关根据公民、法人或者其他组织的申请，经依法审查，准予其从事特定活动的行为。行政许可在中国行政管理实践中经常被称为行政审批。中国传统行政许可制度的弊端：一是在政府"一切都要管"的观念支配下，需经行政许可的事项过多过滥，对社会主体的自由施加了许多不必要的限制，严重损害了市场和社会的效率与活力；二是行政许可的实施很不规范，公正性和公开性低，程序烦琐；三是由于缺乏有效的监督制约和责任追究机制，行政许可容易成为部门利益和腐败的温床。

为了解决传统行政许可制度中的这些问题，并适应中国加入 WTO 以后的新经济形势的要求，2003 年全国人大常委会通过了《行政许可法》。其主要内容是限定行政许可的适用情形和设定主体，规范行政许可的设定和实施程序，强化对行政许可机关的监督和制约机制等。

（一）行政许可的设定

《行政许可法》有关设定行政许可的规定，充分体现了有限政府的要求。

1. 限制有权设定行政许可的规范性文件的范围

为了限制行政许可的范围，防止行政许可的滥设，《行政许可法》对设定许可的规范性文件做如下划分：第一，法律可以根据需要设定任何一种形式的许可。第二，尚未制定法律的，行政法规可以设定行政许可，必要时，国务院的决定也可以设定行政许可。第三，尚未制定法律、行政法规的，地方性法规可以设定行政许可。第四，尚未制定法律、行政法规、地方性法规的，因行政管理需要，确需立即实施行政许可的，省级人民政府的规章可以设定临时性的行政许可。为了保证国家行政许可法制的统一，根据《行政许可法》规定，地方性法规和省级人民政府规章不得设定应当由国家统一确定的公民、法人或者其他组织的资格、资质的行政许可；不得设定企业或者其他组织的设立登记及其前置性行政许可。其设定的行政许可，不得限制其他地区的个人或者企业到本地区从事生产经营和提供服务，不得限制其他地区的商品进入本地区市场。

下位法可以为实施上位法设定的行政许可做出的具体规定，但不得增设行政许可；对行政许可条件做出的具体规定，不得增设违反上位法的其他条件。

2. *规范可以设定行政许可的事项范围*

有权设定行政许可的机关，并非对任何事项都可以设定行政许可，设定行政许可的事项范围受到限制。

《行政许可法》规定了设定行政许可的基本原则：设定行政许可，应当遵循经济和社会发展规律，有利于发挥公民、法人或者其他组织的积极性、主动性，维护公共利益和社会秩序，促进经济、社会和生态环境协调发展。《行政许可法》第 12 条规定，设定行政许可的事项范围是：直接涉及国家安全、公共安全、经济宏观调控、生态环境保护以及直接关系人身健康、生命财产安全等特定活动，需要按照法定条件予以批准的事项；有限自然资源开发利用、公共资源配置以及直接关系公共利益的特定行业的市场准入等，需要赋予特定权力的事项；提供公众服务并且直接关系公共利益的职业、行业，需要确定具备特殊信誉、特殊条件或者特殊技能等资格、资质的事项；直接关系公共安全、人身健康、生命财产安全的重要设备、设施、产品、物品，需要按照技术标准、技术规范，通过检验、检测、检疫等方式进行审定的事项；企业或者其他组织的设立等，需要确定主体资格的事项；法律、行政法规规定可以设定行政许可的其他事项。但根据《行政许可法》第13条的规定，对于上述事项，如果通过下列方式能够予以规范的，可以不设行政许可：即公民、法人或者其他组织能够自主决定的；市场竞争机制能够有效调节的；行业组织或者中介机构能够自律管理的；行政机关采用事后监督等其他行政管理方式能够解决的。

3. 规定了行政许可的说明程序和定期评价制度

《行政许可法》第19条规定，起草法律草案、法规草案和省、自治区、直辖市人民政府规章草案，拟设定行政许可的，起草单位应当采取听证会、论证会等形式听取意见，并向制定机关说明设定该行政许可的必要性、对经济和社会可能产生的影响以及听取和采纳意见的情况。这一规定部分体现了立法的成本收益分析原则，这在中国法律中还是第一次。

针对实践中许多行政许可项目设立后长期得不到清理，致使与经济社会发展脱节的问题，《行政许可法》第20条规定，行政许可的设定机关应当定期对其设定的行政许可进行评价；对已设定的行政许可，认为通过本法非许可方式能够解决的，应当对设定该行政许可的规定及时予以修改或者废止。行政许可的实施机关可以对已设定的行政许可的实施情况及存在的必要性适时进行评价，并将意见报告该行政许可的设定机关。这一规定部分体现了国外立法中的"日落条款"的精神，这在中国法律中也是第一次。

（二）行政许可的实施

1. 行政许可的实施主体

行政许可法规定，经国务院批准，省、自治区、直辖市人民政府根据精简、统一、效能的原则，可以决定一个行政机关行使有关行政机关的行政许可权。依法应当先经下级行政机关审查后报上级行政机关决定的行政许可，下级行政机关应当在法定期限内将初步审查意见和全部申请材料直接报送上级行政机关。上级行政机关不得要求申请人重复提供申请材料。行政许可需要行政机关内设的多个机构办理的，该行政机关应当确定一个机构统一受理行政许可申请，统一送达行政许可决定。行政许可依法由地方人民政府两个以上部门分别实施的，本级人民政府可以确定一个部门受理行政许可申请并转告有关部门分别提出意见后统一办理，或者组织有关部门联合办理、集中办理。

2. 行政许可的实施程序

实施行政许可的程序分为一般程序与听证程序两类。

其一，实施行政许可的一般程序。公民、法人或者其他组织从事特定活动，依法需要取得行政许可的，应当向行政机关提出申请。行政机关应当对申请人提交的申请材料进行审查。需要对申请材料的实质内容进行核实的，行政机关应当指派两名以上工作人员进行核查。申请人的申请符合法定条件、标准的，行政机关应当依法做出准予行政许可的书面决定。行政机关依法做出不予行政许可的书面决定的，应当说明理由，并告知申请人享有依法申请行政复议或者提起行政诉讼的权利。

其二，实施行政许可的听证程序。听证程序是一种比一般实施程序更为严格正式的程序，其主要适用于涉及公共利益或重要私人利益的行政许可事项。听证程序的主要内容：一是申辩和质证；二是听证主持人要由负责审查该行政许可申请的工作人员以外的人员担任；三是听证应当制作笔录，行政机关应当根据听证笔录做出行政许可决定。

3. 实施行政许可的收费问题

《行政许可法》规定，行政机关实施行政许可和对行政许可事项进行监督检查，除法律、行政法规另有规定外，原则上不得收取任何费用。行政机关提供行政许可申请书格式文本，不得收费。行政机关实施行政许可所需经费应当列入本行政机关的预算，由本级财政予以保障，按照批准的预算予以核拨。在法律、行政法规规定可以收费的情况下，也必须实行"收支两条线"，并且不能将行政许可收费与行政机关的工作经费挂钩。行政机关实施行政许可，依照法律、行政法规收取费用的，应当按照公布的法定项目和标准收费；所收取的费用必须全部上缴国库，任何机关或者个人不得以任何形式截留、挪用、私分或者变相私分。财政部门不得以任何形式向行政机关返还或者变相返还实施行政许可所收取的费用。

（三）行政许可法实施展望

《行政许可法》自2004年7月1日实施以来，大量法律、法规、规章和其他规范性文件按照《行政许可法》的规定和精神做了清理和修改，政府职能有了很大转变，行政许可实施程序的规范化程度大幅提高。《行政许可法》所体现的法治政府、有限政府、服务型政府等观念日益深入人心，但《行政许可法》在实施中也遭遇了很多挑战。比较突出的是，为了规避《行政许可法》的适用，有些部门有意曲解《行政许可法》中的行政许可概念，例如用核准、审核等名词来掩盖一些措施事实上的行政许可性质；对于创设行政许可的科学性与合理性，缺乏有效的保障机制；行政许可法的一些规定流于形式，实效性不足；公然违反《行政许可法》明确规定的现象仍然在一定范围内存在等等。中国行政许可制度的完善，可以做如下方面的工作：其一，建立权威统一的法律实施机构，对法律问题加以解释，对法律漏洞加以填补，对法律的实施做出统筹规划，以保障《行政许可法》的实施和行政许可改革政策的一致性。其二，对中央管理部门贯彻实施《行政许可法》的情况进行第三方评估。其三，建立监管影响评价制度，保证行政许可设定方面的合理性与科学性。其四，建立健全相关必要的操作技术或程序规定，如关于行政许可听证的具体程序规则；不同类型特许权的配置原则、机制、方式、程序与监督制度；变更或撤回行政许可的公共利益范围、补偿标准和程序；特许经营合同的性质、救济方式与监管制度；相对集中统一行政许可权与统一受理、联合办理、集中办理行政许可制度；行政许可机关的监督检查制度；下级行政机关审查行政许可后报上级机关决定的分级管理、分级负责制度；行政许可机关对行政许可的定期评价制度与公众对行政机关的意见、建议反馈制度；违法设定行政许可的规范性文件审查与撤销制度。其五，健全相关的体制保障，如健全体现依法监管、独立监管和专业监管要求的监管体系；通过社团体制改革，提高行业组织的自主性、代表性和民主性，使行业组织等社会团体切实发挥自律功能；完善公共财政制度，彻底切断行政许可机关收费所得与其从财政部门所获得的办公经费之间的关联性。

第五节　行政强制和政府信息公开法律制度

一　行政强制法律制度

行政强制是指有权机关为了达到行政目的，对私人施加一定的实力，以实现必要的行政状态。行政强制包括行政强制措施和行政强制执行。为了规范行政强制的设定和实施，保障和监督行政机关依法履行职责，维护公共利益和社会秩序，保护公民、法人和其他组织的合法权益，2011 年 6 月第十一届全国人大常委会通过了《行政强制法》。

《行政强制法》规定，行政强制的设定和实施，应当依照法定的权限、范围、条件和程序。行政强制的设定和实施，应当适当，采用非强制手段可以达到行政管理目的的，不得设定和实施行政强制。为了防止过度设定行政强制，《行政强制法》要求，起草法律草案、法规草案时拟设定行政强制的，起草单位应当采取听证会、论证会等形式听取意见，并向制定机关说明设定该行政强制的必要性、可能产生的影响以及听取和采纳意见的情况。行政强制的设定机关应当定期对其设定的行政强制进行评价，并对不适当的行政强制及时予以修改或者废止。

（一）行政强制措施

1. 行政强制措施的种类

《行政强制法》规定，行政强制措施是指行政机关在行政管理过程中，为制止违法行为、防止证据损毁、避免危害发生、控制危险扩大等情形，依法对公民的人身自由实施暂时性限制，或者对公民、法人或者其他组织的财物实施暂时性控制的行为。行政强制措施包括如下种类：（1）限制公民人身自由；（2）查封场所、设施或者财物；（3）扣押财物；（4）冻结存款、汇款；（5）其他行政强制措施。

2. 行政强制措施的设定权

《行政强制法》只允许法律、法规设定行政强制措施，法律、法规以外的其他规范性文件一概不得设定行政强制措施。法律可以设定所有种类的行政强制措施。尚未制定法律，且属于国务院行政管理职权事项的，行政法规可以设定除限制公民人身自由、限制公民人身自由和其他应当由法律规定的行政强制措施以外的行政强制措施。尚未制定法律、行政法规，且属于地方性事务的，地方性法规可以设定查封场所、设施或者财物和扣押财物的行政强制措施。

法律对行政强制措施的对象、条件、种类做了规定的，行政法规、地方性法规不得做出扩大规定。法律中未设定行政强制措施的，行政法规、地方性法规不得设定行政强制措施。但是，法律规定特定事项由行政法规规定具体管理措施的，行政法规可以设定除限制公民人身自由、限制公民人身自由和其他应当由法律规定的行政强制措施以外的行政强制措施。

3. 行政机关强制措施的实施

行政强制措施应当由行政机关具备资格的行政执法人员实施，其他人员不得实施。行政强制措施权不得委托。依据《行政处罚法》的规定行使相对集中行政处罚权的行政机关，可以实施与行政处罚权有关的行政强制措施。违法行为情节显著轻微或者没有明显社会危害的，可以不采取行政强制措施。

行政机关实施行政强制措施应当遵守下列规定：（1）实施前须向行政机关负责人报告并经批准；（2）由两名以上行政执法人员实施；（3）出示执法身份证件；（4）通知当事人到场；（5）当场告知当事人采取行政强制措施的理由、依据以及当事人依法享有的权利、救济途径；（6）听取当事人的陈述和申辩；（7）制作现场笔录；（8）现场笔录由当事人和行政执法人员签名或者盖章，当事人拒绝的，在笔录中予以注明；（9）当事人不到场的，邀请见证人到场，由见证人和行政执法人员在现场笔录上签名或者盖章；（10）法律、法规规定的其他程序。

（二）行政强制执行

行政强制执行，是指行政机关或者行政机关申请人民法院，对不履行行政决定的公民、法人或者其他组织，依法强制履行义务的行为。行政强制执行的方式：加处罚款或者滞纳金；划拨存款、汇款；拍卖或者依法处理查封、扣押的场所、设施或者财物；排除妨碍、恢复原状；代履行；其他强制执行方式。

1. 行政强制执行的设定权

行政强制执行由法律设定。法律没有规定行政机关强制执行的，做出行政决定的行政机关应当申请人民法院强制执行。

2. 行政机关实施的行政强制执行

行政机关依法做出行政决定后，当事人在行政机关决定的期限内不履行义务的，具有行政强制执行权的行政机关强制执行。

行政机关做出强制执行决定前，应当事先催告当事人履行义务。催告应当以书面形式做出，并载明下列事项：履行义务的期限；履行义务的方式；涉及金钱给付的，应当有明确的金额和给付方式；当事人依法享有的陈述权和申辩权。

当事人收到催告书后有权进行陈述和申辩。行政机关应当充分听取当事人的意见，对当事人提出的事实、理由和证据，应当进行记录、复核。当事人提出的事实、理由或者证据成立的，行政机关应当采纳。

经催告，当事人逾期仍不履行行政决定，且无正当理由的，行政机关可以做出强制执行决定。强制执行决定应当以书面形式做出。催告书、行政强制执行决定书应当直接送达当事人。当事人拒绝接收或者无法直接送达当事人的，应当依照《中华人民共和国民事诉讼法》的有关规定送达。

实施行政强制执行，行政机关可以在不损害公共利益和他人合法权益的情况下，与当事人达成执行协议。执行协议可以约定分阶段履行；当事人采取补救措施的，可以减免加处的罚款或者滞纳金。当事人不履行执行协议的，行政机关应当恢复强制执行。

行政机关不得在夜间或者法定节假日实施行政强制执行，但情况紧急除外。行政机关不得对居民生活采取停止供水、供电、供热、供燃气等方式迫使当事人履行相关行政决定。

3. 法院实施的行政强制执行

当事人在法定期限内不申请行政复议或者提起行政诉讼，又不履行行政决定的，没有行政强制执行权的行政机关可以自期限届满之日起三个月内，申请人民法院强制执行。

二　政府信息公开法律制度

政府信息，是指行政机关在履行职责过程中制作或者获取的，以一定形式记录、保存的信息。中央政府近年来对政府信息公开工作高度重视，采取多种方式部署、推动政务公开工作。2004 年 3 月，在第十届全国人大第二次会议上，国务院总理宣布"为便于人民群众知情和监督，要建立政务信息公开制度，增强政府工作的透明度"。随后印发的国务院《全面推进依法行政实施纲要》明确要求推行政府信息公开。2002 年成立的国务院信息办、2003 年成立的全国政务公开领导小组一直将政府信息公开制度的建立作为其工作的一个重点内容。一些地方，如广东、上海等地也制定了适用于本地方的信息公开规定。为了统一规范政府信息公开工作，强化行政机关公开政府信息的责任，明确政府信息的公开范围，畅通政府信息的公开渠道，完善政府信息公开工作的监督和保障机制，国务院于 2008 年 5 月制定了《政府信息公开条例》。《政府信息公开条例》对于打造透明政府、阳光政府和廉洁政府，保障公民知情权、监督权和参与权，具有重要意义。

（一）政府信息公开的范围

1. 主动公开

行政机关对符合下列基本要求之一的政府信息应当主动公开：（1）涉及公民、法人或者其他组织切身利益的；（2）需要社会公众广泛知晓或者参与的；（3）反映本行政机关机构设置、职能、办事程序等情况的；（4）其他依照法律、法规和国家有关规定应当主动公开的。

2. 申请公开

除前述信息外，公民、法人或者其他组织可以根据自身生产、生活、科研等特殊需要，向国务院部门、地方各级人民政府及县级以上地方人民政府部门申请获取相关政府信息。

3. 排除规定

行政机关不得公开涉及国家秘密、商业秘密、个人隐私的政府信息。但是，经权利人同意公开或者行政机关认为不公开可能对公共利益造成重大影响的涉及商业秘密、个人隐私的政府信息，可以予以公开。

（二）政府信息公开的程序

1. 主动公开

行政机关应当将主动公开的政府信息，通过政府公报、政府网站、新闻发布会以及报刊、广播、电视等便于公众知晓的方式公开。行政机关制作的政府信息，由制作该政府信息的行政机关负责公开；行政机关从公民、法人或者其他组织获取的政府信息，由保存该政府信息的行政机关负责公开。属于主动公开范围的政府信息，应当自该政府信息形成或者变更之日起20个工作日内予以公开。

2. 申请公开

政府信息公开申请应当包括下列内容：（1）申请人的姓名或者名称、联系方式；（2）申请公开的政府信息的内容描述；（3）申请公开的政府信息的形式要求。行政机关认为申请公开的政府信息涉及商业秘密、个人隐私，公开后可能损害第三方合法权益的，应当书面征求第三方的意见；第三方不同意公开的，不得公开。但是，行政机关认为不公开可能对公共利益造成重大影响的，应当予以公开，并将决定公开的政府信息内容和理由书面通知第三方。行政机关收到政府信息公开申请，能够当场答复的，应当当场予以答复。行政机关不能当场答复的，一般应当自收到申请之日起15个工作日内予以答复。

（三）政府信息公开制度的完善

《政府信息公开条例》实施以来，对于打造透明、开放政府，发挥了重要作用。但在实施过程中也暴露出了一些问题，例如，由于《政府信息公开条例》是国务院的行政法规，在位阶上低于《保密法》和《档案法》，这就导致条例所体现的公开理念和后者所体现的保密理念相比，处于劣势的地位。再如，尽管《政府信息公开条例》规定，"除涉及国家秘密、商业秘密、个人隐私外，其余都可以公开"，但其又同时规定："行政机关公开政府信息，不得危及国家安全、公共安全、经济安全和社会稳定。"由于国家安全、经济安全和社会稳定这三个概念，尤其是社会稳定概念的高度不确定性，导致在实践中，一些地方政府以危害社会稳定为由大幅限制应予公开事项的范围。另外，一些政府部门在政务信息公开中，对信息公开的内容"避重就轻"，所公开的往往不是公众所最需要或最感兴趣的信息。政府信息公开制度的未来发展，需要提升政府信息公开规定的位阶，制定《信息公开法》，完善相关的规则，同时加强包括行政诉讼、舆论监督、纪检监察等在内的监督体系，提高规则的实效性。此外还应提升政府机关工作人员的信息公开意识，要将推进政府信息公开放置于建设开放合作型政府的背景下考虑，通过信息公开促进公众对政府行政的配合和参与。

第六节　行政诉讼和行政复议法律制度

一　行政诉讼法律制度

行政诉讼是指公民、法人或者其他组织认为行政机关所做出的行政行为侵犯其合法权益，依法向人民法院起诉，人民法院对被诉行为的合法性进行审查并做出裁判的活动。行政诉讼的实质是人民法院对行政行为的合法性进行司法审查。1989 年 4 月第七届全国人大通过了《行政诉讼法》。《行政诉讼法》确立了中国行政诉讼的基本原则，其中包括：人民法院设立行政审判庭具体负责行政案件的审判；人民法院在审理行政案件时对具体行政行为是否合法进行审查；人民法院审理行政案件依法实行合议、回避、公开审判和两审终审制度；当事人在行政诉讼中法律地位平等；当事人在行政诉讼中有权辩论；人民检察院有权对行政诉讼实行法律监督；等等。《行政诉讼法》还具体规定了行政诉讼的受案范围、管辖、诉讼参加人、证据、起诉和受理、审理和判决、执行、侵权赔偿责任、涉外行政诉讼等制度。

《行政诉讼法》的制定和实施，是中国社会主义法制建设的重要里程碑，对于贯彻执行宪法，保障公民、法人和其他组织的合法权益，维护、促进和监督行政机关依法行使行政职权具有重要意义。此外，最高人民法院于2000年做出的司法解释《关于执行〈中华人民共和国行政诉讼法〉若干问题的解释》以及最高人民法院于2002年做出的司法解释《关于行政诉讼证据若干问题的规定》，对行政诉讼法的相关规定做了解释和细化规定。

（一）行政诉讼的受案范围

行政诉讼的受案范围是指人民法院有权进行审理的行政案件的范围。行政诉讼的受案范围包括：（1）对拘留、罚款、吊销许可证和执照、责令停产停业、没收财物等行政处罚不服的；对限制人身自由或者对财产的查封、扣押、冻结等行政强制措施不服的；认为行政机关侵犯法律规定的经营自主权的；认为符合法定条件申请行政机关颁发许可证和执照，行政机关拒绝颁发或者不予答复的；申请行政机关履行保护人身权、财产权的法定职责，行政机关拒绝履行或者不予答复的；认为行政机关没有依法发给抚恤金的；认为行政机关违法要求履行义务的。（2）除前面所涉及的具体行政行为以外，公民、法人或者其他组织认为其他具体行政行为违法侵犯其人身权、财产权的案件。（3）法律、法规规定可以提起行政诉讼的案件。

《最高人民法院关于执行〈中华人民共和国行政诉讼法〉若干问题的解释》规定，公民、法人或者其他组织对下列行为不服提起行政诉讼的，不属于人民法院的受案范围：（1）国防、外交等国家行为。（2）行政法规、规章或者行政机关制定、发布的具有普遍约束力的决定、命令。（3）行政机关对行政机关工作人员的奖惩、任免等决定。（4）法律规定由行政机关最终裁决的具体行政行为。这里的"法律"是指全国人大及其常委会制定、通过的规范性文件。目前规定有行政最终裁决的法律有《外国人入境出境管理法》、《公民出境入境管理法》以及《行政复议法》等。（5）公安、国家安全等机关依照《刑事诉讼法》的明确授权实施的行为。（6）调解行为以及法律规定的仲裁行为。（7）不具有强制力的行政指导行为。（8）驳回当事人对行政行为提起申诉的重复处理行为。（9）对公民、法人或者其他组织权利义务不产生实际影响的行为。

（二）行政诉讼的审查对象

行政诉讼的审查对象，是指人民法院在对具体行政行为进行审查时所针对的事项范围。《行政诉讼法》第5条规定："人民法院审理行政案件，对具体行政行为是否合法进行审查。"合法性审查的具体内容，规定在《行政诉讼法》第54条中，根据该条规定，具体行政行为有下列情形之一的，判决撤销或者部分撤销，并可以判决被告重新做出具体行政行为：（1）主要证据不足的；（2）适用法律、法规错误的；（3）违反法定程序的；（4）超越职权的；（5）滥用职权的。该条还规定，被告不履行或者拖延履行法定职责的，判决其在一定期限内履行。此外，行政处罚显失公正的，可以判决变更。

（三）行政诉讼的种类

根据《行政诉讼法》和最高人民法院《关于执行〈中华人民共和国行政诉讼法〉若干问题的解释》的相关规定，中国行政诉讼包括如下种类：（1）撤销诉讼。这是公民、法人或者其他组织要求撤销被告行政机关的具体行政行为而提起的诉讼。（2）确认诉讼。确认诉讼是指公民、法人或者其他组织请求人民法院确认某种法律关系是否存在或者具体行政行为无效等的诉讼。（3）科以义务诉讼。这是指公民、法人或者其他组织认为行政机关的不作为违法侵犯其合法权益，请求人民法院判决要求行政机关履行一定作为义务的诉讼。

（四）中国行政诉讼制度的未来发展

中国行政诉讼制度在行政审判的独立性和公正性、行政诉讼的受案范围和具体程序等方面，还存在一些欠缺，尚需进一步完善。目前《行政诉讼法》的修改已经列入全国人大常委会的立法规划，修改工作正在进行当中。《行政诉讼法》修改过程中讨论的问题主要包括如下方面。（1）如何进一步保障行政审判的独立性与公正性。有学者提出，应当设立相对独立的行政法院，各级行政法院的活动经费由中央财政直接拨付，行政法院的人、财、物权由最高法院集中掌握，不受行政机关的控制，设在地方的行政法院不向地方人大负责和报告工作。有的学者则提出提高行政审判的审计，例如撤销设在基层人民法院的行政审判庭，由中级人民政府行政审判庭承担主要的一审工作。（2）扩大司法审查的范围。很多学者提出应当将部分抽象行政行为、行政合同、行政事实行为等明确纳入行政诉讼的受案范围，同时将行政诉讼法所救济的权利范围扩展到公民、法人或者其他组织所有的"合法权益"，不应局限于人身权与财产权。（3）严格司法审查的标准。很多学者提出应当加强法院对行政裁量和行政机关的法律解释结论的审查强度。

二 行政复议法律制度

行政复议是指行政相对人认为行政主体的具体行政行为违法或不当侵犯其合法权益，依法向行政复议机关提出申请，行政复议机关依照法定程序对被申请行为进行审查并做出决定的一种法律制度。行政复议制度既是行政系统内部自我纠正错误的重要监督制度，也是保护公民、法人和其他组织合法权益的行政救济制度。1990年12月24日国务院发布的《行政复议条例》，改变了中国行政复议立法分散和不协调的状况，行政复议制度得到了进一步的规范、健全和发展。1999年4月第九届全国人大常委会通过了《行政复议法》，进一步完善了行政复议法律制度。为贯彻实施《行政复议法》，国务院于2007年6月制定了《行政复议法实施条例》。《行政复议法实施条例》对《行政复议法》的规定做了细化，增强了相关规定的可操作性，改进了行政复议的程序，强化了行政复议机关及行政复议机构的责任。

中国行政复议制度具有如下特点：（1）原则上实行一级复议。即如果对行政复议机关的决定不服，一般不能再向行政复议机关的上级机关申请复议，而只能向人民法院申请行政诉讼，但也有例外。（2）对具体行政行为合法性和适当性进行审查。在行政复议中，复议机关既要对具体行政行为的合法性进行审查，又要对具体行政行为的适当性进行审查。（3）书面复议。书面复议是指主要通过书面材料审查行政复议决定。但是申请人提出要求或者行政复议机关负责法制工作的机构认为有必要时，可以向有关组织和人员调查情况，听取申请人、被申请人和第三人的意见。

（一）行政复议的受案范围

行政复议受案范围是指公民、法人或者其他对于哪些行为可以申请行政复议机关进行审查。公民、法人或者其他组织认为行政机关的其他具体行政行为侵犯其合法权益的，原则上都可以申请行政复议。

公民、法人或者其他组织认为行政机关的具体行政行为所依据的行政规定不合法，在对具体行政行为申请行政复议时，可以一并向行政复议机关提出对该规定的审查申请。

（二）行政复议的管辖

行政复议的管辖是各行政复议机关对行政复议案件在受理上的具体分工，其基本规则是：对县级以上地方各级人民政府工作部门做出的具体行政行为不服的，由申请人选择，可以向该部门的本级人民政府申请行政复议，也可以向上一级主管部门申请行政复议；对海关、金融、国税、外汇管理等实行垂直领导的行政机关和国家安全机关的具体行政行为不服的，向上一级主管部门申请行政复议；对地方各级人民政府的具体行政行为不服的，向上一级地方人民政府申请行政复议。

行政复议机关中负责法制工作的机构，即行政复议机构，具体办理行政复议事项。

（三）行政复议的申请人和被申请人

行政复议申请人，是认为行政机关的具体行政行为侵犯其合法权益，依法向行政复议机关提出行政复议申请的公民、法人或者其他组织。申请人可委托包括律师在内的代理人参加诉讼。行政复议被申请人原则上是做出具体行政行为的行政机关或者法律、法规授权的组织。

（四）行政复议的决定

行政复议决定的种类有：（1）维持决定。行政复议机关认为被申请人的具体行政行为认定事实清楚，证据确凿，适用依据正确，程序合法，内容适当的，决定维持。（2）限期履行决定。行政复议机关认为被申请人不履行法定职责，决定其在一定期限内履行。（3）撤销、变更决定或确认具体行政行为违法决定。行政复议机关认为有下列情形之一的，决定撤销、变更原具体行政行为或确认具体行政行为违法：主要事实不清、证据不足的；适用依据错误的；违反法定程序的；超越职权、滥用职权的；具体行政行为明显不当的。决定撤销或确认具体行政行为违法的可以责令被申请人重新做出具体行政行为。

第七节　行政赔偿与行政补偿的法律制度

一　行政赔偿的法律制度

为了保障公民、法人和其他组织的合法权益，促进国家行政机关依法行使职权，有必要建立国家赔偿制度，对于国家行政机关工作人员违法侵犯私人合法权益的行为由国家负责赔偿。1989 年《行政诉讼法》第九章初步建立了行政侵权国家赔偿制度。1994 年 5 月，全国人大常委会通过了《国家赔偿法》，全面建立了国家赔偿法律制度。《国家赔偿法》规定，国家机关和国家工作人员，包括行政机关及其工作人员和行使侦查、检察、审判、监狱管理职权的机关及其工作人员，在行使职权时违法侵犯人身权、财产权的，受害人有取得赔偿的权利。《国家赔偿法》规定了中国国家赔偿的范围、标准和具体程序。2010 年 4 月全国人大常委会对《国家赔偿法》进行了第一次修订，2012 年 10 月进行了第二次修订。

公民、法人或者其他组织的人身权、财产权因国家行政机关及其工作人员违法行使职权而受到侵害的，国家应当承担赔偿责任。但在下列情况下，国家不承担行政赔偿责任：（1）行政机关工作人员与行使职权无关的个人行为。（2）因公民、法人和其他组织自己的行为致使损害发生。（3）法律规定的其他情形。

国家赔偿以支付赔偿金为主要方式。能够返还财产或者恢复原状的，予以返还财产或者恢复原状。《国家赔偿法》对公民人身自由权、身体健康权和生命权、财产权的损害赔偿标准做了具体的规定。《国家赔偿法》原本不承认精神损害赔偿，但在 2010 年的修订案中规定，公民人身权受到非法侵犯导致精神损害并造成严重后果的，国家应当支付相应的精神损害抚慰金。总体而言，《国家赔偿法》的损害赔偿标准与民事侵权赔偿相比，计算标准偏低，事实上不足以弥补权利人的实际损失。例如，侵犯公民人身自由的，每日赔偿金仅按照国家上年度职工日平均工资计算，数额太少；对侵犯身体健康权的，还设定了赔偿的最高额限制；对财产权造成其他损害的，按照直接损失给予赔偿，对间接损失不予赔偿。这些规定都不尽合理，需要在未来加以改进。

二 行政补偿的法律制度

行政补偿是当行政机关为了公益目的合法行使行政权，而给公民、法人或其他组织的合法权益造成特别牺牲（损失）时，国家基于公共负担平等的原则予以补偿的制度。行政补偿目前没有一部统一的法律，相关制度规定在《土地管理法》、《城市房地产管理法》、《国防法》、《野生动物保护法》、《防洪法》、《森林法》、《农业法》、《草原法》、《水污染防治法》、《行政许可法》以及《国有土地上房屋征收与补偿条例》等当中。改革开放以来，中国行政补偿法制有了长足发展，大量的法律、法规和规章都就行政补偿做了规定，但离完善的行政补偿制度尚有一定差距，具体体现在如下几个方面：第一，予以补偿的事项有很大的扩展，但还不够全面，并且各个领域之间不协调。对妨碍私人利用合法财产权利的补偿，例如为城市规划的目的或文物保护的目的限制土地或建筑物的使用；对具有征收作用干预的补偿，例如对因公共工程、国家公害、交通噪声等造成的损失的补偿；对犯罪被害人等的衡平补偿，等等，都还未建立其相应的制度。此外，行政补偿的各个种类之间也存在不协调的现象，即虽有相同或相似的事由，在某一行政领域有补偿法律规定而在其他领域却没有。第二，除了少数领域外，补偿的原则和标准不够明确。第三，补偿的范围、标准或数额较低，不能充分补偿相对人的损失。导致相对人往往存在较大的抵触情绪，产生执行上的困难，甚至造成一般民众对政府的反感。第四，行政补偿的程序性规定极为欠缺。除个别领域外，大多缺乏对利害关系人意见的程序权利以及行政机关程序义务的规定，如说明理由和听取意见等规则普遍未能确立，暗箱操作现象比较普遍。第五，关于行政补偿的经费没有明确统一的规定。缺乏对行政补偿经费来源等问题的明确统一的规定，这导致行政机关缺乏对相对人予以行政补偿的积极性。应完善行政补偿的基本制度，以尽快解决目前许多公民个人和组织合法权益因公共利益受损而得不到适当救济的不公正的问题。

总之，改革开放 30 多年来，中国行政法治建设取得了长足的进展，初步理顺了行政与立法、司法部门的关系，实现了行政管理的规范化、程序化与法治化，加强了对公民权利的保护和对行政组织及其活动的监督。但毋庸讳言，中国的行政法治还有很多不足，亟待进一步完善。具体体现在：其一，行政组织的法治化程度低，行政机构的职能、编制和人员大多没有法律依据；行政管理体制不健全，政府与企业、市场、社会的基本关系尚未理顺，职能越位、错位、缺位的情况同时存在；各级政府之间事权分配不清晰，财权分配不合理，在一些行政管理领域中政府层级过多。其二，行政行为的规范化、程序化还有很大不足，政府信息公开工作的开展面临很多阻力，行政决策的专家咨询和公众参与程度低。其三，对行政权的监督制约不健全，权利救济制度不完善，私人的权利和自由尚未得到充分保障。

进一步加强行政法治建设，是中国社会主义法治国家和政治文明建设的必然要求和重要内容。中国未来行政法治的发展，应当着力于以下方面。其一，健全行政组织法，合理确立政府职能，探索公务组织的不同形式；合理划分中央与地方行政权限范围，适当调整地方政府层级和行政区划；

完善公务员法制，规范公务员管理。其二，完善行政行为和行政程序法制，在规范强制性行政行为的同时，健全行政合同、行政奖励和行政指导等非强制行政行为制度，贯彻正当程序、信息公开和公民参与的原则和理念。其三，改革行政诉讼、行政复议、行政赔偿等权利救济制度，加强行政审判和行政复议的公正性，强化对行政权力的制约和监督，切实保护私人的权利自由。

第 六 章

中国的民商事法律制度

中国的民商法（除《婚姻法》、《继承法》外）萌生于20世纪80年代，兴盛于1992年市场经济体制确立后，基本上是经济体制改革开放的忠实法律记载。中国的改革可大致概括为国家与市场的拉锯过程，整体趋势是国家权力从市场逐渐撤离，但至今距离国家管制与市场自治的平衡还有一段距离。目前，中国的民商法律已有33部，体系初成。其中，1986年的《民法通则》具有划时代意义，它第一次唤醒了泱泱大国的现代法治观念，也使平等、私权、自由等法治基因根植人心。

民商法调整平等主体的公民之间、法人之间、公民和法人之间的财产关系和人身关系。平等的财产关系主要是市场经济中的各种利益关系；平等的人身关系主要是自然人的人格权和家庭关系。可见，民商法作用于社会最核心的物质领域——市场与家庭，是市民社会最基本的法律规则。

民商法既涉及重大财产利益的分配，如江河湖海的所有权等，也与市井中的细利琐事息息相关。它确认与保护每个人的民事权利，最能激发私人为自己的权利而斗争，从而有助于真正使法治成为一种内嵌的生活方式，并有效遏制公权力的滥用和规范其依法行使。经验表明，民商法在维护市场经济的稳定运行、建设和谐、平等的家庭关系等方面居功至伟。以民事诉讼为例。中国司法实践中，民商诉讼的数量历来稳居榜首，且呈逐年上升势态。如 2012 年，中国各级法院审结一审民事案件 1474.9 万件，审结一审知识产权案件 27.8 万件，一审商事案件 1630.7 万件，审结一审涉外商事和海事海商案件 10.6 万件，涉港澳台案件 6.5 万件。① 在国家、社会、经济与文化都正在迅猛转型的中国，民商法在中国未来的意义更不可小觑，这是因为中国的转型是以建构真正的市场经济为基础，而市场经济以分工为基础，分工必然造成利益、观念的分化，这又必然使传统的法外纠纷解决机制不敷适用，民商法作为市场利益调解器、家庭和谐助推器的功能必将进一步发挥。

第一节　民商法体系与特征

一　民商法律制度体系

中国民商法是以民法通则为核心，以民事、商事单行法、司法解释构成的体系。

就民法与商法的关系，大陆法系国家有民商合一和民商分立两种立法例。中国历来民商合一，即不制定商法典，而是将商法整合到民法中。商法是民法的一个特殊部门，是为适应现代商事交易迅速、便捷的需要发展起来的。这种体例下的民法与商法的差异在于：民法调整的是社会的一般领域，如普通交易和家庭领域；商法则调整特殊商业领域，如金融领域、破产领域等。民商合一既维护了私法的统一，也避免了重复立法。此外，中国"商法民法化"和"民法商法化"的趋势都相当突出，前者是指商法不再是商人的禁脔，也可适用于民事主体；后者是指民法深受商法保障交

---

① 《2013 年最高人民法院工作报告》。

易安全、追求效率的理念影响，规则设计渐与商法趋同。

民商法的内容涉及市场经济和家庭两大领域。《民法通则》言简意赅，原则性规定居多，其内容大多已被单行法取代。民商单行法涵盖了市场经济的三个基本要素，即交易主体、交易要素和交易规则。其中，调整交易主体的民商法有《公司法》、《企业合伙法》、《个人独资企业法》、《外商投资企业法》、《破产法》等；涉及交易要素的民商法主要有《物权法》、《专利法》、《商标法》、《著作权法》等；涉及交易规则的法律主要有《担保法》、《合同法》、《招标投标法》、《拍卖法》、《证券法》、《证券投资基金法》、《保险法》、《票据法》、《海商法》、《侵权责任法》等。涉及家庭生活的民商法主要有《婚姻法》、《继承法》、《收养法》等。

二　民商法律制度的特征

（一）以大陆法系为宗，兼顾本土特色

自清末变法图强以来，中国民商法即以大陆法系（主要是德国）的法典为蓝本，至今依然未变。但中国同时强调兼收并蓄大陆法、英美法与国际公约，以实现"与国际接轨"，尤其在市场交易规则（如《合同法》、《海商法》等）方面，更重视法律规则的普适性。如《合同法》兼采大陆法系的不安抗辩权制度和英美法的预期违约制度、《公司法》兼采大陆法系的监事会制度与英美法的独立董事制度。整体上，对西方民商法的态度可谓"西体中用"，并不刻意强调中国国情，"中国国情"主要体现为：（1）社会主义公有制，如《物权法》依据所有制形态区分所有权、土地公有制等；（2）固有的文化观念和法感情，主要见于《婚姻法》与《继承法》。

（二）自治与管制并行，公法与私法杂糅

中国民商法与西方民商法的发展路径截然不同。西方国家民商法最初

源自市场交易,是对自发秩序的总结,随后才开始出现管制,迄今大致经历了自治—管制—解除管制(de-regulation)—再管制(re-regulation)的过程。中国民商法则是从国家管制的夹缝中发展的,国家一开始就对市场管制过度,私人自治的广度与深度至今依然不到位。中国的民商法一度也是由行政机关起草的,由此可见一斑。即便实行市场经济,也是"社会主义市场经济"。确切地说,在民法领域,中国和国际接轨的法律较多,反而商法的国家管制色彩更为浓厚,如《证券法》、《保险法》、《商业银行法》都包含两部分内容:商事交易规则与行政监管规则。究其根本,是因为中国转型期间经济容易处于失序状态,信用体系也非常薄弱,难以抵御大规模的、格式化的商业交易可能造成的市场风险与社会局部动荡(如非法集资问题),故宁可牺牲私人自治以换取社会稳定与安全。这种思路指导下的立法,自然就公法与私法杂糅,民商法虽名为私法,但公法的内容也相当多。

(三)理性与经验并重,超前与守成同存

中国民商立法历来奉行两个指导思想:一是"成熟一部,制定一部"。市场经济的诸多领域,如证券、信托等都是国人陌生的事物,为了避免犯错,立法者并不追求前瞻,而更倾向守成,故经验型、应急性的民商法(尤其是商法)较多。① 二是"宜粗不宜细"。改革开放以来,中国一直处在变化和生成过程中,立法强调经验主义、"渐进改革"、"摸着石头过河"。但立法通常也会为未来留下充分的改革空间,其方法是授权国务院立法,如金融行业是否混业经营、是否许可融资融券交易等。

这种思路在实践中引发了两个问题:一是裁判规范的缺失。正因为立法者有意留白的模糊规范过多,法院在司法实践中常常处于无法可依的窘境,最高法院不得不出台诸多司法解释,它们往往并非对法律的解释,而

---

① 也有少数例外,如 1995 年《保险法》制定时,中国尚无独立的保险监管机构,但《保险法》也做了规定。

是司法造法。二是法律频繁修订，甚至改弦易辙。如 1993 年制定的《公司法》，历经三次修订，2005 年的修订几乎是另起炉灶。《合伙企业法》、《证券法》等也如此。近年来，随着市场经济的经验、学理、法律体系都相对成熟，中国民商立法思想发生了根本性转变，立法者现在更重视建构逻辑一致、前后照应的抽象规范体系，以真正使当事人能依法预见自己行为的后果，据此理性筹划；不同法院也可准确适用法律得出相同或类似结果。这在民法领域最为明显。

第二节　民事主体法律制度

一　自然人制度

《民法通则》是继 1982 年宪法后第一部以全面规范社会生活、赋予中国人以民事主体资格、享有各种民事权利的法律。受当时的法学发展水平和意识形态的双重制约，《民法通则》并没有严格区分公法中的"公民"与私法中的"自然人"，而是将两者等而视之，直到 1999 年的合同法才明确区分两者。尽管如此，《民法通则》明文规定自然人的民事权利能力一律平等，且自然人从出生时起到死亡时止，具有民事权利能力。"民事权利能力"是指享有权利和承担义务的资格，也是大陆法系民法中具有革命色彩的概念，意味着身份平等与人格解放。在中国法上，民事权利能力不能放弃，也不能被剥夺。《民法通则》真正做到了"关心人、成就人"，以实现每个人的全面发展为立法宗旨。故，在中国法上，"自然人"不只是单纯的生物学意义上的人，也是伦理学意义上的人，尤其是康德伦理学意义上的人。

自然人的民事行为能力（即独立进行民商事活动的能力）依据心智成熟状态，分为三种。（1）完全行为能力人。18 周岁以上的自然人是成年人，具有完全民事行为能力；16 周岁以上不满 18 周岁的自然人，以自己的劳动收入为主要生活来源的，视为完全民事行为能力人。（2）限制行为能力人。10 周岁以上的未成年人是限制民事行为能力人，可以进行与他的年龄、智力相适应的民事活动。（3）无行为能力人。不满 10 周岁的未成年人是无民事行为能力人，由法定代理人代理民事活动。此外，精神病人依据其心智能力，分为限制行为能力人与无行为能力人。

现代民商法以个人主义为基本前提，强调自我判断、自我选择和自己责任，故家庭基本不再作为民事主体。但在中国，家庭（称为"户"）在某些情形也可以作为民事主体：一是个体工商户，即在法律允许的范围内，依法经核准登记，从事工商业经营的自然人。"工商户"既可以是一个人，也可以是家庭整体。若以家庭财产投资经营的，则整个家庭都享有收益、承担风险。二是"农村承包经营户"，即农民以家庭为单位，承包农村集体土地，取得土地承包经营权。在人民收入不高、就业渠道有限、社会保障缺失的情形下，家庭作为民事主体可以使家庭充分发挥经济共同体的职能，增强抗风险能力。

二 商事组织制度

中国奉行商主体形态法定原则，即商主体只能采用法律规定的组织形式，所有商主体都必须经过成立登记才能从事商事活动；必须经过注销登记才能消灭。

在学理上，商事组织分为法人组织与非法人组织。两者的主要区别在于：法人的出资人以其投资额为限，对组织的债务承担有限责任；非法人组织的出资人则以其全部财产对组织的债务承担无限责任。前者如公司，后者如合伙企业、个人独资企业等。在法律上，中国商事主体的形态包括如下几类。

（一）公司

公司是最典型的商事法人组织，但中国直到 1993 年才颁行《公司法》，迄今为止已修改三次（1999 年、2004 年和 2005 年），此前尚有《全民所有制工业企业法》（1988 年颁行，但随着国有企业的公司制改革，该法已被束之高阁）。

公司包括有限责任公司与股份有限公司，后者又分为上市股份公司和非上市股份公司。有限责任公司的设立条件宽松，由 50 个以下股东出资设立，注册资本最低限额为人民币 3 万元；股份有限公司的发起人为 2 人以上200 人以下，注册资本的最低限额为人民币 500 万元。它可以采取发起设立或者募集设立两种方式，前者是指由发起人认购公司应发行的全部股份；后者是指由发起人认购公司应发行股份的一部分，其余股份向他人募集。

《公司法》的立法指导思想是：

1. 鼓励创业

《公司法》对公司的注册资金与出资形式的要求较为宽松。股东或发起人首次出资额不得低于注册资本的 20%，也不得低于注册资本的最低限额，其余部分由股东自公司成立之日起两年内缴足，投资公司可以五年内缴足。股东可用货币、实物、知识产权、土地使用权、债权、股权等财产出资，但货币出资金额不低于有限责任公司注册资本的 30%。这就放宽了知识产权出资额，有利于鼓励高科技公司的成立。《公司法》还规定了一人公司，即只有一个自然人股东或者一个法人股东的有限责任公司。为规避信用风险，《公司法》规定的一人公司的部分成立要求比普通有限公司还要高，如一人公司注册资本的最低限额为人民币 10 万元，且股东应当一次足额缴纳公司章程规定的出资额。

2. 强化公司社会责任

《公司法》明确规定公司必须"承担社会责任"，以法律形式明确规定公司的社会责任,可谓中国公司法的一大特色。"社会责任"就要求公司不能单以股东利益最大化为目的,还要考虑社会利益、公司相关者的利益。《公司法》着重保护公司债权人利益。如为防止股东借助有限责任逃避债务,《公司法》正式确定了法人人格否认制度,即公司股东滥用公司法人独立地位和股东有限责任逃避债务,严重损害公司债权人利益的,应当对公司债务承担连带责任。

3. 尊重公司自治权

《公司法》倡导公司尽可能个性化,结合公司实际情况量体裁衣,决定公司的经营与治理事项,法律通常不干预公司的内部事务。《公司法》有很多授权性规范,如授权公司的经营范围、法定代表人、公司机关的议事规则等重要事项都可由公司章程规定。

4. 激发中小股东参与公司治理的积极性,保护中小股东的权利

《公司法》赋予中小股东诸多权利,以激发其参与公司治理,促进公司健康发展,保障其自身权利。重要的权利包括知情权(如查阅公司会计账簿等材料)、转股权、退股权、解散公司等实体性权利,还赋予临时股东会议召集权、提案权、质询权、请求法院确认公司股东会决定和董事会决议无效或撤销的权利、提起股东代表诉讼等程序性权利。

5. 建立高效、规范的公司治理结构

《公司法》强调公司权力的分立与制衡,不同权力由公司不同机关行使(小规模的有限公司可以由个人行使)。其中,如股东(大)会是公司的权力机构,董事会是公司的执行机构,监事会是公司的监督机构。上市公司还必须设立独立董事。中国证券监督委员会、上海证券交易所和深圳证券交易所对上市公司的治理结构提出了更高规格的要求。

6. 强化公司内控制度建设,遏制公司实际控制者的不当行为

公司内部存在两大核心利益冲突:一是控股股东、实际控制人与中小股东的利益冲突。《公司法》明确规定,控股股东和实际控制人利用其关联

关系损害公司利益的，应承担损害赔偿责任；公司为公司股东或者实际控制人提供担保的，必须经股东会或者股东大会决议。二是公司股东与公司实际经营者的利益冲突。《公司法》明确了董事、监事、高级管理人员对公司的忠实义务和勤勉义务，若违反这些义务，应对公司承担损害赔偿责任；公司中小股东在一定条件下可以起诉侵害公司利益的董事、监事和高管人员。

（二）合伙企业

合伙企业包括普通合伙企业和有限合伙企业。前者由普通合伙人组成，合伙人均对合伙企业债务承担无限连带责任；后者由普通合伙人和有限合伙人组成，普通合伙人对合伙企业债务承担无限连带责任，有限合伙人以其认缴的出资额为限对合伙企业债务承担责任。1997年的《合伙企业法》只规定了普通合伙企业，2006年修订后的《合伙企业法》增设了有限合伙企业。

合伙人可以是自然人、法人和其他组织。但是，国有独资公司、国有企业、上市公司及公益性事业单位、社会团体只能做有限合伙人，不得做普通合伙人。许可它们做合伙人有利于大型企业与创新型中小企业进行合作，开发新产品、新技术。①

普通合伙的经营方式灵活多样，可以由全体合伙人共同经营，也可由一人或数人经营。在有限合伙企业中，普通合伙人通常是出色的技术人才或管理人才，他们有技术但缺乏资金，故由他们负责合伙的经营管理，并对合伙债务承担无限连带责任，这可以让他们恪尽职守，使合伙企业利益最大化；有限合伙人通常有资金，但没有能力经营合伙事业，故不执行合伙事务，而且仅以其出资额为限对合伙债务承担有限责任，这有利于刺激

---

① 参见朱少平《谈合伙企业法修改》，中国人大网。

其投资积极性。由此足见有限合伙可以有效实现资本与智力的结合。目前，在高科技行业与风险投资、私募股权基金投资行业中，有限合伙被广泛采用。

合伙企业法还规定了特殊普通合伙企业。它适用于律师事务所、会计师事务所这些以专业知识和专门技能为客户提供有偿服务的专业服务机构。"特殊"体现为：一个或数个合伙人在执业活动中因故意或者重大过失造成合伙企业债务的，承担无限责任或无限连带责任，而其他合伙人则只以其在合伙企业中的财产份额为限承担责任。其目的在于减轻合伙人的风险，使他们不至于因为一个或数个合伙人的不当行为而玉石俱焚。为分散责任风险，法律要求特殊普通合伙企业建立执业风险基金、办理职业保险。

合伙企业还有公司不具备的若干优势。如在所得税方面，合伙企业的生产经营所得和其他所得，由合伙人分别缴纳所得税，实行单次征税；公司则实行双重征税，即企业缴纳所得税，股东还需交纳所得税；在出资形式方面，合伙人可以用劳务出资，但公司股东不能用劳务出资；在治理结构方面，法律对合伙的治理的要求比公司要低很多，如合伙人可以约定由一个或者数个合伙人对外代表合伙企业，执行合伙事务。

（三）外商投资企业

改革开放伊始，中国就颁布了多部专门调整外商投资的法律、行政法规和部门规章，至今已形成了以《中外合资经营企业法》（1979 年）、《外资企业法》（1986 年）和《中外合作经营企业法》（1988 年）为核心的外商投资企业法律体系。

为对不同行业的外商投资准入进行规范，中国将外商投资项目分为鼓励、允许、限制和禁止四类（国务院 2002 年《指导外商投资方向规定》）。商务部还因时循势，发布并及时调整《外商投资产业指导目录》（目前最新的是 2011 年版），具体指导外商投资准入。

外商投资可以采取"绿地投资"（Greenfield Investment，即新建投资）和并购中国境内企业资产或股权的方式。在中国改革开放初期，绿地投资占大多数；目前，跨国并购方式因其缩短了企业创建时间、可迅速进军中国市场等优势而备受投资者青睐，但也给中国经济安全、宏观经济调控等带来了较为严重的问题，故商务部出台了不少部门规章专门予以规制。

中外合资经营企业的形式为有限责任公司。外国合营者的投资比例一般不低于25%。合营企业在生产经营、公司治理等方面享有自主权。它应设董事会，其人数组成由合营各方协商，董事长和副董事长由合营各方协商确定或由董事会选举产生。中外合营者的一方担任董事长的，由他方担任副董事长。

中外合作经营企业的形式可以是法人（有限责任公司），也可以不是法人（合约式经济组织）。合作企业为法人的，设立董事会；不是法人的，设立联合管理机构，依照合作企业合同或章程决定合作企业的重大问题。中外合作者的一方担任董事会的董事长、联合管理机构的主任的，由他方担任副董事长、副主任。这种方式灵活的外商投资企业组织，便于中外双方发挥各自的比较优势，充分合作。

外资企业是指在中国境内设立的全部资本由外国投资者投资的企业，不包括外国企业在中国境内的分支机构。外资企业可采用有限责任公司或股份有限公司两种形式。中国对外资企业不实行国有化和征收。在特殊情况下，根据社会公共利益的需要，对外资企业可以依照法律程序实行征收，并给予相应的补偿。

《公司法》规定，外商投资采用公司制的，适用公司法，但外商投资的法律另有规定的除外。此外，依据国务院《外国企业或者个人在中国境内设立合伙企业管理办法》（2009年），外商还可在中国设立合伙企业。

中国吸引外资的巨大成功，很大一部分要归因于外商投资法律。在中国技术、资金、市场与管理经验短缺的年代，为吸引外资发展本国经济、技术与管理，中国在土地、税收、外汇等方面给予外商投资企业多种优惠，外资企业享有超国民待遇。近年来，外资企业与内资企业的法律地位日趋平等，公平竞争环境逐渐形成。

（四）个人独资企业

个人独资企业，是由一个自然人投资，财产为投资人个人所有，投资人以其个人财产对企业债务承担无限责任的经营实体。设立个人独资企业的条件宽松，法律并不要求最低从业人员人数。投资人在申请企业设立登记时明确以其家庭共有财产作为个人出资的，应当以家庭共有财产对企业债务承担无限责任。

（五）商主体破产法律制度

2006 年中国通过了新《企业破产法》，被誉为"中国转型时期的标志性事件"。[①] 它适用于所有企业法人，包括国有企业与法人型私营企业、三资企业，也包括金融机构。

破产原因有两种：一是"不能清偿到期债务并且资产不足以清偿全部债务"；二是"不能清偿到期债务并且明显缺乏清偿能力"。企业法人具备任何一种原因时，都可以实行破产清算、破产和解或破产重整，无须经政府批准。

《企业破产法》引入了国际通行的破产管理人制度。管理人可以由律师事务所、会计师事务所、破产清算事务所等社会中介机构担任，按照市场化方式进行运作；法院也可以指定具备相关专业知识并取得执业资格的人员担任管理人。鉴于管理人要承担严格专家责任，个人担任管理人的，应参加责任保险。

---

① 李曙光：《新破产法九大制度创新与突破》，《法制日报》2006 年 9 月 5 日。

《企业破产法》规定了周详的企业重整制度。当债务人不能清偿到期债务时，债权人可以向法院申请对债务人进行重整。重整计划体现了债权让步与营业振兴有机结合的综合治理思想，① 意味着企业破产法同时也是企业振兴法和拯救法。可以申请的当事人包括：债权人、债务人以及出资额占债务人注册资本 1/10 以上的出资人。债务人与债权人在法院的主持下达成协议，制订重整计划，规定在一定的期限内，债务人全部或部分清偿债务，经法院批准，可以在管理人的监督下自行管理财产和营业事务；另一方面，债权人在重整过程中享有充分的参与权、监督权和决议权。

《企业破产法》规定了较完善的撤销权与无效行为制度，以有效遏制一度相当猖獗的"假破产、真逃债"现象。如在受理破产申请前一年内，债务人无偿转让财产、以明显不合理的价格进行交易、对没有财产担保的债务提供财产担保、对未到期的债务提前清偿、放弃债权等行为的，管理人有权请求法院予以撤销。为逃避债务而隐匿、转移财产、虚构债务或承认不真实的债务等涉及债务人财产的行为无效。

充分保护破产企业职工的合法权益，是《企业破产法》的重要目标之一。在中国以往的破产实践中，职工的劳动债权优先于担保债权，目的是保护劳动者的利益、维护社会稳定。新破产法规定，担保债权优于 2007 年6 月 1 日（《企业破产法》施行之日）之后因破产产生的劳动债权。破产财产在优先清偿破产费用和共益债务后，依照下列顺序清偿：（1）职工的劳动债权（工资和医疗、伤残补助、抚恤费用，所欠的应当划入职工个人账户的基本养老保险、基本医疗保险费用）；（2）社会保险费用和破产人所欠税款；（3）普通破产债权。破产财产不足以清偿同一顺序的清偿要求的，按照比例分配。

《企业破产法》还规定，破产程序对债务人在中国领域外的财产发生效

① 参见王卫国《新破产法：一部与时俱进的立法》，《中国人大》2006 年第 17 期。

力。同时，在中国加入的国际公约有规定、中外两国存在互惠关系或存在司法协助条约时，中国法院也裁定承认和执行外国法院的破产裁决。

三　民间非营利组织制度

在 1949 年后开始的建构政权（state-making）过程中，中国逐渐取缔了各种民间组织，将其纳入国家权力体系中。改革开放后，中国的社会力量逐渐强大，为保障公民的结社权，1982 年宪法将它作为公民的一项基本权利，《民法通则》也相应地规定了社会团体法人。

依据《民法通则》，社会团体法人分为依法不需要登记和不需要法人登记两种。前者包括工会、共青团、妇联、科协、青联、侨联、台联、工商联等；后者则包括各种"半官方、半民间"的社会团体和纯民间性质的非营利组织（NGO）。依民政部《取缔非法民间组织暂行办法》（2004 年），未经批准、登记就以 NGO 名义开展活动的，应予取缔并没收其财产。

中国的 NGO 包括两类：一是社会团体和基金会，分别依据《社会团体登记管理条例》（1998 年）和《基金会管理办法》（1988 年）在民政部登记注册，获得社会团体法人资格；二是民办非企业单位，依《民办非企业单位登记管理暂行条例》（1998 年）在民政部登记注册，视不同情况获得法人、合伙或者个体资格。

尽管中国的 NGO 组织在社会各领域都发挥了重要作用，但现行法对各类 NGO 的登记门槛限制依然没有取消。举其要者，NGO 实行民政登记管理机关和业务主管单位"双重审核、双重负责、双重监管"。民间组织需要按照其从事活动的领域，取得业务主管部门审批后，才能向民政部门申请登记。如吉林大学校友会，其业务主管单位为教育部，必须教育部审批后，它才能获得民政部的登记。在实践中，由于业务主管单位要对所属 NGO 的活动负责，却不能从中受益，因此它们大多不愿批准。在这种情形下，大多数获得登记的组织，基本都是"政府引导、社会运作"的。如中国 1978 年 5 月成立的第一家环保组织——中国环境科学学会，就是政府部门发起成立的环保民间组织。NGO 的登记难于上青天，这已成为中国民间非营利组织发展的最大难题。

第三节 民事权利制度

民法是权利法，它赋予主体各种权利。大陆法系传统民法是以财产权为中心展开的，中国民法则始终人格权与财产权并重，且人格权受法律的保护程度更高。

一 人格权制度

改革开放后，中国法律就相当重视确认与保护人格权。1982 年宪法将人格尊严和人身自由作为公民的基本权利，为民事立法规定人格权提供了宪法基础。《民法通则》之所以被誉为"权利的播种机"，很大程度是因为它专章规定民事权利，尤其是确认了人格权。

民法调整财产关系和人身关系，相应地，民事权利也分为财产权和人格权。人格权是每个人与生俱来的权利，是自然人因其肉体的存在而当然享有的权利。中国民法承认两种人格权：一般人格权与具体人格权。

"一般人格权"系大陆法系用语，它是以自然人全部人格利益为标的的框架性权利，它更多体现为一种人文主义、人本主义的理念，而非内容确定的权利。中国一般将其理解为三部分：人格独立、人格自由和人格尊严。人格独立是指民事主体的人格一律平等；人格自由是指个人身心不受非法约束与控制；人格尊严是指人之为"人"所应有的最起码的社会地位和应受的最基本的尊重。从法技术上看，一般人格权是一种母权，是确立具体人格权的依据。若法律未明确规定某种人格权，法院在经过精细的利益衡量后，可诉诸一般人格权保护受害人。

具体人格权可分为物质性人格权与精神性人格权。前者包括生命权、健康权、身体权（维护自己肉体组织完整的权利）与肖像权；精神性人格权包括姓名权、名誉权、荣誉权和隐私权等。中国法奉行人格权法定主义，若法律没有明确规定某种人格利益是一种人格权的，法院不能创设。此时，若受害人值得保护的，法院可以采取两种方式：一是若该人格利益与人格尊严有关，可求助于一般人格权保护；二是尽可能通过扩大解释既有人格权，将其纳入既有人格权。如中国法以往没有将隐私作为独立的人格权，司法实践就将其纳入名誉权来保护。目前，中国法也没有将贞操、信用等人格利益作为具体人格权，个人信息也是作为隐私处理的，但并没有影响其法律救济。

在中国法上，法人也享有人格权，但限于名称权与名誉权。法人并不享有一般人格权，也没有精神损害赔偿请求权。原因是中国主流理论和司法实践都认为，法人并非血肉之躯，无法感受精神痛苦和折磨，赋予其人格权的目的也只是保护其经济利益，与伦理、价值无关。

值得注意的是，《民法通则》并没有明确规定人格权被侵害是否适用精神损害赔偿，只使用了"也可以请求赔偿损失"的模糊表述。然而，在学者与法官的共同推动下，司法实践一直承认精神损害赔偿。2001年，最高法院还颁行了《关于确定民事侵权精神损害赔偿责任若干问题的解释》，以指导司法实践中如何适用精神损害赔偿。2009年《侵权责任法》第22条第一次以法律形式规定了精神损害赔偿，即"侵害他人人身权益，造成他人严重精神损害的，被侵权人可以请求精神损害赔偿"，将其适用于所有人身权益严重受损情形，提升了人格权保护的水平。

在人格权法律制度方面，中国当前争议最大的问题是有无必要单独制定人格权法。① 这一争议充分表明，人格权应受法律高规格保护、法律应促进人全面发展的观念在中国已深入人心，问题只是在于如何更好地保护人格权。

二　物权制度

2007 年的《物权法》可谓中国法制的里程碑。它对中国社会的影响极其深远：首先，它是 1949 年后中国第一次以法律方式全面承认私人所有权和其他物权，为市场经济交易提供了坚实的法律保护；其次，物权保护最彰显私权神圣观念，物权保护的强化必然意味着国家权力的规范行使与审慎运用；最后，它尊重私人财富进取心，必将进一步激发社会的首创精神和积极性。

"物权"纯粹是个罗马法——德国法概念，其中，"物"包括不动产和动产；物权则是指权利人依法对特定的物享有直接支配和排他的权利。"支配"即权利人按照自己的意志处分物，如消费物或者将其转让给他人；"排他"即"排除他人干涉"，"他人"包括民事主体，也包括国家机关。

《物权法》调整两种法律关系：物的归属和利用关系。就归属关系而言，《物权法》的主要功能是"定分止争"——通过确权来克服公地悲剧（tragedy of commons），即因财产的所有权人没有确定，导致无数人过度使用财产，最终使财产一文不名。在物的利用关系方面，《物权法》的宗旨是"物尽其用"，以克服反公地悲剧（tragedy of anti-commons），即因财产上的权利人过多时，任一权利人使用物的权利会受到他人牵制，最终导致财产无人使用。物的归属关系主要体现在所有权制度；物的利用关系，则主要体现为用益物权和担保物权。

---

① 参见王利明《论人格权制度在未来中国民法典中的地位》，《法学研究》2003 年第 2 期。

从法律技术上看,《物权法》有两个重要原则值得一提。一是物权法定原则,即物权的种类和内容必须由法律规定。这里的"法律",在实践中包括全国人大及其常委会制定的法律,也包括国务院制定的行政法规。物权法定的合理性在于,物权是一种效力极强的绝对权,可以排除任何人的干涉,容许任意创设物权,将使市场交易的当事人动辄侵害他人的物权,不仅戕害了他人的行动自由,还损害了交易安全。加之物权是市场交易的前提,它的种类和内容就必然要统一化、标准化才能便于交易。二是物权公示原则,即物权的设立、变更、转让和消灭,都需要通过特定的外观表示出来,让他人察知。不动产物权的变动需要登记,动产物权的变动需要移转占有。这是因为第三人在交易过程中,只有通过物权的外观的公示标志,才能察知物权的存在,也才能谨慎进行交易。

中国物权有如下三种。

(一) 所有权

与大陆法系国家不同的是,《物权法》依据所有制来区分所有权。它规定了三种所有权:国家所有权、集体所有权与私人所有权。尽管如此,它还是破天荒地明确了所有权平等保护原则,也不再使用"国家财产神圣不可侵犯"的措辞。这意味着私人所有权和国家所有权是平等的,契合了"市场是天生的平等派"的要求。

国家所有权即全民所有权,由国务院代表国家行使所有权,其客体极其广泛,包括矿藏、水流、海域、城市的土地、无线电频谱资源等。集体所有权中的"集体"包括农村和城镇的集体经济组织,其客体包括法律规定属于集体所有的土地、森林、山岭、草原、荒地、滩涂;集体所有的建筑物、生产设施、农田水利设施;教育、科学、文化、卫生、体育等设施。私人所有权的客体也非常广泛,包括合法的收入、房屋、生活用品、生产工具、原材料等不动产和动产。

为解决中国征收、征用实践中存在的问题，《物权法》用了6个条文（第42条、第43条、第44条、第121条、第132条、第148条）明确了征收、征用制度。它规定，征收的前提是为了公共利益的需要，必须依照法律规定的权限和程序，征收的对象为集体所有的土地和单位、个人的房屋及其他不动产。征收必须足额补偿。为规范城市拆迁问题，国务院还出台了《城市国有土地上房屋征收与补偿条例》（2011年），明确了公平补偿原则。此外，依据中国现行法，农村土地不能直接进入土地一级市场交易，而必须经国家征收后，转化为国家土地后才能进行交易，农民基本无法获得土地增值的收益。国家取得农村土地的价格很低，但土地使用权出让的价格却相当高，这种制度在实践中引发了很多社会问题，亟须解决。目前，国务院正在酝酿制定《农村集体土地征收与补偿条例》。

（二）用益物权

当物的使用价值从所有权中分离，交由他人占有、使用和收益时，就可能产生用益物权。在现代社会中，人和资源最紧张的关系在于人和土地的关系，用益物权的核心功能也是尽可能使土地得到有效利用。用益物权主要包括三种。

1. 城市国有土地建设用地使用权

它是对国家土地占有、使用和收益的权利，其权利人有权利用该土地建造建筑物、构筑物及其附属设施。通过市场方式取得的建设用地使用权可以自由流转。在中国，私人不能取得土地所有权，城市居民只能对其住宅所占土地取得70年的使用权，但住宅建设用地使用权期间届满的，自动续期。

2. 农村土地承包经营权

它是对承包经营的耕地、林地、草地等享有占有、使用和收益的权利，其权利人有权从事种植业、林业、畜牧业等农业生产。《物权法》将其作为一种物权，强化了其受保护程度。

3. 宅基地使用权

它是农民在集体所有的土地上建造住宅及其附属设施的权利。宅基地使用权也是农民独有的、无偿取得的权利。

目前，中国的农村土地承包经营权与宅基地使用权都没有完全资本化，不能自由流转（包括宅基地上的房屋），且只有土地所在的集体组织的农民才能取得。这是因为中国农村人口众多，经济落后，缺少社会保障制度，农村土地一直发挥着社会保障的功能。但近年来，随着中国经济结构的变化，农村土地的社会保障功能明显弱化，一些地方（如成都、重庆）经国务院批准，已经开始进行农村土地物权自由流转的试点工作。

（三）担保物权

在物的交换价值与所有权分离时，就形成了担保物权。为促进物尽其用、为融资提供有效的担保机制，《物权法》尽可能扩大担保物的范围，尊重当事人的合意，简化担保物权实现的程序。

抵押历来被誉为"担保之王"，因为在抵押制度中，抵押人无须将抵押物交由债权人占有，债权人的债权也可以优先受偿，故《物权法》相当重视抵押制度的运用。抵押的客体极其广泛，包括权利（如建设用地使用权）、不动产和动产。为纾解中小企业融资的难度，企业、个体工商户、农业生产经营者还可以将其现有的及将有的生产设备、原材料、半成品、产品抵押。

质权包括动产质权和权利质权。动产质押的，质押物需移转给债权人占有，用于质押的动产主要是价值较高的古董、字画、珠宝等。权利质权是以特定的、可让与的财产权作为客体而成立的质权。汇票、支票、本票、债券、存款单、仓单、提单、可以转让的基金份额、股权、知识产权等都可以质押，但哪些权利可用于质押，必须由法律明文规定。考虑到中小企业可用于担保的财产不多，其应收账款数量又较大，《物权法》明确规定应收账款可以用于权利质押。此外，高速公路收费权、电力公司未来的电费收益也可以做权利质押的标的，这对基础建设融资提供了极大的便利。

三　知识产权制度

中国古代虽有保护专利、商标和著作权的举措，如 2000 多年以前，中国就出现了用布帛制作的商号，但缺乏知识产权观念和制度。这也是解释"李约瑟难题"的一个线索：近代以前中国的科技虽然独步天下，但知识产权的匮乏导致了中国科技在近代增长乏力，故近代科学的理论典范与工业革命都没有在中国发生。1949—1978 年，中国没有像样的知识产权法，这是因为"一大二公"的意识形态和公有制无法容忍作为私权的知识产权。1978 年后，知识产权法律才逐渐建立和完善，形成了以《专利法》、《商标法》和《知识产权法》为核心的体系。近年来，中国知识产权发展迅猛，知识产权作为私权的观念也深入人心，中国开始高度关注知识产权战略。2012 年，中国专利申请受理量增长迅速，全年达到 205.1 万件，其中，发明专利申请 65.3 万件，实用新型专利申请 74.0 万件，外观设计专利申请 65.8 万件；受理商标注册申请 164.8 万件；著作权登记量达 687651 件。全国行政执法部门共受理侵犯知识产权和制售假冒伪劣商品案件 325271 件，涉案金额 88.9 亿元，办结 203107 件，移送司法机关 6999 件。[①] 各级人民法院共新收知识产权民事一审案件 87419 件。[②]

中国的知识产权种类主要包括专利权、商标权和知识产权。

（一）专利权

专利权授予的对象包括发明、实用新型和外观设计。发明，是指对产

---

① 《2012 年中国知识产权保护状况》（国家知识产权局发布）。
② 《中国法院知识产权司法保护状况（2012 年）》（最高人民法院发布）。

品、方法或者其改进所提出的新的技术方案。实用新型，是指对产品的形状、构造或者其结合所提出的适于实用的新的技术方案，俗称"小发明"。外观设计，是指对产品的形状、图案或者其结合以及色彩与形状、图案的结合所做出的富有美感并适于工业应用的新设计。

自然人和法人均可取得专利权。授予专利权的发明和实用新型，应当具备新颖性、创造性和实用性。发明要求的"创造性"条件很高，即与现有技术相比，具有"突出的实质性特点和显著的进步"；实用新型则只需要具有"实质性特点和进步"。授予专利权的外观设计的要求最低，只要不属于现有设计即可。

不授予专利权的对象包括：（1）科学发现；（2）智力活动的规则和方法；（3）疾病的诊断和治疗方法；（4）动物和植物品种（但生产方法例外）；（5）用原子核变换方法获得的物质；（6）对平面印刷品的图案、色彩或者二者的结合做出的主要起标识作用的设计。

专利权由国家知识产权局审查后授予。专利权授予采取申请在先原则，即授予最先申请人。发明需要进行实质审查后才能授予专利权，但实用新型和外观设计只需进行形式审查。发明专利权的期限为20年，实用新型专利权和外观设计专利权的期限为10年，均自申请日起计算。专利权人应当自被授予专利权的当年开始缴纳年费。

（二）著作权

中国公民、法人或者其他组织的作品，不论是否发表，均享有著作权。作品是指文学、艺术和科学领域内具有独创性并能以某种有形形式复制的智力成果，具体包括：文字作品；口述作品；音乐、戏剧、曲艺、舞蹈、杂技艺术作品；美术、建筑作品；摄影作品；电影作品和以类似摄制电影的方法创作的作品；工程设计图、产品设计图、地图、示意图等图形作品和模型作品；计算机软件等。法律等规范性文件及其官方正式译文、时事新闻、历法、通用数表、通用表格和公式并非著作权法上的作品。

著作权包括人身权和财产权两部分。人身权包括发表权、署名权、修改权、保护作品完整权；财产权包括复制权、发行权、出租权、展览权、表演权、放映权、广播权、信息网络传播权、摄制权、改编权、翻译权、汇编权等。

作者的署名权、修改权、保护作品完整权的保护期不受限制。自然人著作权中的发表权与财产权，保护期为作者终生及其死亡后50年。法人或其他组织的作品、著作权（署名权除外）由法人或者其他组织享有的职务作品，其发表权和著作权中的财产权保护期为50年。

著作权的行使与公共利益关系密切，为在两者之间取得中道，《著作权法》专章规定了对著作权的限制。如为学校课堂教学或者科学研究，翻译或者少量复制已经发表的作品，供教学或者科研人员使用的，可以不经著作权人许可，不向其支付报酬，但应当指明作者姓名、作品名称。

《著作权法》还规定了出版者、表演者、录音录像制作者、广播电台、电视台的邻接权。如录音录像制作者对其制作的录音录像制品，享有许可他人复制、发行、出租、通过信息网络向公众传播并获得报酬的权利；权利的保护期为50年，截止于该制品首次制作完成后第50年的12月31日。

与域外一样，中国著作权法面临的重大问题也是如何在网络环境下保护著作权，尤其是资源分享网站、电子商务网站等侵害著作权的行为非常普遍。但现行法对损害赔偿数额规定过低，难以有效遏制侵权行为。目前，《著作权法》还正进行新一轮的修改。

（三）商标权

中国的注册商标包括商品商标、服务商标和集体商标、证明商标。自然人、法人或者其他组织对其提供的商品或服务，都可以申请取得商标专用权。商标以自愿注册为原则，但烟草等商品必须强制注册，否则不得在市场销售。

商标必须具有显著特征，以便于识别，它可以由文字、图形、字母、数字、三维标志和颜色组合，及上述要素的组合构成。申请商标注册，应当按规定的商品分类表填报使用商标的商品类别和商品名称。在不同类别的商品上申请注册同一商标的，应按商品分类表提出注册申请。注册商标需要在同一类的其他商品上使用的，需另行提出注册申请。

注册商标的专用权，以核准注册的商标和核定使用的商品为限。注册商标的有效期为 10 年，自核准注册之日起计算。注册商标有效期满，需要继续使用的，可以申请续展，每次续展注册的有效期也是 10 年。

四 民事权利的保护制度

民事权利主要适用侵权责任法保护，《侵权责任法》就是一部权利救济法。侵权责任中的"权"是指民事权益，包括各种人格权、婚姻自主权、监护权、物权、知识产权、发现权、股权、继承权、知识产权等。"权"原则上仅包括那些具有明显外观标志的、任何人都可以查知的绝对权。对那些没有上升为法定权利的利益，法院可以依据具体案情，裁量是否通过侵权责任保护。法官在侵权案件中的能动性和创造性，比民法的其他部门要突出得多。很多新型民事权利首先是由司法部门而不是由立法机关创造的，如隐私权、营业权等。可见中国侵权责任法保护的客体非常广泛，也表明侵权法是最富有活力、最与时俱进的法域之一。

《侵权责任法》解决的核心问题有二：一是侵权行为是否构成？二是侵权责任如何承担？前者主要由归责原则解决，后者主要由责任方式解决。①

侵权行为构成的核心问题是如何协调权利保护与行动自由。任何社

---

① 参见王胜明《中国的侵权责任法律制度》，2009 年 6 月 27 日在十一届全国人大常委会第十讲专题讲座。

会要存续，都必然会赋予主体各种权利，但任何社会要有生机和活力，又必然要赋予个体充分的行动自由。为尽可能协调两者，各国共同的做法是确立过错原则，即有过错才构成侵权行为，无过错不构成侵权行为。侵权责任法也规定，行为人只有因过错导致他人损害的，才承担侵权责任。这既赋予民事主体宽广的活动空间，弘扬了主体性，鼓励其积极进取，又维护了社会稳定，有助于建立良好的社会秩序；既鼓励行为人积极争取自己利益的最大化，又提醒行为人小心谨慎，尊重并关照他人的利益。值得一提的是，医疗损害也适用过错原则，理由是它可以平衡医院、患者与大众的利益：对医院的责任要求过苛势必影响医学的发展，医生也可能为避免承担责任而采取保守治疗，最终损害患者利益和社会利益。

适用过错责任时，受害人必须举证加害人有过错，否则就无法得到赔偿。过错责任原则若被僵化适用，对受害人难免不公。为有效救济受害人，《侵权责任法》规定在某些特殊情形，受害人无须证明加害人存在过错，加害人只有证明自己没有过错的，才能免责。如无民事行为能力人在幼儿园、学校或者其他教育机构学习、生活期间受到人身损害的，幼儿园、学校或者其他教育机构承担过错推定责任；动物园的动物造成他人损害的，动物园应当承担过错推定责任；建筑物、构筑物或者其他设施及其搁置物、悬挂物发生脱落、坠落造成他人损害的，其所有人、管理人、使用人承担过错推定责任；等等。

《侵权责任法》还强调，人们在社会生活中应彼此尊重对方的权利，尤其是双方具有较为紧密的接触和交往时。它规定，宾馆、商场、银行、车站、娱乐场所等公共场所的管理人或者群众性活动的组织者，未尽到安全保障义务，造成他人损害的，应当承担侵权责任。

在工业革命后，新技术、新发明的广泛运用，导致工业灾害、交通事故、环境污染事故等骤增，19世纪因此有"机器和事故时代"之称。现在，新科技和发明产生的风险不仅没有消灭，反而推陈出新，以至于当今社会被称为"风险社会"。另外，高度危险物与危险活动已为人类社会生活不可或缺，社会不可能因噎废食，禁止使用高度危险物或禁止从事高度危险活动。若适用过错责任原则，受害人就只能自己消化损害，因此，各国侵权法对这类损害纷纷适用无过错责任，中国侵权责任法也如此。它的基础是风险与收益一致，造成风险的行为人获得了收益，就应赔偿由此造成的损害。

与过错责任不同，无过错责任的目的不是谴责侵权人，而是分担不幸。它采取损害分散（loss spreading）模式，即损害先由产生危险活动的企业负担，再经由商品或者服务的价格或责任保险分散，最终由社会大众分担。而过错责任适用损害转移（loss shifting）模式，即将损害转由加害人承担，它仅涉及加害人与受害人双方，与社会公众无关。

《侵权责任法》规定的无过错责任主要包括：环境侵权；民用核设施发生核事故；民用航空器造成的损害；易燃、易爆、剧毒、放射性等高度危险物造成的损害；高空、高压、地下挖掘活动或者使用高速轨道运输工具造成的损害；饲养的动物造成的损害；建筑物、构筑物或者其他设施倒塌造成的损害等。需要说明，无过错责任并非绝对责任，也有法定减轻或免除责任的事由，如高空、高压、地下挖掘活动的行为人或高速轨道运输工具的经营者，若能证明损害是因受害人故意或者不可抗力造成的，即可不承担侵权责任。

《侵权责任法》的一大特色是规定了公平责任，即受害人和行为人对损害的发生都没有过错的，可以根据实际情况，由双方分担损失。它具有强烈的道德色彩，其主要目的不是为了厘定当事人的权利和义务，而是维护社会稳定。在司法实践中，法院往往滥用它来"和稀泥"，让双方分担损失。此外，基于对实质公正的追求，《侵权责任法》甚至还规定，"从建筑物中抛掷物品或者从建筑物上坠落的物品造成他人损害，难以确定具体加害人的，除能够证明自己不是加害人的外，由可能加害的建筑物使用人给予补偿"。这一立法例为中国独有，是立法者过度追求各方利益平衡的产物。

在损害赔偿方面，《侵权责任法》追求"预防并制裁侵权行为，促进社会和谐稳定"。侵权责任的目的通过侵权责任的各种方式，使受害人回到没有遭受伤害之前的状态。侵权责任的基本方式是恢复原状和损害赔偿。中国侵权损害赔偿面临的最大难题是，造成受害人残疾或死亡的，残疾赔偿金或死亡赔偿金到底以什么标准计算？最高法院有司法解释规定依受害人的住所地、身份（农业户口与非农业户口）区别赔偿，这被公众解读为"同命不同价"，引发了轩然大波。《侵权责任法》回避了这一问题，只是规定因同一侵权行为造成多人死亡的，"可以以相同数额确定死亡赔偿金"。

第四节　市场交易法律规则

一　一般市场交易法律规则

大规模经济和统一市场的形成，必须以合同为基础。这是因为，合同不仅可以克服人际关系对大规模交易和统一市场的制约，还提供了有效的信用机制，使当事人可以理性筹划未来的交易。中国改革开放也是从开放市场、搞活流通开始的，其实质无非是使各经济领域的合同合法化，规范市场交易的合同法很早就受立法者重视。1981年、1985年和1987年相继颁布了《经济合同法》、《涉外经济合同法》和《技术合同法》。1992年中国市场经济体制确立后，统一市场交易规则的呼声越来越高，经过六年的酝酿、修改与完善，1999年中国通过了统一的《合同法》。它的出台结束了三法并立的局面，实现了交易规则的统一。无论是立法技术与立法内容，都堪称中国民商法的典范之作。

《合同法》分为总则与分则。总则的内容是分则各部分的共同规则（大陆法系法学家称为"提取公因式"），规定了合同的成立、合同的效力、合同的履行、违约责任等内容，适用于所有种类的合同；分则规定了买卖、赠予、借款、租赁、融资租赁、委托等 15 种合同类型。这种总则—分则结构逻辑清晰、衔接得当、立法简约。

依据《合同法》第 2 条，合同是"平等主体的自然人、法人、其他组织之间设立、变更、终止民事权利义务关系的协议"。可见，它调整的合同限于财产合同，不包括身份合同，如婚姻、收养、监护等。

中国合同法的基本功能是为市场经济提供最基本的交易规则。在中国，合同法还承担了一个特殊使命，即破除计划经济对市场的长期禁锢，使市场主体（尤其是国有企业）摆脱计划经济时期的政治思维（即习惯于用政治手段解决经济问题），真正运用经济思维来参与市场。为此，它首先确立了《合同法》的最高原则——合同自由。《合同法》的基本理论预设是：意志自由及市场规律的作用远大于国家干预，合同自由最终会达到资源配置效益最大化的目的，国家不当干预则会造成资源浪费和效率低下。为落实合同自由原则，《合同法》首先做了原则性规定，即合同当事人的法律地位平等，享有自愿订立合同的权利。其次，在具体规则设置上，它限制了国家机关对合同的干预权力，同时取消了以往法律对合同自由的一些限制。如工商行政管理部门和其他行政主管部门只能负责监督处理利用合同危害国家利益、社会公共利益的违法行为，不能干预合同；又如规定合同债权可以自由流转等。最后，《合同法》以任意性规定为主。它更接近于"专家建议书"，即合同法专家在综合考虑当事人双方的利益后，建议合同当事人在缔结合同时，最好约定哪些规则，以节省谈判费用，减少和避免纠纷。当事人完全可以依据自己的具体情况，变更或者排除合同法规范的适用。

对一个国家和社会而言，交易越多越有利，因为国家可以增加其财政税收；财货因为合同得到了充分的流转，资源实现了其最充分的运用；个人也可以通过合同获取利益。《合同法》将鼓励交易作为其核心目标，即鼓励当事人尽可能多订立合同，并使合同生效和全面履行。这一目标贯穿了整个《合同法》，如合同即使违反法律的，也并不当然无效，法院还需要判断合同所违反法律的目的；在一方违约时，守约方的法定解除权也受到严格限制。司法实践也奉行鼓励交易总则，如合同既可以被解释为有效，也可以被解释为无效时，应尽量解释为合同有效。

目前，各国合同法面临的最大难题都是如何协调合同自由与合同正义。中国《合同法》强调兼顾合同自由与合同公正，重视对消费者和劳动者的法律保护。比较重要的制度，如对格式合同的管制手段（第39—41条）；免除人身伤害责任、免除故意和重大过失责任的免责条款无效（第53条）；买卖不破租赁原则（第292条）等。此外，提供自来水、电、煤气、公共交通等商品或服务的公共事业经营机构还承担强制缔约义务，不得拒绝与消费者缔约。

《合同法》是最具有世界性的法律规则。中国合同法制定的基本思路就是借鉴各国和国际公约的先进制度，与国际接轨，其基本概念、制度与规则，基本来自大陆法系国家民法典，尤其是德国民法典。但《合同法》也借鉴了英美法的一些制度，如预期违约制度（第94条、第108条）、间接代理制度（第402条、第403条）。在国际公约方面，《合同法》借鉴最多的是《联合国国际货物销售公约》（*United Nations Convention on Contract for the International Sale of Goods*），此外还参考了《国际商事合同通则》（*Principles of International Commercial Contracts*）和《欧洲合同法原则》（*Principles of European Contract Law*）。但《合同法》并非盲目照搬，而是结合中国实际进行了比较、鉴别和取舍，并有所创造。如第107条规定的严格责任、第282条规定的建筑物严格责任，都体现了首创精神。而且，《合同法》还将国外判例与理论成熟的制度上升到法律高度，比如现代各国合同法的一大发展趋势是合同当事人义务来源的多元化，即合同义务不再限于合同义务，还包括来自于诚实信用原则和习惯的义务等。《合同法》顺应这一趋势，规定了合同法定义务群：在合同成立之前，当事人承担先契约义务（第42条）；在合同履行过程中，当事人也相互承担协力、通知、保护、照顾等附随义务（第60条第2款）；合同终止后，当事人也要履行后契约义务，即遵循诚实信用原则，根据交易习惯履行通知、协助、保密等义务（第92条）。

《合同法》还回应了中国转型期的特点和社会生活中的特殊问题。如针对建设工程质量低劣的问题，规定建设工程合同采用招标投标方式签订（第271条）；实行监理制（第276条）；明文禁止发包人将应由一个承包人完成的建设工程肢解分包（第272条第1款），规定建设工程主体结构必须由承包人自行完成（第272条第3款），规定因承包人的原因致使建设工程在合理使用期限内造成人身和财产损害的，由承包人承担损害赔偿责任（第282条）等。[1]

为了保证国有资源充分实现最优配置，中国还制定了竞争性缔约的专门法律，如《招标投标法》和《政府采购法》等。在中国，下列工程建设项目包括项目的勘察、设计、施工、监理及与工程建设有关的重要设备、材料等的采购，必须进行招标：（1）大型基础设施、公用事业等关系社会公共利益、公众安全的项目；（2）全部或者部分使用国有资金投资或者国家融资的项目；（3）使用国际组织或者外国政府贷款、援助资金的项目。中国国家发展计划委员会专门对必须招标的工程建设项目招标范围和规模标准做了规定，如施工单项合同估算价在200万元人民币以上的，重要设备、材料等货物的采购；单项合同估算价在100万元人民币以上的，勘察、

---

① 参见梁慧星《统一合同法：成功与不足》，《中国法学》1999年第3期。

设计、监理等服务的采购；单项合同估算价在 50 万元人民币以上的就必须招标。此外，项目总投资额在 3000 万元人民币以上的，无论其单项金额多少，都应强制招标。政府采购工程进行招标投标的，也适用《招标投标法》。适用《招标投标法》订立合同的，不适用《合同法》规定的合同订立程序。

二 特殊市场的交易规则

中国调整特殊市场的法律主要是各种单行商法，这些法律大多与金融业务有关，如商业银行业务、证券市场、保险业务、信托业务等，此外还有一些涉及外贸的法律，如海商法等。

（一）商业银行法

中国的银行体系以人民银行为领导，商业银行为主体，政策性银行为重要组成部分。中国商业银行的设立、经营范围、经营活动等都受到严格管制。《商业银行法》就是调整商业银行的专门法。

设立商业银行应经中国银监会审查批准。设立全国性商业银行的注册资本最低限额为 10 亿元人民币，设立城市商业银行的注册资本最低限额为 1 亿元人民币，设立农村商业银行的注册资本最低限额为 5000 万元人民币。注册资本还应是实缴资本。目前中国的商业银行包括五家大型国有商业银行（中国工商银行、中国农业银行、中国银行、中国建设银行和交通银行）、13 家股份制银行、大量的中小商业银行（如城市商业银行、农村商业银行、农村合作银行等）和外资银行。

商业银行的业务范围包括存款与贷款、国内外结算、办理票据承兑与贴现、发行金融债券、买卖政府债券、从事同业拆借、买卖、代理买卖外汇、从事银行卡业务、提供信用证服务及担保等业务。经营范围由商业银行的章程规定，报中国银监会批准。商业银行经中国人民银行批准，可以经营结汇、售汇业务。银行以外的企业不能从事借贷业务，企业间的借贷行为无效。在实践中，一方面，银行业务实行垄断；另一方面，市场需求巨大的资金量，银行远远不能满足企业尤其是民营企业的融资需求，造成了非法集资、地下金融失控等诸多问题。

商业银行的组织形式、组织机构适用《公司法》。中国银监会还发布了《商业银行内部控制指引》、《商业银行公司治理指引》等规范以改善商业银行的公司治理。目前，中国商业银行普遍形成了多元化的股权结构，建立了"三会一层"（股东大会、董事会、监事会和高级管理层）的治理架构。

商业银行的业务也受到严格监管。如商业银行贷款的，其资本充足率不得低于8%；贷款余额与存款余额的比例不得超过75%；流动性资产余额与流动性负债余额的比例不得低于25%；对同一借款人的贷款余额与商业银行资本余额的比例不得超过10%；等等。

依照《商业银行法》，商业银行已经或者可能发生信用危机，严重影响存款人的利益时，中国银监会可以接管，以保护存款人的利益，恢复商业银行的正常经营能力。接管期限最长不得超过2年。

目前，中国的银行业市场化改革已开始稳步推进。如进一步推进利率市场化改革；鼓励民间资本投资入股和参与金融机构重组改造；允许尝试由民间资本发起设立自担风险的民营银行、金融租赁公司和消费金融公司等民营金融机构等。①

（二）证券法

中国证券市场的法律是以《证券法》、《证券投资基金法》为中心，以众多行政法规、部门规章构成的庞大规范群。1998年《证券法》制定时，证券市场处于初创阶段，且适逢东南亚经济危机爆发，故立法基本理念是

---

① 尚福林：《积极推进中国银行业转型发展——在2013年陆家嘴论坛上的讲话》（http://www.china-cba.net/bencandy.php? fid=68&id=11637）。

充分保障投资者权益、为促进证券市场发展而加强规范和实行集中统一的证券市场监管体制等。① 2005 年《证券法》的修订则更强调推进资本市场的稳定发展（如建立多层次资本市场体系，完善资本市场结构，丰富资本市场产品），为今后的金融改革预留法律空间。

中国证券法上的"证券"包括股票、公司债券、政府债券、证券投资基金份额、证券衍生品种和国务院认定的其他证券。将证券衍生品列入证券范围，为今后金融混业经营（目前是银行、保险与信托分业经营）提供了法律支撑，也为银行资金间接进入资本市场留下了空间。中国《证券法》的主要制度有：

1. 证券发行

公开发行证券必须符合法律、行政法规规定的条件，并报经中国证监会或者国务院授权的部门核准。"公开发行"包括：（1）向不特定对象发行证券的；（2）向特定对象发行证券累计超过 200 人的；（3）法律、行政法规规定的其他发行行为。对股票公开发行，2000 年 3 月以前，中国实行审批制，即"指标分配、行政推荐"，由各省级政府和国务院有关部委进行初审并推荐公司发行上市，证监会进行复审。此后实行核准制，由证券公司推荐企业上市，并取消了发行额度和指标。发行人必须履行强制信息披露义务，并保证信息披露的真实、准确、完整；中介机构对发行人负有尽职调查的责任。2004 年开始实行保荐制，负责推荐的证券公司承担保荐责任；由以市场专业人士组成的发审委对发行人和中介机构的申请文件进行审核，证监会核准。②

2. 证券交易

中国证券交易必须在依法设立的证券交易所上市交易或者在国务院批准的其他证券交易场所转让。在实践中，各类场外交易受到严格的控制，

---

① 陈甦、陈洁：《证券法的功效分析与重构思路》，《环球法律评论》2012 年第 5 期。
② 尚福林：《中国的证券法律制度》，《中国人大》2005 年第 5 期。

其计划管理特征非常明显。公司申请证券上市交易的，应当向证券交易所提出申请，由证券交易所依法审核同意，并由双方签订上市协议。上市公司股票的暂停交易与退市，也均由证券交易所决定。证券在证券交易所挂牌交易的，采用公开的集中竞价交易方式，证券交易的集中竞价实行价格优先、时间优先的原则。证券交易以现货和国务院规定的其他方式（如融资融券）进行交易。

3. 信息披露制度

中国法一直要求上市公司承担严格的信息披露义务。自1993年中国证监会发布《公开发行股票公司信息披露实施细则》以来，目前已形成包括法律、行政法规、部门规章和交易所自律规则在内的四层信息披露规范体系。依据这些规范，持续向投资者披露其经营状况和财务状况是上市公司最基本的义务。发行人、上市公司承担持续信息公开义务，依法披露的信息必须真实、准确、完整，不得有虚假记载、误导性陈述或者重大遗漏。上市公司披露的信息按信息披露时间的不同分为初次披露和持续披露，初次披露指招股说明书和上市公告书，持续披露主要包括定期报告和临时报告。定期报告包括年报、半年报和季度报告，临时报告包括重大事件报告和股东大会决议等常规报告。

4. 投资者权益保护制度

《证券法》规定，虚假陈述、内幕交易、操纵市场、欺诈客户等的行为人给投资者造成损失的，应当承担赔偿责任。发行人、上市公司因虚假记载、误导性陈述或者重大遗漏，致使投资者在证券交易中遭受损失的，应当承担赔偿责任；发行人、上市公司的董事、监事、高管人员和其他直接责任人员及保荐人、承销的证券公司，与发行人、上市公司承担连带赔偿责任；上市公司的收购人利用收购损害被收购公司及其股东合法权益并造成损失的，要依法承担赔偿责任。证券公司违背客户的委托买卖证券、办理交易事项给客户造成损失的，依法承担赔偿责任。依据《证券法》，国家应设立证券投资者保护基金，证券投资者保护基金由证券公司缴纳的资金及其他依法筹集的资金组成。2005 年 8 月，国务院出资的中国证券投资者保护基金有限责任公司成立。此外，2011 年，中国证监会成立了投资者保护局。

5. 证券监管制度

中国证券监管制度经历了从地方监管到中央监管、从分散监管到集中监管的过程。目前，证券市场的监督管理体制以中国证监会为主体，以自律组织的自律管理为补充。中国证监会在全国中心城市设立了 36 个证券监管局及上海、深圳证券监管专员办事处，作为证监会的派出机构履行监管职责。证监会享有较为广泛的行政权和"准司法权"，如经中国证监会主要负责人批准，对上市公司等已经或者可能转移或者隐匿违法资金、证券等涉案财产或者隐匿、伪造、毁损重要证据的，可以冻结或者查封。

（三）保险法

近年来，保险对中国市场经济和社会生活的影响越来越大，这一方面与中国日趋进入"风险社会"、损害频发有关；另一方面是因为保险的投资理财的功能越来越突出。中国在市场经济初期（1995 年）就制定了《保险法》，以规范保险活动、保护保险活动当事人的合法权益。2009 年，鉴于中国保险业快速发展，保险业的内部结构和外部环境都发生了很大变化，《保险法》做了较大修改。

中国的保险业务属于特许经营，只能由依法设立的保险公司及法律、行政法规规定的其他保险组织经营，其他单位和个人不得经营保险业务。设立保险公司应当经中国保监会批准。保险公司注册资本的最低限额为人民币 2 亿元，而且必须为实缴货币资本。

保险公司的业务范围为三种：（1）人身保险业务，包括人寿保险、健康保险、意外伤害保险等保险业务；（2）财产保险业务，包括财产损失保险、责任保险、信用保险、保证保险等保险业务；（3）国务院保险监督管理机构批准的与保险有关的其他业务。保险人不得兼营人身保险业务和财产保险业务，经营财产保险业务的保险公司经保监会批准，可以经营短期健康保险业务和意外伤害保险业务。

《保险法》要求人身保险的投保人在保险合同订立时，对被保险人应当具有保险利益。但财产保险要求被保险人在保险事故发生时，对保险标的应具有保险利益，这有利于财产保险标的自由流转。

《保险法》注重保护被保险人的利益，限制保险公司的权利。如规定对保险格式合同的解释采取国际通行的不利解释原则，即对保险合同条款有两种以上解释的，应做出有利于被保险人和受益人的解释；又如明确理赔程序和时限，促使保险人尽快做出理赔：保险人在收到被保险人或者受益人的赔偿或者给付保险金的请求后，应当及时做出核定，情形复杂的，应当在 30 日内做出核定；人身保险合同效力中止期间发生保险事故的，保险人必须给付保险金；等等。

《保险法》要求保险合同应建立对关联交易的管理和信息披露制度，真实、准确、完整地披露财务会计报告、风险管理状况、保险产品经营情况等重大事项。

保险业受中国保监会的监管，保监会对保险业实施监督管理，维护保险市场秩序，保护投保人、被保险人和受益人的合法权益。保监会的执法手段包括现场检查，进入涉嫌违法行为发生场所调查取证；询问当事人及与被调查事件有关的单位和个人，要求其做出说明；查阅、复制、封存有关资料；查询银行账户；申请人民法院冻结、查封涉案财产等。除了保险交易以外，保监会还承担指引保险公司建立合理的公司治理机制、建立健全保险公司偿付能力监管体系等职能。在公司的偿付能力严重不足或损害社会公共利益，可能严重危及或者已经严重危及公司的偿付能力时，保监会可以对其实行接管。接管期限最长不得超过两年。保监会可以向法院提出申请，对保险公司进行重整或者破产清算。

修订后的《保险法》许可保险公司采用多种方式使用资金，如银行存款；买卖债券、股票、证券投资基金份额等有价证券；投资不动产等。这有利于保险资金保值增值。

（四）信托法

信托，是指委托人基于对受托人的信任，将其财产权委托给受托人，由受托人按委托人的意愿以自己的名义，为受益人的利益或者特定目的，进行管理或者处分的行为。2001年中国制定了《信托法》，规定了信托的适用范围、信托的设立条件、信托财产的范围和独立性、信托当事人的权利义务、信托的变更与终止及公益信托。

信托包括民事信托、商事信托和公益信托。商事信托受《信托法》、《信托公司管理办法》和《信托公司集合资金信托计划管理办法》调整。近年来，中国商事信托业发展迅猛。2008年全国信托资金共1.22万亿元；2009年2.01万亿元；2010年3.04万亿元；2011年4.81万亿元；2012年6月末5.54万亿元。[①] 这在很大程度上是由中国现行法的局限造成的，如银行不能进行股权投资，但信托公司可以；证券公司不能贷款，但信托公司可以。在实践中，银行与信托公司开展多方面业务合作。信托公司作为非银行金融机构，也由中国银监会监管。

设立信托应当采取书面形式。书面形式包括信托合同、遗嘱或法律、行政法规规定的其他书面文件等。无效信托包括信托目的违法和损害社会公共利益、专以诉讼或者讨债为目的设立信托、受益人或者受益人范围不能确定的信托等。

《信托法》确立了信托财产独立原则。它首先区别于委托人未设立信托

---

① 张媛：《大国博弈重在金融完备 法律不可或缺 吴晓灵代表建言4部金融法律亟待修订》，《法制日报》2013年3月15日。

的其他财产。设立信托后，委托人死亡或依法解散、被依法撤销、被宣告破产时，委托人是唯一受益人的，信托终止，信托财产作为其遗产或者清算财产；委托人不是唯一受益人的，信托存续，信托财产不作为其遗产或清算财产。其次区别于受托人的财产。它不得归入受托人的财产。受托人死亡或依法解散、被依法撤销、被宣告破产而终止，信托财产不属于其遗产或者清算财产。

受托人应当是具有完全民事行为能力的自然人、法人。受托人应当遵守信托文件的规定，为受益人的最大利益处理信托事务。受托人管理信托财产，必须恪尽职守，履行诚实、信用、谨慎、有效管理的义务。受托人除依照《信托法》规定取得报酬外，不得利用信托财产为自己谋取利益。受托人违反前款规定，利用信托财产为自己谋取利益的，所得利益归入信托财产。

第五节　家庭与继承法律制度

一　家庭法律制度

家庭是市民社会最重要的基础之一。1949 年以来，中国始终将家庭视为国家体系的重要元素，相当重视现代家庭的建设。早在 1950 年，中国就颁布了第一部《婚姻法》，确立了结婚自由、一夫一妻、男女平等、非婚生子女与婚生子女平等、离婚自由等现代婚姻法原则。至今，中国已进行了三次婚姻家庭立法，颁布了两部婚姻法。

任何国家的家庭法都是固有文化的最后堡垒。在中国文化传统中，"家"是社会的核心，也是国家（"天下"）与个人的中介；是个人发展（所谓"修齐治平"）的起点，也是实质性的终点（所谓"家天下"）。1919

年"五四运动"后，中国文化的历次变革都是以家庭革命为核心，自由的人格、平等的家庭是首要目标。相应地，家庭革命是中国最成功的革命，它催生的婚姻法也尽可能贯彻了自由与平等观念。《婚姻法》不仅是中国最完美的法律之一，也可能是执行得最好的法律。与此形成鲜明对比的是，西方有过对王权、教权等特权的革命，但并没有家庭革命，从洛克、卢梭到罗尔斯的自由主义政治哲学也不讨论家庭中的正义问题，也不追求无性别歧视的社会建构。

中国的两部婚姻法都以家庭革命成功后的新式家庭为基础。现行《婚姻法》（1980 年颁行，2001 年修订）确立了婚姻自由（包括结婚自由、离婚自由和不结婚自由）、一夫一妻、男女平等的婚姻制度，明确提出"保护妇女、儿童和老人的合法权益"、在家庭内实行计划生育政策。

结婚的条件包括两方面内容：一是实质条件。具体包括：（1）男女双方自愿，婚姻法不承认同性婚姻。（2）达到法定婚龄，男不得早于 22 周岁，女不得早于 20 周岁。（3）男女双方不是直系血亲和三代以内旁系血亲，且不患有不应结婚的疾病。二是形式条件，《婚姻法》不承认各种仪式婚，要求结婚的男女双方必须亲自到民政部门进行结婚登记。

《婚姻法》致力于构建平等、和睦、文明的婚姻家庭关系。它规定夫妻应当互相忠实，互相尊重；家庭成员间应当敬老爱幼，互相帮助；夫妻在家庭中地位平等，夫妻双方都有各用自己姓名的权利，都有参加生产、工作、学习和社会活动的自由；夫妻有互相扶养的义务；父母对子女有抚养教育的义务；子女对父母有赡养扶助的义务。《婚姻法》明确禁止家庭暴力，还强调了对受害者的援助措施，明确了施暴者的法律责任（可能承担行政责任甚至刑事责任）。

改革开放以来，夫妻财产的数量逐渐增加，形态也更为复杂，《婚姻法》明确了约定夫妻财产制，即夫妻可以书面约定婚姻关系存续期间所得的财产及婚前财产的归属。没有约定或约定不明确的，适用法定财产制：

（1）夫妻共有财产，包括工资、奖金、生产、经营的收益、知识产权的收益等；夫妻对共同所有的财产，有平等的处理权。（2）单独所有财产，包括一方的婚前财产；一方因身体受到伤害获得的医疗费、残疾人生活补助费等费用；遗嘱或赠与合同中确定只归夫或妻一方的财产；一方专用的生活用品等。最高法院的司法解释曾规定，一方婚前个人所有的财产，婚后由双方共同使用、经营、管理的，房屋和其他价值较大的生产资料经过8年，贵重的生活资料经过4年，可视为夫妻共同财产。现行《婚姻法》则规定婚前财产的性质不因婚姻存续期限发生变化，永远是婚前财产（除非夫妻双方另有约定）。但在离婚时，一方生活困难的，另一方应给予帮助。

近年来，中国司法实践对夫妻财产认定的趋势是，以夫妻分别财产制逐步取代共同财产制。2011年最高法院《关于适用〈中华人民共和国婚姻法〉若干问题的解释（三）》尤为明显，它规定，婚后一方父母出资为子女购买不动产，且产权登记在自己子女名下的，应认定为夫妻一方的个人财产。该规定的背景是中国房地产价格一直居高不下，离婚时的争议主要集中于房产分割。这使婚姻的契约色彩更加明显，对中国传统的"同居共财制"和家庭稳定造成了较大冲击。①

《婚姻法》实行离婚自由。离婚包括自愿离婚与裁判离婚。自愿离婚的，双方必须到民政部门办理离婚登记。裁判离婚以"感情确已破裂"为法定条件，认定"感情确已破裂"的法定事由，如重婚或有配偶者与他人同居的；实施家庭暴力或虐待、遗弃家庭成员的；有赌博、吸毒等恶习屡教不改的；因感情不和分居满两年的。判决离婚时，若一方存在重婚或与他人同居、实施家庭暴力等情形，无过错一方可以请求对方赔偿损害。《婚姻法》还承认家务劳动的价值，在离婚时，一方提供的家务劳动，可以向另一方请求补偿。

---

① 参见《〈婚姻法司法解释三〉的推出及其争论》，载李林主编《中国法治发展报告：2012》，中国社会科学文献出版社2012年版。

二　继承法律制度

中国的《继承法》于 1985 年颁行，至今仍未修改。它的出发点是"保护公民的私有财产的继承权"。

《继承法》规定的遗产范围较窄，限于"公民死亡时遗留的个人合法财产"，还刻意强调财产应"合法"。其列举的财产包括：收入；房屋、储蓄和生活用品；林木、牲畜和家禽；文物、图书资料；法律允许公民所有的生产资料；公民的著作权、专利权中的财产权利。这比《物权法》对私人财产的保护范围要小，带有强烈的计划经济烙印。

《继承法》允许自然人以遗嘱（指定由法定继承人的一人或者数人继承）和遗赠（赠给国家、集体或者法定继承人以外的人）方式处分个人财产。而且，它赋予行为人相当大的自由，如特留份仅限于"应当对缺乏劳动能力又没有生活来源的继承人保留必要的遗产份额"，换言之，在满足这一条件后，就可以将个人财产全部指定由一个法定继承人继承，或全部赠给他人。另外，遗嘱、遗赠的效力优先于法定继承。

在法定继承方面，《继承法》明确规定继承权男女平等。法定继承只有两个顺序。第一顺序的继承人为配偶、子女、父母。子女包括婚生子女、非婚生子女、养子女和有扶养关系的继子女；父母包括生父母、养父母和有扶养关系的继父母。第二顺序的继承人为兄弟姐妹、祖父母、外祖父母。兄弟姐妹包括同父母的兄弟姐妹、同父异母或者同母异父的兄弟姐妹、养兄弟姐妹、有扶养关系的继兄弟姐妹。其他亲属均不在法定继承人之列。继承开始后，由第一顺序继承人继承，第二顺序继承人不继承。没有第一顺序继承人继承的，由第二顺序继承人继承。无人继承又无人受遗赠的遗产，归国家所有；死者生前是集体所有制组织成员的，归所在集体所有制组织所有。

为实现"老有所养",《继承法》鼓励丧偶儿媳赡养公、婆,丧偶女婿赡养岳父、岳母,若他们尽了主要赡养义务的,可作为第一顺序继承人。

在遗产分配上,同一顺序继承人继承遗产的份额,一般应当均等。对生活有特殊困难的缺乏劳动能力的继承人,分配遗产时,应予以照顾。对被继承人尽了主要扶养义务或者与被继承人共同生活的继承人,分配遗产时,可以多分。有扶养能力和有扶养条件的继承人,不尽扶养义务的,分配遗产时,应当不分或者少分。

继承法采绝对限定继承主义,继承遗产应当清偿被继承人依法应当缴纳的税款和债务,缴纳税款和清偿债务以遗产实际价值为限。继承人放弃继承的,对被继承人应当缴纳的税款和债务可以不负偿还责任。这有利于避免加重继承人的负担,避免了"父债子还"的现象。

《继承法》实施以来,中国的政治、经济、文化等领域发生了翻天覆地的变化,《继承法》亟须修订以适应社会变迁。如中国 60 周岁以上的人口,2012 年已经达到 1.97 亿,占中国内地总人口的 14.3%。[1] 在这种情形下,《继承法》的宗旨就不可能再是保障继承权,还必须兼顾"养老育幼、照顾病残"。

第六节　民商事法律制度的改革完善

中国民法商法体系已完全成形。"今后的主要任务:一是根据需要适时修改有关法律;二是编纂统一的民法典。"[2] 中国有自己的民法典,是中国几代法律人的梦想。2003 年中国全国人大法工委拟定了《中华人民

---

① 《马建堂做客新华网访谈:坚决走一条新增长之路》,中国国家统计局网。

② 乔晓阳:《关于中国特色社会主义法律体系的构成、特征和内容》,中国人大网。

共和国民法草案》，并于同年 12 月提交全国人大常委会审议，但无果而终。当前，中国法学界和立法机关均热望重启民法典的制定工作。中国既有的民事单行法已为民法典提供了法律素材，需要努力的，只是将这些素材整合为一个有机的法律体系。民法典的制定除了重大象征意义外，还可以消除各部门法之间的冲突。最重要的是，民法典规范内部的严密规范体系，将使法律的可预见性更强，法官的自由裁量权也将得到有效遏制。

民法典向来具有"体制中立"的品质，即无论社会政治、经济、文化情形如何，民法典的规则都可以适用，这也是罗马法何以传承至今的原因。但在社会阶层、经济利益与价值观念都急剧分化的现代社会，民法典要保持绝对中立是不可能的。中国面临的最大难题，一是如何在新的社会情势下处理民法典与消费者法、劳动法的关系；二是如何兼顾中国特色与普遍规则。

中国民商合一的体系很难改变，也没有改变的理由。现代商法面临的挑战是，新型交易不断涌现，尤其是金融行业的交易不断翻新，且这种交易多与公共利益有关，通过诉讼事后救济的模式，已很难保护当事人的利益。为防患于未然，现代国家都对这些交易进行管制。与其他国家不同的是，中国对商事交易的管制依然没完全脱离计划经济时代的思路，管制远远多于自治。问题的症结，还是如何协调国家与社会的关系。随着市场和社会力量的强大，中国商法实现符合国情的管制与自治的平衡，应当指日可待。

第七章

中国的经济法律制度

中国经济法反映了市场经济社会现代化大生产的一般要求，它以维护全社会整体利益为宗旨，以社会责任为本位，是调整国家在干预、管理或者调控国民经济活动中所产生的特定经济关系的法律部门。

中国的经济法确立了社会本位原则、平衡协调原则以及责权利效相统一原则。社会本位原则反映了经济法维护社会公共利益的本位思想；平衡协调原则体现了经济法力求实现实质正义和社会公平的价值追求；责权利效相统一原则不仅体现了经济法追求的秩序、效率的价值，而且是公有制与市场经济的契合点。这三项原则共同致力于实现经济法的实质公平正义，维护社会公共利益以及市场自由与效率的统一。基于经济法所调整的两类经济关系，经济法的体系分为两大部分，即市场规制法和宏观调控法。

中国改革开放30多年来，相继颁行、完善了大量的经济法律法规，一个有利于科学发展与和谐社会建设的经济法律体系已经基本形成。截至2013年，中国已制定经济法律60部，另外还有一大批相关行政法规与行政规章。

第一节　市场规制法律制度

一　市场规制法及其法律体系

市场规制法作为规范市场主体行为、防止市场失灵、维护市场竞争秩序的法律制度，是经济法体系的主要组成部分。通过市场规制法对市场经营者的经营行为和消费者的消费行为进行规范、制约、监督、引导与保护，可以有效协调个体利益与国家利益以及社会整体利益之间的矛盾，防范和制止市场机制作用与宏观调控作用的冲突。市场规制法构建了国家对微观经济领域实行市场化管理的法律系统，通过法律规制市场主体的具体经济行为，调整微观经济关系，进而达到维护市场自由、公平秩序的目的；通过维护良好的市场秩序，最终达到维护消费者与经营者的权益以及维护社会公共利益的目的。

具体说来，市场规制法所调整的经济关系包括三种类型，即生产经营规制关系、市场竞争关系及市场监管关系。生产经营规制法、市场竞争法和市场监管法等各方面在市场规制法体系中环环相扣，互为补充，发挥各自不可替代的特有功能，构成一个完整的维护市场秩序的法律调整系统。

中国重视通过法律保障市场主体之间的自由、公平和有序竞争，依法保护经营者和消费者的合法权益，在快速推进市场化的过程中取得了重大的立法成就。尤其自实行社会主义市场经济体制后，中国颁行了《产品质量法》（1993 年颁布，2000 年修正）、《反不正当竞争法》（1993 年颁布）、《反垄断法》（2007 年颁布）、《消费者权益保护法》（1993 年颁布）等市场规制方面的法律，共同搭建了市场规制法的核心体系。20 年来，中国颁行的市场规制法律还有《农产品质量安全法》（2006 年颁布）、《食品安全法》

（2009 年颁布）、《药品管理法》（1984 年颁布，2001 年修订）、《价格法》（1997 年颁布）、《广告法》（1994 年颁布）、《计量法》（1985 年颁布）、《标准化法》（1988 年颁布）、《企业国有资产法》（2008 年颁布）、《银行业监督管理法》（2003 年颁布，2006 年修正）、《拍卖法》（1996 年颁布，2004 年修正）、《招标投标法》（1999 年颁布）、《会计法》（1985 年制定，1993 年修正，1999 年修订）、《审计法》（1994 年颁布，2006 年修正）等，它们进一步充实和丰富了中国的市场规制法内容。上述法律确立了尊重价值规律、供求规律和竞争规律、依法适度管理的原则，确立了统一规制、分级监管的原则以及维护公平竞争的原则。

二　生产经营规制法

（一）产品质量法及相关法律制度

《产品质量法》主要调整国家在对生产经营者的产品质量进行监管和对消费者权益进行保护过程中所发生的社会关系。中国的产品质量法主要包括关于产品质量监督管理、产品质量责任、产品质量损害赔偿和处理产品质量争议等方面的法律规定。1993 年颁布、2000 年修正的《产品质量法》是中国的产品质量立法的主要表现形式，共 6 章 74 条。该法与相关的其他产品质量法律一起构成了中国产品质量法的法律规范核心体系，这一体系主要包括《农产品质量安全法》（2006 年）、《食品安全法》（2009 年）、《药品管理法》（1984 年制定，2001 年修订）等。

《产品质量法》既是一部产品质量管理法，也是一部产品质量责任法。其立法目的在于，加强对产品质量的监督管理，提高产品质量水平，明确产品质量责任，保护消费者的合法权益，维护社会经济秩序。该法将"产品"限定为经过加工、制作，并用于销售的产品。虽然建设工程明确规定不适用于该法，但是建设工程使用的建筑材料、建筑构配件和设备，则可以适用其规定。军工产品同样不适用于该法。另外，对于因核设施、核产品造成损害的赔偿责任，该法仅规定"法律、行政法规另有规定时依照其规定"。

中国的产品质量管理制度有企业内部质量管理制度、产品质量监督制度、产品质量检查制度、工业产品生产许可证制度、标准化管理制度、企业质量体系认证制度、产品质量认证制度、产品质量检验制度、强制认证制度、产品抽查制度、缺陷产品召回制度、产品质量责任制度等。

为了进一步提高农产品质量安全水平，保障公众身体健康和生命安全，增强农产品竞争能力，促进农产品国际贸易，实现农民增收和农业可持续发展，中国专门制定了《农产品质量安全法》。该法制定于 2006 年 4 月，同年 11 月施行，共 8 章 56 条。该法所调整的农产品，是指来源于农业的初级产品，即在农业活动中获得的植物、动物、微生物及其产品。"农产品质量安全"，则是指农产品质量符合保障人的健康、安全的要求。它规定了农产品质量安全标准、农产品产地、农产品生产、农产品包装和标识、监督检查以及法律责任等内容，对建立农产品质量安全标准体系、加强农产品产地管理、规范农产品生产过程、完善农产品质量安全监督检查制度发挥了重要作用。

在保障食品安全方面，中国于 2009 年重新制定了新《食品安全法》。该法共 10 章 104 条，具体规定了食品安全管理体制、食品安全风险检测和评估、食品安全标准、食品生产经营、食品检验、食品进出口、食品安全事故处置、监督管理和法律责任等。新《食品安全法》确立了一系列重要的食品安全法律制度，如食品安全风险评估制度、食品安全标准制度、食品检验制度、食品标签制度、索票索证制度、不安全食品召回制度、食品进出口制度、食品安全信息发布制度等。

为解决食品安全监督管理中的突出问题，中国确立了对食品安全实行分段监管的体制，即农业部门负责初级农产品生产环节的监管；质检部门负责食品生产加工环节的监管；工商行政管理部门负责食品流通环节的监管；卫生部门负责餐饮业和食堂等消费环节的监管；食品药品监管部门负责对食品安全的综合监督、组织协调和依法查处重大事故。这种体制虽有利于各部门各司其职，并对改善食品安全状况也发挥了积极作用，但是实践中还是出现了一些新问题，主要是对食品安全风险评估、食品安全标准制定、食品安全信息公布等不属于任何一个环节的事项，由哪个部门负责不够明确，客观上又产生了部门职能交叉、责任不清的现象，因此，为提高监督管理效能，对现行的食品安全监管体制适时加以调整成为大势所趋。2010年2月，为贯彻落实《食品安全法》，切实加强对食品安全工作的领导，中国设立了国务院食品安全委员会，作为国务院食品安全工作的高层次议事协调机构。这在改革食品安全监管体制方面迈出了重要一步。

为了加强对药品的监督管理，保证药品质量，保障人体用药安全，维护社会公众身体健康和用药的合法权益，中国1984年制定、2001年修订了《药品管理法》。该法将药品定义为用于预防、治疗、诊断人的疾病，有目的地调节人的生理机能并规定有适应症或者功能主治、用法和用量的物质，包括中药材、中药饮片、中成药、化学原料药及其制剂、抗生素、生化药品、放射性药品、血清、疫苗、血液制品和诊断药品等。修订后的《药品管理法》，主要规定了药品生产企业管理、药品经营企业管理、医疗机构的药剂管理、药品管理、药品包装的管理、药品价格和广告的管理以及药品监督等内容，体现了政府机构改革的新成果，简化了药品生产企业、经营企业和药品的审批程序，进一步规范了对药品生产、经营的监督管理，明确了药品生产企业、经营企业必须执行《药品生产质量管理规范》和《药品经营质量管理规范》，统一药品审批，取消药品地方标准，将中药材、中药饮片逐步纳入标准化、规范化管理轨道，同时建立了处方药与非处方药分类管理制度，明确了药品检验的经费来源和收费原则，强化了药品监督管理执法，增加了药品监督管理部门对涉嫌生产、经营假药、劣药的紧急控制措施，加强了药品监督管理执法主体的内部层级监督，强化了药品检验机构的责任，并加大了对生产、销售或者配制假药行为的处罚力度，扩大了对违法行为的处罚范围，增加了资格罚等新内容。

（二）价格法律制度

为巩固和保障价格体制改革成果，1997 年 12 月《价格法》的颁布，是中国改革开放以来价格体制改革的重要里程碑。该法共 7 章 48 条，自 1998 年 5 月起施行。它对中国社会主义市场经济条件下的价格形成机制、价格管理形式、政府调控监管、经营者的价格行为、政府的定价行为、价格总水平调控以及保护市场竞争、制止不正当价格行为等重大问题做出了明确规定，为发挥价格合理配置资源的作用，增强政府宏观调控能力，稳定市场价格总水平，规范市场价格行为，保护消费者和经营者的合法价格权益提供了重要的法律保障。中国的《价格法》所称的价格，既包括商品价格也包括服务价格。前者是指各种有形产品和无形资产的价格。后者是指各类有偿服务的收费。

按照该法，中国实行并逐步完善宏观经济调控下主要由市场形成价格的机制。价格的制定应当符合价值规律，大多数商品和服务价格实行市场调节价，极少数商品和服务价格实行政府指导价或者政府定价。其中，市场调节价由经营者自主制定，通过市场竞争形成的价格，经营者定价的基本依据是生产经营成本和市场供求状况；政府指导价是由政府价格主管部门或者其他有关部门，按照定价权限和范围规定基准价及其浮动幅度，指导经营者制定的价格；政府定价是由政府价格主管部门或者其他有关部门，按照定价权限和范围制定的价格。市场调节价、政府指导价和政府定价这三种基本形式是按照定价主体和价格的形成途径确定的。

价格是市场的神经系统，正是通过价格信号的引导作用，市场才有可能趋向供需平衡，实现资源的有效配置。中国既强调经营者价格的市场形成机制，也重视规范政府干预价格的行为。经营者的价格权利主要包括自主制定属于市场调节的价格；在政府指导价规定的幅度内制定价格；制定属于政府指导价、政府定价产品范围内的新产品的试销价格，特定产品除外；检举、控告侵犯其依法自主定价权利的行为。另一方面，它强调政府指导价及政府定价仅适用于不适宜在市场竞争中形成价格的极少数商品和服务项目。政府指导价及政府定价按照定价权限和范围制定，定价权限和范围以中央的和地方的定价目录为依据。制定政府指导价及政府定价，应当依据有关商品和服务的社会平均成本、市场供求状况、国民经济与社会发展要求以及社会承受能力，遵循按质论价原则，实行合理的购销、批零、地区、季节差价。在制定政府指导价及政府定价中，应当听取消费者和有关方面的意见。政府指导价及政府定价的范围、价格水平根据经济运行情况，按照规定权限和程序适时调整。

在价格总水平调控方面，该法主要规定了国家以经济手段为主并辅之以一定的行政手段，对价格实行必要的调控，进而保持价格总水平的基本稳定。

入世后，中国经济全面融入了经济全球化进程，大力推进市场对内对外开放，在这一过程中，中国加快了要素价格的市场化，通过进一步完善市场价格体制，寻求建立反映市场供求、资源稀缺程度及污染损失成本的价格形成机制。这是价格体制改革本身发展的内在逻辑。在这一阶段，中国按照科学发展观的要求和参与全球化的需要，进一步完善了市场形成价格的体制和政府对价格的管理调控体系，同时继续对极少数重要商品和服务价格进行调整，继续调整理顺价格体系。进入 2008 年以后，由于国际市场原油和粮食等初级产品价格仍在上涨，国内价格上涨的压力较大，中国政府把"防止价格由结构性上涨演变为明显通货膨胀"和"防止经济增长由偏快转为过热"同时列入宏观调控的首要任务。针对一些地方出现少数企业串通涨价、囤积居奇、哄抬价格，甚至有的企业故意散布涨价信息，扰乱市场秩序，推动物价上涨的现象，国务院于2008年1月对《价格违法行为行政处罚规定》适时做出修改，加大了对价格违法行为的处罚力度，增加了对行业协会的价格违法行为处罚，同时具体细化了哄抬价格的违法行为的表现形式，明确规定通过恶意囤积以及利用其他手段推动价格过高上涨的行为属于哄抬价格。还强调了加强对重要生活必需品价格监管，根据《价格法》，采取临时价格干预措施，对达到一定规模的人民群众生活必需品生产企业实行提价申报，达到一定规模的生活必需品批发、零售企业实行调价备案制度。通过改革价格体系，中国价格机制的灵活性显著提高，除了极少数直接涉及城乡居民基本生活的公用事业和公益性产品或服务价格外，绝大部分产品或服务的价格都能相当灵活地反映国内国际市场供求关系的变化，价格机制已成为社会资源配置的基础机制。

（三）消费者权益保护法律制度

经营者与消费者进行交易，应当遵循自愿、平等、公平、诚实信用的原则。在中国，国家保护消费者的合法权益不受侵害，并倡导保护消费者的合法权益是全社会的共同责任，这主要体现在《消费者权益保护法》上。它于1993年10月颁布，次年1月起施行，共8章55条。其调整的对象是为生活消费需要购买、使用商品或者接受服务的消费者和为消费者提供其生产、销售的商品或者服务的经营者之间的权利义务。虽然生产消费也会影响生活消费，但它对消费者来说只是一种间接影响，因而没有纳入该法的调整范围之内。至于农民购买、使用直接用于农业生产的生产资料虽属生产消费，但考虑到中国农村普遍实行的是家庭联产承包责任制，农业生产力和农民的经济能力还不高，假农药、假化肥、假种子等农用生产资料坑害农民的情况还很严重，农民受损害后又没有适当的途径寻求保护，因此该法规定，农民购买、使用直接用于农业生产的生产资料，参照该法执行。

消费者的权利是消费者利益在法律上的体现，是国家对消费者进行保护的前提和基础。《消费者权益保护法》赋予消费者九大权利：安全保障权、知悉真情权、自主选择权、公平交易权、依法求偿权、求教获知权、依法结社权、受尊重权以及监督权，并通过条文对每项权利的内涵尽可能地做了具体的阐述。同时从保护消费者合法权益的需要出发，针对消费者的权利相应地规定了经营者的16项法定义务。

在保护消费者合法权益的问题上，国家负有重要责任。国家通过立法、行政和司法机关，采取各种措施，创造必要条件，保障消费者权利的实现。当然，开展保护消费者合法权益的工作，也离不开消费者社会组织。目前，中国的消费者社会组织主要是中国消费者协会和地方各级消费者协会。该法明确规定，消费者协会和其他消费者组织是依法成立的对商品和服务进行社会监督的保护消费者合法权益的社会团体。

值得一提的是，《消费者权益保护法》第49条确立了惩罚性赔偿制度，即经营者提供商品或者服务有欺诈行为的，应当按照消费者的要求增加赔偿其受到的损失，增加赔偿的金额为消费者购买商品的价款或者接受服务的费用的一倍。虽然这只是双倍赔偿，但在当时却已体现出一种巨大的进步。2009年的《食品安全法》进一步发展了惩罚性赔偿制度，进一步确立了十倍赔偿原则。根据《食品安全法》第96条的规定，生产不符合食品安全标准的食品或者销售明知是不符合食品安全标准的食品，消费者除要求赔偿损失外，还可以向生产者或者销售者要求支付价款十倍的赔偿金。

（四）企业国有资产法律制度

在中国，国有资产受法律保护，任何单位和个人不得侵害。在建立和完善社会主义市场经济体制的改革进程中，中国的国有资产管理体制和国有企业经营机制改革取得了明显成效，国有经济的总体实力得到增强，在国民经济中继续发挥出主导作用。但实践中，由于有些国有企业在改制过程中，将国有资产低价折股、低价出售，甚至无偿分给个人，或者以其他方式和手段侵害国有资产权益，造成国有资产流失的情况比较严重，从而引起人民群众和社会各方面的广泛关注。为此，中国专门制定了《企业国有资产法》，在切实维护国有资产权益，保障国有资产安全，促进国有经济巩固和发展等方面意义深远。它是指调整国有资产经营规制关系的法律。"国有资产经营规制关系"，指国家为实现国有资产的保值和增值，对投入到各类企业公司（包括国有及国有控股企业、国有参股企业、中外合资经营企业和中外合作经营企业等）中的资产进行经营当中所产生的社会关系。

国有资产一般可划分为由国家对企业的出资形成的经营性资产，由国家机关、国有事业单位等组织使用管理的行政事业性资产，以及属于国家所有的土地、矿藏、森林、水流等资源性资产。这三类资产在功能、监管方式等方面有很大不同，很难用一部"大而全"的法律全面调整。《企业国有资产法》其实是一部小国有资产法，只调整经营性国有资产。该法制定于2008年10月，施行于2009年5月，共9章77条。该法规定，企业国有资产是指国家对企业各种形式的出资所形成的权益。在中国，国有资产属于国家所有即全民所有，国务院代表国家行使国有资产所有权。中国确立了国有资产统一所有、分级代表体制，即国务院和地方人民政府依照法律、行政法规的规定，分别代表国家对国家出资企业履行出资人职责，享有出资人权益。其中，国务院确定的关系国民经济命脉和国家安全的大型国家出资企业，重要基础设施和重要自然资源等领域的国家出资企业，由国务院代表国家履行出资人职责；其他的国家出资企业，由地方人民政府代表国家履行出资人职责。国务院和地方人民政府按照政企分开、社会公共管理职能与国有资产出资人职能分开、不干预企业依法自主经营的原则，依法履行出资人职责。该法对履行出资人职责的机构、国家出资企业、国家出资企业管理者的选择与考核、关系国有资产出资人权益的重大事项（包括企业改制、与关联方的交易、资产评估和国有资产转让等）、国有资本经营预算、国有资产监督等做出了明确而具体的规定，在维护社会主义公有制，巩固和发展国有经济，加强对国有资产的保护，发挥国有经济在国民经济中的主导作用，促进社会主义市场经济发展等方面具有里程碑意义。在中国，国家对金融类企业的出资和由此所形成的权益也属于经营性国有资产，因此，这部分资产也被纳入该法的统一规范和保护范围。同时，考虑到对金融类资产监管的特殊性问题应适用有关金融方面的法律、行政法规的规定，据此，该法还规定："金融企业国有资产的管理与监督，法律、行政法规另有规定的，依照其规定。"

三　市场竞争法律制度

竞争是市场经济最基本的运行机制。竞争过程中会出现正当的竞争行为和不正当的竞争行为，也会出现限制竞争行为，各种不正当竞争行为和限制竞争行为往往造成对自由、公平的市场竞争秩序的严重破坏，影响市场经济的健康发展。市场竞争法就是调整经营者之间的市场竞争关系和制止滥用行政权力排除、限制竞争关系的法律规范系统。市场竞争关系和制止滥用行政权力排除、限制竞争关系是竞争法的调整对象。中国市场竞争法主要由《反不正当竞争法》和《反垄断法》组成。前者主要是反对经营者出于获取不正当利益的目的，违反市场交易中的诚实信用原则和公认的商业道德，通过使用不正当竞争手段而获取相对竞争优势；后者则保护市场竞争，防止和制止垄断行为，防止和制止滥用行政权力排除、限制竞争的行为出发，使市场保持足够的竞争者，以使交易相对方和消费者在市场上有选择商品和服务的机会。

（一）反不正当竞争法律制度

《反不正当竞争法》是中国由计划经济向市场经济转轨时期制定的一部

重要法律。从世界范围看，凡是实行市场经济的国家，无论政治与社会制度如何，都把反不正当竞争法作为规范市场经济关系的基本经济法律之一。中国《反不正当竞争法》颁布于 1993 年 9 月，同年 12 月起施行，共 5 章 33 条。该法借鉴国际经验，规定了禁止仿冒、商业贿赂、虚假宣传、侵犯商业秘密、不正当有奖销售、诋毁竞争对手等不正当竞争行为，借以维护市场上经营者的公平竞争权益。按照规定，经营者在市场交易中，应当遵循自愿、平等、公平、诚实信用的原则，遵守公认的商业道德。

该法通过列举的方式，规定了不正当竞争行为的具体表现形式。即经营者不得采用下列不正当手段从事市场交易，损害竞争对手：（1）假冒他人的注册商标；（2）擅自使用知名商品特有的名称、包装、装潢，或者使用与知名商品近似的名称、包装、装潢，造成和他人的知名商品相混淆，使购买者误认为是该知名商品；（3）擅自使用他人的企业名称或者姓名，引人误认为是他人的商品；（4）在商品上伪造或者冒用认证标志、名优标志等质量标志，伪造产地，对商品质量做引人误解的虚假表示。经营者不得采用财物或者其他手段进行贿赂以销售或者购买商品。在账外暗中给予对方单位或者个人回扣的，以行贿论处；对方单位或者个人在账外暗中收受回扣的，以受贿论处。但是，经营者销售或者购买商品，可以明示方式给对方折扣，可以给中间人佣金。经营者给对方折扣、给中间人佣金的；接受折扣、佣金的经营者，都必须如实入账。此外，该法还规定了侵害商业秘密等不正当竞争行为。

中国加入 WTO 后，除了履行义务和享受更大的市场外，也更多体会到了享受更大市场是有代价的。虽然《反不正当竞争法》还规定了一些限制竞争行为，如搭售、串通招投标、公用企业或者其他依法具有独占地位的经营者限制竞争以及政府及其所属部门滥用行政权力限制竞争行为等，但实践中对入世后出现的新型垄断行为的调整明显力不从心，2007 年《反垄断法》的出台起到了重要的补充作用。

(二) 反垄断法律制度

反垄断法是保护市场竞争，维护市场竞争秩序，充分发挥市场配置资源基础性作用的重要法律制度，素有"经济宪法"之称。特别是在经济全球化的条件下，世界各国普遍重视利用反垄断法律制度，防止和制止来自国内国外的垄断行为，维护经营者和消费者合法权益，促进技术创新和技术进步，提高企业竞争力，并以此保证国民经济的健康、持续、协调发展。

2007 年 8 月中国《反垄断法》正式出台，自 2008 年 8 月起施行。该法共 8 章 57 条，规定了垄断协议、滥用市场支配地位、经营者集中、滥用行政权力排除、限制竞争以及对涉嫌垄断行为的调查等内容。它是国家调控经济的重要政策工具之一，具有制止垄断、鼓励竞争、提高引进外资质量、促进经济结构调整等政策工具功能，也有维护国家经济运行健康有序的作用。其颁行对弥补《反不正当竞争法》的不足、预防和制止垄断行为、保护市场自由公平竞争、提高经济运行效率、维护消费者利益和社会公共利益，促进社会主义市场经济健康发展具有深远意义。

该法规定，经营者可以通过公平竞争、自愿联合，依法实施集中，扩大经营规模，提高市场竞争能力。国有经济占控制地位的关系国民经济命脉和国家安全的行业以及依法实行专营专卖的行业，国家对其经营者的合法经营活动予以保护，并对经营者的经营行为及其商品和服务的价格依法实施监管和调控，维护消费者利益，促进技术进步。这些行业的经营者应当依法经营，诚实守信，严格自律，接受社会公众的监督，不得利用其控制地位或者专营专卖地位损害消费者利益。

经营者达成垄断协议是经济生活中一种最常见、最典型的垄断行为，往往造成固定价格、划分市场以及阻碍、限制其他经营者进入市场等排除、限制竞争的后果，对市场竞争危害很大，因此为各国反垄断法所禁止。《反垄断法》禁止具有竞争关系的经营者达成下列垄断协议：（1）固定或者变更商品价格；（2）限制商品的生产数量或者销售数量；（3）分割销售市场或者原材料采购市场；（4）限制购买新技术、新设备或者限制开发新技术、新产品；（5）联合抵制交易；（6）国务院反垄断执法机构认定的其他垄断协议。同时，禁止经营者与交易相对人达成下列垄断协议：固定向第三人转售商品的价格；限定向第三人转售商品的最低价格；国务院反垄断执法机构认定的其他垄断协议。

市场支配地位是指一个经营者或者几个经营者作为整体在相关市场中具有能够控制商品价格、数量或者其他交易条件，或者能够阻碍、影响其他经营者进入相关市场能力的市场地位。一般来说，具有市场支配地位的经营者都是市场份额较大、实力较雄厚的大公司、大企业。虽然各国反垄断法一般都不禁止经营者通过竞争取得市场支配地位，但都禁止经营者滥用其市场支配地位排除、限制竞争的行为。《反垄断法》禁止具有市场支配地位的经营者从事下列滥用市场支配地位的行为：（1）以不公平的高价销售商品或者以不公平的低价购买商品；（2）没有正当理由，以低于成本的价格销售商品；（3）没有正当理由，拒绝与交易相对人进行交易；（4）没有正当理由，限定交易相对人只能与其进行交易或者只能与其指定的经营者进行交易；（5）没有正当理由搭售商品，或者在交易时附加其他不合理的交易条件；（6）没有正当理由，对条件相同的交易相对人在交易价格等交易条件上实行差别待遇；（7）国务院反垄断执法机构认定的其他滥用市场支配地位的行为。

经营者集中是经济活动中的普遍现象。由于经营者集中的结果具有两面性，一方面有利于形成规模经济，提高经营者的竞争力；另一方面又可能产生或者加强市场支配地位，对市场竞争产生不利影响。因此，各国反垄断法都对经营者集中实行必要的控制，以防止因经济力的过于集中而影响市场竞争。控制的主要手段是对经营者集中实行事先或者事后申报制度，并由反垄断执法机构进行审查，决定是否允许经营者实施集中。中国《反垄断法》规定，经营者实施合并、通过取得股权或者资产的方式取得对其他经营者的控制权，或者通过合同等方式取得对其他经营者的控制权，或者能够对其他经营者施加决定性影响等经营者集中行为的，若达到国务院规定的申报标准，则应当事先向国务院反垄断执法机构申报，未申报的不得实施集中。另外，该法还规定了行政机关和法律、法规授权的具有管理公共事务职能的组织不得滥用行政权力排除限制竞争。

中国的反垄断执法机构维持了此前的制度安排，反垄断行为的查处分别由商务部、国家发展和改革委员会及国家工商行政管理总局负责。当然，这些反垄断执法机构根据工作需要，也可以授权省、自治区、直辖市人民政府相应的机构，依法负责有关反垄断执法工作。为保证《反垄断法》的实施效果，国务院还设立了反垄断委员会，负责组织、协调、指导反垄断工作，并履行下列职责：研究拟定有关竞争政策；组织调查、评估市场总体竞争状况，发布评估报告；制定、发布反垄断指南；协调反垄断行政执法工作；国务院规定的其他职责。

值得注意的是，《反垄断法》赋予了该法域外适用的效力，这对扩大对外开放中维护国家经济安全具有特殊意义。

四　市场监管法律制度

市场监管法是调整市场监管关系的法律规范系统。市场监管关系是指政府在对金融、商贸、电信、电力、土地市场等进行监察、督促、引导和管理活动中产生的经济监督与管理关系，主要包括银行业监管关系、证券业监管关系、保险业监管关系、商贸监管关系、电信监管关系、电力监管关系以及土地监管关系等。与此相适应，市场监管法体系包括银行业监管法、证券业监管法、保险业监管法、商贸监管法、电信监管法、电力监管法等。下面重点介绍银行业监管与电力监管。

（一）银行业监督管理法律制度

改革开放以来，中国建立了分业经营、分业监管的金融监管体制。金融监管体制改革的目的，是为了加强金融监管，确保金融机构安全、稳健、高效运行，提高防范和化解金融风险的能力。为了巩固金融监管改革成果，中国通过制定专门监管法律来完善金融监管制度，强化监管手段，加大监管力度，提高监管水平，其中最典型的立法就是《银行业监督管理法》。

2003 年 4 月，国务院设立中国银行业监督管理委员会（简称"中国银监会"）。从机构监管角度看，中国银监会专门负责监督管理银行业金融机构以及在中国境内设立的金融资产管理公司、信托公司、财务公司、金融租赁公司以及经其批准设立的其他金融机构。中国银监会的成立，进一步突出了中国人民银行的金融调控功能，强化和巩固了中国单层多头型分业监管金融体制。同年 12 月，《中国人民银行法》和《商业银行法》的修改以及《银行业监督管理法》的出台，使中国在金融监管立法方面有了新的突破。银行业监管的专门立法体现了立法技术的进步与成熟。《银行业监督管理法》作为中国金融监管立法的先进成果，为加强银行业监管、确保银行业金融机构的合法、安全、稳健运行提供了重要的法律依据。

该法颁布于 2003 年 12 月，次年 2 月起施行。2006 年 10 月做了修改，修改后的新法共 6 章 52 条，自 2007 年 1 月起生效。该法从规范银行业监管行为的角度，具体规定了银行业监管机构、监管对象、监管目标和原则、监管职责和监管措施等内容，明确了中国银监会对银行业金融机构的监管职责。同时，根据中国银行业的实际情况，特别是加入 WTO 后银行业面临的严峻挑战，在总结金融监管改革实践经验的基础上，该法借鉴吸收了巴塞尔银行监管委员会制定的《有效银行监管核心原则》，将以往对银行业金融机构的单一合规监管，改变为合规监管和风险监管并重，重点规定了完善监管制度、强化监管手段方面的内容，并对建立银行业突发风险的发现、报告和处置制度等方面的内容也做了明确规定。总体上看,《银行业监督管理法》是中国金融立法史上第一部金融监管的专门法律,它不是一部关于国务院银行业监督管理机构的组织法,而是关于银行业监督管理行为的专门法律。它大量吸收和借鉴了国际银行监管的先进理念和其他国家或地区银行业的法律制度,以法律的形式,明确了中国银行业监管的目标、原则,确定了银行业监管机构的法定地位和职责,加强和完善了监管手段,规范了监管程序,推进了中国银行业监管向国际最佳做法靠拢,实现了从合规监管向风险监管的转变,从而提高了中国银行业监管的有效性,对监管权力的运作进行了规范和约束,最终促进了中国银行业的长远可持续发展。

需要说明的是,中国分业经营、分业监管的金融监管体制的确立,还与《中国人民银行法》、《证券法》、《保险法》密切相关。上述法律共同确立了"一行三会"的法律地位和监管职责,确立了证券业监管和保险业监管的基本规则,保障了中国金融业的健康、稳定发展。

(二) 电力法律制度

电力是实现国民经济现代化和提高人民生活水平的物质基础,电力工业是关系国计民生的基础产业。改革开放以来,中国的电力工业虽然取得了长足发展,但仍然是制约国民经济发展的"瓶颈"产业之一。电力作为一种特殊的商品,其生产、供应、销售同时进行,发电、供电、用电同时完成,这些方面相互联系、相互影响。同时,电力供应面向全社会,服务于各行各业和千家万户,具有公用事业的性质。为了维护发电、供电、用电的正常秩序,维护电力企业和用户的合法权益,维护社会公共利益,中国于1995年12月颁布了《电力法》,并自次年4月起施行,共10章75条。该法对电力建设、电力生产与电网管理、电力供应与使用、电价与电费、农村电力建设和农业用电、电力设施保护、监督检查和法律责任等分章做了规定。从适用范围看,该法适用于中国境内的电力建设、生产、供应和使用活动。其强调，电力事业的投资，实行谁投资、谁受益的原则。电力设施受国家保护，禁止任何单位和个人危害电力设施安全或者非法侵占、使用电能。该法在保障和促进电力事业的发展，维护电力投资者、经营者和使用者的合法权益，保障电力安全运行等方面具有重要意义。

第二节 宏观调控法律制度

一 宏观调控法及其法律体系

市场经济需要宏观调控，宏观调控需要法治保障。宏观调控即宏观经济调控，是指政府为实现社会总需求与社会总供给之间的平衡，保证国民经济持续、稳定、协调增长，而运用经济、法律和行政的手段对社会经济运行所进行的调节与控制。宏观调控主要是在宏观经济领域的调控，具体来说主要是国民生产总值（GNP）、就业、通货膨胀和国际收支平衡。宏观调控法的调整对象是宏观调控关系，它是国家对国民经济和社会发展运行进行规划、调节和控制过程中发生的经济关系，广泛涉及现实社会中的国民经济整体利益、社会公共利益和国家根本与长远利益。

经济总量的基本平衡和经济结构的优化，是宏观调控的基本目标。经济总量的平衡，就是社会总供给与社会总需求的价值总量的平衡，是社会经济运行保持协调状态的前提条件。经济结构的内容非常广泛，包括产业结构、投资结构、市场结构、消费结构、劳动力结构等。经济总量的平衡是经济结构赖以实现的基础，经济结构优化是宏观调控目标的实质内容。宏观调控法必须调动一切调整手段，发挥宏观调控法各项法律制度的功能，促进经济总量的基本平衡和经济结构的优化。从宏观调控法的基本原则看，它必须集中反映国家宏观调控政策，体现宏观调控法的本质特征和基本精神，同时把宏观调控法与市场规制法区别开来。概括起来，宏观调控法的基本原则主要有两个，即调控法定原则和调控适度原则。宏观调控是以政府为调控主体的调控，这种调控实际上是把"双刃剑"，它既可能促进经济发展，也可能阻碍经济发展。为了保障市场机制活力，更大限度地发挥市场在资源配置中的基础性作用，切实维护企业与社会公众的利益，政府宏观调控必须要控制在法律允许的范围之内，或者说将其纳入法制轨道。调控法定原则的基本要求是：政府及其调控职能部门的调控主体资格法定，以明确其法律地位；各类不同调控主体享有的调控权力法定，调控主体必须在法律赋予的调控权范围内活动，禁止假借调控之名侵害受控主体的权益，保障宏观经济健康运行和市场经济秩序；调控方式与程序法定，这是保证宏观调控法和宏观调控权实现的基本要求。宏观调控法确认的调控适度原则，从法律上反映了市场经济需要国家干预的内在程度要求，换言之，它是一种有限调控。其内涵主要有三层意思，即政府调控不得冲击和削弱市场机制作用的发挥，相反应当促进和保护市场机制调节功能的充分发挥；政府调控必须尊重客观经济规律，依法进行干预；政府一般不得直接干预经济组织的生产经营活动。

宏观调控权的界定及配置，是宏观调控法中的核心问题。宏观调控权的纵向与横向配置是关乎宏观调控权行使主体如何确定的重要问题。其中的纵向配置，就是宏观调控权在中央和地方之间的划分；而横向配置，就是宏观调控权在中央政府各宏观管理部门之间的划分。在中国，国务院即中央人民政府实际拥有宏观调控权。但与此同时，国家发展和改革委员会、财政部、中国人民银行、商务部等政府职能部门实际在具体、大量地行使着宏观调控权，实施着宏观调控行为。从宏观调控的方法看，以宏观经济政策业务范围为基础，宏观调控的方法包括财税政策调控、货币政策调控、产业政策调控、价格政策调控以及对外贸易政策调控等。以对经济行为影响的力度与方式为基础，则有利益诱导方法、规划指导方法以及强行控制方法等。基于宏观调控权的配置以及调控方法等方面的原因，中国基本建立了宏观调控法律体系，具体包括规划法、财税法、金融法、产业法以及对外贸易法等。

二　规划法律制度

规划是国家进行宏观调控的重要手段，是由一定组织机构负责制定和实施的关于经济和社会事业发展的预测以及目标的相互协调的政策性措施。在中国，由国家制定并负责实施的，有关国民经济、科学技术和社会发展项目的未来的综合的行动部署方案被称为国家规划，其全称是国民经济和社会发展规划。

国家规划主要有以下三项功能：预测引导功能，即国家规划不但预测了未来的发展方向，而且引导市场主体遵从并行动；政策协调功能，即在实现国家规划目标的过程中，可以协调各个方面的政策，以实现规划目标；宏观调控功能，即通过预测引导和政策协调功能，实现对经济和社会发展的主要方面的宏观调控。

中国目前实施的是《国民经济和社会发展第十二个五年规划纲要》。它由第十一届全国人大第四次会议审议通过，主要阐明了国家战略意图，明确了政府工作重点，引导市场主体行为，是 2011—2015 年这五年期间中国经济社会发展的宏伟蓝图，也是中国各族人民共同的行动纲领，更是政府履行经济调节、市场监管、社会管理和公共服务职责的重要依据。该规划共分为 16 篇 62 章，分别规定了"转变方式　开创科学发展新局面"、"强农惠农　加快社会主义新农村建设"、"转型升级　提高产业核心竞争力"、"营造环境　推动服务业大发展"、"优化格局　促进区域协调发展和城镇化健康发展"、"绿色发展　建设资源节约型、环境友好型社会"、"创新驱动　实施科教兴国战略和人才强国战略"、"改善民生　建立健全基本公共服务体系"、"标本兼治　加强和创新社会管理"、"传承创新　推动文化大发展大繁荣"、"改革攻坚　完善社会主义市场经济体制"、"互利共赢　提高对外开放水平"、"发展民主　推进社会主义政治文明建设"、"深化合作建设中华民族共同家园"、"军民融合　加强国防和军队现代化建设"以及"强化实施　实现宏伟发展蓝图"。

与计划经济条件下的"计划"不同，市场经济条件下的"规划"具有预测性和指导性，是国家宏观调控的依据和手段，它抓住国民经济和社会发展全局的重大战略问题，突出战略方针、战略任务、战略布局、战略措施和重大政策，改变以往无所不包、领域过宽的状况，目标少而精彩，政府主要采用间接的法律手段、经济手段来达到目标，编制程序上也建立了规范化的民主、协商、论证、公布、备案以及评估制度等。而过去的计划有指令性计划，也有指导性计划，前者具有指令性，且规定得非常细，甚至是本来属于市场、企业自身决定的内容，实现计划设定的目标主要依靠直接的行政手段，编制程序上由政府部门一手包办，既不民主，也不公开。

规划法是确认国家机关、社会组织和其他经济实体在规划管理体系中的法律地位，并调整它们之间在制定和实现国民经济和社会发展规划过程中发生的社会关系的法律规范系统，体现在国民经济和社会发展规划编制、审批、下达、执行、调整、检查和监督等各个环节上。规划法的调整对象是规划关系。中国目前虽未制定出专门的《规划法》，但在规划的编制、审批、实施上已建立起一套习惯性规则，规划本身尤其是国家五年规划在宏观调控中正在发挥着举足轻重的作用。

三　财税法律制度

改革开放前，中国的财政体制高度集权，不仅地方政府没有独立的财政预算，而且国有企业实行统收统支，企业和政府采用"一本账"，严重限

制了地方政府和企业的积极性。实行改革开放后，农村家庭联产承包责任
制的成功，为中国财政理论的更新提供了借鉴思路，财政体制改革率先从
国家与企业之间、中央与地方政府之间的分配关系入手，通过财政包干、
分灶吃饭，走出了一条符合中国国情的改革之路。从 1994 年 1 月 1 日起，
中国改革地方财政包干体制，对各省、自治区、直辖市以及计划单列市实
行分税制，将税种分为中央税、地方税以及中央地方共享税。随着经济发
展和财政收支规模的不断扩大，为加强财政支出监管，1998 年中国又开始
进行公共财政建设和公共财政体制创新，对传统财政理念形成重大突破，
开始强调财政的公共性、公平性和公益性，注重发挥公共财政稳定经济、
资源配置、收入分配、监督管理等职能作用。在中国，财政法调整财政分
配和财政管理活动中所形成的财政关系，其体系主要包括《预算法》、《税
法》、《政府采购法》等法律，而《国债法》和《财政转移支付法》等法律
仍在制定中。

（一）预算法律制度

预算是国家管理社会经济事务、实施宏观调控的主要手段之一，在整
个国家的政治经济生活中具有十分重要的地位和作用。1994 年是中国分级
预算和复式预算制度正常化的一个标志性年份。分税制财政体制建立后，
1994 年 3 月《预算法》颁布，并自 1995 年 1 月 1 日起施行，共 11 章 79 条。
该法在强化预算的法律约束力，保证预算收支的严肃性，规范预算管理程
序，明确预算管理职权，克服权责不清、管理和监督不力等现象发挥出了
重要作用，使中国各级政府部门的预算管理职权、预算收支范围、预算编
制、预算审查和批准、预算执行、预算调整以及决算和监督等有了法律依
据。《预算法》坚持了公开性、真实性、完整性、统一性和年度性等原则，
这些原则是国家预算本质的反映，符合市场经济公共财政的内在要求，对
预算活动的进行的确起到了很好的指导作用。以法律来约束政府收支，使

政府按照已确立的预算行事，成为中国预算管理的基本要求。

中国实行一级政府一级预算，共设立中央，省、自治区、直辖市，设区的市、自治州、县、自治县、不设区的市、市辖区，乡、民族乡、镇五级预算。预算年度自公历1月1日起，至12月31日止。其中，中央政府预算由中央各部门（含直属单位）的预算组成，地方预算由各省、自治区、直辖市总预算组成，地方各级总预算由本级政府预算和汇总的下一级总预算组成；下一级只有本级预算的，下一级总预算即指下一级的本级预算；没有下一级预算的，总预算即指本级预算。地方各级政府预算由本级各部门（含直属单位）的预算组成。从预算构成看，中央预算包括地方向中央上解的收入数额和中央对地方返还或者给予补助的数额；地方各级政府预算包括下级政府向上级政府上解的收入数额和上级政府对下级政府返还或者给予补助的数额。各级预算实行收支平衡原则。《预算法》全面规定了全国人大及其常委会、地方各级人民代表大会及其常委会、国务院及其财政部门、地方各级政府及其财政部门、各部门、各单位的预算管理职权，规定了预算的审查和批准、预算的执行和调整、决算、监督等重要事项。在预算收支范围上，所有预算均由预算收入和预算支出组成。其中，预算收入包括：税收收入；依照规定应当上缴的国有资产收益；专项收入；其他收入。预算支出包括：经济建设支出；教育、科学、文化、卫生、体育等事业发展支出；国家管理费用支出；国防支出；各项补贴支出；其他支出。

按照该法，中央预算和地方各级政府预算按照复式预算编制，分为经常性预算和建设性预算两部分。经常性预算和建设性预算应当保持合理的比例和结构。经常性预算不列赤字。各级预算支出的编制，要求坚持量入为出、确保重点、统筹兼顾、留有后备的原则。在保证经常性支出合理需要的前提下，安排建设性支出。

（二）税收法律制度

中国现有19种税，涵盖了流转税、所得税、财产税、行为税和资源税五大类别。入世后，中国的税制改革明显提速。2006 年农业税的取消，标志着这个古老税种从此退出历史舞台。这一举措增加了广大农民的收入，降低了农业生产经营成本，充分体现了中国政府对广大农民的关爱、对农村繁荣的关心和对农业发展的关注，彰显了中国政府的结构性减税姿态，中国的税制结构在逐步适应入世后经济社会发展的巨大变化中不断获得调整和优化。目前，以法律形式出现的税法主要有《个人所得税法》、《企业所得税法》等，其他税种则规定在行政法规中。

1. 《个人所得税法》

《个人所得税法》颁行于 1980 年 9 月，共 15 条。为有效发挥个税的收入分配调节功能，中国《个人所得税法》分别于 1993 年、1999 年、2005 年、2007 年和 2011 年六次进行修正，其中 2007 年修正两次，使个税起征点不断上调。尤其 2011 年的这次修改，引起了社会各界的广泛关注，在公开征求意见中，一个多月全国人大共收到意见 23 万多条。这次修改，把工薪所得的个税起征点由 2000 元调整到 3500 元，工薪所得的税率结构由 9 级减少为 7 级，取消了 15% 和 40% 两档税率，最低档的税率由 5% 降为 3%。同时，也调整了个体工商户生产经营所得和承包承租经营所得的税率级距，并把纳税期限由 7 天改为 15 天，方便了纳税人缴纳税款。《个人所得税法》的修改，是中国政府合理调整收入分配关系的重大举措，显示了中国政府在保障和改善民生方面的不懈努力。

中国参照国际惯例把个人所得税纳税人区分为居民和非居民两种类型。按照现行《个人所得税法》的规定，在中国境内有住所，或者无住所而在境内居住满一年的个人，属于居民纳税人，承担无限纳税义务，即就中国境内和境外取得的所得依法缴纳个人所得税。在中国境内无住所又不居住或者无住所而在境内居住不满一年的个人，属于非居民纳税人，承担有限纳税义务，即仅就中国境内取得的所得依法缴纳个人所得税。其应纳税所得具体包括：（1）工资、薪金所得；（2）个体工商户的生产、经营所得；

（3）对企事业单位的承包经营、承租经营所得；（4）劳务报酬所得；（5）稿酬所得；（6）特许权使用费所得；（7）利息、股息、红利所得；（8）财产租赁所得；（9）财产转让所得；（10）偶然所得；（11）经国务院财政部门确定征税的其他所得。

个人所得税的税率采用了超额累进税率和比例税率两种形式。其中：工资、薪金所得适用超额累进税率，税率为3%—45%；个体工商户的生产、经营所得和对企事业单位的承包经营、承租经营所得适用5%—35%的超额累进税率；稿酬所得适用比例税率，税率为20%，并按应纳税额减征30%；劳务报酬所得适用比例税率，税率为20%，劳务报酬所得一次收入畸高的，可以实行加成征收；特许权使用费所得，利息、股息、红利所得，财产租赁所得，财产转让所得，偶然所得和其他所得，均适用比例税率，税率为20%。

中国的个人所得税广泛采用了源泉扣缴方法，以所得人为纳税义务人，以支付所得的单位或者个人为扣缴义务人。对于个人所得超过国务院规定数额的，在两处以上取得工资、薪金所得或者没有扣缴义务人的，以及具有国务院规定的其他情形的，纳税义务人应当按照规定办理纳税申报，同时扣缴义务人应当按照国家规定办理全员全额扣缴申报。工资、薪金所得应纳的税款，按月计征；个体工商户的生产、经营所得应纳的税款，按年计算，分月预缴；对企事业单位的承包经营、承租经营所得应纳的税款，按年计算；其他所得，按次计征。扣缴义务人、纳税人申报缴纳税款的时限为次月15日内，与企业所得税、增值税、营业税等税种申报缴纳税款的时间相一致。总的来看，中国的个人所得税按照"高收入者多缴税，中等收入者少缴税，低收入者不纳税"的原则，在调节收入分配、组织财政收入等方面发挥了重要作用。

2.《企业所得税法》

20世纪70年代末实行改革开放后，为吸引外资、发展经济，中国对外资企业采取了有别于内资企业的税收政策，企业所得税按内资和外资企业的不同类别分别进行了立法。2007 年 3 月，中国制定了新的《企业所得税法》，结束了多年来内资企业与外商投资企业和外国企业分别适用两套所得税制而导致的税负不公现象，为各类企业的市场竞争创造出了公平、合理、规范、透明的所得税制环境。整合后的新《企业所得税法》，共 8 章 60 条，它全面贯彻了税收公平、税收效率以及税收法定原则，实现了纳税主体、税率、税前扣除办法和标准、税收优惠以及税收征管等方面的制度统一，并自 2008 年 1 月起施行。由于对老企业采取了一定期限的过渡优惠措施，因此，该法未对其生产经营产生大的影响。

按照该法规定，在中国境内，企业和其他取得收入的组织为企业所得税的纳税人，依法缴纳企业所得税。为避免重复征税，个人独资企业、合伙企业不适用该法。从纳税主体看，该法在企业身份认定上引入了"居民企业"与"非居民企业"新标准，其中的居民企业应当就其来源于中国境内、境外的所得缴纳企业所得税；非居民企业在中国境内设立机构、场所的，应当就其所设机构、场所取得的来源于中国境内的所得，以及发生在中国境外但与其所设机构、场所有实际联系的所得，缴纳企业所得税，而在中国境内未设立机构、场所的，或者虽设立机构、场所但所得与其所设机构、场所没有实际联系的非居民企业，应当就其来源于中国境内的所得缴纳企业所得税。

从税率看，基本税率显著降低，优惠税率政策导向性更切合实际。企业所得税的基本税率为 25%。非居民企业在中国境内未设立机构、场所的，或者虽设立机构、场所但取得的所得与其所设机构、场所没有实际联系的，其所取得的规定所得，适用 20% 的税率。同时规定，符合条件的小型微利企业，减按 20% 的税率征收企业所得税，而那些国家需要重点扶持的高新技术企业，则减按 15% 的税率征收企业所得税。

从税前扣除标准看，允许扣除项目更加合理、明晰和统一。该法规定，企业实际发生的与取得收入有关的、合理的支出，包括成本、费用、税金、损失和其他支出，准予在计算应纳税所得额时扣除。企业发生的公益性捐赠支出，在年度利润总额 12% 以内的部分，准予在计算应纳税所得额时扣除。

从税收优惠看，多种方式确保统一实行"产业优惠为主、区域优惠为辅"的新兴政策。按照规定，企业的下列收入为免税收入，包括：（1）国债利息收入；（2）符合条件的居民企业之间的股息、红利等权益性投资收益；（3）在中国境内设立机构、场所的非居民企业从居民企业取得与该机构、场所有实际联系的股息、红利等权益性投资收益；（4）符合条件的非营利组织的收入。企业的下列所得，可以免征、减征企业所得税：（1）从事农、林、牧、渔业项目的所得；（2）从事国家重点扶持的公共基础设施项目投资经营的所得；（3）从事符合条件的环境保护、节能节水项目的所得；（4）符合条件的技术转让所得等。民族自治地方的自治机关对本民族自治地方的企业应缴纳的企业所得税中属于地方分享的部分，可以决定减征或者免征。自治州、自治县决定减征或者免征的，须报省、自治区、直辖市人民政府批准。

企业的下列支出，可以在计算应纳税所得额时加计扣除：（1）开发新技术、新产品、新工艺发生的研究开发费用；（2）安置残疾人员及国家鼓励安置的其他就业人员所支付的工资。创业投资企业从事国家需要重点扶持和鼓励的创业投资，可以按投资额的一定比例抵扣应纳税所得额。企业的固定资产由于技术进步等原因，确需加速折旧的，可以缩短折旧年限或者采取加速折旧的方法。企业综合利用资源，生产符合国家产业政策规定的产品所取得的收入，可以在计算应纳税所得额时减计收入。企业购置用于环境保护、节能节水、安全生产等专用设备的投资额，可以按一定比例实行税额抵免。另外还规定，根据国民经济和社会发展的需要，或者由于突发事件等原因对企业经营活动产生重大影响的，国务院可以制定企业所得税专项优惠政策，报全国人大常委会备案。

从税收征管看，统一了税务机关反避税措施、总分机构企业的汇总缴纳以及企业纳税申报等制度。企业所得税按纳税年度计算，分月或者分季预缴。企业应当自月份或者季度终了之日起 15 日内，向税务机关报送预缴企业所得税纳税申报表，预缴税款。自年度终了之日起 5 个月内，向税务机关报送年度企业所得税纳税申报表，并汇算清缴，结清应缴应退税款。为了防范各种避税行为，该法借鉴国际惯例，对防止关联方转让定价做了明确规定，同时增加了一般反避税、防范资本弱化、防范避税地避税、核定程序和对补征税款按照国务院规定加收利息等条款，强化了反避税手段，从而有利于防范和制止避税行为，维护国家利益。

3. 入世后有关税种的税制改革

2006 年，中国对消费税制进行了系统改革，借以引导和调节居民消费行为，缓解社会不平等，促进产业结构调整并保护环境。从改革的内容看，一是新增了一些税目。以增列成品油税目为例，这次税改把原汽油、柴油税目作为成品油税目的两个子目，同时又新增石脑油、溶剂油、润滑油、燃料油、航空煤油五个子目。另外，还新增高尔夫球及球具、高档手表、游艇、木制一次性筷子、实木地板的税目，这些商品的税率从 5%—20% 不等。二是取消了护肤护发品税目，将原属于护肤护发品征税范围的高档护肤类化妆品列入化妆品税目。三是调整部分税目税率，其中涉及这部分税率调整的有小汽车、摩托车、白酒、汽车轮胎几个税目。实践证明，消费税改革达到了预期目的，对消费经济发展起到了良好的调节作用。

2008 年，国务院宣布 1951 年 8 月 8 日由原政务院公布的《城市房地产税暂行条例》自 2009 年 1 月 1 日起废止。自 2009 年 1 月 1 日起，外商投资企业、外国企业和组织以及外籍个人，改按《房产税暂行条例》缴纳房产税，享受与内资企业和国内居民同等的税收待遇。美国金融危机发生后，中国政府开始加大对房地产市场的调控力度，房地产税收政策不断调整。

2011 年，国务院批准上海和重庆率先进行房产税改革试点，利用房产税对两地房地产市场进行宏观调控。

2009 年初，中国全面实行了增值税改革，由生产型增值税改为消费型增值税，这是一项重大的减税政策。增值税是中国税收体系中的第一大税种，对销售、进口货物以及提供加工、修理修配劳务的单位和个人征收，覆盖了货物的生产、批发和零售各环节，涉及众多行业。改革后，在维持既有增值税税率不变的前提下，允许全国范围内的所有增值税一般纳税人新购进设备所含的进项税额可以计算抵扣。同时，作为转型改革的配套措施，相应取消了进口设备增值税免税政策和外商投资企业采购国产设备增值税退税政策，将小规模纳税人的税率统一调低至 3%，将矿产品增值税税率恢复到 17%。2011 年，为支持小型和微型企业发展的要求，中国政府继续实行减税政策，大幅提高了销售货物、销售应税劳务以及按次纳税的增值税起征点，同时也提高了按期纳税和按次纳税的营业税起征点。2012 年，在持续性减税中，中国开始营业税改增值税试点，试点先在上海市交通运输业和部分现代服务业展开，目前试点正在进一步扩大中。

2011 年，中国资源税改革迈入实质阶段。2011 年 9 月 30 日，国务院公布了修改后的《资源税暂行条例》，并自同年 11 月 1 日起施行。这次修改对原油、天然气开始实行"从价定率"的资源税计征办法，同时将焦煤和稀土矿分别在煤炭资源和有色金属原矿资源中单列，并相应提高了这两种重要稀缺资源的税额标准。为配合资源税改革的实施，国务院对《对外合作开采海洋石油资源条例》和《对外合作开采陆上石油资源条例》进行了相应修改，中外合作开采海洋和陆上石油资源的企业需要依法缴纳资源税，不再缴纳矿区使用费。资源税改革的启动，有利于理顺相关资源的价税关系，促进企业节能减排，保护生态环境，遏制过度开采和资源浪费。

（三）政府采购法律制度

为了促进财政预算制度改革，强化财政支出管理，2002 年 6 月中国颁布了《政府采购法》，对政府采购当事人、政府采购方式、政府采购程序、政府采购合同、质疑与投诉、监督检查等做出了规定，从而建立了高效、先进、符合市场经济发展规律的财政资金分配、使用、管理制度。该法共9章88条，自2003年1月起施行。

该法将政府采购界定为各级国家机关、事业单位和团体组织，使用财政性资金采购依法制定的集中采购目录以内的或者采购限额标准以上的货物、工程和服务的行为。其中，采购是指以合同方式有偿取得货物、工程和服务的行为，包括购买、租赁、委托、雇用等；货物是指各种形态和种类的物品，包括原材料、燃料、设备、产品等；工程是指建设工程，包括建筑物和构筑物的新建、改建、扩建、装修、拆除、修缮等；服务则指除货物和工程以外的其他政府采购对象。按照规定，政府采购应当遵循公开透明原则、公平竞争原则、公正原则和诚实信用原则，并严格按照批准的预算执行。在中国，政府采购实行集中采购和分散采购相结合，其中集中采购的范围由省级以上人民政府公布的集中采购目录确定。

政府采购方式具体包括公开招标、邀请招标、竞争性谈判、单一来源采购、询价以及国务院政府采购监督管理部门认定的其他采购方式，其中公开招标是政府采购的主要采购方式。该法在政府采购程序、政府采购合同、质疑与投诉、监督与检查等方面的规定具有较强的可操作性。

从实践看，政府采购制度实施后，在规范政府采购行为，加强财政支出管理，提高政府采购资金的使用效益，保护政府采购当事人的合法权益，维护国家利益和社会公共利益，促进廉政建设等方面均发挥了重要作用。

四　金融法律制度

中国入世后，包含银行业、证券业和保险业在内的金融业开放步骤有先有后，遵循了银行业5年、证券业和保险业3年"过渡期"的承诺。中国金融业的发展继续延续了改革开放以来的市场化、法治化发展之路。2003年《中国人民银行法》和《商业银行法》的修改以及《银行业监督管理法》的出台，2003年《证券投资基金法》的颁布、2005年《证券法》的修改、2006年《反洗钱法》的颁行以及2009年《保险法》的系统修订，使中国金融法体系更加完善，金融法治化水平进入了新的历史阶段。鉴于在中国的法律体系中，商业银行法、证券法、保险法是商法的重要组成部分，这里仅介绍中央银行法律制度与外资金融机构立法。

（一）《中国人民银行法》

中央银行的特有职能是制定和执行货币政策。中国人民银行作为中国的中央银行，既负责金融调控，又负责外汇市场、黄金市场等金融市场的监管。《中国人民银行法》作为中国的中央银行法，是稳定币值、加强金融监管、完善和加强国家宏观经济调控、保障金融稳定的一部重要法律。该法制定于1995年3月，修改于2003年12月，其明确规定了中国人民银行的性质和任务，确立了中国人民银行行使中央银行职能的法律地位。该法在结构上共分为8章53条，每章的标题分别是总则、组织机构、人民币、业务、金融监督管理、财务会计、法律责任和附则。

按照规定，中国人民银行是中国的中央银行。中国人民银行在国务院领导下，制定和执行货币政策，防范和化解金融风险，维护金融稳定。中国人民银行履行下列13项职责：发布与履行其职责有关的命令和规章；依法制定和执行货币政策；发行人民币，管理人民币流通；监督管理银行间同业拆借市场和银行间债券市场；实施外汇管理，监督管理银行间外汇市场；监督管理黄金市场；持有、管理、经营国家外汇储备、黄金储备；经理国库；维护支付、清算系统的正常运行；指导、部署金融业反洗钱工作，负责反洗钱的资金监测；负责金融业的统计、调查、分析和预测；作为国家的中央银行，从事有关的国际金融活动；国务院规定的其他职责。

中国人民银行为执行货币政策，可以依法从事金融业务活动。在中国，货币政策目标是保持货币币值的稳定，并以此促进经济增长。为此，中国人民银行可以运用下列货币政策工具：要求银行业金融机构按照规定的比例交存存款准备金；确定中央银行基准利率；为在中国人民银行开立账户的银行业金融机构办理再贴现；向商业银行提供贷款；在公开市场上买卖国债、其他政府债券和金融债券及外汇；国务院确定的其他货币政策工具。

中国人民银行实行行长负责制，内设货币政策委员会，该委员会并非权力机构，其在国家宏观调控、货币政策制定和调整中发挥着咨询议事的重要作用。另外，该法规定，中国人民银行实行独立的财务预算管理制度。中国人民银行的预算经国务院财政部门审核后，纳入中央预算，接受国务院财政部门的预算执行监督。

中国的法定货币是人民币。以人民币支付中国境内的一切公共的和私人的债务，任何单位和个人不得拒收。人民币的单位为元，人民币辅币单位为角、分。为保护人民币，该法规定，禁止伪造、变造人民币。禁止出售、购买伪造、变造的人民币。禁止运输、持有、使用伪造、变造的人民币。禁止故意毁损人民币。禁止在宣传品、出版物或者其他商品上非法使用人民币图样。任何单位和个人不得印制、发售代币票券，以代替人民币在市场上流通。

在人民币汇率制度方面，2005年中国建立以市场供求为基础、参考一揽子货币进行调节、有管理的浮动汇率制度，放宽了对民间持有和使用外汇的限制。2007年1月4日，上海银行间同业拆放利率（Shanghai Interbank Offered Rate，SHIBOR）正式运行，中国的利率市场化迈出关键一步。经国务院批准，中国人民银行决定，自2013年7月20日起全面放开金融机构贷款利率管制。

（二）外资金融机构立法

中国银行业的开放历史，实际上是整个金融业实现全面对外开放的一个窗口和缩影。入世前，中国取消了对设立外资银行的区域限制，外资银行可以在中国所有的中心城市设立营业性分支机构。2001 年，中国修正了《外资金融机构管理条例》。2003 年 12 月，中国允许外资金融机构在已开放人民币业务的地域向中国企业提供人民币服务。2006 年 12 月 11 日，入世过渡期结束后，中国政府及时颁行了《外资银行管理条例》，废止了《外资金融机构管理条例》，彻底取消了对外资银行经营地域、业务范围、客户对象等多种限制，给予其国民待遇。

在实施对外资银行"引进来"战略中，中国采取了循序渐进、逐步开放的政策，早期通过引进外资银行带动了外资的流入，后期通过引进外资银行，促进了银行业竞争，同时改善了金融服务，推动了中国金融体系的改革。从允许设立代表机构到允许设立营业机构，从开放外汇业务到开放人民币业务，从开放外商投资企业客户到开放国内客户，在整个开放的过程中，中国不但有效控制了外资银行的经营风险，而且引进了先进的金融服务理念和管理经验，适应了金融体制改革的实际发展需要，实现了金融业对外开放的平稳有序发展。

在中国金融业的对外开放中，外资金融机构的投资与业务广泛涉及银行业、证券业和保险业三大类。针对外资金融机构的监管立法主要集中在行政法规和规章层次，其中入世以来颁行的法规和规章主要有：《金融资产管理公司吸收外资参与资产重组与处置的暂行规定》（2001 年）、《外资保险公司管理条例》（2001 年）、《外资参股证券公司设立规则》（2002 年颁行，2007 年修订）、《合格境外机构投资者境内证券投资管理暂行办法》（2002 年颁行，2006 年废止）、《外资参股基金管理公司设立规则》（2002 年颁行，2004 年失效）、《外资金融机构驻华代表机构管理办法》（2002 年）、《外资银行并表监管管理办法》（2004 年）、《境内外资银行外债管理办法》（2004 年）、《外国保险机构驻华代表机构管理办法》（2004 年）、《外国投资者对上市公司战略投资管理办法》（2005 年）、《外资金融机构行政许可事项实施办法》（2006 年）、《外资银行管理条例》（2006 年）、《关于外国投资者并购境内企业的规定》（2006 年）、《合格境外机构投资者境内证券投资管理办法》（2006 年）等。不难看出，中国现行有关外资金融机构的管理立法，仍存在着立法层次偏低、稳定性差，分业立法内容重复、衔接配合不够、立法资源浪费，规范性、准确性、条理性、全面性、透明度等都有待提高的问题，还需要根据金融体制改革和金融混业发展的需要，逐步向全面集中监管、统一立法迈进。

五 产业法律制度

产业法也可称为产业政策法，它具有明显的政策性、交叉性、综合性和灵活性，其直接目的在于充当贯彻国家经济发展战略的工具，履行国家的经济职能，保护基础产业、基础设施、支柱产业等，保证产业合理有序高效地发展。目前，中国制定了《农业法》（1993 年颁布，2002 年和 2012 年两次修正）、《种子法》（2000 年制定，2004 年修正）、《农产品质量安全法》（2006 年颁行）等法律，保障农业发展和国家粮食安全；制定了《铁路法》（1990 年颁布）、《公路法》（1997 年颁布，1999 年和 2004 年两次修正）、《民用航空法》（1995 年颁布）、《电力法》（1995 年颁布）、《煤炭法》（1996 年颁布，2011 年修正）等法律，对重要行业实施监督管理和产业促进；制定了《土地管理法》（1986 年制定，1988 年和 2004 年两次修正，期间于 1998 年修订过一次）、《森林法》（1979 年试行，1984 年正式颁布，1998 年修正）、《水法》（1988 年颁布，2002 年修订）、《渔业法》（1986 年颁布，2000 年和 2004 年两次修正）、《矿产资源法》（1986 年颁布，1996 年修正）等法律，规范重要自然资源的合理开发和利用；制定了《节约能源法》（1997 年颁布，2007 年修订）、《可再生能源法》（2005 年颁布，2009 年修正）、循环经济促进法（2008 年颁布）、清洁生产促进法（2002 年颁布，2012 年修正）等法律，促进能源的有效利用和可再生能源开发；制定了《中小企业促进法》（2002 年颁布）、《就业促进法》（2007 年颁布）等法律，支持中小企业发展和劳动力就业。鉴于本书篇幅所限，这里仅就《中小企业促进法》做一介绍。

中小企业在促进市场竞争、增加就业机会、方便群众生活、推进技术创新、推动国民经济发展和保持社会稳定等方面发挥着重要作用。与大企业相比，中小企业在获得资金、技术、人才和信息等方面遇到的困难更大，在市场竞争中处于弱势地位。为了改善中小企业经营环境，促进中小企业健康发展，扩大城乡就业，发挥中小企业在国民经济和社会发展中的重要作用，中国于 2002 年 6 月制定了《中小企业促进法》，自次年 1 月起施行。该法共 7 章 45 条，规定了总则、资金支持、创业扶持、技术创新、市场开拓、社会服务和附则等内容。

该法将中小企业界定为在中国境内依法设立的有利于满足社会需要，增加就业，符合国家产业政策，生产经营规模属于中小型的各种所有制和各种形式的企业，并明确规定了国家对中小企业的基本政策方针，即实行积极扶持、加强引导、完善服务、依法规范、保障权益的方针，为中小企业创立和发展创造有利的环境。国务院负责制定中小企业政策，对全国中小企业的发展进行统筹规划。对中小企业而言，不但需要遵守国家劳动安全、职业卫生、社会保障、资源环保、质量、财政税收、金融等方面的法律、法规，依法经营管理，不得侵害职工合法权益，不得损害社会公共利益。同时，还需要遵守职业道德，恪守诚实信用原则，努力提高业务水平，增强自我发展能力。

扶持中小企业发展是政府的重要职责，国家财政特别是中央财政应体现国家对中小企业发展的支持，为扶持中小企业发展提供长期、规范的资金来源，并发挥引导社会各类资金扶持中小企业的作用。为此，该法规定在中央财政预算中设立中小企业科目，安排扶持中小企业发展的专项资金，并建立中小企业发展基金，主要用于中小企业的创业辅导和服务，为中小企业信用担保提供资助，提供信息咨询和人员培训，支持技术创新和开拓国际市场等。

中小企业贷款难是一个世界性的问题，究其原因，与中小企业自身存在的困难和不足有很大关系。表现在：相当一部分中小企业自有资本金不足，内部管理不规范，缺乏健全的财务制度，不符合贷款条件；很多中小企业信用观念淡薄，蓄意逃废悬空银行债务，不良贷款率较高；组织结构过于分散，担保抵押机制不健全，社会服务体系不完善。为解决这一问题，该法规定，各金融机构应当对中小企业提供金融支持，努力改进金融服务，转变服务作风，增强服务意识，提高服务质量。国家采取措施拓宽中小企业的直接融资渠道，积极引导中小企业创造条件，通过法律、行政法规允许的各种方式直接融资；通过税收政策鼓励各类依法设立的风险投资机构增加对中小企业的投资；推进中小企业信用制度建设，建立信用信息征集与评价体系，实现中小企业信用信息查询、交流和共享的社会化；鼓励各种担保机构为中小企业提供信用担保；鼓励中小企业依法开展多种形式的互助性融资担保。

中小企业在市场竞争中往往处于弱势地位，在获得各类信息、人才和适用技术，进行产品开发、人才培训，开展进出口业务等方面都面临不少困难。为解决这些问题，该法规定，政府有关部门应当积极创造条件，提供必要的、相应的信息和咨询服务，在城乡建设规划中根据中小企业发展的需要，合理安排必要的场地和设施，支持创办中小企业，并在有关税收政策上支持和鼓励中小企业的创立和发展。国家对失业人员创立的中小企业和当年吸纳失业人员达到国家规定比例的中小企业，符合国家支持和鼓励发展政策的高新技术中小企业，在少数民族地区、贫困地区创办的中小企业，安置残疾人员达到国家规定比例的中小企业，在一定期限内减征、免征所得税，实行税收优惠。地方人民政府应当根据实际情况，为创业人员提供工商、财税、融资、劳动用工、社会保障等方面的政策咨询和信息服务。企业登记机关应当依法定条件和法定程序办理中小企业设立登记手续，提高工作效率，方便登记者。不得在法律、行政法规规定之外设置企业登记的前置条件；不得在法律、行政法规规定的收费项目和收费标准之外，收取其他费用。政府有关部门应当在规划、用地、财政等方面提供政策支持，推进建立各类技术服务机构，建立生产力促进中心和科技企业孵化基地，为中小企业提供技术信息、技术咨询和技术转让服务，为中小企业产品研制、技术开发提供服务，促进科技成果转化，实现企业技术、产品升级。鼓励和支持大企业与中小企业建立以市场配置资源为基础的、稳定的原材料供应、生产、销售、技术开发和技术改造等方面的协作关系，带动和促进中小企业发展。

需要指出的是，该法没有规定法律责任。之所以如此，主要是因为该法内容以促进中小企业发展的措施为主，其实施主体为政府，对政府有关行为更多的是提出要求，而无须过于突出强制，并且对其进行约束的规定在其他的一些法律中都有，所以从立法技术上讲，也就无须进一步具体和强化这方面的规定了。该法为中国中小企业政策的制定提供了法律依据，对促进中小企业的可持续发展具有长期指导意义。

六　对外贸易法律制度

中国于1994年5月制定了《对外贸易法》，同年7月起开始施行。该法规定了对外贸易经营者、货物进出口与技术进出口、国际服务贸易、对外贸易秩序、对外贸易促进等内容，强调实行统一的对外贸易制度，依法维护公平的、自由的对外贸易秩序，并鼓励发展对外贸易，发挥地方的积极性，保障对外贸易经营者的经营自主权。入世伊始，中国开始了全面融入世界经济体系的历程，开始冲破禁锢中国经济发展的百年贸易歧视，寻求一个更加和谐、互利共赢的国际贸易环境。

2004 年 6 月，中国全面修改了《对外贸易法》，以适应经济全球化和加入世贸组织的新形势，在更大范围、更广领域和更高层次上参与国际经济技术合作和竞争。为履行入世有关承诺，中国充分运用世贸组织规则促进对外贸易健康发展，进一步扩大商品和服务贸易，实施市场多元化战略，这次修改的内容广泛涉及对外贸易经营者的范围、货物贸易和技术贸易的外贸经营权、国营贸易、自动进出口许可、限制和禁止进出口、与对外贸易有关的知识产权保护、对外贸易秩序、对外贸易调查以及对外贸易救济等方面。该法规定，中国根据平等互利的原则，促进和发展同其他国家和地区的贸易关系，缔结或者参加关税同盟协定、自由贸易区协定等区域经济贸易协定，参加区域经济组织。在对外贸易方面，中国根据所缔结或者参加的国际条约、协定，给予其他缔约方、参加方最惠国待遇、国民待遇等待遇，或者根据互惠、对等原则给予对方最惠国待遇、国民待遇等待遇。任何国家或者地区在贸易方面对中国采取歧视性的禁止、限制或者其他类似措施的，中国可以根据实际情况对该国家或者该地区采取相应的措施。修订后的新法规定，对外贸易经营者，是指依法办理工商登记或者其他执业手续，依照对外贸易法和其他有关法律、行政法规的规定从事对外贸易经营活动的法人、其他组织或者个人，从而在法律上肯定了自然人从事对外贸易经营活动的合法性，扩大了对外贸易经营者的范围，进一步促进了对外贸易发展。

与旧法相比，新法进一步明确了政府在对外贸易管理中的职责和角色定位，体现了政府适度管理的职能，使得政府管理更加公开、透明，同时，该法也进一步细化了外贸经营者的权利、义务，实现了权利和义务的协调统一。根据《中华人民共和国加入议定书》第 5.1 条和《中国加入工作组报告书》第 84 段（a）中的承诺，新法取消了对货物和技术进出口经营权的审批，只要求外贸经营者进行备案登记。新法增加了国家可以对部分货物的进出口实行国营贸易管理的内容，也增加了国家基于监测进出口情况的需要，对部分自由进出口的货物实行进出口自动许可管理的内容。

从结构上看，新法共 11 章 70 条，较旧法多了 3 章 26 条，增加了"与对外贸易有关的知识产权保护"等章，增加了通过实施贸易措施，防止侵犯知识产权的货物进出口和知识产权权利人滥用权利，并促进中国知识产权在国外的保护的相关内容，还增加了维护进出口经营秩序、扶持和促进中小企业开展对外贸易、建立公共信息服务体系、对外贸易调查、对外贸易救济等内容。中国对限制进口或者出口的货物，实行配额、许可证等方式管理；对限制进口或者出口的技术，实行许可证管理。根据该法规定，基于法定原因，中国可以限制或者禁止有关货物、技术的进口或者出口，如为维护国家安全、社会公共利益或者公共道德；为保护人的健康或者安全，保护动物、植物的生命或者健康，保护环境；为实施与黄金或者白银进出口有关的措施，需要限制或者禁止进口或者出口的；国内供应短缺或者为有效保护可能用竭的自然资源等。此外，基于维护国家安全、社会公共利益或者公共道德；为保护人的健康或者安全，保护动物、植物的生命或者健康，保护环境等目的，中国可以限制或者禁止有关的国际服务贸易。

第 八 章

中国的社会法律制度

社会法是调整劳动关系、社会保障、社会福利和特殊群体权益保障等方面的法律规范。截至 2011 年 8 月底，中国已制定社会法方面的法律 18 部和一大批规范劳动关系和社会保障的行政法规、地方性法规。

第一节　劳动法律制度

一　劳动法律体系概述

（一）劳动法的制定及其主要内容

进入 20 世纪 90 年代，社会主义市场经济发展速度加快，外商投资企业、私营企业数量增多，劳动关系出现多样化、复杂化的形势，劳动者权利受侵犯的情况层出不穷，客观上迫切需要制定一部系统的劳动法。1994年 7 月 5 日，《劳动法（草案）》的说明提到："事实上，近些年来由于缺少比较完备的对劳动者合法权益加以保护的法律，在一些地方和企业，特别是在有些非公有制企业中，随意延长工时、克扣工资、拒绝提供必要的劳动保护，甚至侮辱和体罚工人的现象时有发生，以至酿成恶性事件。有的外商投资企业公开以中国没有劳动法为由损害劳动者利益，恶化劳动关系，影响了社会稳定。历次人大、政协会议都有许多代表、委员要求加快制定《劳动法》。"①

在此背景下，1994 年 7 月，中国立法机关通过了《劳动法》。《劳动法》的主要内容包括：（1）规定了政府在促进就业中的责任，要求地方各级政府采取措施，发展多种类型的职业介绍机构，提供就业服务。禁止就业歧视，规定劳动者不因民族、种族、性别、宗教信仰不同而受歧视。规定了国家在提供职业培训方面的责任。（2）专章规定了劳动合同和集体合同，要求建立劳动关系应当订立劳动合同。规定了劳动合同的形式和条款、合同期限、试用期、合同的终止和解除条件、用人单位裁员的条件和程序、用人单位解除劳动合同的经济补偿责任。（3）规定了国家工时制度，规定国家实行劳动者每日工作时间不超过 8 小时、平均每周不超过 44 小时的工时制度。② 规定了延长工作时间的限制、程序和报酬。（4）规定了工资分配的基本原则，即按劳分配和同工同酬，确立了最低工资保障制度以及最低工资的制定标准。（5）规定了劳动安全卫生的要求，要求用人单位必须建立、健全劳动安全卫生制度，建立劳动安全卫生设施，为劳动者提供劳动安全卫生条件和必要的劳动防护用品。国家建立伤亡事故和职业病统计报告和处理制度。（6）规定了对女职工和未成年工的特殊保护制度。（7）规定劳动者在退休，患病、负伤，因工伤残或者患职业病，失业，生育时可以享受社会保险待遇。（8）确立了劳动调解和仲裁制度以及"一裁二审"的劳动争议处理模式，即发生劳动争议，当事人必须先向仲裁机构申请仲裁，对仲裁裁决不服的，可以向法院起诉，对法院判决不服的，还可以向上级法院上诉。（9）明确了政府监督监察的职责和程序，劳动行政部门有

---

① 史探径：《社会法学》，中国劳动社会保障出版社 2007 年版，第 91 页。
② 1995 年，国务院发布了《关于修改〈国务院关于职工工作时间的规定〉的规定》，将每周 44 小时工作制缩短为 40 小时（第 3 条）。

权力和义务对用人单位实施劳动监察。

2004 年国务院颁布了《劳动保障监察条例》，建立了中国劳动监察制度，明确了劳动监察的机关、劳动监察的事项和范围、劳动监察的手段和方式、劳动监察的处罚等等，对于促进劳动法的实施，维护当事人尤其是劳动者的合法权益具有重要意义。

（二）劳动合同法的出台及劳动合同主要制度

进入 21 世纪以来，随着工业化、城镇化和经济结构调整进程加快，企业制度改革不断深化，企业形式和劳动关系日趋多样化，劳动用工领域出现了一些新情况、新问题，劳动者合法权益受到侵害的现象时有发生。存在的主要问题是：（1）劳动合同签订率低，出现劳动争议时劳动者的合法权益得不到有效保护。2005 年全国人大常委会在劳动法执法检查中发现，中小型企业和非公有制企业的劳动合同签订率不到 20%，个体经济组织的签订率更低。在没有劳动合同的情况下，一旦出现劳动争议，劳动者就很难主张自己的权利。（2）劳动合同短期化，劳动关系不稳定。全国人大常委会劳动法执法检查显示，有 60% 以上的用人单位与劳动者签订的劳动合同是短期合同，多是一年一签，有的甚至一年几签。劳动合同短期化的主要原因是用人单位试图通过短期劳动合同，最大限度地自由选择劳动者，并减少因解除劳动合同而应向劳动者支付的经济补偿。（3）用人单位利用自己在劳动关系中的强势地位侵犯劳动者合法权益。有些用人单位滥用试用期；有些用人单位违反法律、法规规定，拖延、克扣工人工资，不按国家规定缴纳社会保险费；有些用人单位不执行劳动定额标准，随意延长劳动时间，不支付加班费；等等。①

2007 年 6 月 29 日，第十届全国人大常委会第二十八次会议通过了《中

---

① 《全国人大法律委员会主任委员杨景宇解读劳动合同法》（http：//news. xinhua-net. com/legal/2007 – 07/23/content_ 6418697. htm）。

华人民共和国劳动合同法》。《劳动合同法》在借鉴国外先进经验和考量中国劳动关系具体情况的基础上，充分考虑劳动关系中劳动者和用人单位地位和实力的不平衡，在保护劳资双方利益的基础上，贯彻向劳动者倾斜的立法原则，规定了一系列保护劳动者的制度。《劳动合同法》的主要内容包括：（1）对书面劳动合同的要求，规定"建立劳动关系，应当订立书面劳动合同"。（2）鼓励和扩大无固定期限劳动合同的适用。（3）限定了违约金条款的适用，明确规定违约金条款只适用于两种情况。（4）对竞业限制条款的适用做了进一步的规范。（5）适当扩大经济补偿金的适用。劳动合同终止用人单位也必须支付经济补偿金。（6）严格规范劳务派遣用工形式，将劳务派遣定位于非主流劳动就业形式，在肯定劳务派遣地位的同时，也对其做出适当的限制。（7）明确了单位规章制度与集体合同制度，规定用人单位在制定、修改或者决定直接涉及劳动者切身利益的规章制度或重大事项时，应当经职工代表大会或全体职工讨论，与工会或者职工代表平等协商确定；用人单位应当将重要的规章制度和重大事项决定公示，或者告知劳动者。《劳动合同法》用专节规定了集体合同，除了明确要求工会与用人单位建立集体协商机制外，首次在法律中对区域性和行业性集体合同做了具体规定。

（三）促进就业的法律制度

为实现扩大和稳定就业的发展目标，1994年《劳动法》明确提出国家通过促进经济和社会发展，创造就业条件，扩大就业机会。中国立法机关2007年颁布《就业促进法》，确立了国家执行"劳动者自主择业、市场调节就业、政府促进就业"的方针，建立促进就业的政府责任体系，实施有利于促进就业的产业、投资、财税政策，统筹城乡、区域和不同社会群体的就业，建立失业预警制度，完善公共就业服务制度、职业培训制度和就业援助制度。这些法律的实施，有效推动了经济发展与促进就业的良性互动。

国家保障劳动者依法享有平等就业和自主择业的权利。1988 年以来，中国颁布了《残疾人保障法》、《妇女权益保障法》、《未成年人保护法》和《女职工劳动保护规定》（2012 年被《女职工劳动保护特别规定》所取代）、《残疾人就业条例》等法律和行政法规。《就业促进法》专门设立了"公平就业"一章，规定劳动者就业不因民族、种族、性别、宗教信仰等不同而受歧视，并特别指出农村劳动者进城就业享有与城镇劳动者平等的劳动权利。

此外，国家通过立法促进职业教育和职业培训。1995 年以来，颁布了《教育法》、《职业教育法》、《民办教育促进法》等法律，建立了"市场引导培训、培训促进就业"的职业教育与培训机制。依托各级各类职业院校和职业培训机构，完善多形式、多层次的职业培训，形成不同层次教育相衔接、职业教育和普通教育相沟通的职业教育和职业培训制度。

（四）劳动争议处理制度

为了促进劳动争议又好又快解决，完善劳动争议处理制度，中国于 2007 年 12 月通过了《劳动争议调解仲裁法》。该法基本保留了《劳动法》"先裁后审"的体制，重在强化调解和仲裁程序。其主要内容包括：一是规定部分案件实行"一裁终局"。为防止一些用人单位恶意诉讼以拖延时间、加大劳动者维权成本，该法在仲裁环节对部分案件实行有条件的"一裁终局"。二是将申请仲裁的时效期间延长为一年。三是缩短了劳动争议仲裁审理期限。为提高效率，该法缩短了仲裁裁判时限，规定应当自受理仲裁申请之日起 45 日内结束。四是更加合理地分配举证责任。该法规定当事人对自己提出的主张，有责任提供证据；与争议事项有关的证据属用人单位掌握管理的，用人单位应当提供，不提供的应承担不利后果。五是加强了劳动争议调解。该法用专章规定了调解。当事人可以到企业劳动争议调解委员会，依法设立的基层人民调解组织，在乡镇、街道设立的具有劳动争议调解职能的组织申请调解。六是完善了劳动仲裁程序和规则。该法对仲裁的申请和受理、仲裁庭的组成、仲裁员的回避、仲裁程序中的鉴定问题、当事人在仲裁程序中的质证和辩论、仲裁庭先行调解等做了明确的规定。七是减少当事人解决纠纷的经济成本。该法规定，劳动争议仲裁不收费。因此，通过完善调解和仲裁程序，该法将使当事人在权利受到侵害时，更及时有效地获得法律救济。

二 劳动法律制度的实施

（一）实施积极的就业政策，努力扩大就业

长期以来，中国面临着劳动力供大于求的总量性矛盾，稳定和扩大就业的任务十分繁重。中国政府始终把促进就业作为经济社会发展的优先目标，以充分开发和合理利用人力资源为出发点，实施扩大就业的发展战略和积极的就业政策，促进城乡劳动者提高整体素质，逐步实现更加充分的社会就业。不断强化各级政府在促进就业方面的责任，持续加大公共投入，促进平等就业。通过加强就业援助，开展职业技能培训，帮助就业困难人员和零就业家庭实现就业。建设城乡统一的人力资源市场，为城乡劳动者提供平等的就业机会和服务。通过政策扶持和市场导向，解决了国有企业3000多万下岗职工再就业问题，实现下岗职工基本生活保障向失业保险的并轨。

2008 年国际金融危机爆发后，为应对国际金融危机的冲击，中国政府实施更加积极的就业政策。实施困难企业缓缴社会保险费或降低部分社会保险费率、相关税收减免等政策，鼓励企业稳定和增加就业。实施特别职业培训计划，开展就业服务系列活动，多渠道开辟就业岗位。以高校毕业生就业为重点，大力促进高校毕业生到城乡基层、到中小企业和非公有制企业就业。2009 年全年城镇新增就业超过 1100 万人，高校毕业生就业率达

到 87.4%，下岗失业人员再就业超过 500 万人，困难群体再就业超过 150 万人。①

（二）保障平等就业

近年来，中国政府加强统一规范的人力资源市场的建设与管理，努力打破历史原因造成的城乡分割、身份分割和地区分割等问题，消除人力资源市场的体制性障碍，形成城乡劳动者平等就业的制度。国家有关部门通过完善市场监管体系，开展人力资源市场执法检查活动，清理整顿市场不法行为，有力维护了求职者等市场主体的合法权益。

国家高度重视并保障妇女享有与男子平等的劳动权利，努力消除阻碍妇女平等就业的壁垒。动员和组织社会力量拓宽吸纳女性劳动力就业的渠道，制定和执行扶持妇女自主创业的政策。充分发挥各级妇联组织在反映妇女诉求、促进平等就业和同工同酬、提供维权服务等方面的积极作用。到 2008 年，全国就业人口中女性超过 45.4%。②

中国政府加强对残疾人就业的统筹规划，实行集中就业与分散就业相结合的方针，保障残疾人的劳动权利。制定和实施促进残疾人就业政策，规定用人单位安排残疾人就业的比例不得低于 1.5%，对安置残疾人员达到职工总数 25% 比例的集中使用残疾人的用人单位给予税收优惠，指导和帮助残疾人组织兴办残疾人福利企业，鼓励和支持残疾人通过多种形式灵活就业。中国各级残疾人联合会努力维护残疾人合法权益，帮助残疾人平等参与社会生活。建立省、市、县级残疾人就业服务机构 3043 个，专门为残疾人提供就业援助服务。截至 2009 年底，全国城镇实际在业残疾人数 443.4 万，农村残疾人有 1757 万实现了稳定就业。③

---

① 国务院新闻办：《中国的人力资源状况》，2010 年 9 月。
② 同上。
③ 同上。

（三）建立劳动关系协调机制，促进劳动关系和谐稳定

充分发挥协调劳动关系三方机制的作用。2009 年，全国地级以上城市和 26 个省份的县（市）区建立了由政府、工会和企业方面代表组成的协调劳动关系三方机制，各级协调劳动关系三方机制组织共计 1.4 万多家。协调劳动关系三方机制围绕劳动关系的重大问题，积极沟通，加强合作，消除分歧，在促进劳动关系和谐稳定中发挥了重要作用。

全面推进劳动合同制度的实施。截至 2012 年末，全国企业劳动合同签订率达到 88.4%。劳动合同内容趋于规范，劳动合同履行情况良好。积极推进集体协商和集体合同制度，增进劳动者与用人单位之间的相互理解和信任，推动劳动关系双方互利共赢；经各地人力资源和社会保障部门审核备案的当期有效集体合同 131.1 万份，覆盖职工 1.45 亿人。①

积极发挥工会组织的重要作用。中国工会组织是职工利益的代表者和维护者，在创建和谐劳动关系的过程中，发挥着重要的、不可替代的作用。2009 年，全国基层工会组织有 184.5 万个，覆盖企事业机关单位 395.9 万家，全国工会会员总数达 2.263 亿人。各级工会组织积极履行维权职责，帮助指导劳动者与用人单位依法订立劳动合同，代表职工与企业开展集体协商和签订集体合同，组织职工参与本单位民主决策、民主管理和民主监督，参与劳动人事争议调解仲裁，为职工提供法律服务，督促用人单位遵守国家法律法规。②

国家高度重视保障农民工权益。农民工是中国改革开放和工业化、城镇化进程中出现的特殊劳动群体，为国家经济和社会发展做出了重要贡献。2006 年，国务院建立农民工工作联席会议制度，统筹协调和指导全国农民工工作。取消各种针对农民进城就业的不合理限制，加强劳动安全卫生培

---

① 人力资源和社会保障部：《2012 年度人力资源和社会保障事业发展统计公报》。

② 国务院新闻办：《中国的人力资源状况》，2010 年 9 月。

训，扩大农民工参加社会保险覆盖面，建立养老保险接续转移制度等。截至 2009 年底，有 8014.82 万农民工成为工会会员，近 80% 的农民工随迁子女在城镇公办中小学免费接受义务教育。①

（四）公正及时解决劳动人事争议

通过调解仲裁解决劳动人事争议，是一项具有中国特色的权益救济和保障制度。仲裁委员会由政府行政主管部门代表、工会代表和用人单位代表三方面组成，以保证争议案件审理过程的透明度和公正性。

劳动人事调解仲裁工作遵循公正原则，鼓励协商，先行调解，及时妥善处理劳动人事争议，维护当事人合法权益。2009 年，全国各级劳动人事争议仲裁机构共处理劳动人事争议案件 87.5 万件；立案受理劳动争议案件 68.4 万件，比上年下降 1.3%；涉及劳动者 101.7 万人，比上年下降 16.3%。依据中国法律，当事人对劳动人事争议仲裁裁决不服的，可以向人民法院提起诉讼。2009 年，中国各级人民法院审结劳动争议案件 31.7 万件，有效维护了当事人双方合法权益。②

（五）加大劳动保障监察力度

劳动保障监察执法是维护劳动者合法权益的重要途径。劳动保障监察机构的主要职责是，积极宣传劳动保障法律法规，接受并依法查处劳动者投诉举报案件，并主动对用人单位守法情况进行监督检查。2012 年末，全国共有劳动保障监察机构 3291 个，各级人力资源和社会保障部门配备专职劳动保障监察员 2.5 万人。③

近年来，劳动保障监察机构开展专项检查，对违反劳动保障法律法规

---

① 国务院新闻办：《中国的人力资源状况》，2010 年 9 月。
② 同上。
③ 人力资源和社会保障部：《2012 年度人力资源和社会保障事业发展统计公报》。

的突出问题进行集中整治；加强对社会反映强烈的重大违法案件的专项督办工作，及时组织查处。通过监察执法，保障了劳动者在职业介绍、劳动合同签订、工作时间、工资支付、社会保险、特殊劳动保护等方面权益的落实。

三　劳动法律制度面临的挑战

《劳动法》作为社会主义法律体系的重要组成部分，在调整劳动关系，构建稳定、和谐的劳动关系，保护劳动者权益，促进社会主义市场体制的发育，促进经济和社会的协调可持续发展等方面发挥了重要作用。未来中国在推进劳动法治的进程中，还应当解决好以下问题。

（一）协调经济发展和劳动保护的关系

长期以来，中国注重经济发展，反映在劳动法领域就是国家更注重保护雇主，对劳动者的保护不够。一些地方政府注重吸引投资、注重 GDP 的增长、对劳动执法不予重视，甚至不予支持，劳动监察机构和仲裁机构人员少，经费不足。在执法上，侧重于专项检查和处理投诉，对企业进行主动的、日常的、常规的检查较少。保护劳动者，固然会增加用人单位的成本，但劳动标准和劳动待遇的提高对增强劳动者的工作积极性，促进企业核心竞争力的提升，促进消费水平的提高，增强劳动者的素质也有重要意义。因此，无论是政府还是用人单位都应当注意协调经济发展和劳动保护的关系，促进二者的协调发展。

（二）充分发挥工会和其他组织的作用

《劳动法》、《劳动合同法》等法律赋予工会在用人单位规章制度制定、劳动合同的订立和解除、经济性裁员、集体合同等方面很多职责。尽管中国注重工会的法律制度建设，1992 年通过了《工会法》（2001 年修正），但现实生活中，中国主要注重工会的组建，对工会的实际运行效果重视不够，基层工会的作用有限。一些工会是在企业的帮助下建立起来的，很难独立于企业运行。必须注重基层工会的能力建设，充分发挥工会集体谈判的积极性和能力。除了基层工会的作用薄弱，中国行业工会和雇主组织的建设也很薄弱，大部分行业工会和行业协会比较松散，行业性和区域性集体合同无法有效开展。建立行业性的工会和雇主组织，完善行业性、区域性集体合同的签订程序，是行业性和区域性集体合同顺利开展的前提条件。总之，中国应充分发挥工会与雇主集体协商的外部功能，充分发挥工会在提高劳动标准方面的经济功能。

（三）加强劳动纠纷处理机构建设

中国注重通过调解、仲裁解决劳动争议，实行的基本模式是"一裁二审"。目前，中国劳动调解组织及其人员的专业性较弱，影响了调解的有效性。而且，劳动仲裁机构的仲裁员人数少，仲裁庭的组成也难以贯彻三方原则。因此，提高仲裁员的素质、改善仲裁庭的结构、完善仲裁程序、加强仲裁组织的建设也是提高仲裁水平的当务之急。

第二节　社会保障法律制度

中国政府从国情出发，坚持以人为本，高度重视并积极致力于社会保障体系的建立和完善。中国宪法明确规定，国家建立健全同经济发展水平相适应的社会保障制度。中国政府把发展经济作为改善民生和实现社会保障的基本前提。

在 1978 年改革开放前，中国长期实行与计划经济体制相统一的社会保障政策，最大限度地向人民提供各种社会保障，但社会保障的覆盖面较窄，而且主要由国家或企业承担财政责任，并未建立起现代的社会保障制度。20世纪80年代中期以来，伴随着社会主义市场经济体制的建立和完善，中国对计划经济时期的社会保障制度进行了一系列改革，逐步建立起与市场经济体制相适应，由中央政府和地方政府分级负责的社会保障体系基本框架。

中国的社会保障体系包括社会保险、社会福利、优抚安置、社会救助等。社会保险是社会保障体系的核心部分，包括养老保险、失业保险、医疗保险、工伤保险和生育保险。2010年中国通过了《社会保险法》，建立了社会保险的基本框架。

一　社会保险法律制度

根据《社会保险法》，国家建立基本养老保险、基本医疗保险、工伤保险、失业保险、生育保险等社会保险制度，保障公民在年老、疾病、工伤、失业、生育等情况下依法从国家和社会获得物质帮助的权利。社会保险制度坚持广覆盖、保基本、多层次、可持续的方针，社会保险水平与经济社会发展水平相适应。国家多渠道筹集社会保险资金。县级以上人民政府对社会保险事业给予必要的经费支持。国家通过税收优惠政策支持社会保险事业。国务院社会保险行政部门负责全国的社会保险管理工作，国务院其他有关部门在各自的职责范围内负责有关的社会保险工作。县级以上地方人民政府社会保险行政部门负责本行政区域的社会保险管理工作，县级以上地方人民政府其他有关部门在各自的职责范围内负责有关的社会保险工作。社会保险经办机构提供社会保险服务，负责社会保险登记、个人权益记录、社会保险待遇支付等工作。

（一）养老保险制度

中国已经进入老龄社会，老龄化速度快，老年人口规模大。2012年末，全国大陆总人口为 135404 万人，60 周岁及以上人口 19390 万人，占总人口的 14.3%，比上年末提高 0.59 个百分点。① 预计 21 世纪 30 年代人口老龄化将达到高峰。为保障老年人的基本生活，维护老年人合法权益，中国政府不断完善养老保险制度，改革基金筹集模式，建立多层次养老保险体系，努力实现养老保险制度的可持续发展。

1. 城镇职工基本养老保险

根据《社会保险法》，企业职工应当参加基本养老保险，由用人单位和职工共同缴纳基本养老保险费。无雇工的个体工商户、未在用人单位参加基本养老保险的非全日制从业人员以及其他灵活就业人员可以参加基本养老保险，由个人缴纳基本养老保险费。公务员和参照公务员法管理的工作人员养老保险的办法由国务院规定。

基本养老保险实行社会统筹与个人账户相结合。基本养老保险基金由用人单位和个人缴费以及政府补贴等组成。用人单位应当按照国家规定的本单位职工工资总额的比例缴纳基本养老保险费，记入基本养老保险统筹基金。职工应当按照国家规定的本人工资的比例缴纳基本养老保险费，记入个人账户。基本养老金由统筹养老金和个人账户养老金组成。基本养老金根据个人累计缴费年限、缴费工资、当地职工平均工资、个人账户金额、城镇人口平均预期寿命等因素确定。参加基本养老保险的个人，达到法定退休年龄时累计缴费满 15 年的，按月领取基本养老金。参加基本养老保险的个人，达到法定退休年龄时累计缴费不足 15 年的，可以缴费至满 15 年，按月领取基本养老金。国家建立基本养老金正常调整机制。根据职工平均工资增长、物价上涨情况，适时提高基本养老保险待遇水平。

2. 居民养老保险

在职工养老保险之外，中国也逐步建立了城乡居民养老保险制度。《社

---

① 国家统计局：《中华人民共和国 2012 年国民经济和社会发展统计公报》，2013 年 2 月 22 日。

会保险法》规定"国家建立和完善新型农村社会养老保险制度",明确提出"新型农村社会养老保险实行个人缴费、集体补助和政府补贴相结合",新型农村社会养老保险待遇由基础养老金和个人账户养老金组成。参加新型农村社会养老保险的农村居民,符合国家规定条件的,按月领取新型农村社会养老保险待遇。这从法律上确认了新农保的地位以及政府对新农保的财政责任。根据《社会保险法》,国家建立和完善城镇居民社会养老保险制度。省、自治区、直辖市人民政府根据实际情况,可以将城镇居民社会养老保险和新型农村社会养老保险合并实施。

(二) 基本医疗保险制度

根据《社会保险法》,职工应当参加职工基本医疗保险,由用人单位和职工按照国家规定共同缴纳基本医疗保险费。无雇工的个体工商户、未在用人单位参加职工基本医疗保险的非全日制从业人员以及其他灵活就业人员可以参加职工基本医疗保险,由个人按照国家规定缴纳基本医疗保险费。对于未就业的城乡居民,国家建立和完善新型农村合作医疗制度,国家建立和完善城镇居民基本医疗保险制度。城镇居民基本医疗保险实行个人缴费和政府补贴相结合。参保人员医疗费用中由基本医疗保险基金支付的部分,由社会保险经办机构与医疗机构、药品经营单位直接结算。

(三) 工伤保险制度

根据《社会保险法》,职工应当参加工伤保险,由用人单位缴纳工伤保险费,职工不缴纳工伤保险费。职工因工作原因受到事故伤害或者患职业病,且经工伤认定的,享受工伤保险待遇;其中,经劳动能力鉴定丧失劳动能力的,享受伤残待遇。因工伤发生的费用,大部分从工伤保险基金中支付,一部分由用人单位支付。职工所在用人单位未依法缴纳工伤保险费,发生工伤事故的，由用人单位支付工伤保险待遇。用人单位不支付的，从工伤保险基金中先行支付。从工伤保险基金中先行支付的工伤保险待遇应当由用人单位偿还。用人单位不偿还的，社会保险经办机构可以依照规定追偿。由于第三人的原因造成工伤，第三人不支付工伤医疗费用或者无法确定第三人的，由工伤保险基金先行支付。工伤保险基金先行支付后，有权向第三人追偿。2003 年国务院通过了《工伤保险条例》，2010 年又修订了该条例，规定了工伤保险的具体制度。

（四）失业保险制度

中国政府在推动企业用工制度改革和建立市场导向就业机制的同时，加快建立和完善失业保险制度，保障职工失业后的基本生活，帮助失业人员实现再就业，推进企业下岗职工基本生活保障制度向失业保险并轨。中国政府于 1999 年颁布《失业保险条例》，2010 年又通过《社会保险法》进一步完善了失业保险制度。

根据《社会保险法》，职工应当参加失业保险，由用人单位和职工按照国家规定共同缴纳失业保险费。失业人员符合下列条件的，从失业保险基金中领取失业保险金：（1）失业前用人单位和本人已经缴纳失业保险费满一年的；（2）非因本人意愿中断就业的；（3）已经进行失业登记，并有求职要求的。失业人员依据缴费年限，领取失业保险金的期限最长不超过 24个月。失业保险金的标准，由省、自治区、直辖市人民政府确定，不得低于城市居民最低生活保障标准。

（五）生育保险制度

根据《社会保险法》，职工应当参加生育保险，由用人单位按照国家规定缴纳生育保险费，职工不缴纳生育保险费。用人单位已经缴纳生育保险费的，其职工享受生育保险待遇；职工未就业配偶按照国家规定享受生育医疗费用待遇。所需资金从生育保险基金中支付。

生育保险待遇包括生育医疗费用和生育津贴。生育医疗费用包括下列各项：生育的医疗费用；计划生育的医疗费用；法律、法规规定的其他项目费用。职工有下列情形之一的，可以按照国家规定享受生育津贴：女职工生育享受产假；享受计划生育手术休假；法律、法规规定的其他情形。生育津贴按照职工所在用人单位上年度职工月平均工资计发。

（六）社会保险法律制度的完善

1. 《社会保险法》在内容上还比较原则，许多制度需要细化

《社会保险法》整部法律出现按照"国家规定"的表述有 19 处，其中许多规定并不明确；整部法律授权"国务院规定"或者按照"国务院规定"的表述也有 10 处之多，特别是其中一些比较复杂的问题没有明确规定，而是留给国务院规定。这些模糊规定都需要通过具体制度加以细化。

2. 城乡一体化的原则需要进一步贯彻

《社会保险法》在制度上覆盖了城乡的职工和居民的社会保险，但在制度的整合上还不彻底。《社会保险法》打通了城镇职工的养老保险以及城镇居民和农村居民的养老保险，规定城镇职工的养老保险可以转入农村或城镇的居民养老保险（第 16 条），也授权省、自治区、直辖市人民政府根据实际情况，可以将城镇居民社会养老保险和新型农村社会养老保险合并实施（第 22 条）。但在医疗保险方面，农村合作医疗保险和城镇居民基本医疗保险由于主管机关不同，并没有规定可以合并实施。同是居民的医疗保险，农村和城镇的管理机关和管理方式却彼此分开，这不利于缩小医疗待遇水平的差距，管理成本也无形加大，造成巨大的资源浪费。此外，社会保险法只是原则规定了养老保险、医疗保险和失业保险的转移接续，但如何转移接续特别是如何厘清各地方的利益关系、建立信息系统，都需要进一步落实。

3. 社会保险基金的征收、运营和监管制度尚需完善

《社会保险法》规定社会保险费实行统一征收，即由同一征收单位对各种社会保险进行征收，这有利于提高效率，减少征收成本，也有利于减少缴费单位和个人的负担，但社会保险法并没有明确由税务机关还是社会保险行政机关征收，各地做法不一致的情形将继续存在。因此，当前要做好准备工作，使五项社会保险费在同一统筹地区统一由税务机关或社会保险经办机构一家征收。在条件成熟时，在全国范围内，使各项社会保险费用由税务机关或社会保险经办机构一家机构统一征收。

关于社会保险基金的运营，《社会保险法》只是规定社会保险基金存入财政专户，在保证安全的前提下，按照国务院规定投资运营实现保值增值，对于如何运营，如何保证其保值增值都没有规定。由于中国社会保险基金有大量结余，因此，如何进行有效运营，实现其保值增值是中国社会保险制度的一项重要内容。

此外，对于个人账户基金的运营，社会保险法只规定，个人账户不得提前支取，记账利率不得低于银行定期存款利率，免征利息税。但是对于个人账户如何保值增值，如何维护参保人的利益缺乏足够的规定。

4. 需要进一步扩大社会保险覆盖面、提高社会保险参保率

《社会保险法》实现了社会保险制度的全覆盖，但制度发挥作用的前提是职工或居民参加了社会保险。目前，中国社会保险的参保比例还比较低。例如，截至2012年末，全国就业人员76704万人，其中城镇就业人员37102万人，2012年全国农民工总量达到26261万人，[①] 但截至2012年底，城镇基本养老、城镇职工基本医疗、失业、工伤、生育保险参保人数分别为30427万人、26486万人、15225万人、19010万人、15429万人，[②] 说明中国社会保险的参保率还不高，特别是失业、工伤、生育保险的参保比例还

---

① 人力资源社会保障部：《2012年度人力资源和社会保障事业发展统计公报》。
② 同上。

比较低。因此，扩大社会保险的覆盖面，加强社会保险基金的征收仍然是今后社会保险工作的首要任务。只有使更多的职工和居民参保了，《社会保险法》规定的各项参保人的权利才能落到实处。

二　社会救助法律制度

（一）社会救助法律制度建立的背景

中国建立居民最低生活保障制度等社会救助制度有着深刻的经济社会背景。一是市场经济体制的确立，导致大量失业下岗人员生活无着，城市贫困人口迅速增加。1986 年中国登记失业人数 264 万人，1990 年达到 383 万人，1996 年上升到 553 万人，2001 年剧升到 680 万人。二是收入差距拉大，相对贫困问题日益突出。据《1996 年社会蓝皮书》的数据，东部地区城镇居民收入比中、西部地区高 40% 以上。1997 年中国城镇 10% 最高收入户与 5% 最低收入户家庭平均人均收入之比为 4.71∶1。基尼系数也由 1978 年的 0.180 上升到 2000 年的 0.467。相对贫困问题因收入差距的拉大日益突出，严重影响低收入家庭的生活质量。三是传统社会救济方式不能满足困难群众日益增长的救助需求。传统的社会救济方式中救济对象非常狭隘，救助投入很少。不能适应经济体制改革和社会发展的需要，也无法维持困难居民最起码的生活权益，居民低保制度正是在这样的社会背景下，首先在城市产生，而后扩大到农村地区。①

社会救助制度的建立和完善，一方面得益于经济的快速增长及政府公共财政的大幅增长，也和中国政府在发展经济的同时，注重社会政策的完善以及社会公平正义的实现，重视社会保障体系建设密切相关。

---

① 刘喜堂：《建国 60 年来我国社会救助发展历程与制度变迁》，《华中师范大学学报（人文社会科学版）》2010 年第 4 期。

（二）社会救助法律制度的主要内容

1. 居民最低生活保障制度

居民最低生活保障是目前中国覆盖人群最多，也是在社会救助体系中基于核心地位的社会救助制度。居民最低生活保障制度最先于 1993 年在上海启动，其标志着中国社会救济制度改革拉开了序幕。1999 年 9 月，国务院正式颁布《城市居民最低生活保障条例》。该条例的颁布和实施，标志着中国城市低保制度正式走上法制化轨道。① 最低生活保障制度是一种直接的现金救助制度。凡共同生活的家庭成员人均收入低于当地低保标准的，均有从当地政府获得现金救助及其他物质帮助的权利。

城市低保制度。城市低保主要针对持有非农业户口的城市贫困居民。从救助标准看，城市低保标准主要"按照当地维持城市居民基本生活所必需的衣、食、住费用，并适当考虑水电燃煤（燃气）费用以及未成年人的义务教育费用确定"。② 从救助程序看，城乡低保大体一致，主要包括困难居民提出申请、社区居委会（村委会）初审、乡镇（街道办事处）复核、县级民政部门审批等程序。③

《城市居民最低生活保障条例》颁布实施以来，救助人数不断扩大，救助标准逐步提高，救助资金逐年增加，救助程序日益规范，困难居民的基本生活得到了保障。截至 2012 年底，全国共有城市低保对象 1114.9 万户、2143.5 万人；全年各级财政共支出城市低保资金 674.3 亿元，2012 年全国城市低保月人均补助水平 239.1 元。④

---

① 刘喜堂：《建国 60 年来我国社会救助发展历程与制度变迁》，《华中师范大学学报（人文社会科学版）》2010 年第 4 期。

② 《城市居民最低生活保障条例》（1999 年）第 6 条。

③ 刘喜堂：《建国 60 年来我国社会救助发展历程与制度变迁》，《华中师范大学学报（人文社会科学版）》2010 年第 4 期。

④ 民政部：《2012 年社会服务发展统计公报》，2013 年 6 月。

农村低保制度。在启动城市低保的同时，农村低保制度也开始在一些地区探索建立。2007 年 7 月，国务院印发《关于在全国建立农村最低生活保障制度的通知》，对农村低保标准、救助对象、规范管理、资金落实等内容做出了明确规定，要求在年内全面建立农村低保制度并保证低保金按时足额发放到户。农村低保标准主要"按照能够维持当地农村居民全年基本生活所必需的吃饭、穿衣、用水、用电等费用确定"。① 至此，农村低保进入全面实施的新阶段。农村低保制度实施以来，其覆盖人群和救助标准也不断提高。截至 2012 年底，全国有农村低保对象 2814.9 万户、5344.5 万人；全年各级财政共支出农村低保资金 718.0 亿元，比上年增长 7.5%；2012 年全国农村低保月人均补助水平 104.0 元。②

城乡低保制度的实施初步解决了困难家庭吃饭、穿衣等日常生活问题，但仍无法满足部分居民在就医、就学以及住房方面的专门需求。为此，民政部门适时提出以低保为核心建设新型社会救助体系，在城乡低保之外，努力推动五保供养、医疗救助、临时救助等救助制度的发展，着力为困难群众打造能够保障其基本生活的社会安全网。

2. 其他社会救助制度

新型农村五保供养制度。为适应农村税费改革形势，切实保障五保对象的合法权益，新修订的《农村五保供养工作条例》于 2006 年 3 月实施。新条例把农村五保供养资金纳入财政预算，规定五保供养标准不得低于当地村民平均生活水平，并将五保供养服务机构建设纳入当地经济社会发展规划，从而建立起以财政供养为基础的新型农村五保供养制度，实现了农村五保由农村集体供养向国家财政供养的根本性转型。截至 2012 年底，全国有农村五保供养对象 529.2 万户、545.6 万人；全年各级财政共支出农村

---

① 《国务院关于在全国建立农村最低生活保障制度的通知》（2007 年）。
② 民政部：《2012 年社会服务发展统计公报》，2013 年 6 月。

五保供养资金 145.0 亿元。①

城乡医疗救助制度。2003 年 11 月，民政部、卫生部、财政部联合下发《关于实施农村医疗救助的意见》，揭开了医疗救助制度建设的序幕。2005 年 3 月，国务院办公厅转发民政部、财政部等《关于建立城市医疗救助制度试点工作的意见》，计划用 2 年时间进行试点，之后再用 2—3 年时间在全国建立起城市医疗救助制度。城乡医疗救助主要采取两种方法：一是资助城乡低保对象及其他特殊困难群众参加新型农村合作医疗或城镇居民医疗保险；二是对新农合或城镇医保报销后，自付医疗费仍然困难的家庭，民政部门给予报销部分费用的二次救助。

2012 年全年累计救助城市居民 2077 万人次，全年各级财政共支出城市医疗救助资金 70.9 亿元。2012 年全年累计救助贫困农村居民 5974.2 万人次，全年各级财政共支出农村医疗救助资金 132.9 亿元。②

临时救助制度。临时救助旨在解决低收入家庭遇到的临时性、突发性困难。2007 年 6 月，民政部下发《关于进一步建立健全临时救助制度的通知》，对临时救助的对象、标准、程序等进行了原则性的规范。目前，北京、天津、内蒙古、黑龙江、浙江、江苏、江西、湖南、湖北、重庆、陕西等省（区、市）已建立这项制度，临时救助正发展为新型社会救助体系的重要内容。③ 2012 年临时救助达 639.8 万户次。④

（三）社会救助法律体系的特点

中国在经济社会不断发展的同时，建立了与自己国情相适应的社会救

---

① 民政部：《2012 年社会服务发展统计公报》，2013 年 6 月。
② 同上。
③ 刘喜堂：《建国 60 年来我国社会救助发展历程与制度变迁》，《华中师范大学学报（人文社会科学版）》2010 年第 4 期。
④ 民政部：《2012 年社会服务发展统计公报》，2013 年 6 月。

助法律体系，中国的社会救助体系具有以下几个特点。

1. **社会救助的法律体系初步形成**

中央有关文件已把社会救助作为与社会保险、社会福利相并列的社会保障的重要内容，社会救助成为政府的一项重要职责并被普遍接受，社会救助作为公民的一项权利也已被法律所确认，并体现在政府的政策和立法中。中国宪法第45条规定，"中华人民共和国公民在年老、疾病、丧失劳动能力的情况下，有从国家和社会获得物质帮助的权利。国家发展为公民享有这些权利所需要的社会保险、社会救济和医疗卫生事业"。前述规定体现了国家和政府对包括社会救助在内的社会保障制度的义务和责任。中国社会救助法律体系取得明显成就。传统社会救济项目缺乏救助的连续性和稳定性，新型社会救助体系建立后，传统分散救助项目逐步被整合为基本生活救助、专项救助以及临时救助三大类。其中基本生活救助包括城市低保、农村低保、农村五保等，专项救助包括医疗救助、住房救助、教育救助等，临时救助主要针对遇到突发性、临时性困难的人群。救助的制度化程度和项目设定的规范化程度明显提高，救助资源的综合利用水平随之大大提高。[1]

2. **社会救助制度主要依靠中央的政策推动，并逐步推广，在财政上由中央和地方共同承担**

从上文可以看出，中国社会救助制度的建立主要依靠中央的政策推动，逐步试点推广。由于社会救助往往一开始不是建立在成型的制度或法律之上，而主要通过试点逐步推开，因此，不同地区开展社会救助项目的时间往往并不相同，而且各地的政策、救助的范围和标准也存在明显差异。社会救助制度充分体现了地方的经济发展水平和特点。

在财政责任上，在制度建立初期，社会救助项目主要由地方政府承担，

---

[1] 刘喜堂：《建国60年来我国社会救助发展历程与制度变迁》，《华中师范大学学报（人文社会科学版）》2010年第4期。

相关的条例和规定也明确了地方政府的财政责任。例如，《城市居民最低生活保障条例》规定，"城市居民最低生活保障所需资金，由地方人民政府列入财政预算，纳入社会救济专项资金支出项目"，《农村五保供养工作条例》规定，"农村五保供养资金，在地方人民政府财政预算中安排。中央财政对财政困难地区的农村五保供养，在资金上给予适当补助"。虽然条例规定了地方政府在财政上的主要责任，中央政府通过财政转移的方式补贴地方的财政支出，中央财政投入不断增加。目前在最低生活保障项目中，中央财政投入已占城乡低保支出的 60% 以上，超过地方各级财政的投入。①

3. 在社会救助的制度设计上，农村和城镇存在明显差异

比如，最低生活保障制度最初主要是为了解决城镇下岗职工的贫困问题，因此，最低生活保障制度首先在城市建立，1997 年国务院就下发了正式的政策文件。由于传统的观念认为农民有土地作为收入的来源，因此，农民的社会保障制度建立较晚。国务院直到 2007 年才下发正式的政策文件，比城市整整晚了 10 年。而且，由于城乡经济发展和生活水平以及组织结构的差异，在救助标准和程序上也存在差异。但是，医疗救助却有所不同。早期医疗救助主要用于农村扶贫或农民初级卫生保健工作中，② 且城市较早开展医疗社会保险，因此，农村的医疗贫困问题更加突出，农村正式的医疗救助制度比城市更早开展。2003 年，民政部等部门就下发了关于实施农村医疗救助的政策性文件，而 2005 年民政部等部门才下发了关于建立城市医疗救助制度试点工作的文件，比农民的医疗救助制度开展晚了两年。

（四）社会救助法律制度存在的问题及其完善

1. 社会救助法律框架存在的问题

一是社会救助的理念还比较落后。虽然中国宪法规定了公民有从国家

---

① 民政部：《2012 年社会服务发展统计公报》，2013 年 6 月。
② 林莉红、孔繁华：《社会救助法研究》，法律出版社 2008 年版，第 269 页。

和社会获得物质帮助的权利，但在相当长的时间内，社会救助被看作是一种慈善或施舍，而不是公民的法定权利。① 特别是，中国的社会救助是通过政府政策的推动逐步推开的，国家和政府在社会救助中的法律义务和责任尚不清晰。二是社会救助的基本法律缺失，政府职责和个人权利尚不清晰。从国外经验看，许多国家都制定了社会救助的基本法，规定救助的一般原则和基本制度，而且通过制定针对特定救助事项的法律法规，落实和丰富社会救助的内容。社会救助法律体系不仅包含社会救助的实体内容，比如财政责任的分担、救助的标准及其确定，也包含社会救助的程序规定，包括申请人的申请、行政机关的调查（家计调查）、行政机关决定的做出、社会救助的发放以及申请人的行政、司法救济途径等程序规定。目前中国还缺乏一部社会救助的基本法律以及基本的制度，社会救助的各个环节还缺乏统一的制度安排。三是社会救助制度的不统一。如上所言，中国的社会救助政策和立法基本上是按照城乡分立的模式确立的。这种城乡二元化的体制使城乡救助对象享受不同的救助待遇。而且，城乡分割也造成主管和经办机构的差别，加大了制度运行的成本。除此之外，地区政策和待遇水平差异很大。同时，社会救助与社会保险等其他社会保障制度以及不同社会救助项目之间的衔接还缺乏有效的机制。特别是养老保险和社会救助之间、医疗保险和社会救助之间还缺乏明确的衔接机制，不同的社会救助项目包括低保和医疗救助、低保和临时救助、医疗救助和临时救助之间的衔接机制也尚未建立。上述问题需要在相关立法中加以明确。四是社会救助水平过低，缺乏社会救助标准的制定机制。当前，因财政以及其他因素，社会救助的标准仍然较低。以城市最低生活保障待遇水平为例，就全国的

① 杨思斌：《中国社会救助法制建设 60 年的回顾与前瞻》，载杨立雄、刘喜堂主编《当代中国社会救助制度回顾与展望》，人民出版社 2012 年版，第 156 页。

平均数而言，低保标准仅占一般居民家庭的人均可支配收入的15%。① 造成社会救助待遇水平不高的原因，除了财政的因素之外，缺乏社会标准的科学制定和动态调整也是其中的重要原因。

2. 社会救助法律制度的完善

第一，尽快出台《社会救助法》，健全社会救助法律体系。当前，中国社会救助的法律体系仍不健全，社会救助工作主要依靠"政策"，制度稳定性和可预期性不强，影响了社会救助的实施和效果。中国应总结实践经验，借鉴国外成功经验，尽快制定出台《社会救助法》，整合现有制度，优化社会救助管理体制，明确各级政府及主管机关的职责，合理划分中央和地方的财政负担，明确救助对象、内容、方式、社会救助标准制定和调整程序、社会救助申请和审核程序、社会救助的监督程序等基本制度，② 受助人的权利义务，建立健全社会救助法律体系。

第二，确立科学合理的社会救助体系。中国应从国情出发，确立科学合理的社会救助体系。一是科学确定救助对象、救助事项和救助标准。中国应根据自身的经济社会发展水平，以低保为重点，完善医疗、教育、住房、自然灾害等专项救助，进一步明确临时救助制度，探索针对老年人、妇女儿童、残疾人等特殊群体的救助制度，完善分类办法，建立更加科学、合理的分类救助标准体系。在救助标准上，应建立救助标准调整机制，随着国家经济发展和财力增长，逐步提高救助水平，从单一维持基本生活的救助逐步转变为多层级的发展型救助。二是建立个人、社会和政府共同参与的多层次、多元化的救助体系，充分发挥民间团体、志愿组织和社区在社会救助制度中的积极作用。三是提高社会救助专业化水平，加强社工等

① 唐钧：《"十一五"以来社会救助发展的回顾及展望》，《社会科学》2012年第6期。

② 林嘉、陈文涛：《论社会救助法的价值及其制度建构》，《江西社会科学》2013年第2期。

专业队伍建设。

第三，合理划分中央和地方在社会救助中的职责。从国外经验看，社会救助的政策和制度主要由中央政府制定，具体办法由地方政府制定，救助标准也可因地制宜。中国应遵循这一原则，社会救助的一般制度由中央确定，地方可根据本地情况制定具体办法，但各地的政策和做法不宜差异过大，政策和制度应主要由中央和省级政府制定。在财政责任上，一是应加强社会救助投入预算管理，适当增加社会救助的财政投入。二是要合理划分中央和地方各级财政的投入比例，建立稳定的中央财政转移支付机制，明确中央政府向地方政府转移支付的条件、规模、方式，保证中央政府的转移支付投向确实需要转移支付的地区。三是要建立地方各级政府之间合理的财政分担机制。①

第四，建立社会救助项目和其他社会保障制度以及不同社会救助项目之间的衔接机制。主要包括社会救助与社会保险等其他社会保障制度以及不同社会救助项目之间的衔接机制，特别是养老保险和社会救助之间、医疗保险和社会救助之间的衔接机制；不同的社会救助项目包括低保和医疗救助、低保和临时救助、医疗救助和临时救助之间的衔接机制。

三　社会福利法律制度

中国政府积极推进社会福利事业的发展，通过多种渠道筹集资金，为老年人、孤儿和残疾人等群体提供社会福利。

（一）老年人社会福利制度

《老年人权益保障法》规定国家保障老年人依法享有的权益。老年人有

---

① 林嘉、陈文涛：《论社会救助法的价值及其制度建构》，《江西社会科学》2013年第2期。

从国家和社会获得物质帮助的权利，有享受社会服务和社会优待的权利，有参与社会发展和共享发展成果的权利。国家和社会应当采取措施，健全保障老年人权益的各项制度，逐步改善保障老年人生活、健康、安全以及参与社会发展的条件，实现老有所养、老有所医、老有所为、老有所学、老有所乐。国家建立多层次的社会保障体系，逐步提高对老年人的保障水平。国家建立和完善以居家为基础、社区为依托、机构为支撑的社会养老服务体系。倡导全社会优待老年人。

（二）儿童社会福利制度

依据《未成年人保护法》、《教育法》等法律法规，国家为儿童提供教育、计划免疫等社会福利，特别是为残疾儿童、孤儿和弃婴等处在特殊困境下的儿童提供福利项目、设施和服务，保障其生活、康复和教育。

（三）残疾人社会福利制度

国家颁布实施《残疾人保障法》，为残疾人康复、教育、劳动就业、文化生活、社会福利等提供法律保障。政府通过兴办福利企业、实施按比例就业和扶持残疾人个体从业等形式，帮助残疾人实现就业；采取临时救济和集中供养以及兴办残疾人福利安养机构等福利措施，对残疾人提供特别照顾。

总体而言，中国建立了儿童、老年人、残疾人的福利制度，但覆盖范围、福利水平以及相应的管理制度还有待完善。

四　优抚安置制度

优抚安置制度是中国政府对以军人及其家属为主体的优抚安置对象进行物质照顾和精神抚慰的一种制度。

中国政府为保障优抚对象的权益，陆续颁布了《革命烈士褒扬条例》、《军人抚恤优待条例》、《军人保险法》等法律法规。国家根据优抚对象的不同及其贡献大小，参照经济、社会发展水平，确立不同的优抚层次和标准。对于烈士遗属、牺牲和病故军人遗属、伤残军人等对象实行国家抚恤，对老复员军人等重点优抚对象实行定期定量生活补助；对义务兵家属普遍发放优待金；残疾军人等重点优抚对象享受医疗、住房、交通、教育、就业等方面的社会优待。

《兵役法》、《退伍义务兵安置条例》等法律法规，对退役军人的安置做出规定。政府为城镇退役士兵安排就业岗位，对自谋职业的城镇退役士兵发给一次性经济补助，并给予优惠政策扶持；对农村退伍义务兵在生产、生活、医疗等方面的困难，视不同情况予以解决。机关、团体、企事业单位招工时，在同等条件下优先录用城乡退伍军人。

中国政府将动员社会各方面力量，从保障优抚对象和退役军人的切实利益出发，不断完善各项优抚安置制度，提高优抚对象的保障水平，推进退役军人安置管理的法制化、制度化建设，维护优抚安置对象的合法权益。

优抚安置是中国社会保障体系的一个重要组成部分，但其如何与社会保险法、社会福利法进行整合则是今后一个重要课题。

经过多年的探索和实践，中国特色的社会保障体系框架初步形成。当前及今后一个时期，中国发展社会保障事业的任务依然艰巨。人口老龄化将进一步加大养老金和医疗费用支付压力，城镇化水平的提高将使建立健全城乡衔接的社会保障制度更为迫切，就业形式多样化将使更多的非公有制经济从业人员和灵活就业人员被纳入社会保障覆盖范围，等等，这些都对中国社会保障制度的平稳运行和建立社会保障事业可持续发展的长效机制提出新的要求。

第三节　特殊群体保护法律制度

中国重视保障特殊群体的权益，制定了《残疾人保障法》、《未成年人保护法》、《妇女权益保障法》、《老年人权益保障法》、《预防未成年人犯罪法》等法律，在保护特殊群体权益方面形成了较为完备的法律制度。

特殊群体保护法律制度的内容，除了规定上述的社会福利内容，即为残疾人、未成年人、妇女、老年人等提供健康、教育、就业、社会保障等方面的福利外，还确立了平等的原则，即法律规定不得歧视残疾人、妇女、老年人等，为残疾人、妇女、老年人等提供平等待遇。这也是特殊群体保护法的主要内容。例如，《老年人权益保障法》规定，禁止歧视、侮辱、虐待或者遗弃老年人。《妇女权益保障法》规定，妇女在政治的、经济的、文化的、社会的和家庭的生活等各方面享有同男子平等的权利。实行男女平等是国家的基本国策。国家采取必要措施，逐步完善保障妇女权益的各项制度，消除对妇女一切形式的歧视。《残疾人保障法》规定，残疾人在政治、经济、文化、社会和家庭生活等方面享有同其他公民平等的权利。残疾人的公民权利和人格尊严受法律保护。禁止基于残疾的歧视。禁止侮辱、侵害残疾人。禁止通过大众传播媒介或者其他方式贬低损害残疾人人格。

因此，特殊群体保护法一方面要保护特殊群体的平等权利，另一方面为特殊群体提供特殊的福利，这两者同等重要，二者关系的协调也需要进一步探索。

总之，改革开放以来，中国在发展经济的同时，更加注重社会建设，不断完善社会政策，促进社会公平。劳动、社会保障、特殊群体保护的基本法律框架已经形成，覆盖城乡的社会保障体系也已经建立，公民的基本生活得到了法律的保障，劳动者和特殊群体的平等权利得到法律的确认。

由于社会权利的实现是一个渐进的过程，当前，中国的社会保障水平总体上还处于比较低的状态，制度的实施也面临许多挑战。未来的基本任务是在现有制度框架的基础上，建立更加完善的具体制度，协调经济发展和劳动保护的关系，处理好就业市场灵活性和就业保护的关系，构建和谐稳定的劳动关系；提高平等意识，建立有效的反歧视实施机制；不断提高社会保障水平和管理服务水平，坚持效率和公平的有机统一，建立健全社会保障体系。

第 九 章

中国的刑法制度

　　1949 年中华人民共和国成立后，刑法立法工作曾经启动并初具雏形。1950 年 7 月 23 日，中央人民政府政务院、最高人民法院发布《关于镇压反革命活动的指示》，划定了镇压范围，统一了镇压方式，为准确打击反革命活动提供了规范。1951 年 2 月颁行的《惩治反革命条例》，是新中国成立后针对国内外敌对势力及其破坏活动的单行刑法；而 1951 年 4 月颁布的《妨害国家货币治罪暂行条例》、1952 年 4 月公布的《惩治贪污条例》，则是依法惩处普通刑事犯罪的制度尝试。

　　1954 年 9 月，第一届全国人大第一次会议通过了新中国第一部宪法、《人民法院组织法》、《人民检察院组织法》，为刑法典的孕育和诞生打下制度基础。同年 10 月，全国人大常委会办公厅法律室主持启动刑法典起草工作，至 1957 年 6 月 28 日拟出第 22 稿，分为总则、分则两编，共 215 条。

　　1963 年 10 月 9 日拟出刑法典草案第 33 稿，分为总则、分则两编，共 13 章 206 条。可是，1963 年至 1966 年，全国城乡开展的社会主义教育运动，即清思想、清政治、清组织和清经济的"四清运动"，成为当时国家政治生活的主要内容，刑法典不得不再度搁置。"四清运动"之后是为期十年的"文化大革命"，刑法典被彻底遗忘。

　　1979 年，刑法典草案多次征求中央有关部门意见，经法制工作委员会全体会议和第五届全国人大常委会第八次会议审议，提交第五届全国人大第二次会议，7 月 1 日一致通过，7 月 6 日正式公布，1980 年 1 月 1 日起施行。

1979 年刑法分为两编，共 13 章 192 条。第一编总则下设刑法的指导思想、任务和适用范围、犯罪以及刑罚的具体运用，共 5 章 89 条；第二编分则下设反革命罪，危害公共安全罪，破坏社会主义经济秩序罪，侵犯公民人身权利、民主权利罪，侵犯财产罪，妨害社会管理秩序罪，妨害婚姻、家庭罪和渎职罪，共 8 章 103 条。1979 年刑法广泛借鉴了苏联的刑法立法，这是由当时的历史背景决定的。1979 年刑法一定程度上是刑事政策的具体化、条文化，这主要是指在制定法律时必须以政策为根据，实施法律时必须以政策为指导。概括起来，中国有三大刑事政策，即惩办与宽大相结合、严厉打击刑事犯罪和社会治安综合治理，它们在刑法中都有不同程度的体现。惩办与宽大相结合是刑法肯定的首要刑事政策，即根据实践经验，针对犯罪的不同情况，区别对待，宽严相济。比如，坚持少杀，可杀可不杀的，坚决不杀，"死刑只适用于罪大恶极的犯罪分子"，并且"除依法由最高人民法院判决的以外，都应当报请最高人民法院核准"。1979 年刑法分则将死刑条文数压缩到 7 个，反革命罪 1 条，重大刑事犯罪 6 条，从立法上为少杀政策提供了法律保证。对杀人、抢劫、强奸等严重犯罪，都规定了较重的刑罚，危害特别严重、情节特别恶劣的，可以判处死刑；对小偷小摸、轻微流氓和过失行为等，构成犯罪的，法定刑较低，还可以宣告缓刑甚至可以免予刑事处分，以求缩小打击面、扩大教育面。

总的看来，1979 年刑法规定的任务和基本原则是符合中国国情的，许多具体规定是可行的，对于打击犯罪，保护人民，维护国家的统一和安全，维护社会秩序，维护人民民主专政的政权和社会主义制度，保障社会主义建设事业的顺利进行，发挥了重要的作用。不过，有些犯罪行为规定得不够具体，不好操作，执行时随意性较大，许多罪与非罪比较模糊的行为都装在流氓罪之类的"口袋罪"里面；而 1979 年后国家进入改革开放的高速发展时期，社会利益格局变动频繁而剧烈，犯罪出现许多新情况、新特点、新问题，需要刑法的适时跟进。在对刑法进行全面的、完整的修改之前，从 1981 年开始，全国人大常委会陆续对刑法做出了 22 个修改补充规定和决定，在一些民事、经济、行政法律中规定了"依照"、"比照"刑法有关规定追究刑事责任的有 100 多条，缺乏体系，分散零乱。

1979 年刑法颁行后仅三四年，全面系统修订刑法的呼声已经高涨。1988 年 7 月 1 日，七届全国人大常委会将刑法典的修订列入立法规划。征求意见过程中，确立罪刑法定原则，废除类推制度，反革命罪修改为危害国家安全罪，军人违反职责罪列入刑法分则，成为重点话题，均报请中央审议批准，一部更为丰富、成熟的刑法修订草案呼之欲出。1997 年 3 月 14 日八届人大五次会议审议通过了修订的《中华人民共和国刑法》，自 1997 年 10 月 1 日起施行。这次修订整合了 1979 年刑法实施后 17 年间所有单行刑法和附属刑法，而且将中央军委提请审议的《惩治军人违反职责犯罪条例》一并收编，共 15 章 452 条，罪名 412 个，其中新增罪名 164 个。

为了适应社会发展的需要，全国人大常委会迄今已对 1997 年刑法做出 12 次立法修改，包括 8 个刑法修正案和 4 部单行刑法，[①] 还有 9 个立法解释，确立了以刑法修正案为主、立法解释为辅的修法模式。其中，2011 年修正案（八）首次对刑法总则进行修改补充，延长了有期徒刑，缓和了"生刑过轻、死刑过重"之间的矛盾。

---

① 1998 年 12 月 29 日《关于惩治骗购外汇、逃汇和非法买卖外汇犯罪的决定》；1999 年 10 月 30 日《关于取缔邪教组织、防范和惩治邪教活动的决定》；2000 年 12 月 28 日《关于维护互联网安全的决定》；2011 年 10 月 29 日《关于加强反恐工作有关问题的决定》。其中，后 3 个决定没有新增具体的罪名。

第一节 刑法结构和体例

　　1997 年刑法由总则和分则两编组成，总则是一般规定，分则是具体规定，总则的规定适用于分则。编下设章，总则有"刑法的任务、基本原则和适用范围"、"犯罪"、"刑罚"、"刑罚的具体运用"、"其他规定"共 5 章；分则共 10 章，分别规定了危害国家安全、危害公共安全、破坏社会主义市场经济秩序、侵犯公民人身权利、民主权利、侵犯财产、妨害社会管理秩序、危害国防利益、贪污贿赂、渎职罪和军人违反职责共 10 类犯罪。其中，总则的第 2、第 3、第 4 章和分则的第 3、第 6 章下设节。节下或不设节的章下是条，是刑法的基本组成单位，全部条文统一序号，不受编、章、节划分的影响。刑法修正案采用第 × 条之一、之二的编排。条下是款，没有编号，标志是另起一个自然段。在一条多款的情况下，写作第 × 条第 × 款。款下或只设一款的条下是项，标志是另起一段且以括号数字编排，写作第 × 条第 × 款第 × 项。同一条款可能表达不止一个意思，所以一个条款可能有前段、后段；如果前段和后段意思相反或表示例外关系，则使用"但是"开头，称为"但书"。刑法最后一条，即第 452 条，独立成为附则，规定了刑法的施行日期及相关法律的废止或保留。

　　现行刑法自 1997 年 10 月 1 日施行以来，陆续颁布了 8 个修正案和 4 部单行刑法，全国人大常委会对刑法条文进行了 9 次立法解释，全国人大常委会法工委给出了 4 个解释性意见。此外，截至 2013 年 6 月，最高司法机关、公安部、司法部、解放军军事法院等发布了 270 个司法解释，这些司法解释具有法律效力，构成刑法的有机组成部分。自 2010 年起，最高人民法院和最高人民检察院共发布了几十个指导性案例，比如经最高人民法院审判委员会讨论通过，2011 年 12 月 20 日发布的"指导案例 3 号潘玉梅、陈宁受

贿案"的裁判要点使理论界和实务界争论不休的一个问题尘埃落定："国家
工作人员利用职务上的便利为请托人谋取利益，并与请托人以'合办'公
司的名义获取'利润'，没有实际出资和参与经营管理的，以受贿论处。"
又如 2013 年 1 月 31 日发布的"指导案例 14 号董某某、宋某某抢劫案"的
裁判要点指出，对于未成年人因上网诱发犯罪的，可以适用"禁制令"，禁
止其在一定期限内进入网吧等特定场所。可见，这些指导案例是借鉴判例
法国家的成功经验，通过判例创设规则，从而丰富了中国刑事司法的制度
实践。

第二节 刑法总则要义

制定一部统一的、比较完备的刑法典，是进一步完善中国刑事法律制
度和司法制度的重大步骤，对于进一步实行依法治国，建设社会主义法治
国家，具有重要意义。现行刑法也就是 1997 年刑法，立法目的是惩罚犯罪，
保护人民，是结合 1949 年以来，特别是 1979 年刑法实施以来国家同犯罪做
斗争的具体经验、立足实际国情、借鉴国外刑法制定的。其立法根据是宪
法，反映了宪法精神；宪法不仅是制定刑法的根据，而且是解释刑法的根
据。作为一部社会主义国家的刑法，总则中明确规定了刑法的任务，是用
刑罚同一切犯罪行为做斗争，以保卫国家安全，保卫人民民主专政的政权
和社会主义制度，保护国有财产和劳动群众集体所有的财产，保护公民私
人所有的财产，保护公民的人身权利、民主权利和其他权利，维护社会秩
序、经济秩序，保障社会主义建设事业的顺利进行。

1997 年刑法最大的历史进步是确立了罪刑法定原则，即"法律明文规
定为犯罪行为的，依照法律定罪处刑；法律没有明文规定为犯罪行为的，
不得定罪处刑"。这一规定与世界多数国家罪刑法定原则的表述有所不同，

不是单纯地表述为"法无明文规定不为罪，法无明文规定不处罚"，而是增加了"法律明文规定为犯罪行为的，依照法律定罪处刑"的规定。应当说，所增加的部分并非罪刑法定原则，而是强调依法办事，防止司法人员任意出罪。刑法中确立罪刑法定原则，废除了1979年刑法中规定的类推制度，无疑是中国刑法制度走向民主、尊重人权的重要标志。罪刑法定原则要求法律主义，规定罪与罚的只能是成文法，法官只能依成文法定罪量刑；罪刑法定原则还要求禁止溯及既往，不得适用事后法来约束国民；同时要求禁止类推解释，禁止绝对不定期刑。这些要求意味着，规定罪与罚的法条必须具有明确性，不明确的法律条文应当无效；即使法律明确，也应当禁止处罚不当罚的行为，并且应当禁止残酷的刑罚。

从空间适用范围上说，1979年刑法只规定了属地管辖，即凡在中国领域内，包括在中国船舶或航空器内犯罪的，都适用本法；而1997年刑法扩大了属人管辖，尤其对国家工作人员和军人在域外犯本法规定之罪的，适用本法；强化了保护管辖尤其是实际落实，当外国人在域外对中国国家或公民犯罪，而按本法规定的最低刑为3年以上有期徒刑的，可以适用本法；① 增加了普遍管辖，对于中国缔结或者参加的国际条约所规定的罪行，中国在所承担条约义务的范围内行使刑事管辖权的，适用本法。同时，为了促进对外司法协助，1997刑法承认外国刑事判决的效力，凡在域外犯罪，在外国已经受过刑罚处罚的，可以免除或者减轻处罚。从时间适用范围上说，1997年刑法继续贯彻从旧兼从轻原则，对本法施行以前的行为，如果

① 2011年10月5日，以缅甸人糯康为首的贩毒集团制造了骇人听闻的"湄公河惨案"。在这起惨案中，糯康等人劫持了中国"华平号"和"玉兴8号"两艘商船，杀害了船上13名中国人。2012年5月10日被抓获，由老挝移交中国。2012年11月6日，糯康被昆明市中级人民法院一审以故意杀人罪、运输毒品罪、绑架罪、劫持船只罪数罪并罚判处死刑立即执行，他当庭表示上诉。2013年2月26日，云南省高级人民法院终审裁定驳回上诉、维持原判。最高人民法院核准后，2013年3月1日由昆明市中级人民法院采用注射方式对糯康执行死刑。

当时的法律不认为是犯罪的，适用当时的法律；如果当时的法律认为是犯罪的，依照本法规定应当追诉的，按照当时的法律追究刑事责任，但是如果本法不认为是犯罪或者处刑较轻的，适用本法。当然，本法施行以前，依照当时的法律已经做出的生效判决，继续有效。

承继苏联刑法的传统，1997 年刑法在总则中给出了犯罪的实质定义，这个定义要解决的不是依照分则罪名确定的具体的构成犯罪的标准，而是从实质上确定犯罪的特征："一切危害国家主权、领土完整和安全，分裂国家、颠覆人民民主专政的政权和推翻社会主义制度，破坏社会秩序和经济秩序，侵犯国有财产或者劳动群众集体所有的财产，侵犯公民私人所有的财产，侵犯公民的人身权利、民主权利和其他权利，以及其他危害社会的行为，依照法律应当受刑罚处罚的，都是犯罪，但是情节显著轻微危害不大的，不认为是犯罪。"需要注意的是，从这个实质定义中可以截取一个形式定义，即依照法律应当受刑罚处罚的，就是犯罪。依照同样承继于苏联的刑法理论，定义中的"但书"非常重要，因为刑法规定的出罪理由不多，为了不使形式上符合刑法规定、实质上不够犯罪的行为一律入罪，需要一把打开罪与非罪难题的"万能钥匙"，那就是"情节显著轻微危害不大的，不认为是犯罪"。

延续过去的理论和实践，1997 年刑法规定了故意和过失两种责任形式：明知行为会发生危害社会的结果，并且希望或者放任这种结果发生，是故意犯罪；应当预见行为可能发生危害社会的结果，因疏忽大意而没有预见或者已经预见而轻信能够避免，以致发生这种结果的，是过失犯罪。刑法强调"过失犯罪，法律有规定的才负刑事责任"，条文如果没有特别指明是过失犯罪的，都是故意犯罪；而分则条文对犯罪构成要件加以描述之后，除非特别指明，过失实施构成要件行为的，不构成犯罪。为了坚持责任主义的定罪前提，刑法专条定义了不可抗力和意外事件，以便从反面描述什么不是故意或过失。当行为在客观上造成的损害结果是由于不能抗拒或者不能预见的原因所引起的，不是犯罪。

在中国，已满 16 周岁的人才是负完全刑事责任人，已满 14 周岁不满 16 周岁的人，只有犯故意杀人、故意伤害致人重伤或者死亡、强奸、抢劫、贩毒、放火、爆炸、投毒罪的，才负刑事责任，但也应当从轻或者减轻处罚。附带引发的问题是，与前列八种犯罪恶劣程度相当的还有许多，比如绑架、劫持航空器，如果没有竞合八种犯罪，基于罪刑法定原则，也只好不做犯罪处理。除了未成年人的情况外，还有精神病人的刑事责任能力问题，在他们不能辨认或者不能控制自己行为的时候造成危害结果，刑法规定不负刑事责任，由政府强制医疗。为了进一步贯彻人道主义，刑法规定又聋又哑的人或者盲人犯罪，可以从轻、减轻或者免除处罚；2011 年修正案（八）规定已满 75 周岁的人故意犯罪的，可以从轻或者减轻处罚；过失犯罪的，应当从轻或者减轻处罚。

刑法贯彻定罪的责任主义立场，不仅要求成立犯罪必须具备故意或过失，而且要求故意、过失必须与犯罪行为同步，也就是主客观相统一。但有一个例外，刑法中的原因上的自由行为理论，虽然行为时意识不清，难于认定其具有故意或过失，但意识不清的状态是行为人有意导致的。这一理论专为解决醉酒的人犯罪或者吸毒后处于迷幻状态的人犯罪的问题。不过，1997 年刑法只是规定醉酒的人犯罪的应当负刑事责任，没有涉及吸毒者迷幻状态的犯罪问题，理论界和实务界对此将继续争论下去，直到刑法做出修正补充。

刑法中的许多内容是各国刑法都有的带有共性的内容，比如犯罪预备、犯罪未遂和犯罪中止。不同之处在于，中国刑法对预备犯原则上是处罚的，这与多数国家原则上不罚预备犯的态度有所不同，更趋严厉；而对于犯罪中止则持比较宽和的态度，以便为犯罪者"架起后退的金桥"。刑法总则规定"对于中止犯，没有造成损害的，应当免除处罚"，一旦结合分则具体的规定，会造成某些意想不到的难题。比如，某无业人员深夜游荡，临时起意拦住一名下夜班的女工，没有肢体暴力和语言威吓。女工问他想干什么，他说把你手表给我。女工说别要表了，我跟你好一次吧。事后女工报案，查明她的手表才十几元钱。类似这样的案件，抢劫中止了，没有造成损害，应当免除处罚；而性交又是女方主动提议的，定强奸罪有些勉强，不定罪又觉得"便宜了坏人"。看来，规定罪刑法定原则不易，坚持罪刑法定原则更难。

值得注意的是，1997 年刑法有关共同犯罪的规定是将共同犯罪人区分为主犯、从犯、胁从犯和教唆犯，这有别于以德日为代表的大陆法系刑法有关共同犯罪人的基本分类，后者有正犯与共犯之分，共犯又分为教唆犯和帮助犯。行为符合基本构成要件的是正犯行为；行为符合修正构成要件的是教唆、帮助行为。由此看出，中国刑法中的共同犯罪是以作用划分的，德日刑法的共同犯罪是以行为分工划分的。中国刑法中主犯是指组织、领导犯罪集团进行犯罪活动的或者在共同犯罪中起主要作用者；从犯是指在共同犯罪中起次要或者辅助作用者。相对说来，德日的分类有利于准确定罪，中国的划分有利于处罚，各有利弊。不过中国的划分在司法实践中有利于化解某些难题。比如多人围殴一人致其重伤不治而亡，但法医鉴定结论显示只有一处踢伤是致命伤。即便围殴者的头目始终没有参与殴打，只是站在旁边，对中国刑法来说也不会构成困难，因为主犯按照组织、指挥的全部犯罪处罚之。不过坦率而言，1997 年刑法有关胁从犯，即被胁迫参加犯罪者的处罚有些强人所难，有时会与国民紧急避险的权利发生某种冲突，因为国民有权为了使本人或者他人的人身、财产和其他权利免受正在发生的危险，不得已采取趋利避害的行动，包括服从不法行为人的某些指令。比如银行柜员在抢劫犯的枪口下将钱袋扔出，不宜认定为胁从犯，认为是紧急避险更为妥当。

正当防卫是 1997 年刑法明确规定的排除了社会危害性的行为，所以，即便形式符合了犯罪的构成要件，其实是有益于社会的行为。因为正当防卫是为了使国家、公共利益、本人或者他人的人身、财产和其他权利免受正在进行的不法侵害，而采取的制止不法侵害的行为，所以，如果没有明显超过必要限度给不法侵害人造成重大损害，就不负刑事责任。对正在进行行凶、杀人、抢劫、强奸、绑架以及其他严重危及人身安全的暴力犯罪，采取防卫行为，造成不法侵害人伤亡的，不属于防卫过当，不负刑事责任，因此也被称为"无过当防卫"。遗憾的是，中国刑法中法定的出罪理由过少，比如依法令的职务行为就应当纳入刑法，与正当防卫、紧急避险并列为违法阻却事由。

刑法总则实际有两大部分：犯罪与刑罚。犯罪部分如上所述，下面是关于刑罚的部分。1997 年刑法规定的刑罚分为主刑和附加刑，主刑的种类有管制、拘役、有期徒刑、无期徒刑和死刑。其中，管制的期限为 3 个月以上 2 年以下，根据犯罪情况，可以同时禁止其从事特定活动，进入特定区域、场所，接触特定的人，且未经执行机关批准，不得行使言论、出版、集会、结社、游行、示威自由的权利，离开所居住的市、县或者迁居，应当报经执行机关批准。拘役的期限为 1 个月以上 6 个月以下，由公安机关就近执行，每月可以回家 1—2 天。有期徒刑的期限，除死缓减刑和数罪并罚的情形外，为 6 个月以上 15 年以下。被判处有期徒刑、无期徒刑的犯罪分子，在监狱或者其他执行场所执行，凡有劳动能力的，都应当参加劳动，接受教育和改造。

1997 年刑法规定，死刑只适用于罪行极其严重的犯罪分子。对于应当判处死刑的犯罪分子，如果不是必须立即执行的，可以判处死刑同时宣告缓期 2 年执行。死刑除由最高人民法院判决的以外，都应当报请最高人民法院核准。死刑缓期执行的，可以由高级人民法院判决或者核准。犯罪时不满 18 周岁的人和审判时怀孕的妇女不适用死刑；审判时已满 75 周岁的人，不适用死刑，但以特别残忍手段致人死亡的除外。特别残忍手段，是指在杀人过程中，故意折磨被害人，致使被害人死亡之前处于肉体与精神的痛苦状态。①

中国死刑制度中很有特色的是死缓制度。判处死刑缓期执行的，在死缓执行期间如果没有故意犯罪，2 年期满以后减为无期徒刑；如果确有重大立功表现，2 年期满以后，减为 25 年有期徒刑；如果故意犯罪查证属实的，由最高人民法院核准执行死刑。但对被判处死刑缓期执行的累犯及因故意杀人、强奸、抢劫、绑架、放火、爆炸、投放危险物质或有组织的暴力性犯罪被判处死刑缓期执行的犯罪分子，法院根据犯罪情节等情况可决定对其限制减刑。死缓执行的期间从判决确定之日起计算，减为有期徒刑的刑期从死缓执行期满之日起计算。

附加刑的种类有罚金、剥夺政治权利和没收财产，附加刑可以独立适用。判处罚金应当根据犯罪情节决定数额，在判决指定的期限内一次或者分期缴纳。期满不缴纳的，强制缴纳。对于不能全部缴纳罚金的，人民法院在任何时候发现被执行人有可以执行的财产，应当随时追缴。

剥夺政治权利是指剥夺选举权和被选举权，剥夺言论、出版、集会、结社、游行、示威自由的权利，剥夺担任国家机关职务、国有公司、企业、事业单位和人民团体领导职务的权利。剥夺政治权利的期限，除判处死刑和无期徒刑剥夺政治权利终身的情形外，为 1 年以上 5 年以下。对于危害国家安全的犯罪分子应当附加剥夺政治权利，对于故意杀人、强奸、放火、爆炸、投毒、抢劫等严重破坏社会秩序的犯罪分子可以附加剥夺政治权利。附加剥夺政治权利的刑期从徒刑、拘役执行完毕之日或者从假释之日起计算，剥夺政治权利的效力当然施用于主刑执行期间。

没收财产是没收犯罪分子个人所有财产的一部或者全部，没收全部财产的，应当对犯罪分子个人及其扶养的家属保留必需的生活费用，刑法特别强调，在判处没收财产的时候，不得没收属于犯罪分子家属所有或者应

---

① 参见陈兴良《故意杀人罪的手段残忍及其死刑裁量——以刑事指导案例为对象的研究》，《法学研究》2013 年第 4 期。

有的财产，而没收财产以前犯罪分子所负的正当债务，需要以没收的财产偿还的，经债权人请求，应当偿还。犯罪分子违法所得的一切财物应当予以追缴或者责令退赔，对被害人的合法财产应当及时返还，违禁品和供犯罪所用的本人财物应当予以没收。①

对于犯罪的外国人，可以独立适用或者附加适用驱逐出境。由于犯罪行为而使被害人遭受经济损失的，对犯罪分子除依法给予刑事处罚外，并应根据情况判处赔偿经济损失。对于犯罪情节轻微不需要判处刑罚的，可以免予刑事处罚，但是可以根据案件的不同情况，予以训诫或者责令具结悔过、赔礼道歉、赔偿损失，或者由主管部门予以行政处罚或者行政处分。

在刑罚的具体运用方面，应当提到的是累犯的从重处罚制度和自首、立功的从轻、减轻制度。累犯是指被判处有期徒刑以上刑罚的犯罪分子，刑罚执行完毕或者赦免以后，在5年以内再犯应当判处有期徒刑以上刑罚之罪的，应当从重处罚，但过失犯罪和不满18周岁的人犯罪的除外。对于被假释的犯罪分子，5年以内从假释期满之日起计算。不过，危害国家安全犯罪、恐怖活动犯罪、黑社会性质的组织犯罪的犯罪分子，在刑罚执行完毕或者赦免以后，在任何时候再犯上述任一类罪的，都以累犯论处，即所谓特别累犯。自首是指犯罪以后自动投案，如实供述自己的罪行。对于自首的犯罪分子，可以从轻或者减轻处罚。其中，犯罪较轻的，可以免除处罚。被采取强制措施的犯罪嫌疑人、被告人和正在服刑的罪犯，如实供述司法机关还未掌握的本人其他罪行的，以自首论。而犯罪分子有揭发他人犯罪行为，查证属实或者提供重要线索，得以侦破其他案件的，可以从轻或者减轻处罚；有重大立功表现的，可以减轻或者免除处罚。

《刑法修正案（八）》对有期徒刑做出调整后，数罪并罚需要重新计算。1997年刑法将数罪并罚分为判决宣告前犯数罪的并罚、判决宣告后发现漏

---

① 《刑事诉讼法》第5编"特别程序"中的第3章专门用来规定"犯罪嫌疑人、被告人逃匿、死亡案件违法所得的没收程序"。

罪的并罚和判决宣告后又犯新罪的并罚。判决宣告前犯数罪的并罚应当在总和刑期以下、数刑中最高刑期以上酌情决定执行的刑期，但是管制最高不能超过 3 年，拘役最高不能超过 1 年，有期徒刑总和刑期不满 35 年的，最高不能超过 20 年，总和刑期在 35 年以上的，最高不能超过 25 年。判决宣告后发现漏罪的并罚是指判决宣告后刑罚执行完毕前，发现被判刑的犯罪分子在判决宣告以前还有其他罪没有判决的，应当对新发现的罪做出判决，把前后两个判决所判处的刑罚相加，决定执行的刑罚。已经执行的刑期，应当计算在新判决决定的刑期以内。判决宣告后又犯新罪的并罚是指判决宣告后刑罚执行完毕前，被判刑的犯罪分子又犯罪的，应当对新犯的罪做出判决，把前罪没有执行的刑罚和后罪所判处的刑罚相加，决定执行的刑罚。

1997 年刑法规定了比较完善的缓刑、减刑、假释制度。对于被判处拘役、3 年以下有期徒刑的犯罪分子，犯罪情节较轻，有悔罪表现，没有再犯危险，对社区没有重大不良影响的，可以宣告缓刑，对其中不满 18 周岁的人、怀孕的妇女和已满 75 周岁的人，应当宣告缓刑。拘役的缓刑考验期限为原判刑期以上 1 年以下，但是不能少于 2 个月；有期徒刑的缓刑考验期限为原判刑期以上 5 年以下，但是不能少于 1 年。累犯和犯罪集团的首要分子不适用缓刑。

被判处管制、拘役、有期徒刑、无期徒刑的犯罪分子，在执行期间，如果认真遵守监规，接受教育改造，确有悔改表现的，或者有立功表现的，可以减刑。减刑以后实际执行的刑期，管制、拘役、有期徒刑不能少于原判刑期的二分之一，无期徒刑不能少于 13 年，限制减刑的死刑缓期执行的犯罪分子，缓期执行期满后依法减为无期徒刑的，不能少于 25 年，缓期执行期满后依法减为 25 年有期徒刑的，不能少于 20 年。减刑由执行机关向中级以上法院提出减刑建议书，法院应当组成合议庭进行审理，对确有悔改或者立功事实的，裁定予以减刑，非经法定程序不得减刑。无期徒刑减为有期徒刑的刑期，从裁定减刑之日起计算。

被判处有期徒刑的犯罪分子，执行原判刑期 1/2 以上，被判处无期徒刑的犯罪分子，实际执行 13 年以上，如果认真遵守监规，接受教育改造，确有悔改表现，没有再犯罪的危险的，可以假释。如果有特殊情况，经最高人民法院核准，可以不受上述执行刑期的限制。对累犯以及因故意杀人、强奸、抢劫、绑架、放火、爆炸、投放危险物质或者有组织的暴力性犯罪被判处 10 年以上有期徒刑、无期徒刑的犯罪分子，不得假释。有期徒刑的假释考验期限，为没有执行完毕的刑期，无期徒刑的假释考验期限为 10 年，从假释之日起计算。

1997 年刑法规定的追诉时效期限为：法定最高刑为不满 5 年有期徒刑的，经过 5 年；法定最高刑为 5 年以上不满 10 年有期徒刑的，经过 10 年；法定最高刑为 10 年以上有期徒刑的，经过 15 年，犯罪经过上述期限的不再追诉。法定最高刑为无期徒刑、死刑的，经过 20 年才不再追诉；如果 20 年后认为必须追诉的，须报请最高人民检察院核准。不过在检察院、公安机关、国家安全机关立案侦查或者在法院受理案件以后，逃避侦查或者审判的，不受追诉期限的限制。被害人在追诉期限内提出控告，法院、检察院、公安机关应当立案而不予立案的，不受追诉期限的限制。追诉期限从犯罪之日起计算，犯罪行为有连续或者继续状态的，从犯罪行为终了之日起计算。在追诉期限以内又犯罪的，前罪追诉的期限从犯后罪之日起计算。

第三节　刑法分则（上）

1997 年刑法分则共 10 章，规定了危害国家安全、危害公共安全、破坏社会主义市场经济秩序、侵犯公民人身权利、民主权利、侵犯财产、妨害社会管理秩序、危害国防利益、贪污贿赂、渎职和军人违反职责共 10 类犯罪。其中，第 3 章破坏社会主义市场经济秩序罪下设 8 节，规定了生产、销售伪劣商品罪，走私罪，妨害对公司、企业的管理秩序罪，破坏金融管理秩序罪，金融诈骗罪，危害税收征管罪，侵犯知识产权罪和扰乱市场秩序罪；第 6 章妨害社会管理秩序罪又下设 9 节，规定了扰乱公共秩序罪，妨害司法罪，妨害国（边）境管理罪，妨害文物管理罪，危害公共卫生罪，破坏环境资源保护罪，走私、贩卖、运输、制造毒品罪，组织、强迫、引诱、容留、介绍卖淫罪，制作、贩卖、传播淫秽物品罪。

一　刑法第 1 章的主要内容

刑法分则第 1 章危害国家安全罪，大致可分为叛国型、颠覆型、资敌型和煽动型。具体而言，背叛国家罪、投敌叛变罪和叛逃罪属于叛国型；分裂国家罪、颠覆国家政权罪和武装叛乱、暴乱罪属于颠覆型；资助危害国家安全犯罪活动罪，间谍罪，为境外窃取、刺探、收买、非法提供国家秘密、情报罪和资敌罪属于资敌型；煽动分裂国家罪和煽动颠覆国家政权罪属于煽动型。其中，值得关注的是以造谣、诽谤或者其他方式煽动推翻社会主义制度的行为，以及国家机关工作人员在履行公务期间，擅离岗位，叛逃境外或在境外叛逃的行为。自"文革"十年动乱结束后，国家秉持"思想无罪"的立场。然而，语言既可以表达思想，也可以是行为本身，语言煽动在此就被认为一种行为，以造谣、诽谤等方式煽动推翻社会主义制度被规定为犯罪。叛逃罪的最新难点是如何理解"境外"，使领馆是否算境外？2012 年重庆发生的王立军进入成都的美国领事馆的事件，现实而醒目地提出了这一问题。

二　刑法第 2 章的主要内容

刑法分则第 2 章危害公共安全罪，其中，放火罪、爆炸罪、以危险方法危害公共安全罪是多发的重点犯罪，这些犯罪的后果一般都很严重，所以都规定了过失犯。从美国"9·11"之后，各国刑法相继增加了有关恐怖犯罪的规定，中国刑法也不例外。1997年刑法规定有组织、领导、参加恐怖组织罪和资助恐怖活动罪，如果同时实施杀人、爆炸、绑架等犯罪的，依照数罪并罚的规定处罚。劫持航空器罪是1997年刑法中仅有的一个保留"唯一刑"痕迹的条文，如果以暴力、胁迫或者其他方法劫持航空器，致人重伤、死亡或者使航空器遭受严重破坏的，刑法规定处死刑，没有其他刑罚选项。中国是禁止私人拥有枪支的国家，不仅不允许制造、买卖枪支，而且不允许个人持有枪支。不过，持有型犯罪是很特别的，从证据角度看，控方只需证明一种状态，无须证明来源和去向，因而事实上减轻了控方的证明负担。而且，持有型犯罪是容易被恶意利用来陷害他人的，所以，中国刑法将持有型犯罪降到最低限度，只规定了持有枪支、毒品、假币、伪造的发票、国家绝密、机密文件等少数持有型犯罪。本章的过失犯罪被集中规定在一起，并且有比较显著的标志，即"××事故罪"、"××肇事罪"，比如重大飞行事故罪、铁路运营安全事故罪、重大责任事故罪、重大劳动安全事故罪、大型群众性活动重大安全事故罪、工程重大安全事故罪和消防责任事故罪，以及交通肇事罪、危险物品肇事罪。

三 刑法第3章的主要内容

刑法分则第3章破坏社会主义市场经济秩序罪下设8节。

第1节生产、销售伪劣商品罪，实际包括生产、销售伪劣药品、食品、卫生器材、电器、压力容器、农药、兽药、化肥、种子、化妆品的具体罪名，生产、销售假药罪最高可处死刑。各罪竞合时，依照处罚较重的规定定罪处罚。同时，单位犯本节规定之罪的，对单位判处罚金，并对其直接负责的主管人员和其他直接责任人员，依照各该条的规定处罚。

第 2 节走私罪的具体对象包括武器、弹药、核材料、假币、文物、贵重金属、珍贵动物、珍贵动物制品、国家禁止进出口的货物、物品，以及淫秽物品、废物。1997 年刑法还规定了特殊走私和间接走私。特殊走私是指未经海关许可并且未补缴应缴税额，擅自将批准进口的来料加工、来件装配、补偿贸易的原材料、零件、制成品、设备等保税货物，以及特定减税、免税进口的货物、物品，在境内销售牟利的。间接走私是指直接向走私人非法收购国家禁止进口物品的，或者直接向走私人非法收购走私进口的其他货物、物品，数额较大的行为；或者在内海、领海、界河、界湖运输、收购、贩卖国家禁止进出口物品的，或者运输、收购、贩卖国家限制进出口货物、物品，数额较大，没有合法证明的行为。如果与走私罪犯通谋，为其提供贷款、资金、账号、发票、证明，或者为其提供运输、保管、邮寄或者其他方便的，以走私罪的共犯论处。

第 3 节妨害对公司、企业的管理秩序罪主要规定了虚报注册资本罪，虚假出资、抽逃出资罪，欺诈发行股票、债券罪和违规披露、不披露重要信息罪，以及妨害清算罪，等等。某些罪的构成要件已经描述得相当清楚，显示出刑事立法的精密程度有很大提高。比如为亲友非法牟利罪，是指将本单位的盈利业务交由亲友经营，以明显高于市场的价格向亲友经营管理的单位采购商品或者以明显低于市场的价格向亲友经营管理的单位销售商品的，或者向亲友经营管理的单位采购不合格商品的行为。

第 4 节破坏金融管理秩序罪主要涉及假货币、逃汇犯罪，假金融机构经营许可、批文犯罪，以及骗取贷款、内幕交易、操纵证券、期货犯罪。司法实践中高发的是非法吸收公众存款罪。理论界和实务界都有观点认为，这个罪名是银行业垄断的结果，不利于市场经济的发展。在开放的金融市场中，便不存在所谓非法吸收公众存款问题。洗钱罪也是本节犯罪中的重点。洗钱罪是指明知是毒品犯罪、黑社会性质的组织犯罪、恐怖活动犯罪、走私犯罪、贪污贿赂犯罪、破坏金融管理秩序犯罪、金融诈骗犯罪的所得及其产生的收益，为掩饰、隐瞒其来源和性质，提供资金账户，协助将财产转换为现金、金融票据、有价证券，通过转账或者其他结算方式协助资金转移，或者协助将资金汇往境外，掩饰、隐瞒犯罪所得及其收益的来源和性质的行为。

第5节金融诈骗罪包括集资、贷款、票据、有价证券、保险、金融凭证、信用证、信用卡等诈骗犯罪。其中，集资诈骗罪仍然有死刑。与妨害信用卡管理罪不同，信用卡诈骗罪主要是因"使用"而构成，即使用伪造的、作废的信用卡，使用以虚假的身份证明骗领的信用卡，冒用他人信用卡，或者持卡人以非法占有为目的，超过规定限额或者规定期限透支，并且经发卡银行催收后仍不归还的恶意透支行为。

第6节危害税收征管罪规定有逃税、抗税、骗取出口退税、偷税、虚开增值税专用发票等罪；而盗窃增值税专用发票或者可以用于骗取出口退税、抵扣税款的其他发票的，构成盗窃罪；使用欺骗手段骗取增值税专用发票或者可以用于骗取出口退税、抵扣税款的其他发票的，构成诈骗罪。

第7节侵犯知识产权罪主要规定了与注册商标、专利、著作权有关的犯罪，同时，商业秘密，即不为公众所知悉，能为权利人带来经济利益，具有实用性并经权利人采取保密措施的技术信息和经营信息，也成为知识产权犯罪的保护法益。

第8节扰乱市场秩序罪主要规定了损害商业信誉、商品声誉罪，虚假广告罪，串通投标罪，合同诈骗罪，非法经营罪，强迫交易罪和组织、领导传销活动罪，等等。所谓传销，是指以推销商品、提供服务等经营活动为名，要求参加者以缴纳费用或者购买商品、服务等方式获得加入资格，并按照一定顺序组成层级，直接或者间接以发展人员的数量作为计酬或者返利依据，引诱、胁迫参加者继续发展他人参加，骗取财物的行为。传销活动的一些组织者、领导者，甚至在发展传销人员的过程中，采用类似组建准宗教组织的方法，对人的身心加以控制，社会危害性严重。因此，2009

年的刑法修正案（七）增设了组织、领导传销活动罪。

四 刑法第 4 章的主要内容

刑法分则第 4 章是侵犯公民人身权利、民主权利罪，这一章的罪名极为重要，许多国家的刑法都将侵害人身权利一类的罪名置于分则的第一章。这不仅是因为保护个人优于保护国家的观念在起作用，而且因为传统上被视为自然犯的重要犯罪基本处于这一章中。比如，杀人、强奸、盗窃等犯罪，理论根基深厚，条文规定复杂，在法学院的教学安排上也是重中之重。依照 1997 年刑法的规定，杀人、伤害皆有故意、过失之分；未经本人同意摘取其器官，或者摘取不满 18 周岁者器官，或者强迫、欺骗他人捐献器官的，也依照故意伤害、故意杀人定罪处罚。相比于许多国家的刑法规定，中国刑法中的强奸罪处罚是比较严厉的，起刑幅度是 3 年以上 10 年以下有期徒刑，奸淫不满 15 周岁幼女的，不论幼女是否同意，皆以强奸论且从重处罚。强奸妇女、奸淫幼女多人或者情节恶劣的，在公共场所当众强奸的，2 人以上轮奸的，或者致使被害人重伤、死亡或者造成其他严重后果的，处 10 年以上有期徒刑、无期徒刑或者死刑。

绑架罪在任何人眼里都是最可恶的犯罪，因为它利用和伤害的是人的基本伦理情感。为了严惩，也为了威慑，刑法像劫持航空器这样对于致使被绑架人死亡或者杀害被绑架人的，一律处死刑。实践检验后发现，过于严厉的刑罚可能使绑架者感到没有退路，杀掉作为潜在证人的被绑架者，可能是"最安全"的选择，因此有必要在绑架者杀人之前为其留条生路，以利于实现拯救人质的最高目标。因此，1997 年刑法规定，以勒索财物为目的绑架他人的，或者绑架他人作为人质，情节较轻的，处 5 年以上 10 年以下有期徒刑，并处罚金。

拯救被拐卖的妇女、儿童是各国政府的重要责任，中国政府和司法部门在打击拐卖妇女、儿童犯罪方面做出了卓有成效的努力。刑法关于拐卖妇女、儿童罪的规定也历经十几年的补充完善，对于拐卖妇女、儿童集团的首要分子，拐卖妇女、儿童 3 人以上，奸淫被拐卖的妇女，诱骗、强迫被拐卖的妇女卖淫或者将被拐卖的妇女卖给他人迫使其卖淫，以出卖为目的，使用暴力、胁迫或者麻醉方法绑架妇女、儿童或者偷盗婴幼儿，造成被拐卖的妇女、儿童或者其亲属重伤、死亡或者其他严重后果，或者将妇女、儿童卖往境外的行为，处 10 年以上有期徒刑或者无期徒刑，情节特别严重的，处死刑，并处没收财产。

保护公民民主权利的罪名有诬告陷害罪、侵犯少数民族风俗习惯罪、侵犯通信自由罪、报复陷害罪、破坏选举罪。现在有些地方有人煽动民族仇恨，破坏民族团结，因此，参考有关国际公约的规定，1997 年刑法增加规定了煽动民族仇恨、民族歧视罪。不过，对于利用民族问题，煽动分裂国家、破坏国家统一的，仍然适用危害国家安全罪的有关规定定罪处罚。

五　刑法第 5 章的主要内容

刑法分则第 5 章侵犯财产罪在司法实践中都是比较多发的。作为类罪名，具体包括抢劫罪、盗窃罪、诈骗罪、抢夺罪、侵占罪、敲诈勒索罪和故意毁坏公私财物罪。其中，发案率处于各罪之首的是盗窃罪。盗窃罪的理论和实践一直处于丰富和完善之中，目前的规定除保留"盗窃公私财物，数额较大的"行为以外，将"多次盗窃、入户盗窃、携带凶器盗窃、扒窃的"列入盗窃罪的构成要件。司法解释给出的扒窃定义是在公共场所或者公共交通工具上盗窃他人随身携带的物品，这样一来，盗窃罪的成立不再像过去一样单纯受限于盗窃数额，扒窃、多次盗窃、入户盗窃或者携带凶器盗窃的，即使数额未达较大标准，也可定罪处罚。

第四节　刑法分则(下)

一　刑法第 6 章的主要内容

刑法第 6 章妨害社会管理秩序罪设有 9 节，是刑法分则中条文最多、内容最杂的一章。

第 1 节扰乱公共秩序罪主要包括妨害公务罪，招摇撞骗罪，聚众斗殴罪，寻衅滋事罪，聚众淫乱罪，赌博罪，开设赌场罪，伪造、变造、买卖国家机关公文、证件、印章罪，非法生产、买卖警用装备罪，非法获取国家秘密罪，非法使用窃听、窃照专用器材罪，非法侵入计算机信息系统罪，破坏计算机信息系统罪，扰乱无线电管理秩序罪，聚众扰乱社会秩序罪，聚众冲击国家机关罪，聚众扰乱公共场所秩序、交通秩序罪，编造、故意传播虚假恐怖信息罪，组织、领导、参加黑社会性质组织罪，非法集会、游行示威罪，以及组织、利用会道门、邪教组织、利用迷信破坏法律实施、致人死亡、强奸、诈骗罪。

实践中运用较多的是寻衅滋事罪和黑社会性质组织犯罪。寻衅滋事行为在 1979 年刑法中属于流氓罪的一部分，为了贯彻罪刑法定原则，将几乎"包罗万象"的流氓罪分解后取消，是 1997 年刑法可圈可点的一笔。而随着劳教制度即将终结，原本以劳教处罚的一些行为，有可能转入寻衅滋事罪的范围。寻衅滋事罪是指随意殴打他人，情节恶劣的，追逐、拦截、辱骂、恐吓他人，情节恶劣的，强拿硬要或者任意损毁、占用公私财物，情节严重的，或者在公共场所起哄闹事，造成公共场所秩序严重混乱的行为，一般处 5 年以下有期徒刑、拘役或者管制。

黑社会性质的组织曾经在中国的一些地方成为打击的重点，甚至成为社会治理的一种手段。而刑法分则条文以大篇幅特别给出其四个特征，显得非常醒目：形成较稳定的犯罪组织，人数较多，有明确的组织者、领导者，骨干成员基本固定；有组织地通过违法犯罪活动或者其他手段获取经济利益，具有一定的经济实力，以支持该组织的活动；以暴力、威胁或者其他手段，有组织地多次进行违法犯罪活动，为非作恶，欺压、残害群众；通过实施违法犯罪活动，或者利用国家工作人员的包庇或者纵容，称霸一方，在一定区域或者行业内，形成非法控制或者重大影响，严重破坏经济、社会生活秩序。

第 2 节妨害司法罪主要规定了伪证罪，打击报复证人罪，扰乱法庭秩序罪，窝藏、包庇罪，掩饰、隐瞒犯罪所得、犯罪所得收益罪，拒不执行判决、裁定罪，非法处置查封、扣押、冻结的财产罪，破坏监管秩序罪，脱逃罪，劫夺被押解人员罪，组织越狱罪。

第 3 节妨害国（边）境管理罪，主要规定了偷越国（边）境罪，组织、运送他人偷越国（边）境罪，破坏界碑、界桩罪。

第 4 节妨害文物管理罪主要规定了故意损毁文物罪，故意损毁名胜古迹罪，非法向外国人出售、赠送珍贵文物罪，倒卖文物罪，非法出售、私赠文物藏品罪。

第 5 节危害公共卫生罪主要规定了妨害传染病防治罪，传染病菌种、毒种扩散罪，妨害国境卫生检疫罪，非法组织卖血罪、强迫卖血罪，医疗事故罪，非法行医罪。

伴随经济持续快速发展，环境污染问题日益引起中国社会各界的重视。分则第 6 章第 6 节专门规定了破坏环境资源的一类犯罪，主要涉及污染环境、非法处置进口的固体废物、擅自进口固体废物、走私固体废物等具体罪名。目前司法实践中越来越多地适用非法捕捞水产品罪，非法猎捕、杀害珍贵、濒危野生动物罪，非法收购、运输、出售珍贵濒危野生动物、珍贵、濒危野生动物制品罪，非法占用农用地罪和非法采矿罪，以及破坏性采矿罪。保护林木的罪名有非法采伐、毁坏国家重点保护植物罪，非法收购、运输、加工、出售国家重点保护植物、国家重点保护植物制品罪，盗伐林木罪，滥伐林木罪等。尤其针对某些单位为了本单位的小利益肆意破坏环境资源。

第7节规定的是走私、贩卖、运输、制造毒品罪，鸦片1000克以上、海洛因或者甲基苯丙胺50克以上或者其他毒品数量大的，毒品集团的首要分子，武装掩护走私、贩卖、运输、制造毒品的，以暴力抗拒检查、拘留、逮捕，情节严重的，或者参与有组织的国际贩毒活动的。处15年有期徒刑、无期徒刑或者死刑，并处没收财产。利用、教唆未成年人走私、贩卖、运输、制造毒品，或者向未成年人出售毒品的，从重处罚。对多次走私、贩卖、运输、制造毒品，未经处理的，毒品数量累计计算。

刑法分则第6章第8节和第9节分别规定了组织、强迫、引诱、容留、介绍卖淫罪，传播性病罪和嫖宿幼女罪，以及制作、贩卖、传播淫秽物品罪，组织淫秽表演罪。刑法特别规定了淫秽物品的范围，即具体描绘性行为或者露骨宣扬色情的诲淫性的书刊、影片、录像带、录音带、图片及其他淫秽物品。但是，有关人体生理、医学知识的科学著作不是淫秽物品；含有色情内容的有艺术价值的文学、艺术作品不视为淫秽物品。

二　刑法第7章的主要内容

刑法分则第7章危害国防利益罪实际运用较少，因为武器装备、军事设施、军事禁区等基本处于军队的有效控制之下，所以，阻碍军事行动、破坏武器装备、军事设施、军事通信、聚众冲击军事禁区等行为极少发生。为了确保军事装备的质量，刑法规定故意、过失提供不合格武器装备、军事设施，都构成犯罪，情节特别严重的还可能处以死刑。冒充军人招摇撞骗、煽动军人逃离部队、接送不合格兵员、非法生产买卖武装部队制式服装等行为都可能构成犯罪。本节中的几个罪名只有在战时才能构成，它们是：战时拒绝、逃避征召、军事训练、服役罪，战时故意提供虚假敌情罪，战时造谣扰乱军心罪，战时窝藏逃离部队军人罪，战时拒绝、故意延误军事订货罪和战时拒绝军事征用罪。

三 刑法第 8 章的主要内容

刑法分则第 8 章贪污贿赂罪是防范和惩治腐败的利器，内容比较详尽。贪污罪是指国家工作人员利用职务上的便利，侵吞、窃取、骗取或者以其他手段非法占有公共财物的行为。受国家机关、国有公司、企业、事业单位、人民团体委托管理、经营国有财产的人员，视为国家工作人员。挪用公款罪是指国家工作人员利用职务上的便利，挪用公款归个人使用，进行非法活动的，或者挪用公款数额较大、进行营利活动的，或者挪用公款数额较大、超过 3 个月未还的行为。挪用用于救灾、抢险、防汛、优抚、扶贫、移民、救济款物归个人使用的，从重处罚。

受贿罪是指国家工作人员利用职务上的便利，索取他人财物的，或者非法收受他人财物，为他人谋取利益的行为。而国家工作人员在经济往来中，违反国家规定，收受各种名义的回扣、手续费，归个人所有的，以受贿论处。国家机关、国有公司、企业、事业单位、人民团体可以构成单位受贿罪，这些单位在经济往来中，在账外暗中收受各种名义的回扣、手续费的，以受贿论。受贿罪有多种多样的形式，并且都比较隐蔽。因此，刑法的规定也一直在完善之中。比如，国家工作人员利用本人职权或者地位形成的便利条件，通过其他国家工作人员职务上的行为，为请托人谋取不正当利益，索取请托人财物或者收受请托人财物的，被确定为受贿罪；而国家工作人员的近亲属或者其他与该国家工作人员关系密切的人，通过该国家工作人员职务上的行为，或者利用该国家工作人员职权或者地位形成的便利条件，通过其他国家工作人员职务上的行为，为请托人谋取不正当利益，索取请托人财物或者收受请托人财物，数额较大或者有其他较重情节的，构成利用影响力受贿罪。

虽素有争论但依然保留的是巨额财产来源不明罪，即国家工作人员的财产、支出明显超过合法收入，差额巨大的，可以责令该国家工作人员说明来源，不能说明来源的，差额部分以非法所得论。这一犯罪的特殊性在于，它不再要求检控机关证明财产的来源，只需证明被告人可能的全部合法收入与其实际拥有的财产的差额部分，在很大程度上降低了证明难度。但这一罪名是否将举证责任转移给被告人，却是有争议的问题。

四　刑法第 9 章的主要内容

刑法分则第 9 章规定了渎职类的犯罪，主要有滥用职权罪和玩忽职守罪，其他犯罪基本都是由这两种犯罪分解开来的。比如徇私枉法罪，私放在押人员罪，徇私舞弊不移交刑事案件罪，徇私舞弊不征少征税款罪、国家机关工作人员签订、履行合同失职被骗罪，环境监管失职罪，传染病防治失职罪，放纵走私罪，商检失职罪，放纵制售伪劣商品犯罪行为罪，放行偷越国（边）境人员罪，不解救被拐卖、绑架妇女、儿童罪，招收公务员、学生徇私舞弊罪，失职造成珍贵文物损毁、流失罪，等等。可是，划分越细，遗漏越多。渎职罪的细化和膨胀，应当有适当的限度。

五　刑法第 10 章的主要内容

刑法分则第 10 章规定的是军人违反职责罪，其中规定的绝大部分罪名由军事法院管辖。军人违反职责罪是指军人违反职责，危害国家军事利益，依照法律应当受刑罚处罚的行为，主要包括战时违抗命令罪，拒传、假传军令罪，投降罪，战时临阵脱逃罪，擅离、玩忽军事职守罪，阻碍执行军事职务罪，违令作战消极罪，拒不救援友邻部队罪，军人叛逃罪，非法获取军事秘密罪，战时造谣惑众罪，战时自伤罪，逃离部队罪，武器装备肇事罪和非法出卖、转让、遗弃武器装备罪，等等。根据有关国际公约，刑法规定了战时残害居民、掠夺居民财物罪，以保护军事行动地区内无辜的居民。

本章中规定了战时缓刑制度，即在战时对被判处3年以下有期徒刑没有现实危险宣告缓刑的犯罪军人，允许其戴罪立功，确有立功表现时可以撤销原判刑罚，不以犯罪论处。本章适用于中国人民解放军的现役军官、文职干部、士兵及具有军籍的学员和中国人民武装警察部队的现役警官、文职干部、士兵及具有军籍的学员以及执行军事任务的预备役人员和其他人员。战时是指国家宣布进入战争状态、部队受领作战任务或者遭敌突然袭击时。部队执行戒严任务或者处置突发性暴力事件时，以战时论。

第五节　刑法制度的完善

一　刑法结构与犯罪范围的调整

1997年刑法颁行以来，已有8个修正案、一部单行刑法和270多个司法解释，显见中国社会发展之迅猛、利益格局变动之剧烈。近10年来，《刑法》、《刑事诉讼法》等学科陆续将中国参加的国际公约的内容整合进来，势必带动犯罪圈的调整，最终引发刑法的结构性变动。所谓刑法结构的调整、变动，其实主要是刑法分则各章顺序的调整和章节体例的协调。应将现在的第4章侵犯公民人身权利、民主权利罪和第5章侵犯财产罪的位置提前，起码位列现在的第3章破坏社会主义市场经济之前，以强化对国民个人权利和尊严的保护。另外，第 3 章包含 8 节 92 个条文，第 6 章包含 9 节 91 条，两章共计 183 个条文，占全部分则 350 个条文的一半以上，有必要将第 3 章和第 6 章下设的节进行适当压缩整理后升格为章，既避免分则第 3 章、第 6 章与其他章的不协调，也避免类罪划分逻辑层次上的混乱。

至于刑法范围的调整，过去若干年基本上用力于金融等经济领域。这既是经济蓬勃发展的写照，也不必讳言有部门利益的影响。从过去一系列修正案所新增的罪名可以明显看出这一点。未来的罪名调整重点是事关全体公民的那些条文，尤其是那些难以引起刑法修正提案兴趣的罪名，比如将聚众淫乱罪限于公开的场合，将公民自愿的私下的多人性行为不再纳入刑法。另一种考虑是，劳教取消后个别罪名要与《治安处罚法》直接衔接，比如寻衅滋事罪可以适当降低门槛；再者，应当增加袭警罪和不以勒索为目的的恐吓他人罪，以利于警察执法，加强公民的安全感。

实践中，诽谤罪往往被某些地方官员用来整治批评者，该罪原本是自诉罪，告诉的才处理，但是严重危害社会秩序和国家利益的除外。正是这个"但书"给了某些地方官僭称代表"社会秩序"甚至"国家利益"的机会，应当适时取消这一"但书"。再比如暴力取证罪，是指司法工作人员使用暴力逼取证人证言的行为，而生活中出现了更加恶劣的暴力逼取被害人陈述的事件，如果将被害人理解为广义的证人，虽可以解决个案的公正，但有可能威胁罪刑法定原则。因此，这类问题应当在立法上尽快加以解决，而不宜委之于司法解释。

中国每年交通肇事的伤亡人数近六位数，比其他国家和地区的总和还多，而相当一部分事故是由醉酒驾车引起的。交通肇事罪在中国刑法中属于过失犯罪，肇事后逃逸或者有其他特别恶劣情节的加重处罚。之所以对肇事后逃逸加重处刑，无非是想让肇事者选择现场施救。可是，根据交通安全法的规定，肇事后逃逸负全责，酒后驾驶也负全责，这就使得许多酒后驾车肇事的人选择逃逸而不是选择救助，与立法意愿适得其反，应当考虑不同法条立意的协调。

《刑法》第306条规定的"辩护人、诉讼代理人毁灭证据、伪造证据、妨害作证罪"被认为是专门针对律师的处罚,因涉嫌限制辩护权而引起争议。在刑事诉讼中,屡有辩护人被指控引诱证人违背事实改变证言的事件,甚至出现被告人出面指控自己委托的律师的情形,直接威胁到作为律师职业基础的信任关系。

还有一些罪名,随着社会的变化,应当适时除罪化,刑法不能只增不减。比如骗取出境证件罪,是以劳务输出、经贸往来或者其他名义,弄虚作假,骗取护照、签证等出境证件,为组织他人偷越国(边)境使用的行为。出境证件是指护照和签证,如果是免签国家便只需持有护照即可。多年以来,中国已经开放了护照办理,只要有户口、身份证就可申领,不必骗取,而签证是由外国使领馆负责审核发放。无论以何种名义申请签证,都是针对外国使领馆提出的,都与中国无关,不应当牺牲宝贵的刑法资源。

二 刑事法治理念的贯彻

刑法中的罪刑法定原则来之不易。1997年刑法要不要直接规定罪刑法定原则,曾经是激烈争论的话题。人们理解它的本义是"法无明文规定不为罪,法无明文规定不处罚",从理念上承认罪刑法定的进步意义,并且认为刑法应当有这么一项基本原则,但"法有限而情无余",多数人还是支持1979年刑法以严格控制下的类推作为罪刑法定的"必要补充",可见当时将罪刑法定写进刑法就是胜利。

虽然罪刑法定在与类推的较量中逐渐占据上风,但还不能说它在中国刑法中取得了支配地位。1997年刑法规定的罪刑法定原则,仅仅是法治理念与司法现实系列冲突和困惑的开始。作为刑事法治的第一原则,罪刑法定带来的首要益处是政治运作、经济运行和人际交往的可预期性。具备可预期性，才能保持安定性，而安定与秩序，不仅是刑法鼻祖们主张罪刑法定主义的重要原因，而且也符合中国的现实国情和民族利益。不过，制度安排往往不能始终达到预期效果，会不时出现波折。类推制度被 1997 年刑法毅然废除后，罪刑法定的固有宗旨便遭遇了历久观念的强烈冲击。

1979 年刑法中的类推在程序上要得到最高法院核准，而类推废除后，逐级核准没有了，事实上不利于被告的扩大解释便隐形增加了。虽无类推之名，而有类推之实，背离了废除类推的初衷。否则，乞讨可能成立非法经营罪，制作并播放有人卖"纸包子"的电视假新闻，成了传播虚假恐怖信息罪，试想，即使真有人卖"纸包子"，也够不上恐怖行为，说有人卖"纸包子"，怎么成了恐怖信息呢？再比如"足球黑哨"的定罪难题。足球裁判员收黑钱、吹黑哨，在社会上影响恶劣，球迷们义愤填膺。但裁判员不是《刑法》第 93 条第 1 款所说的"国家工作人员"，也不是该条第 2 款所谓"委派"的"以国家工作人员论"的人员；裁判行为只是比赛的一部分，而比赛无论如何都不好说是"从事公务"，所以不是《刑法》第 385 条规定的"受贿罪"。而裁判员所隶属的"足协"不属于被《刑法修正案（六）》之前《刑法》第 163 条规定的"公司、企业"，所以不构成"公司、企业人员受贿罪"。可是在民愤的压力下，"最高检"曾以"答复"的形式对"黑哨"的性质做了不利于被告的解释；而一旦提起公诉，定罪也就势在必行。而《刑法修正案（六）》的修改，恰恰反证修正前给黑哨定罪是没有法条依据的。

三 民意与刑事法治发展

在死刑问题上，民意与刑事法制的紧张关系生动体现出来，也是制度实践的鲜活写照。死刑存废早在 1979 年刑法诞生后不久，在中国既已形成争论。多数人的基本立场是：目前不废除死刑，但要尽量减少死刑。不过，"废除死刑超越历史条件"的说法，实际隐含着"历史终将废除死刑"的论断。死刑是不得已而为之，所以杀人越少越好，少杀是中国的一贯政策。企图以多杀人来维持其统治，结果只能适得其反。从政治效果上，少杀可以获得社会各界的支持，可以争取犯罪分子的家属和亲友；在思想上，要克服"文革"时期判得越重越革命、杀得越多越坚定的错误认识。死刑成为一个世界性的、跨世纪的话题之后，对死刑存废的思考开始上升到理性高度，不再简单地提倡废除死刑，而是充分度量了中国的现实与民情对死刑的需要甚至依赖，以务实的精神探讨死刑的替代手段。国际上将死刑同保障人权联系在一起，这一点在中国也正在赢得人们的认可与支持，但对极少数罪行特别严重的处以死刑，还是得到多数民众实际支持的。

废除死刑的许多理由，其实又是保留死刑的理由，换言之，死刑的存与废，考虑的都是同样的一些问题。比如，死刑并不比终身监禁具有更大的威慑力，每当一起谋杀案发生时，死刑作为一种威慑就失败一次；死刑断绝了犯罪人悔过自新的道路，即使没有死刑，许多人也不再杀人；死刑是残酷的非理性的报复，也是不尊重生命的表现，而民众支持死刑，有时盲目崇尚复仇，完全是由于他们不了解反对死刑的理由；死刑错用后无可挽回并且主要适用于穷人；死刑给我们带来引渡等国际司法合作上的困难，并且在人权问题上授人以柄。

然而，保留死刑的依据几乎与对手的观点一一对应：死刑具有最大的威慑力，因为乐生恶死是人的最大本能，如果没有死刑，谋杀会更多，至于死刑的威慑力，只能列举其失败，无法列举其成功；死刑可以从根本上防止再犯，如果没有死刑，就意味着再杀一个狱警也没关系；死刑作为对杀人者的报应，是社会正义，也是对被害者及其家属的公正，而网上民意显示，公众在知道反死刑的理由后，更多的是谩骂而不是同意；任何刑罚都有错用的危险，都是无可挽回的，至于死刑适用的歧视性，那是执法问题，不是制度问题；死刑是一国的需要，不是与他国交易的资源。当然，还有一些值得讨论的问题，比如死刑对独生子女家庭的影响，死刑的成本如何核算等等。应当说，只有人道主义，才是废除死刑的底气所在，而将死刑导向穷途末路的，只能是国家的成熟和人类尊严的提高。

第 十 章

中国的诉讼与非诉讼程序法律制度

诉讼法律制度是规范国家司法活动解决社会纠纷的法律规范，非诉讼程序法律制度是规范仲裁机构或者人民调解组织以及行政机关等解决社会纠纷的法律规范。截至 2013 年 7 月，中国已形成了一套由刑事、民事、行政三大诉讼法为主，以调解、仲裁等其他非诉讼程序法为辅的，解决各类社会纠纷的法律规范体系。

第一节 刑事诉讼法律制度

1979 年 7 月 1 日，第五届全国人大审议通过了新中国成立以来的第一部刑事诉讼法典——《刑事诉讼法》。进入 21 世纪后，为了适应司法实践的需要，解决司法实践中存在的突出问题，加大惩罚犯罪的力度，以及进一步加强与贯彻刑事诉讼中的人权保障理念，《刑事诉讼法》的修改再次被纳入国家的立法规划之中。2012 年 3 月 14 日，第十一届全国人大正式通过了新修订的《刑事诉讼法》。

一　刑事诉讼的目的

作为规范国家专门机关追诉犯罪，确定被追诉人刑事责任的程序，刑事诉讼的一个重要目的便是惩罚犯罪。同时，在此过程中，刑事诉讼的另一个重要目的便是被追诉人以及其他诉讼参与人的人权保障。早在 2004 年，宪法修正案便明确做出了"国家尊重和保障人权"的规定。在此次修改中，《刑事诉讼法》也相应在总则第 2 条增加了"尊重和保障人权"的内容，这既有利于更充分地体现中国刑事诉讼制度的社会主义本质要求，又有利于公安、司法机关在刑事诉讼活动中更好地遵循和贯彻这一宪法原则。

在刑事诉讼中，人权保障之所以十分重要，是因为国家专门机关在行使国家权力、追究和惩罚犯罪的过程中，难免超越权力，甚至滥用权力，从而侵犯了诉讼参与人的合法权益，尤其是犯罪嫌疑人、被告人的合法权益，从而导致冤案、错案的发生，严重损害了司法的公正。即使在法制相对健全的国家，冤案也时有发生。正因为如此，世界各国均普遍在刑事诉讼中规定了旨在保障人权的各种制度与程序，中国也不例外。

二　刑事证据制度

刑事证据制度是刑事诉讼制度体系的重要组成部分。通过证据运用的规范化、制度化，能够确保司法机关查明犯罪事实，实现司法公正。在 2012 年《刑事诉讼法》的修改中，中国刑事证据制度的完善进步显著，增加和修改了多项内容：第一，修正了证据的概念，完善了证据的种类。新《刑事诉讼法》以"材料说"为理论基础修正了证据的概念；将物证与书证种类分开，增加了辨认笔录、侦查实验笔录、电子数据等新的证据形式，将"鉴定结论"改为"鉴定意见"。第二，增加了举证责任的规定，明确了公诉案件中人民检察院与自诉案件中自诉人的举证责任。第三，首次确立了"不得强迫任何人证实自己有罪"的原则，实现了与联合国《公民权利与政治权利国际公约》第14条第3项的对接，充分体现了中国新《刑事诉讼法》对人权的尊重和保障。第四，构建了非法证据排除规则的制度框架，确立了言词证据严格排除、实物证据裁量排除的发展方向，为杜绝刑讯逼供等非法获得证据的行为构建了有效的制度保障。第五，完善了证人出庭做证、证人保护、证人补偿等制度，一定程度上解决了中国刑事诉讼中证人出庭做证难的问题。

在这些修改之中，影响最大的是中国非法证据制度的构建。事实上，在2010年，最高人民法院、最高人民检察院、公安部、国家安全部、司法部就联合发布了《关于办理死刑案件审查判断证据若干问题的规定》和《关于办理刑事案件排除非法证据若干问题的规定》。此次修改在吸收上述两个规定的基础上，进一步明确了非法证据排除的范围，人民法院、人民检察院和公安机关排除非法证据的义务，人民检察院对非法取证的监督，法庭审理过程中对非法证据排除的调查程序等多项内容。

第一，非法证据排除的适用范围。新《刑事诉讼法》第54条规定，"采用刑讯逼供等非法方法收集的犯罪嫌疑人、被告人供述和采用暴力、威胁等非法方法收集的证人证言、被害人陈述，应当予以排除。收集物证、书证不符合法定程序，可能严重影响司法公正的，应当予以补正或者作出合理解释；不能补正或者作出合理解释的，对该证据应当予以排除"。同时，最高人民法院发布的《关于适用〈中华人民共和国刑事诉讼法〉的解释》第95条规定，使用肉刑或者变相肉刑，或者采用其他使被告人在肉体上或者精神上遭受剧烈疼痛或者痛苦的方法，迫使被告人违背意愿供述的，应当认定为"刑讯逼供等非法方法"；最高人民检察院发布的《人民检察院刑事诉讼规则》（试行）第65条规定，其他非法方法是指违法程度和对犯罪嫌疑人的强迫程度与刑讯逼供或者暴力、威胁相当而迫使其违背意愿供述的方法。

第二，非法证据排除程序的启动。新《刑事诉讼法》第56条规定，非法证据排除调查程序的启动分为两种：一是在法庭审理过程中，"审判人员认为可能存在本法第54条规定的以非法方法收集证据情形的，应当对证据收集的合法性进行法庭调查"；二是当事人及其辩护人、诉讼代理人有权申请人民法院对以非法方法收集的证据依法予以排除。

第三，证据合法性的证明。根据新《刑事诉讼法》第57条，在对证据收集的合法性进行法庭调查的过程中，人民检察院应对证据收集的合法性加以证明，如通过播放讯问过程中的录音录像等证明犯罪嫌疑人、被告人供述的合法性。同时，在"现有证据材料不能证明证据收集的合法性"的情况下，人民检察院可以提请人民法院通知有关侦查人员或者其他人员出庭说明情况。

第四，非法证据排除程序中的证明标准。新《刑事诉讼法》第58条规定，经过法庭审理，确认或者不能排除存在非法方法收集证据情形的，有关证据应当予以排除。就是说，人民检察院须证明至排除该证据系非法取得的可能性时，才能证明证据的合法性。

三 刑事强制措施制度

在中国，刑事诉讼中的强制措施是指公安机关、人民检察院和人民法院为了保证刑事诉讼的顺利进行，依法对犯罪嫌疑人、被告人的人身自由进行限制或者剥夺的强制性方法，包括拘传、取保候审、监视居住、拘留、逮捕。这五类措施构成了一个由轻到重、层次分明、结构合理的体系，能够有效应对刑事诉讼的各种不同情况，对于保证刑事诉讼的顺利进行、规范公安司法机关的行为具有重要的意义。

针对强制措施在司法实践中遇到的困难与存在的问题，新《刑事诉讼法》对强制措施的适用情形、执行方式等进行了相应修改。

第一，对于取保候审的适用，新《刑事诉讼法》增加了两种情形："患有严重疾病、生活不能自理，怀孕或者正在哺乳自己婴儿的妇女，采取取保候审不致发生社会危险性的"与"羁押期限届满，案件尚未办结，需要采取取保候审措施的"。同时，对于取保候审的执行，新《刑事诉讼法》增加了一项规定，即"人民法院、人民检察院和公安机关可以根据案件情况，责令被取保候审的犯罪嫌疑人、被告人遵守以下一项或者多项规定：（一）不得进入特定的场所；（二）不得与特定的人员会见或者通信；（三）不得从事特定的活动；（四）将护照等出入境证件、驾驶证件交执行机关保存"。

第二，对于监视居住的适用情形，新《刑事诉讼法》将其与取保候审的适用情形予以了区分，即"（一）患有严重疾病、生活不能自理的；（二）怀孕或者正在哺乳自己婴儿的妇女；（三）系生活不能自理的人的唯一扶养人；（四）因为案件的特殊情况或者办理案件的需要，采取监视居住措施更为适宜的；（五）羁押期限届满，案件尚未办结，需要采取监视居住措施的。对符合取保候审条件，但犯罪嫌疑人、被告人不能提出保证人，也不交纳保证金的，可以监视居住"。同时，在监视居住的执行方式上，新《刑事诉讼法》也增加了一项规定，即"执行机关对被监视居住的犯罪嫌疑人、被告人，可以采取电子监控、不定期检查等监视方法对其遵守监视居住规定的情况进行监督；在侦查期间，可以对被监视居住的犯罪嫌疑人的通信进行监控"。

第三，细化了适用逮捕措施的条件，即"对有证据证明有犯罪事实，可能判处徒刑以上刑罚的犯罪嫌疑人、被告人，采取取保候审尚不足以防止发生下列社会危险性的，应当予以逮捕：可能实施新的犯罪的；有危害国家安全、公共安全或者社会秩序的现实危险的；可能毁灭、伪造证据，干扰证人作证或者串供的；可能对被害人、举报人、控告人实施打击报复的；企图自杀或者逃跑的。对有证据证明有犯罪事实，可能判处十年有期徒刑以上刑罚的，或者有证据证明有犯罪事实，可能判处徒刑以上刑罚，曾经故意犯罪或者身份不明的，应当予以逮捕。被取保候审、监视居住的犯罪嫌疑人、被告人违反取保候审、监视居住规定，情节严重的，可以予以逮捕"。

此外，在中国《刑事诉讼法》第一编第六章"强制措施"中，第82条还规定了普通公民的"扭送"，即"对于有下列情形的人，任何公民都可以立即扭送公安机关、人民检察院或者人民法院处理：（一）正在实行犯罪或者在犯罪后即时被发觉的；（二）通缉在案的；（三）越狱逃跑的；（四）正在被追捕的"。从本质上讲，"扭送"并不属于刑事强制措施，而是法律赋予公民与犯罪斗争的一种手段，以帮助公安司法机关抓获犯罪嫌疑人、被告人等，具有十分积极的意义。

四　刑事辩护制度

在刑事辩护制度中，2012年《刑事诉讼法》的修改解决了过去司法实践中存在的不少问题，进一步维护和保障了犯罪嫌疑人、被告人的辩护权利。此次修改主要包括以下几项内容。

第一，明确了犯罪嫌疑人在侦查阶段可以委托辩护人。早在1979年《刑事诉讼法》中，辩护律师仅在审判阶段才可以介入诉讼；1996年新《刑事诉讼法》修改以后，犯罪嫌疑人在审查起诉阶段即可委托辩护人，当然，尽管当时律师已可在侦查阶段介入诉讼，但并不是真正的"辩护人"，中国学者通常将其称为"提供法律帮助的人"；此次《刑事诉讼法》的再修改，不仅使律师得以名正言顺地以"辩护人"的身份介入诉讼，同时还从多方面赋予辩护律师在侦查阶段的诉讼权利。

第二，针对过去"刑事辩护三难"（会见难、阅卷难、调查取证难）的问题，在吸收2007年《律师法》的基础上，新《刑事诉讼法》在很大程度上解决了上述"三难"问题。首先，完善了律师会见犯罪嫌疑人、被告人的程序：（1）取消了律师会见时侦查人员可以派员在场的规定，为犯罪嫌疑人与律师在会见时进行充分交流提供了保障。（2）对于一般刑事案件，除危害国家安全犯罪、恐怖活动犯罪、特别重大贿赂犯罪三类案件外，会见不再需要侦查机关批准，辩护律师凭"律师执业证书、律师事务所证明和委托书或者法律援助公函"便可到看守所会见在押的犯罪嫌疑人、被告人。（3）辩护律师会见犯罪嫌疑人、被告人时不被监听。其次，完善了律师阅卷权的有关规定，扩大了辩护律师在审查起诉阶段阅卷的范围。最后，在调查取证方面，尽管新《刑事诉讼法》对律师调查取证权的条文并未进行修改，但是通过其他方面的修改与完善，尤其是在收集证明犯罪嫌疑人、被告人无罪或者罪轻的证据材料方面，辩护律师的调查取证难的情况将会有所改善。

第三，完善了刑事法律援助制度。现代刑事辩护制度中的一项重要内容便是在犯罪嫌疑人、被告人无力委托辩护人的情况下，由政府免费为其提供辩护律师。自 1996 年新《刑事诉讼法》首次规定刑事法律援助以来，经过十几年的快速发展，中国已建成较为完备的刑事法律援助制度。截至2011 年底，全国建立法律援助机构 3672 个，实现了县级以上行政区域的全覆盖；仅 2011 年，全国各法律援助机构共办理刑事法律援助案件 113717件。① 当然，在司法实践中，仍有不少犯罪嫌疑人、被告人无力委托辩护律师为其辩护，同时，刑事法律援助制度本身也存在着一些问题。对此，新《刑事诉讼法》对刑事法律援助制度做出了重要修改：（1）刑事法律援助对象从原来的三类对象（未成年人，盲、聋、哑人以及可能被判处死刑的人）扩大到五类，增加了"尚未完全丧失辨认或者控制自己行为能力的精神病人"和"可能被判处无期徒刑的人"；（2）提供法律援助的诉讼阶段提前到

---

① 参见《全国历年法律援助数据图》，中国法律援助网（http：//www. chinalega-laid. gov. cn/China_ legalaid/content/2010－08/27/content_ 2263187. htm？node＝24953）。

侦查阶段及审查起诉阶段，即在侦查和审查起诉中，遇有上述五种人自己没有聘请辩护人的，公安、检察机关应当为其提供免费的法律援助；（3）提供法律援助的方式由过去通过法官"指定承担法律援助义务的律师为其提供辩护"修改为"人民法院、人民检察院和公安机关应当通知法律援助机构指派律师为其提供辩护"，将"法律援助的责任"从过去由律师承担改变为由政府设立的法律援助机构承担。

五　刑事侦查程序

在中国，侦查是刑事诉讼中的一个独立阶段。在侦查程序中，公安机关等侦查机关的主要任务是对已经立案的刑事案件展开侦查活动，收集证据，查明案件事实，查获犯罪嫌疑人。与此同时，侦查机关的另一主要任务便是保障无罪的人不受刑事追究，尊重和保障人权，保障犯罪嫌疑人和其他诉讼参与人的诉讼权利。事实上，由于侦查机关的侦查活动具有强制性、秘密性等特征，在侦查程序中难免造成对犯罪嫌疑人等诉讼参与人合法权益的侵害，很多冤案的发生都始于侦查程序。因此，为了加强刑事诉讼中的人权保障，2012 年新《刑事诉讼法》对中国侦查程序中的多项内容进行了完善。

第一，建立和完善了讯问犯罪嫌疑人的相关制度。首先，新法取消了犯罪嫌疑人"如实供述"的义务，确立了不得强迫自证其罪的原则。其次，严格规定了讯问的时间、地点以及羁押的场所。新《刑事诉讼法》明确规定对于被羁押的犯罪嫌疑人，侦查人员必须在看守所内进行讯问，不得以任何理由将犯罪嫌疑人带出看守所进行讯问。最后，为了防止侦查机关滥用权力，遏制刑讯逼供等违法行为，新法还确立了讯问时全程录音录像制度。同时，对于未成年犯罪嫌疑人的讯问，还确立了相关人员在场的制度，以确保侦查机关依法进行讯问工作，有效保障了犯罪嫌疑人的合法权益。

第二，强化了检察机关对于侦查活动的监督，赋予利害关系人对于违法侦查行为的申诉、控告的权利。在中国，作为国家法律监督机关，检察机关的一项重要职能便是对侦查机关及侦查人员的侦查活动进行监督。新《刑事诉讼法》对于强化检察机关侦查监督的一项重要内容便是检察机关在接到报案、控告、举报或者发现侦查人员以非法方法收集证据的，应当进行调查核实。对于确有以非法方法收集证据情形的，应当提出纠正意见。对于应当排除的证据，检察机关应当依法予以排除，不得作为起诉决定的依据。与此同时，新法还赋予当事人、辩护人等利害关系人对于侦查机关及其工作人员的违法行为提出申诉或者控告的权利。对受理申诉或者控告的机关的处理不服的，利害关系人可以向同级人民检察院申诉；人民检察院直接受理的案件，可以向上一级人民检察院申诉。接到申诉后，人民检察院应当及时进行审查，情况属实的，通知有关机关予以纠正。

第三，增加了技术侦查措施的有关规定。随着科学技术的不断发展，危害国家安全、恐怖活动等严重暴力犯罪也随之向着智能化、隐蔽化的趋势发展，不仅造成日益严重的社会危害，也加大了惩治这类犯罪的难度。为了有效发现和查处这类犯罪，世界上许多国家均相继通过立法赋予侦查机关秘密侦查权（包括监听、监视、卧底侦查、特工行动等），如美国颁布的《爱国者法案》等。为了适应新形势下对于该类犯罪的惩治，迅速及时地收集证据，查获犯罪分子，2012 年新《刑事诉讼法》在第二编第二章增加了"技术侦查措施"一节，具体包括技术侦查、秘密侦查和控制下交付三种措施。同时，由于这些措施直接关系到公民的个人隐私，新法也设置了一定的批准程序，以实现"惩罚犯罪"与"保障人权"之间的平衡，使得这些特殊措施的行使、司法审查程序、期限的设立符合刑事诉讼基本规律。

六 刑事审判程序

从世界范围内看，不管是英美法系国家还是大陆法系国家，刑事审判程序都是解决案件实质问题的重要阶段，在整个刑事诉讼程序中具有决定性意义。只有经过审判程序，被告人才能最终被确定有罪。对此，新《刑事诉讼法》第12条明确规定："未经人民法院依法判决，对任何人都不得确定有罪。"

为了更好地促使人民法院行使国家赋予的审判权，正确查明案件事实，惩罚犯罪，并保障被告人的合法权益，2012年新《刑事诉讼法》对中国审判程序中的相关制度进行了较大修改，主要包括：

第一，增设了庭前会议制度。新《刑事诉讼法》第182条第2款规定："在开庭以前，审判人员可以召集公诉人、当事人和辩护人、诉讼代理人，对回避、出庭证人名单、非法证据排除等与审判相关的问题，了解情况，听取意见。"对此，最高人民法院发布的《关于适用〈中华人民共和国刑事诉讼法〉的解释》第183条对召开庭前会议的案件情形做出具体规定，即"（一）当事人及其辩护人、诉讼代理人申请排除非法证据的；（二）证据材料较多、案情重大复杂的；（三）社会影响重大的；（四）需要召开庭前会议的其他情形"。增设庭前会议，不仅有利于保障当事人的诉讼权利，还有利于控辩双方在法庭上围绕主要争点展开辩论，提高诉讼效率。

第二，明确了二审程序中应当开庭审理的案件范围。新《刑事诉讼法》第223条规定："第二审人民法院对于下列案件，应当组成合议庭，开庭审理：（一）被告人、自诉人及其法定代理人对第一审认定的事实、证据提出异议，可能影响定罪量刑的上诉案件；（二）被告人被判处死刑的上诉案件；（三）人民检察院抗诉的案件；（四）其他应当开庭审理的案件。"同时，对于不开庭审理的案件，第二审法院也应当讯问被告人，听取其他当事人、辩护人、诉讼代理人的意见。

第三，增加了对发回重审的限制性规定。一方面，新《刑事诉讼法》第225条规定，原审人民法院对于原判决事实不清楚或者证据不足而发回重审的案件重新做出判决后，被告人提出上诉或者人民检察院提出抗诉的，第二审人民法院不得再发回原审人民法院重新审判，而应当依法做出判决或者裁定。另一方面，新《刑事诉讼法》第 226 条规定，第二审人民法院发回原审法院重新审判的案件，除有新的犯罪事实，人民检察院补充起诉的以外，原审人民法院也不得加重被告人的刑罚。

此外，新《刑事诉讼法》还规定了证人、人民警察以及鉴定人出庭做证的情形以及证人拒绝出庭或者做证的后果；延长了审判的期限；扩大了简易程序的适用范围；增加了最高人民法院复核死刑案件，应当讯问被告人，辩护律师提出要求的，应当听取辩护律师的意见等多方面内容。

七　刑事执行程序与特别程序

在执行程序中，新《刑事诉讼法》增设了社区矫正制度。社区矫正问题自 2000 年进入官方视野，到 2003 年大范围试点，历时三年。社区矫正在中国从无到有，时日虽短但发展极快。随着《刑法修正案（八）》与新《刑事诉讼法》的出台，社区矫正制度正式登上了中国刑事法律的大舞台。

随着社会分工的日益细化和刑事犯罪的日趋复杂，对某些特定类型的犯罪设置特别的刑事诉讼程序已经成为刑事司法追求效率、成本等价值的迫切的现实需要。对此，新《刑事诉讼法》单设一编，修改增设了四类特别程序，即未成年人刑事案件诉讼程序，当事人和解的公诉案件诉讼程序，犯罪嫌疑人、被告人逃匿、死亡案件违法所得的没收程序，以及依法不负刑事责任的精神病人的强制医疗程序。其中，犯罪嫌疑人、被告人逃匿、死亡案件违法所得的没收程序与依法不负刑事责任的精神病人的强制医疗程序是中国刑事诉讼中的新增程序，填补了特殊类型诉讼程序的空白，具有开创意义。为中国刑事诉讼程序进一步朝着文明化、规范化和科学化的方向发展开拓了一条道路。

第二节 民事诉讼法律制度

1979 年 9 月，全国人大常委会法制委员会正式成立民事诉讼法起草小组，开始了中华人民共和国民事诉讼法的起草工作。1981 年 12 月，第五届全国人大第四次会议原则通过了《中华人民共和国民事诉讼法草案》。根据全国人大代表们的意见和有关单位的意见，在对民事诉讼法草案进行修改后，公布试行。1982 年 3 月，第五届全国人大常委会第二十二次会议审议修改了《中华人民共和国民事诉讼法草案（修改稿)》，并于 1982 年 10 月 1 日起在全国试行。经过九年的试行，1991 年 4 月 9 日第七届全国人大第四次会议审议通过了中国第一部正式的民事诉讼法典——《民事诉讼法》。此后，2007 年 10 月 28 日，第十届全国人大常委会第三十次会议通过了《关于修改〈中华人民共和国民事诉讼法〉的决定》，对《民事诉讼法》进行了第一次修正。经过四年多的探讨研究，2012 年 8 月 31 日，第十一届全国人大常委会第二十八次会议审议通过了《关于修改〈中华人民共和国民事诉讼法〉的决定》，对《民事诉讼法》进行了第二次较大范围内的修改。

一 民事诉讼基本原则

民事诉讼基本原则是在民事诉讼的全过程重要阶段中指导民事诉讼活动的行为准则，它集中体现了中国民事诉讼法的精神实质和立法思想，为人民法院的审判活动以及诉讼参与人的诉讼活动指明了方向，同时也具有法律适用上的解释与补缺功能。[1] 根据中国《民事诉讼法》第 5—17 条的有

---

[1] 宋朝武：《民事诉讼法》，中国政法大学出版社 2012 年第 3 版，第 66 页。

关规定，中国《民事诉讼法》的基本原则主要包括。

第一，审判独立原则。审判独立是现代法治国家普遍确立的一项基本原则，中国宪法第 123、第 126 条也已做出明确规定。《民事诉讼法》的规定是宪法中审判独立原则在民事诉讼中的明确体现。

第二，检察监督原则。在中国，检察机关不仅是刑事诉讼的公诉机关，同时也是国家法律监督机关，负责对国家法律的实施进行监督。2012 年《民事诉讼法》修改后，人民检察院的监督范围从过去的"民事审判活动"扩展至民事执行活动，即对民事诉讼的全过程进行法律监督。在民事诉讼中，少数审判人员因为职业素养或者职业伦理的欠缺而错用甚至滥用审判权力，从而造成误判、错判，通过检察机关对民事审判的监督、制约，促使审判人员依法行使审判权力，对于社会主义民主法治建设有着重要意义。

第三，民族语言文字原则。中国是一个拥有 56 个民族的多民族国家。《宪法》第 134 条规定："各民族公民都有使用本民族语言文字进行诉讼的权利。"因此，《民事诉讼法》第 11 条规定，各民族公民都有用本民族语言文字进行民事诉讼的权利。

第四，当事人诉讼权利平等原则。《民事诉讼法》第 8 条规定，民事诉讼的当事人享有平等的诉讼权利。人民法院审理民事案件，应当保障和便利当事人行使诉讼权利，对当事人在适用法律上一律平等，这也是"法律面前人人平等"在民事诉讼中的具体体现。

第五，法院调解原则。通过调解的方式解决民事纠纷，是中国传统法文化在民事诉讼中的独特体现。在民事案件审理过程中，双方当事人在审判人员的主持下，基于当事人的意愿，通过平等协商的方式解决双方的民事纠纷。

第六，诚实信用原则。该原则为 2012 年《民事诉讼法》修改后新增的一项基本原则。近年来，在中国各地法院的民事诉讼中，出现了一些诉讼欺诈现象，在当事人提交的证据中，也存在着假证、伪证的问题，严重影响了人民法院查明案件事实，准确适用法律，诉讼成本也随之增加。为了促进民事诉讼中当事人的诚实信用，遏制和减少各种形式的诉讼欺诈行为，2012 年《民事诉讼法》修改，在第 13 条增加一款，"民事诉讼应当遵循诚实信用原则"。同时，为了更好地贯彻落实诚实信用原则，新《民事诉讼法》在第十章"对妨害民事诉讼的强制措施"中新增两项规定：第 112 条规定，当事人之间恶意串通，企图通过诉讼、调解等方式侵害他人合法权益的，人民法院应当驳回其请求，并根据情节轻重予以罚款、拘留；构成犯罪的，依法追究刑事责任。第 113 条规定，被执行人与他人恶意串通，通过诉讼、仲裁、调解等方式逃避履行法律文书确定的义务的，人民法院应当根据情节轻重予以罚款、拘留；构成犯罪的，依法追究刑事责任。

此外，《民事诉讼法》还规定了以事实为根据，以法律为准绳的原则；同等原则与对等原则；辩论原则；处分原则。

二 民事管辖与回避制度

民事管辖制度是人民法院系统内部确定同级或者上下级法院之间受理第一审民事案件范围分工的诉讼制度。2012 年新《民事诉讼法》在过去中国民事管辖制度的框架下，对其进行了部分修改，主要内容包括：

第一，增设了公司诉讼的特殊地域管辖制度。事实上，关于公司诉讼管辖的规定，1982 年《民事诉讼法（试行）》第 30 条第 3 款已有规定，"因登记发生的诉讼，由登记机关所在地人民法院管辖"。但该款在 1991 年《民事诉讼法》修改时被删除出去，从而导致实践中有关公司诉讼案件的管辖问题出现了立法空白。因此，新《民事诉讼法》第 26 条又增设了该项特殊地域管辖的规定，即"因公司设立、解散等纠纷提起的诉讼，由公司住所地人民法院管辖"。

第二，扩充了协议管辖制度的适用案件及选择法院的范围，整合了国内与涉外民事诉讼中的协议管辖制度。首先，新《民事诉讼法》第 34 条对协议管辖的适用案件范围从过去的合同纠纷扩充至"合同或者其他财产权益纠纷"。这也充分体现了《民事诉讼法》尊重当事人意思自治与便利当事人诉讼的理念。同时，对这种扩充也做出必要的限制，即仅限于"财产权益"的纠纷。当然，由于"其他财产权益"属于不明确的法律概念，在司法实践中，法院可能会面临纠纷性质的判断难题，这也有待今后在立法上加以明确或出台相关司法解释。其次，该条扩大了选择法院的范围，即在"被告住所地、合同履行地、合同签订地、原告住所地、标的物所在地"之后，增加了"与争议有实际联系的地点"的人民法院。最后，新《民事诉讼法》改变了过去由旧法第 25 条与第 242 条分别规定国内与涉外民事诉讼协议管辖的立法格局，删除第 242 条，统一适用新法第 34 条的相关规定，这也体现了国民待遇原则在民事诉讼中的贯彻。

第三，修改了管辖权转移制度。近年来，个别地方法院利用管辖权"向下转移"而实行地方保护主义，这损害了当事人的审级利益，也破坏了司法公正。为此，新《民事诉讼法》第 38 条对上级法院将管辖权"下放式"转移至下级法院的管辖权转移制度做出了限制性规定，即"确有必要将本院管辖的第一审民事案件交下级人民法院审理的，应当报请其上级人民法院批准"，从而消除地方保护主义对管辖权的不利影响。

此外，新《民事诉讼法》还增加了有关应诉管辖的规定。新《民事诉讼法》第 127 条第 2 款规定，当事人未提出管辖异议，并应诉答辩的，视为受诉人民法院有管辖权，但违反级别管辖和专属管辖规定的除外。

在回避制度中，新《民事诉讼法》第 44 条主要从两个方面进行了完善：其一，该条第 1 款明确了审判人员自行回避的义务，即出现该条所列出的回避情形的，审判人员"应当自行回避"；其二，第 2 款增加了审判人员回避的行为情形，即"审判人员接受当事人、诉讼代理人请客送礼，或者违反规定会见当事人、诉讼代理人的，当事人有权要求他们回避"。同时，该条新增第 3 款还规定，审判人员有第 2 款规定的行为的，应当依法追究其法律责任。

三 人民陪审员制度

陪审制度是指一项由非职业法官参与案件审理的司法制度。在英美法系国家一般实行的是陪审团制度，大陆法系国家一般实行的是参审制度。中国陪审制度实行的是人民陪审员制度，是一项由来自社会各阶层的人民陪审员，享有与法官同等的权利和义务，参与特定范围内案件审理的审判制度。这也是中国民事诉讼中司法民主化的具体体现。多年来，由于制度建设的滞后，人民陪审员制度在中国民事审判活动中并未发挥重要作用。对此，全国人大常委会颁布了《关于完善人民陪审员制度的决定》（简称《陪审决定》），并于 2005 年 5 月 1 日起实施。《陪审决定》从人民陪审员的任职资格、权利义务、参与审理案件的范围等方面完善了中国人民陪审员制度，这对于促进司法民主、实现司法公正、维护司法权威，有着重要意义。

第一，人民陪审员的资格与选任。根据《陪审决定》第 4 条规定，公民担任人民陪审员，应当具备以下条件：（1）拥护中华人民共和国宪法；（2）年满 23 周岁；（3）品行良好、公道正派；（4）身体健康。人民陪审员一般应当具有大学专科以上文化程度。由于审判工作是一项专业性强的法律工作，因此，担任人民陪审员的公民应具备一定的文化水平。同时，由于中国各地文化发展不平衡，对于一些文化发展落后的地区，最高人民法院、司法部《关于人民陪审员选任、培训、考核工作的实施意见》第 2 条规定："对于执行该规定确有困难的地方，以及年龄较大、群众威望较高的公民，担任人民陪审员的文化条件可以适当放宽。"此外，因犯罪受过刑事处罚的，以及被开除公职的公民不得担任人民陪审员，人民法院、人民检察院、公安机关等国家机关的工作人员也不得担任。关于人民陪审员的选任，有两种方式：一是由公民个人申请；二是由公民所在单位或户籍所在地的基层组织向基层人民法院推荐。基层人民法院会同同级司法行政机关对候选公民进行审查后，提请同级人民代表大会常委会任命。

第二，人民陪审员参与审理案件的范围。根据《陪审决定》第 2 条的规定，对于社会影响较大的刑事、民事、行政案件，以及刑事案件被告人、民事案件原告或者被告、行政案件原告申请由人民陪审员参加合议庭审判的案件，由人民陪审员和法官组成合议庭进行审理。同时，由于人民陪审员的法律专业知识相对不足，对于由独任审理的简易程序案件，以及民事诉讼中适用督促程序、公示催告程序的案件，不能由人民陪审员审理。

第三，人民陪审员的权利义务。新《民事诉讼法》第 39 条第 3 款规定，陪审员在执行陪审职务时，与审判员有同等的权利义务。同时，《陪审决定》第 1 条规定，人民陪审员除不得担任审判长外，同法官有同等权利。由于合议庭审判长需要组织和驾驭庭审，需要具备丰富的法律专业知识与审判经验，因此，人民陪审员无法胜任审判长的要求。除此之外，人民陪审员对案件事实的认定、法律的适用均能行使独立表决权。同时，人民陪审员也与法官有同等义务，如参照有关法官回避的法律规定，遵守法官履行职责的规定，保守审判秘密、注重司法礼仪、维护司法形象等。

四 当事人与诉讼代理人制度

在当事人制度中，2012 年《民事诉讼法》修改的最大亮点便是首次建立了中国的公益诉讼制度。新《民事诉讼法》第 55 条规定："对污染环境、侵害众多消费者合法权益等损害社会公共利益的行为，法律规定的机关和有关组织可以向人民法院提起诉讼。"这一制度的建立，不仅是《民事诉讼法》的重要突破，更是中国法制史上一个新的里程碑。

　　从现有条文看，第 55 条主要规定了中国公益诉讼制度两个方面的内容。第一，公益诉讼的案件范围，即"对污染环境、侵害众多消费者合法权益等损害社会公共利益的行为"。对于案件范围的确定，需要注意两个问题：一是只有污染环境、侵害众多消费者合法权益的行为，同时损害公共利益时，才可以提起公益诉讼。如果污染环境、侵害消费者合法权益的行为只涉及某些个体利益，则不属于本条公益诉讼的范围，而属于一般普通民事诉讼即私益诉讼。二是可以提起民事公益诉讼的案件包括但不限于"污染环境"、"侵害众多消费者合法权益"两类案件，其他社会公共利益受到侵害的，如国有资产被侵害、不正当竞争的侵害亦可根据该条规定救济。①

　　第二，公益诉讼的主体，即"法律规定的机关和有关组织"。对于提起公益诉讼的主体，新《民事诉讼法》并未明确规定中国哪些国家机关和组织具有主体资格。从有关法律规定以及司法实践来看，目前中国公益诉讼的主体主要包括两类：一是国家行政机关，如根据《海洋环境保护法》第 90 条规定，海洋环境监督管理部门可以代表国家提起损害赔偿诉讼；二是环保社团组织，如由江苏省无锡市中级人民法院审结的中华环保联合会诉被告江苏某集装箱有限公司案中的原告中华环保联合会。此外，对于检察机关是否能够成为提起公益诉讼的主体，中国学界与实务界仍然存在争论。但从世界范围内来看，诸如德国、法国、英国等国家均规定检察机关代表国家直接提起公益诉讼。

　　在诉讼代理人制度中，针对实践中有些个人以诉讼代理人的名义长期包揽诉讼，甚至滥用诉讼的现象，新《民事诉讼法》修改了有关委托诉讼代理人的规定，明确了委托诉讼代理人的范围，具体包括：律师、基层法律服务工作者；当事人的近亲属或者工作人员；当事人所在社区、单位以及有关社会团体推荐的公民。

---

　　① 孙佑海：《对修改后的〈民事诉讼法〉中公益诉讼制度的理解》，《法学杂志》2012 年第 12 期。

五 民事证据制度

在民事诉讼中，证据是当事人实现与维护其实体权利，法院正确认定案件事实，公正解决民事纠纷的基础。为此，2012 年新《民事诉讼法》修改和完善了民事证据制度的多项内容。

第一，增加与完善了民事证据种类。新《民事诉讼法》第 63 条规定，在民事证据中新增"电子数据"作为一种独立的证据种类。当前，随着计算机技术和通信技术的快速发展，电子数据逐渐受到重视，世界各国也相继开始电子证据的立法工作。此次修改后，将有利于电子数据在中国司法实践中的广泛运用。此外，与刑事证据制度的修改相同，新《民事诉讼法》也将"鉴定结论"修改为"鉴定意见"。

第二，确立了举证时限制度。新《民事诉讼法》第 65 条规定，举证时限制度的主要内容包括：首先，当事人对自己提出的主张应当及时提供证据。其次，当事人应当提供的证据及其期限，由人民法院根据当事人的主张和案件审理情况进行确定。再次，当事人确有困难无法在期限内提供证据的，人民法院可依据当事人的申请适当延长。最后，当事人逾期提供证据的，人民法院应责令其说明理由，否则，人民法院根据不同情形可以不采纳该证据，或者采纳该证据但同时予以惩戒、罚款。举证时限制度的建立，对于提高诉讼效率，防止证据突袭，平等保护双方当事人权利等方面具有十分积极的作用。

第三，完善了证人出庭做证制度。首先，明确了证人不能出庭做证的情形。新《民事诉讼法》第 73 条第 1 款规定，证人不能出庭的情形包括：（1）因健康原因不能出庭的；（2）因路途遥远，交通不便不能出庭的；（3）因自然灾害等不可抗力不能出庭的；（4）其他有正当理由不能出庭的。其次，扩充了证人不能出庭的替代做证方式。除传统的书面证言外，还增加了视听传输技术、视听资料等方式。最后，完善了证人出庭的保障制度。新《民事诉讼法》第74条规定："证人因履行出庭作证义务而支出的交通、住宿、就餐等必要费用以及误工损失，由败诉一方当事人负担。当事人申请证人作证的，由该当事人先行垫付；当事人没有申请，人民法院通知证人作证的，由人民法院先行垫付。"

第四，完善了鉴定制度。首先，增加了当事人申请鉴定的规定。新《民事诉讼法》第76条规定，当事人可以就查明事实的专门性问题向人民法院申请鉴定；同时，当事人未申请鉴定的，人民法院认为对专门性问题需要鉴定的，应当进行鉴定。其次，确立了鉴定人出庭做证制度。新《民事诉讼法》第78条规定，当事人对鉴定意见有异议或者人民法院认为鉴定人有必要出庭的，鉴定人应当出庭做证。对于鉴定人拒不出庭做证的，鉴定意见不得作为认定事实的根据，支付鉴定费用的当事人还可以要求返还鉴定费用。最后，增加了专家辅助人对鉴定意见或专业问题提出意见的规定。新《民事诉讼法》第79条规定，当事人可以申请人民法院通知有专门知识的人出庭，就鉴定人做出的鉴定意见或者专业问题提出意见。

第五，增加了诉前的证据保全制度。为了防止证据灭失或难以取得，新《民事诉讼法》第81条增加了诉前的证据保全制度，即"因情况紧急，在证据可能灭失或者以后难以取得的情况下，利害关系人可以在提起诉讼或者申请仲裁前向证据所在地、被申请人住所地或者对案件有管辖权的人民法院申请保全证据"。

六　民事审判程序

中国民事审判程序主要分为第一审普通程序、简易程序、第二审程序、审判监督程序，2012年《民事诉讼法》对上述程序均做出修改。

在第一审普通程序中，新《民事诉讼法》修改的内容包括：首先，在庭审前的准备阶段，明确了人民法院对受理案件的处理情形：（1）当事人没有争议，符合督促程序规定条件的，可以转入督促程序；（2）开庭前可以调解的，采取调解方式及时解决纠纷；（3）根据案件情况，确定适用简易程序或者普通程序；（4）需要开庭审理的，通过要求当事人交换证据等方式，明确争议焦点。其中，第一项规定实现了普通程序与督促程序的衔接，可以有效提高诉讼效率。其次，新《民事诉讼法》明确了在判决书中应当写明判决结果和做出该判决的理由，以及在裁定书中应当写明裁定结果和做出该裁定的理由，以此提高判决与裁定的说服力。最后，增加了公众查阅判决、裁定的权利。根据新《民事诉讼法》第 156 条规定，公众可以查阅发生法律效力的判决书、裁定书，但涉及国家秘密、商业秘密和个人隐私的内容除外，这也是对公民知情权的有效保障。

在简易程序中，新《民事诉讼法》修改的主要内容有三：其一，增设了小额诉讼制度，即对于适用简易程序的案件，其标的额为各省、自治区、直辖市上年度就业人员年平均工资 30% 以下的，实行一审终审。其二，扩大了简易程序的适用范围，即当事人双方可以约定适用简易程序。其三，增加了简易程序转为普通程序的规定。新《民事诉讼法》第 163 条规定："人民法院在审理过程中，发现案件不宜适用简易程序的，裁定转为普通程序。"

在第二审程序中，新《民事诉讼法》主要修改了二审开庭制度与发回重审制度。在二审开庭制度中，新《民事诉讼法》第 169 条删除了合议庭不开庭审理而径行判决、裁定的规定，只有在没有提出新的事实、证据或者理由的条件下，合议庭才可以不开庭审理。在发回重审制度中，修改内容主要包括：首先，对于"原判决、裁定认定事实错误的"，不再发回重审，由二审法院以判决、裁定方式依法改判、撤销或者变更。其次，将过去"违反法定程序，可能影响案件正确判决的"情形修改为"遗漏当事人或者违法缺席判决等严重违反法定程序的"。最后，限定了发回重审的次数，即对于发回重审的案件，原审人民法院做出判决后，当事人再次上诉的，第二审人民法院不得再发回重审。

审判监督程序，也可称为再审程序，是指人民法院对已经发生法律效力的判决、裁定与调解书再次进行审理时所适用的程序。在中国，民事诉讼实行二审终审制度，而审判监督程序已经超越审级制度，在本质上是纠正人民法院已发生法律效力的错误裁判的补救程序，对维护当事人合法权益，实现司法公正有着特殊意义。2012 年新《民事诉讼法》进一步完善了审判监督程序，修改内容主要包括：

第一，增设检察建议制度。早在 1991 年《民事诉讼法》中便已确立了人民检察院抗诉而启动再审，但抗诉主体仅限于最高人民检察院与上级人民检察院。同级人民检察院仅能向上级人民检察院提请抗诉。2012 年《民事诉讼法》修改后，新《民事诉讼法》第 208 条增加了同级人民检察院向同级人民法院提出检察建议的规定，通过检察建议的方式启动再审程序。同时，对于审判监督程序以外的其他审判程序中审判人员的违法行为，同级人民检察院也有权向同级人民法院提出检察建议。

第二，新增当事人向人民检察院申请检察建议或申请抗诉的规定。《民事诉讼法》修改以前，当事人可以直接向人民法院申请再审。《民事诉讼法》的修改，在强化检察机关民事监督的基础上，也赋予了当事人向人民检察院申请检察建议或者抗诉的权利，以避免人民法院内部包庇，实现对当事人合法权益的救济。根据新《民事诉讼法》第 209 条第 1 款规定，当事人向人民检察院提出申请的情形包括：人民法院驳回再审申请的；人民法院逾期未对再审申请做出裁定的；再审判决、裁定有明显错误的。同时，人民检察院对当事人的申请应当在三个月内进行审查，做出提出或者不予提出检察建议或者抗诉的决定。对于不予提出检察建议或者抗诉的决定，当事人不得再次向人民检察院申请检察建议或者抗诉。

第三，修改了当事人申请再审的时限。新《民事诉讼法》第 205 条规定，当事人申请再审的时限从过去"判决、裁定发生法律效力二年内"缩短至"六个月"；同时，对于新《民事诉讼法》第200条所规定的以下几类情形，即"（一）有新的证据，足以推翻原判决、裁定的；……（三）原判决、裁定认定事实的主要证据是伪造的；……（十二）据以作出原判决、裁定的法律文书被撤销或者变更的；（十三）审判人员审理该案件时有贪污受贿，徇私舞弊，枉法裁判行为的"，当事人申请再审的期限从过去的"自知道或者应当知道之日起三个月内"延长至"六个月"。此外，新《民事诉讼法》还将适用再审程序的案件范围扩大至"已经发生法律效力的调解书"。

七 特殊程序

除普通诉讼程序外，中国民事诉讼还设有一系列特殊程序，分为特别程序、督促程序、公示催告程序。

特别程序是指人民法院根据《民事诉讼法》的规定，审理和解决某些特殊类型案件的审判程序的总称。适用特别程序的案件主要包括以下类型：选民资格案件，宣告失踪、宣告死亡案件，认定公民无民事行为能力、限制民事行为能力案件，认定财产无主案件，确认调解协议案件，以及实现担保物权案件。其中，确认调解协议案件与实现担保物权案件为2012年新《民事诉讼法》增加的两类案件。人民法院确认调解协议的实质是国家司法权对纠纷的社会型救济结果予以确认；实现担保物权的特别程序是担保物权人以及其他有权请求实现担保物权的人，可以不经普通诉讼程序，而直接请求人民法院拍卖或者变卖担保财产，从而便于担保物权的实现。上述适用特别程序审理的案件，均实行一审终审。

督促程序是指债权人请求人民法院向债务人发出支付令，督促债务人履行给付金钱或者有价证券义务的特殊程序。该程序主要适用于双方当事人之间存在明确的债权债务关系，双方之间并无争议，但债务人拒不履行义务的案件。对于这类案件，如果启动普通的诉讼程序，诉讼成本高、效率低，也会造成司法资源的浪费，通过相对简便的督促程序，便于实现债权人的实体权利。人民法院发出支付令后，债务人应当自收到支付令之日起15日内清偿债务，或者向人民法院提出书面异议。根据新《民事诉讼法》第217条规定，人民法院审查后，异议成立的，应当裁定终结督促程序，同时案件自动转入诉讼程序。这一规定实现了督促程序与诉讼程序的衔接，提高了纠纷解决的效率。当然，申请支付令的一方当事人不同意提起诉讼的，则不转入诉讼程序。

公示催告程序，是人民法院根据当事人的申请，以公告的方法，告知并催促不明确的利害关系人在一定期限内申报权利，到期无人申报的，人民法院依法做出除权判决的程序。实践中，可以背书转让的票据的持有人因票据被盗、遗失或者灭失而无法主张票据权利，而盗窃、捡拾票据的人则有可能行使票据权利，从而损害了票据权利人的合法权益。同时，由于相对人身份并不明确，票据权利人无法通过普通诉讼程序主张自己的权利。因此，民事诉讼法设立公示催告程序，以维护票据权利人的合法权益。

第三节　行政诉讼法律制度

中国行政诉讼制度的初步建立始于1982年《民事诉讼法（试行）》第3条第2款之中，"法律规定由人民法院审理的行政案件，适用本法规定"。也就是说，当时的行政诉讼案件适用的是民事诉讼程序。直到1989年4月4日，第七届全国人大第二次会议审议通过了中国首部行政诉讼法典——《行政诉讼法》，并于1990年10月1日起正式实施。经过20多年的实施，《行政诉讼法》在推动民主政治与行政法治建设方面发挥了重要作用。然而，随着社会的快速发展，社会公众权利意识的觉醒，行政诉讼法在司法实践中逐渐显露出诸多问题。为此，近些年来最高人民法院也相继公布了《关于审理行政许可案件若干问题的规定》、《关于审理房屋登记案件若干问题的规定》、《关于审理涉及农村集体土地行政案件若干问题的规定》等多项司法解释，从一定程度上完善了现行行政诉讼制度。当前，在中国刑事、民事两大诉讼法相继进行修改后，国家立法机关已将《行政诉讼法》的修改纳入国家的立法规划中，中国行政诉讼制度将会获得进一步完善与发展。

一 行政诉讼基本原则

根据中国《行政诉讼法》的规定，对行政诉讼活动具有普遍指导意义的基本原则包括：审判独立原则，以事实为根据、以法律为准绳的原则，合法性审查原则，当事人法律地位平等原则，民族语言文字原则，辩论原则以及检察监督原则。其中，合法性审查原则为行政诉讼的特有原则，其他原则均与民事诉讼基本原则相同。

根据《行政诉讼法》第5条规定，"人民法院审理行政案件，对具体行政行为是否合法进行审查"。这一原则包含了两个关系、三个观点：两个关系是公民与政府的关系、审判权与行政权的关系；三个观点是民主的观点、权力制约的观点和法治的观点。[①] 概括来讲，合法性审查原则主要包括三项内容：第一，人民法院享有对行政主体行为的司法审查权；第二，被审查的行为仅限于具体行政行为；第三，这种审查是对行为的合法性进行审查，即行政主体的具体行政行为是否违反法律规定。

需要指出的是，由于该原则是对行为的合法性进行审查，原则上人民法院并不审查具体行政行为的合理性问题。唯一的例外情况是人民法院对

---

① 罗豪才、应松年：《行政诉讼法学》，中国政法大学出版社1990年版，第33—34页。

行政处罚行为的审查。根据《行政诉讼法》第 54 条第 4 项规定，"行政处罚显失公正的，可以判决变更"。就是说，只有对行政处罚的行政行为，人民法院不仅审查其合法性，也要审查处罚行为的合理性。

二　行政诉讼受案范围

概括而言，人民法院受理行政诉讼的案件范围为因具体行政行为而引发的争议案件。根据中国《行政诉讼法》，不管是第 2 条所规定的公民、法人或其他组织的行政起诉权，还是第 5 条规定的人民法院合法性审查原则，均指向了行政主体所做出的具体行政行为。①

具体来讲，《行政诉讼法》第 11、第 12 条对人民法院应当受理和不受理的案件范围做出了明确规定。根据第 11 条的规定，中国人民法院应当受理的行政诉讼案件包括：行政处罚案件、行政强制案件、侵犯法律规定的经营自主权案件、行政许可案件、不履行法定职责案件、抚恤金案件、违法要求履行义务案件，以及其他侵犯人身权、财产权案件。根据最高人民法院《关于执行〈中华人民共和国行政诉讼法〉若干问题的解释》等司法解释以及司法实践来看，其他侵犯人身权、财产权的案件主要包括：行政裁决案件，如征收补偿裁决；行政确认案件，如婚姻登记、房屋产权登记案件等；行政合同案件，如行政机关依合同约定为开发商办理土地使用权证；行政行为侵犯公民公平竞争权的案件；政府信息公开行政案件等。

根据第 12 条的规定，人民法院不受理的事项主要包括：国防、外交等国家行为；行政法规、规章或者行政机关制定、发布的具有普遍约束力的

---

① 具体行政行为，一般是指国家行政机关和行政机关工作人员、法律法规授权的组织、行政机关委托的组织或者个人在行政管理活动中行使行政职权，针对特定的公民、法人或者其他组织，就特定的具体事项，做出的有关该公民、法人或者其他组织权利义务的单方行为。

决定、命令；行政机关对行政机关工作人员的奖惩、任免等决定；法律规定由行政机关最终裁决的具体行政行为。此外，最高人民法院《关于执行〈中华人民共和国行政诉讼法〉若干问题的解释》第 1 条第 2 款还列举了多项不予受理的事项：（1）行政诉讼法第 12 条规定的行为；（2）公安、国家安全等机关依照刑事诉讼法的明确授权实施的行为；（3）调解行为以及法律规定的仲裁行为；（4）不具有强制力的行政指导行为；（5）驳回当事人对行政行为提起申诉的重复处理行为；（6）对公民、法人或者其他组织权利义务不产生实际影响的行为。

随着《行政诉讼法》的修改纳入国家立法规划，扩大行政诉讼受案范围已成为中国学术界与实务界的共识。一方面，它有利于保障人权，在公民的合法权益受到侵犯时提供及时、有效的救济途径；另一方面，也有利于加强对行政机关及其工作人员依法行政的监督，防止行政滥权和行政不作为。考察中国目前关于行政诉讼范围扩大的意见，主要涉及三类行政行为：第一，抽象行政行为。抽象行政行为主要包括行政法规、规章或者行政机关制定、发布的具有普遍约束力的决定、命令。对于一些抽象行政行为不经具体行政行为就可能损害相对人合法权益的，相对人应可以对该抽象行政行为提起诉讼。第二，内部行政行为。内部行政行为主要包括内部行政规则，行政处分，公立高校对学生、教师的纪律处分，以及人事管理、监察行为。第三，行政合同行为。由于行政合同具有与民事合同诸多不同的特征，相对人与行政主体因行政合同发生的争议很难完全通过民事诉讼解决。如果相对方被侵权时和被侵权后只能打民事官司而不能打行政官司，其被侵犯的合法权益有时会很难得到有效救济。①

---

① 姜明安：《扩大受案范围是行政诉讼法修改的重头戏》，《广东社会科学》2013年第 1 期。

三　行政证据制度

根据中国现行《行政诉讼法》及相关司法解释，行政证据制度的主要内容包括：

第一，证据的种类。根据《行政诉讼法》第 31 条规定，行政证据主要分为：书证；物证；视听资料；证人证言；当事人的陈述；鉴定结论；勘验笔录、现场笔录。

第二，举证责任分配与举证时限。根据《行政诉讼法》第 32 条规定，被告对做出的具体行政行为负有举证责任。同时，根据最高人民法院《关于行政诉讼证据若干问题的规定》（简称《证据规定》），被告应当在收到起诉状副本之日起 10 日内提供据以做出被诉具体行政行为的全部证据和所依据的规范性文件。被告不提供或者无正当理由逾期提供证据的，视为被诉具体行政行为没有相应的证据。被告因不可抗力或者客观上不能控制的其他正当事由，可以向人民法院申请延期提供证据。另一方面，该《证据规定》也明确了原告的证明责任。根据《证据规定》第 4、第 5 条的有关规定，原告起诉时，应当提供其符合起诉条件的相应证据材料；在起诉被告不作为的案件中，原告应当提供其在行政程序中曾经提出申请的证据材料；在行政赔偿诉讼中，原告应当对被诉具体行政行为造成损害的事实提供证据。

第三，证据排除规则。根据最高人民法院《关于行政诉讼证据若干问题的规定》第 57 条的规定，以下证据材料不得作为定案依据：（1）严重违反法定程序收集的证据材料；（2）以偷拍、偷录、窃听等手段获取侵害他人合法权益的证据材料；（3）以利诱、欺诈、胁迫、暴力等不正当手段获取的证据材料；（4）当事人无正当理由超出举证时限提供的证据材料；（5）在国外或者香港、澳门、台湾地区形成的未办理法定证明手续的证据材料；

（6）当事人无正当理由拒不提供原件、原物，又无其他证据印证，且对方当事人不予认可的证据的复制件或者复制品；（7）被当事人或者他人进行技术处理而无法辨明真伪的证据材料；（8）不能正确表达意志的证人提供的证言；（9）不具备合法性和真实性的其他证据材料。同时，第60条规定了不得作为认定具体行政行为合法的证据材料：（1）被告及其诉讼代理人在做出具体行政行为后或者在诉讼程序中自行收集的证据；（2）被告在行政程序中非法剥夺公民、法人或者其他组织依法享有的陈述、申辩或者听证权利所采用的证据；（3）原告或者第三人在诉讼程序中提供的、被告在行政程序中未作为具体行政行为依据的证据。第61条还规定了复议机关在复议程序中收集和补充的证据，或者做出原具体行政行为的行政机关在复议程序中未向复议机关提交的证据，也不得作为认定原具体行政行为合法的依据。

此外，中国行政证据制度还包括证据的调取、保全、补充规则，证人、鉴定人出庭做证制度，司法认知规则，自认规则，推定规则等内容。

对于今后中国行政证据制度的修改，在吸收最高人民法院《关于行政诉讼证据若干问题的规定》的基础上，应主要从以下几个方面加以完善：第一，增加"电子数据"作为一项新的证据种类。这是因为随着计算机应用的日益普及，电子政务已成为中国一种重要的行政方式，电子数据证据也将会成为一种越来越重要的证据形式。第二，明确原告的证明责任，主要分为：其一，原告在起诉时的初步证明责任。原告向法院起诉的，应当提供符合起诉条件的证据材料。其二，在起诉行政不作为案件中，原告对曾经在行政程序中提出过申请承担举证责任。其三，在行政赔偿或补偿诉讼中，原告应承担损害证明责任。[①] 第三，增加人民法院委托调取证据的权力。人民法院可以根据原告的申请，委托其代理律师向有关组织或者公民

---

① 莫于川：《中国〈行政诉讼法〉的修改路向、修改要点和修改方案》，《河南财经政法大学学报》2012年第3期。

调取与本案有关的证据，有关组织或者公民应当协助。第四，增加证明标准的规定，人民法院应当就证据的证明力做出认定，并在裁判文书中阐明证据是否采纳及其理由。对于平等主体之间的行政裁决类案件可以适用优势证明标准；对于负担类行政处罚类案件可以适用清楚而有说服力的证明标准；对于限制公民人身自由类行政案件可以适用排除合理怀疑的证明标准。① 此外，对于最高人民法院《关于行政诉讼证据若干问题的规定》中其他相关证据制度，如证据的调取、保全制度，证据排除规则，司法认知规则，自认规则等内容均应增加到《行政诉讼法》之中。

四 行政审判程序

关于行政审判程序，中国《行政诉讼法》及相关司法解释均做出了详细规定，其中具有行政诉讼特色的主要内容有：第一，合议庭审理。根据《行政诉讼法》第 46 条规定，人民法院审理行政案件，由审判员或者由审判员、陪审员组成合议庭。与刑事、民事诉讼中一些案件由法官独任审理不同，行政诉讼案件由合议庭进行审理。第二，不适用调解。与民事诉讼不同，根据《行政诉讼法》第 50 条规定，人民法院审理行政案件，不适用调解。同时，根据《行政诉讼法》第 67 条第 3 款规定，赔偿诉讼可以适用调解。也就是说，行政诉讼案件一般不适用调解，仅行政赔偿诉讼可以适用调解制度。第三，判决类型的多样化。根据《行政诉讼法》的规定，中国行政案件的判决类型包括：（1）维持判决，即具体行政行为证据确凿，适用法律、法规正确，符合法定程序的，判决维持。（2）撤销判决，即对于具体行政行为有下列情形之一的：主要证据不足的；适用法律、法规错误的；违反法定程序的；超越职权的；滥用职权的，判决撤销或者部分撤

---

① 杨临萍：《行政诉讼法修改十大焦点问题》，《国家检察官学院学报》2013 年第 3 期。

销原具体行政行为，并可以要求被告重新做出具体行政行为。（3）履行判决，即被告不履行或者拖延履行法定职责的，判决其在一定期限内履行。（4）变更判决，即在行政处罚案件中，处罚行为显失公正的，可以判决变更。（5）赔偿判决，即在行政赔偿诉讼中，判决赔偿义务机关赔偿原告的损失。同时，最高人民法院《关于执行〈中华人民共和国行政诉讼法〉若干问题的解释》还规定有确认判决与驳回诉讼请求判决。此外，《行政诉讼法》还规定了二审程序、审判监督程序以及排除妨害行政诉讼的强制措施等相应内容。

对于中国行政审判程序存在的问题，应从以下几个方面对现行《行政诉讼法》进行修改。第一，明确行政诉讼可以适用调解。从近些年的司法实践看，国家权力与公民权利日益呈现出协商与合作的趋势，行政审判实践中也已存在大量的变相调解行为，这为《行政诉讼法》的修改提供了丰富的实践经验。同时，与民事诉讼相似，《行政诉讼法》也规定了双方当事人法律地位平等的原则，这也为双方当事人进行协商与调解提供了法理基础。第二，增设简易程序。随着中国行政法治建设的深入与行政审判实践的发展，对于行政案件相对较多的一些地区，通过增设简易程序能够有效地实现案件的繁简分流，以节约司法成本，提高诉讼效率。事实上，最高人民法院已于2010年10月发布了《关于开展行政诉讼简易程序试点工作的通知》，在部分基层法院开展行政诉讼简易程序的试点工作。在总结各地试点经验的基础上，国家立法机关可在《行政诉讼法》的修改中增加简易程序的相关内容。第三，增设紧急审理程序。在司法实践中，一些特殊案件如果按照一般的诉讼程序审理，即便最终获得胜诉的结果，也可能因已经造成无法挽回的结果导致当事人实际败诉。例如，在选举资格诉讼、考试资格诉讼中，选举日、考试日日渐临近，只有在前述日期之前获得胜诉，裁判对其合法权益才能获得真正保护。通过设立紧急审理程序，能够及时地维护原告的合法权益。此外，在今后《行政诉讼法》修改中，还应对二

审程序、审判监督程序，庭审结构的类型化与裁判的多样化等方面加以
完善。

五 行政赔偿诉讼

行政赔偿诉讼是指人民法院受理行政赔偿请求的程序。根据中国《行
政诉讼法》与《国家赔偿法》的规定，中国行政赔偿诉讼适用行政诉讼程
序。因此，行政赔偿诉讼属于行政诉讼的一种特殊类型。

在中国，行政赔偿是指行政主体违法做出的具体行政行为侵犯公民、
法人或者其他组织合法权益并造成损害，由赔偿义务机关予以赔偿的法律
制度。根据中国《行政诉讼法》第 67 条规定："公民、法人或者其他组织
的合法权益受到行政机关或者行政机关工作人员作出的具体行政行为侵犯
造成损害的，有权请求赔偿。公民、法人或者其他组织单独就损害赔偿提
出请求，应当先由行政机关解决。对行政机关的处理不服，可以向人民法
院提起诉讼。"就是说，合法权益受到侵犯并造成损害的公民、法人或者其
他组织单独提出行政赔偿请求的，应当首先向行政赔偿义务机关提出，赔
偿义务机关拒绝受理赔偿请求、在法定期限内不做出决定或者赔偿请求人
对赔偿数额有异议的，赔偿请求人才可以向法院提起行政诉讼。同时，根
据《国家赔偿法》第 9 条规定，赔偿请求人也可以在针对具体行政行为提
起行政诉讼的同时，提出赔偿请求。在此种情形下，赔偿请求人无须首先
向行政赔偿义务机关提出，而直接向法院提起行政赔偿诉讼。

第四节 非诉讼程序法律制度

非诉讼程序是对诉讼以外的其他各种纠纷解决方式、程序或制度的总

称，一般又称为"替代性纠纷解决方式"。这一概念最早起源于美国，并特指 20 世纪 30 年代美国的替代性纠纷解决方式，现在已成为世界各国普遍存在的非诉讼纠纷解决程序或机制的总称。在中国，国家立法机关在 2001 年《全国人大常委会工作报告》中首次提出了非诉讼程序法的概念，与诉讼法共同组成了与宪法及宪法相关法、民法商法、行政法、经济法、社会法、刑法并列的第七大法律部门。从性质上看，中国现行非诉讼程序立法主要分为以下几类：第一，民间性纠纷解决机制及程序，包括《仲裁法》、《人民调解法》、《消费者权益保护法》中有关消费者保护协会调解的规定，以及其他相关法律中有关民间社会团体、保险公司及行业协会等纠纷调解机构与程序。第二，行政性纠纷解决机制及程序，如《行政复议法》、《行政复议法实施条例》以及《商标法》、《专利法》、《道路交通安全法》、《医疗事故处理条例》中有关争议处理的程序性规定。第三，专门性纠纷解决机构及程序，如劳动争议、交通事故、医疗纠纷、消费纠纷等处理机构。[①]

一 民间性非诉讼程序

民间性非诉讼程序主要是指由民间团体、社会组织等非官方机构建立的纠纷解决程序或机制。在中国，由国家通过立法建立或者授权民间社会团体自行建立的非诉讼程序主要包括人民调解制度与仲裁制度。

（一）人民调解制度

2010 年 8 月 28 日，第十一届全国人大常委会第十六次会议审议通过了《人民调解法》，正式从立法上确立了中国的人民调解制度。根据《人民调解法》第 2 条的规定，中国的人民调解制度，是指由人民调解委员会通过

[①] 范愉：《非诉讼程序（ADR）教程》，中国人民大学出版社 2012 年第 2 版，第 15、149 页。

说服、疏导等方法，促使当事人在平等协商基础上自愿达成调解协议，解决民间纠纷的法律制度。其主要内容包括：

第一，人民调解委员会的性质与组成。根据《人民调解法》第 7 条规定，人民调解委员会的性质是依法设立的调解民间纠纷的群众性组织，其主要由作为中国基层群众性自治组织的村民委员会、居民委员会设立。根据《人民调解法》第 8 条规定，人民调解委员会由委员 3—9 人组成，委员中应当有妇女成员，多民族居住的地区应当有人数较少民族的成员。人民调解委员会和人民调解委员会委员可以聘任一定数量的人民调解员开展调解工作。同时，为了扩大公众参与的机会，《人民调解法》第 20 条还规定，根据调解纠纷的需要，在征得当事人的同意后，人民调解员还可以邀请当事人的亲属、邻里、同事等参与调解，也可以邀请具有专门知识、特定经验的人员或者有关社会组织的人员参与调解。

第二，人民调解的主要程序。首先，人民调解程序的启动可以由当事人向人民调解委员会申请调解，也可以由人民调解委员会主动进行调解。同时，根据《人民调解法》第 18 条规定，基层人民法院、公安机关对适宜通过人民调解方式解决的纠纷，可以在受理前告知当事人向人民调解委员会申请调解。其次，在调解程序中，调解员应充分听取当事人的陈述，向其讲解有关法律、法规和国家政策，耐心疏导，在当事人平等协商、互谅互让的基础上提出纠纷解决方案，帮助当事人自愿达成调解协议。最后，对于达成调解协议的，调解程序即告终结；对于调解不成的，调解员应当终止调解，并告知当事人可以通过法律规定的其他途径解决纠纷。

第三，调解协议的效力。根据《人民调解法》第 31 条规定，经人民调解委员会调解达成的调解协议，具有法律约束力。当事人应当按照约定履行，人民调解委员会也应当监督、督促当事人履行约定的义务。但是，这种法律约束力并不具有强制执行效力。对于当事人在履行调解协议过程中发生争议的，一方当事人可以向人民法院提起诉讼。或者，根据《人民调解法》第 33 条的规定，在达成调解协议后，双方当事人可以向人民法院申请司法确认，依法确认调解协议的效力。经人民法院司法确认后，调解协议便具备法律上的强制执行效力，当一方当事人拒绝履行或未全部履行调解协议时，对方当事人可直接向人民法院申请强制执行。

（二）仲裁制度

中国的仲裁制度主要是一项解决平等主体的公民、法人和其他组织之间发生的合同纠纷和其他财产权益纠纷的法律制度。1994 年 8 月 31 日，第八届全国人大常委会第九次会议审议通过了《仲裁法》，并于 1995 年 9 月 1 日正式实施，标志着中国现代仲裁制度的正式确立。同时，中国《民事诉讼法》也对涉外仲裁制度做出特别规定。《仲裁法》实施以来，中国仲裁制度发展迅速。截至 2011 年，全国共设立仲裁机构 215 家，累计受理案件超过 100 万件；其中，仅 2011 年共受理案件数近 9 万件，涉案标的总额超过 1000 亿元。[①] 然而，由于仲裁制度的实际运作情况与立法预期不尽一致，程序设计仍存在一些不足之处，《仲裁法》的修改也已经进入国家立法机关的修改日程。中国仲裁制度的改革和发展趋势，主要集中在三个方面。

第一，进一步实现仲裁机构的民间化。中国《仲裁法》修改的一个关键问题便是明确仲裁机构的民间化定位。尽管《仲裁法》第 14 条规定了"仲裁委员会独立于行政机关，与行政机关没有隶属关系"，但并未明确其民间属性，在实践中也存在着一些定位于事业单位、依靠行政拨款的仲裁机构，这显然与仲裁机构民间化的发展趋势相违背。

第二，引进临时仲裁制度。临时仲裁，是指双方当事人在发生纠纷后，共同选择仲裁员，成立临时仲裁法庭，在仲裁裁决做出后即告解散。这一制度的优点在于其低成本与便利性，是普及仲裁的有效方式。当然，《仲裁

---

① 《全国仲裁机构受案量超过百万》，《法制日报》2012 年 9 月 20 日。

法》的修改也要在增加临时仲裁制度的基础上，建立配套程序或机制。

第三，形成仲裁的非地方化与竞争机制。目前中国仲裁机构的垄断性是其地位和权威的保障，但同时也造成了缺乏竞争的态势，从而制约了仲裁行业的整体发展。仲裁行业一旦实现民间化与市场化，竞争在所难免，而部分中小城市的仲裁机构可能会在竞争中遭到淘汰，部分实力较强的仲裁委员会则会在竞争中获得较大市场份额，从而形成激烈的竞争局面。①

二　行政性非诉讼程序

行政性非诉讼程序主要指行政主体所设立的非诉讼纠纷解决程序。在中国，行政性非诉讼程序的基本形式主要有：行政调解、行政裁决、行政仲裁与行政复议等。从启动方式看，中国行政性非诉讼程序可分为三类：（1）法定前置必经程序，即当事人不能直接向法院提起诉讼，而必须先进行行政复议、行政裁决等行政性非诉讼程序。（2）选择性程序，即当事人既可以选择行政程序解决纠纷，也可以直接向法院提起诉讼。（3）附带性程序，即行政主体作为执法者参与纠纷的解决，通常以调解方式进行。

（一）知识产权纠纷解决程序

知识产权纠纷解决程序主要包括商标权纠纷处理程序、专利权纠纷处理程序以及著作权纠纷处理程序等。根据行政裁决的内容，此类纠纷解决程序又可分为确权行政裁决与侵权行政裁决。其中，确权行政裁决为前置必经程序，而侵权行政裁决为选择性程序。

确权行政裁决，是指行政机关应当事人的请求，根据法律审理某项知识产权是否应该授予的纠纷解决形式，主要包括：专利权的无效宣告、商

---

① 范愉：《非诉讼程序（ADR）教程》，中国人民大学出版社 2012 年第 2 版，第191 页。

标注册的异议、注册商标的无效以及植物新品种的更名与无效。上述纠纷均须首先经过行政机关的裁决，对于裁决不服的，一方当事人以做出裁决的行政机关为被告提起行政诉讼。侵权行政裁决，是指行政机关居中裁判知识产权侵权纠纷的程序。对于侵权纠纷，双方当事人可以进行协商和解，也可以向行政机关请求裁决，或者直接向法院提起民事侵权诉讼。

（二）资源纠纷解决机制

资源纠纷主要指因资源的所有权、使用权而发生的争议。在中国，此类纠纷的解决机制主要包括：第一，资源权属纠纷处理机制。此类纠纷处理机制多属于法定必经的前置程序。如中国《土地管理法》第 16 条规定，土地所有权和使用权争议，由当事人协商解决；协商不成的，由人民政府处理。单位之间的争议，由县级以上人民政府处理。个人之间、个人与单位之间的争议，由乡级或者县级人民政府处理。对人民政府处理决定不服的，可向人民法院起诉。第二，资源赔偿和补偿纠纷裁决。因国家对土地等资源进行征收、征用时给予当事人补偿或者因当事人之间因资源权益补偿而发生争议的，应当通过行政性非诉讼程序解决。第三，资源侵权纠纷裁决。此种机制主要适用于一方当事人因享有涉及行政管理的资源权益受到他人侵犯时，由相关行政主体就争议进行裁决。

（三）农村土地承包经营纠纷调解仲裁制度

2009 年 6 月，第十一届全国人大常委会通过了中国《农村土地承包经营纠纷调解仲裁法》，就中国农村土地承包经营中的纠纷，建立了调解或者仲裁的纠纷解决机制。根据《农村土地承包经营纠纷调解仲裁法》第 3 条规定，发生农村土地承包经营纠纷的，当事人可以自行和解，也可以请求村民委员会、乡镇人民政府等调解。同时，该法第 4 条规定，当事人和解、调解不成或者不愿和解、调解的，可以向农村土地承包仲裁委员会申请仲裁，也可以直接向人民法院起诉。其中，调解不属于必经程序，在仲裁过程中，仲裁庭也可以进行调解，调解不成的，应当及时做出仲裁裁决。

三　专门性非诉讼程序

专门性非诉讼程序，又称专门性纠纷解决机制，是指针对特定类型的纠纷而专门建立的解决纠纷的程序或机制。在中国，专门性纠纷解决机制主要包括劳动争议处理机制、消费者纠纷解决机制、交通事故处理机制与医疗纠纷处理机制。

（一）劳动争议处理机制

劳动争议主要是指因劳动雇佣关系，如雇佣者与被雇佣者之间因劳动报酬、劳动条件、工伤赔偿等问题而引起的纠纷。第十届全国人大常委会于 2007 年 6 月、12 月先后通过了《劳动合同法》、《劳动争议调解仲裁法》，对劳动争议处理机制做出了具体规定。

根据《劳动争议调解仲裁法》第 2 条规定，中国劳动争议处理的范围为在中华人民共和国境内的用人单位与劳动者发生的劳动争议，具体包括：因确认劳动关系发生的争议；因订立、履行、变更、解除和终止劳动合同发生的争议；因除名、辞退和辞职、离职发生的争议；因工作时间、休息休假、社会保险、福利、培训以及劳动保护发生的争议；因劳动报酬、工伤医疗费、经济补偿或赔偿金等发生的争议；法律、法规规定的其他劳动争议。

关于中国劳动争议处理机制，根据《劳动争议调解仲裁法》的规定，其所采用的基本框架为"一调一裁两审"，即调解、仲裁，以及人民法院的两审终审。同时，双方当事人也可通过协商的方式解决劳动争议。就具体程序而言，劳动争议发生后，除选择调解的方式外，双方当事人应首先向劳动仲裁委员会申请仲裁，如果仲裁委员会不予受理，申请人则可以向人民法院提起诉讼；如仲裁委员会受理并做出裁决后，当事人对仲裁裁决不服的，可以自收到裁决书之日起 15 日内向法院提起诉讼。而对于一裁终局的案件，当事人则不得再向人民法院提起诉讼。此外，对于通过调解解决争议的，当事人可以申请法院确认调解协议，从而赋予其法律上的强制执行效力。

（二）消费者纠纷解决机制

消费者纠纷，主要指商品的生产者、销售者以及服务的提供者与消费者之间，就购买的商品或提供的服务内容而发生的纠纷。1993 年 10 月，第八届全国人大常委会通过了《消费者权益保护法》，建立了中国消费者纠纷解决的多元化机制，主要包括：（1）与经营者协商和解；（2）请求消费者协会调解；（3）向有关行政部门申诉；（4）根据与经营者达成的仲裁协议提请仲裁机构仲裁；（5）向人民法院提起诉讼。目前，中国消费者纠纷解决机制仍须进一步健全与完善，尤其是非诉讼程序与诉讼程序的合理分流和衔接，发挥非诉讼程序在解决消费者纠纷中的重要作用，同时，也要建立健全专业化的非诉讼纠纷解决机制，以加强对消费者权益的保护。

（三）交通事故处理机制

交通事故主要指机动车辆在公共道路行驶中，因有关热源违反道路交通法规，造成他人人身伤亡财产损失的事故。2003 年 10 月，十届全国人大常委会通过了《道路交通安全法》，规定了中国交通事故处理的几种方式：协商、调解以及诉讼。根据《道路交通安全法》第 70 条第 2、第 3 款的规定，在道路上发生交通事故，未造成人身伤亡的，或者仅造成轻微财产损失，并且基本事实清楚的，当事人可以自行协商处理；根据该法第 74 条的规定，对交通事故损害赔偿有争议的，当事人可以请求公安机关交通管理部门调解，也可以直接向人民法院提起民事诉讼。同时，经公安机关交通管理部门调解，当事人未达成协议或者调解书生效后不履行的，当事人可以向人民法院提起民事诉讼。

（四）医疗纠纷处理机制

医疗纠纷（又称医患纠纷），主要指医疗单位或医生在医疗过程中，因事故或其他失职行为导致的与患者之间的纠纷。2002 年，国务院发布了《医疗事故处理条例》，初步建立了多元化的医疗纠纷处理机制。主要包括：第一，双方当事人协商解决。根据《医疗事故处理条例》第 46 条规定，发生医疗事故的赔偿等民事责任争议，医患双方可以协商解决。同时，根据该条例第 43、第 47 条规定，双方当事人协商解决医疗事故的赔偿等民事责任争议的，应当制作协议书。医疗结构自协商解决之日起 7 日内向所在地卫生行政部门做出书面报告，并附具协议书。第二，向卫生行政部门申请调解。根据该条例第 48 条规定，对于已经确定为医疗事故的，当事人可以向卫生行政部门申请调解。经调解，双方达成调解协议并制作调解书。对于调解不成或达成协议后一方反悔的，卫生行政部门不再调解。第三，向人民法院提起诉讼。根据最高人民法院关于医疗事故处理的规定，对医疗事故技术鉴定结论有异议的，不属于人民法院管辖，一般不予受理；对卫生行政机关做出的医疗事故处理意见不服提起的诉讼，按行政诉讼程序处理；对医疗事故赔偿有争议的，属于民事案件，依民事诉讼程序处理。

第十一章

"一国两制"与特别行政区法律制度

第一节 "一国两制"与特别行政区法律制度概述

特别行政区制度的理论基础是邓小平先生提出的"一个国家，两种制度"（简称"一国两制"）。为了实现国家的统一，中国坚持在一个国家和主权统一的前提下，依据《宪法》的规定，在香港、澳门和台湾可以成立特别行政区，保持特别行政区原有的资本主义制度长期不变。就是说，在坚持"一国"的前提下，允许在一些特殊地区实行不同的社会制度，并由中央政府赋予其高度自治权。特别行政区是国家不可分割的组成部分。坚持国家的主权、统一和领土完整，这是实行"一国两制"的政治前提。

《宪法》第31条规定，为设立特别行政区提供了宪法依据。1990年4月4日七届全国人大三次会议通过了《中华人民共和国香港特别行政区基本法》，1997年7月1日成立香港特别行政区。1993年3月31日八届全国人大一次会议通过了《中华人民共和国澳门特别行政区基本法》，1999年12月20日成立澳门特别行政区。这两部基本法体现了"一国两制"、高度自治、"港人治港"、"澳人治澳"的基本原则。

根据两部基本法的规定，中央政府享有的权力主要是管理特别行政区的外交和防务，任命特别行政区行政长官和主要官员、发布命令将某些有关的全国性法律在特别行政区实施、解释和修改基本法。特别行政区享有高度自治权，主要包括行政管理权、立法权、独立的司法权和终审权、对外权。

一 特别行政区的行政管理权

特别行政区行政长官有权制定特别行政区政府各方面的政策，发布行政命令，制定行政性法规，以具体执行在特别行政区实施的全国性法律和特别行政区立法会通过的法律。特别行政区政府有权向立法会提交法律草案，行政长官有权签署立法会通过的法案，公布为法律。

特别行政区行政长官有权提名特别行政区政府各主要部门负责人的人选，报中央人民政府任命；特别行政区有权依照法定程序任免特别行政区各级法院法官包括特别行政区终审法院法官；特别行政区有权依照法定程序任免其他公职人员等。

根据基本法的规定，特别行政区政府自行负责维持特别行政区的社会治安。据此，特别行政区政府有权组建特区的各种纪律部队，维持特别行政区正常的社会秩序和公共安全，惩罚各种犯罪。

基本法的第五、第六两章详细地规定了特别行政区享有的主要行政管理权，除了抽象行政行为，在具体的行政行为方面特别行政区政府也享有广泛的权力，涉及财政、金融、贸易和工商业、土地、航运、民用航空以及教育、科学、文化、体育、宗教、劳工和社会服务等方面的内容。具体来看，主要有如下一些权力：（1）实行财政独立，财政收入全部用于自身需要，不需上缴中央人民政府。中央人民政府也不在特别行政区征税。（2）实行独立的税收制度，自行立法规定税种、税率、税收宽免和其他税务事项。（3）有权自行制定货币金融政策，保障金融企业和金融市场的经营自由，并依法进行管理和监督。特别行政区政府有发行货币的权力，并可授权指定银行根据法定权限发行或继续发行货币。（4）不实行外汇管制政策，保证资金的流动和进出自由。特别行政区政府有权管理和支配外汇基金。（5）自行制定产业政策，依法保护投资，促进技术进步，促进和协调制造业、商业、旅游业、房地产业、运输业、公用事业、服务性行业、渔农业等各行业的发展，并自行制定环境保护政策。特别行政区自行开发新产业。（6）保持自由港地位，除法律有规定的以外，不征收关税，继续实行自由贸易政策，保证货物、资产和无形财产的流动自由；特别行政区保持单独关税区地位。特别行政区政府还有权根据当时的产地政策，对产品签发产地来源证。（7）特别行政区内的土地和自然资源属于国家所有，并由特别行政区政府管理、使用、开发、出租或批给个人、法人使用开发，其收入归特别行政区政府所有。（8）特别行政区保持和完善原有的航运经营管理体制，自行规定在航运方面的具体职能和责任，经中央人民政府授权继续进行船舶登记，并依法以"中国香港"、"中国澳门"的名义颁发有关证件。除外国军用船只进入特别行政区须经中央人民政府特别许可外，其他船舶可依照特别行政区的法律进出其港口。特别行政区私营的航运和与航运有关的企业和码头继续享有自由经营权。（9）香港特别行政区政府继续实行原来的民用航空管理制度，自己负责民用航空的日常业务和技术管理，并经中央人民政府授权签订有关航空协议。（10）有权自行制定教育政策，包括教育体制与管理、教学语言、经费分配、考试制度、学位制度和承认学历等政策。（11）自行制定发展中西医药和促进医疗卫生服务的政策。（12）有权自行制定科技发展政策，依法保护科技成果、专利和发明创造，自行确定适用于本地的各种科学技术标准和规格。（13）自行制定文化政策，自行管理本地的文化事业，包括文学艺术、新闻、出版、广播、电影、电视等。（14）自行制定本地的体育政策，发展特别行政区体育事业。（15）有权在原有的社会福利制度的基础上，自行制定发展、改进社会福利的政策。(16) 有权在保留原有的专业资格制度基础上，自行制定有关评审各种专业的执业资格的办法。澳门特别行政区也享有同样的权力。(17) 自行制定有关劳工的法律和政策。

二 特别行政区的立法权

特别行政区享有在其自治范围内事务的立法权，并享有基本法的修改提案权。基本法对于特别行政区立法权的行使也做出了监督规定，即特别行政区立法机关制定的法律，须报全国人民代表大会常务委员会备案，但备案不影响该法律的效力。如果全国人民代表大会常务委员会在征询其所属的基本法委员会的意见后认为，特别行政区立法机关制定的法律不符合基本法关于中央管理事务及中央和特别行政区关系的条款，则可将有关法律发回，但不做修改。被发回的法律立即失效。

三 特别行政区的司法权和终审权

特别行政区法院独立进行审判，不受任何干涉。特别行政区享有司法终审权，即特别行政区的诉讼案件以特别行政区终审法院为最高审级法院，特别行政区终审法院的判决为最终判决。在司法权方面，基本法还赋予特别行政区法院以广泛的管辖权，即香港特别行政区法院除继续保持香港原有法律制度和原则对法院审判权所做的限制外，对香港特别行政区所有的案件均有审判权，特别行政区法院只是对国防、外交等国家行为无管辖权。

四 特别行政区在对外方面的权力

在对外方面，特别行政区政府的代表可以作为中华人民共和国政府代表团的成员，参加由中央人民政府进行的同本特别行政区直接有关的外交谈判。特别行政区可在经济、贸易、金融、航运、通信、旅游、文化、科技、体育等领域，以"中国香港"或"中国澳门"的名义，单独同世界各国、各地区及有关国际组织保持和发展关系，签订和履行有关协议。特别行政区可以派遣代表作为中华人民共和国代表团的成员或以中央人民政府和有关国际组织或国际会议允许的身份，参加以国家为单位、同本特别行政区有关的适当领域的国际组织和国际会议，并以"中国香港"或"中国澳门"名义发表意见。特别行政区一经加入这样的国家间的国际组织和国际会议，不但可以"中国香港"或"中国澳门"的名义发表意见，而且可以采取与中央人民政府不同的立场。特别行政区还可以"中国香港"或"中国澳门"的名义参加不以国家为单位参加的国际组织和国际会议。经中央人民政府授权，特别行政区政府有权依照法律给持有特别行政区永久性居民身份证的中国公民签发中华人民共和国特别行政区护照，并给在特别行政区的其他合法居留者签发中华人民共和国特别行政区的其他旅行证件。特别行政区政府还有权自主实行出入境管制，对世界各国、各地区公民的入境、逗留和离境实行出入境管制。特别行政区可以根据需要在外国设立官方或半官方的经济和贸易机构，报中央人民政府备案即可。

除此之外，特别行政区政府还可享有中央授予的其他权力。

基本法还规定，特别行政区居民中的中国公民依法参与国家事务的管理，行使宪法赋予的中国公民当家做主的权利。特别行政区有权组成独立的代表团参加国家最高权力机关的工作，并行使宪法赋予人民代表的一切权利，可以自己代表团的名义提出议案，参加对有关议案、决定的讨论表决。

"一国两制"方针最早是针对台湾地区与中国大陆统一问题而提出来的，后被成功用于解决香港和澳门问题。香港、澳门顺利回归祖国的实践，一方面证明"一国两制"是切实可行的，具有广泛的适用性；另一方面也为将来在台湾特别行政区运用"一国两制"积累了宝贵的经验。

第二节 "一国两制"条件下特别行政区 法律制度的特点

一 宪法关于特别行政区的规定

在中国国家管理制度下，全国划分为不同名称、不同级别的行政区实施管理。国家第一级行政区划包括各省、自治区、直辖市和特别行政区。宪法规定的特别行政区，是专门为解决历史遗留下来的香港和澳门问题以及台湾问题而规定的，是指实现祖国统一后，这些地区将设立国家的一级行政区域，但采用不同于各省、自治区、直辖市的特殊管理方式。

中国《宪法》第31条对特别行政区的规定，从逻辑结构上来说，是承接《宪法》第30条关于国家行政区划的规定。该条规定："中华人民共和国的行政区域划分如下：（一）全国分为省、自治区、直辖市；（二）省、自治区分为自治州、县、自治县、市；（三）县、自治县分为乡、民族乡、镇。""直辖市和较大的市分为区、县。自治州分为县、自治县、市。""自治区、自治州、自治县都是民族自治地方。"《宪法》第31条第一句规定，"国家在必要时得设立特别行政区"，是《宪法》第30条的延伸或补充。在国家决定设立特别行政区后，中国第一级行政区域就有四种，即省、自治区、直辖市和特别行政区。由于《宪法》第31条第二句"在特别行政区内实行的制度根据具体情况由全国人大以法律规定"，不属于行政区划问题，因此，宪法把特别行政区规定作为专门的一条，放在行政区域划分的规定之后，为特别行政区的设立及其制度提供宪法依据。基于同样的道理，《宪法》第62条关于全国人大职权做出的第十二项规定，全国人大"批准省、自治区和直辖市的建置",紧接着第十三项规定,全国人大"决定特别行政区的设立及其制度"。为什么特别行政区的设立后面要加上"及其制度"四个字?这是因为《宪法》本身已经对省、自治区和直辖市实行的制度做出了规定,而特别行政区制度是什么,《宪法》条文本身没有做出具体的规定,需要全国人大以法律加以规定。概括来讲,中国《宪法》对特别行政区的规定有两项内容:一是规定国家在必要时得设立特别行政区,具体由全国人大决定设立;二是规定特别行政区的制度由全国人大决定,并以法律加以规定。

《宪法》还有一个条文提到特别行政区,这就是《宪法》第 59 条第 1 款的规定,其内容是:"全国人民代表大会由省、自治区、直辖市、特别行政区和军队的代表组成。各少数民族都应当有适当名额的代表。"这里的"特别行政区"是 2004 年全国人大通过的宪法修正案第 25 条增加的,使《宪法》有关全国人大组成的规定更加严谨,在香港基本法起草时,还没有这项规定。因此,在讨论特别行政区制度的宪法依据时,通常都没有提到这一规定。

在中国的国家管理制度中,特别行政区制度属于国家对特殊地方实施管理的制度,它与国家对各省、自治区和直辖市的管理制度一起,构成完整的国家对地方行政区域的管理制度。在中国《立法法》中,特别行政区制度与民族地方自治制度并提,但没有使用省、直辖市制度的概念,但从实证角度来讲,这四种制度是现实存在的,与《宪法》规定的四种国家一级行政区域划分相适应。在中国单一制国家结构形式下,地方行政区域是根据国家管理需要由中央批准或决定设立的,地方行政区域的管理是国家管理的重要内容,因此,各种行政区域的管理制度都是国家管理的组成部分,特别行政区制度也一样。

特别行政区制度与其他地方行政区域的管理制度有着重要的差别,这主要体现在以下几个方面:在社会性质上,特别行政区实行资本主义制度,而其他地方行政区域实行社会主义制度。在权力关系上，中央与特别行政区的权力由基本法明确加以界定，特别行政区享有高度自治权，而中央与其他地方行政区域的权力没有明确的界定，即使是民族自治地方享有的自治权，这种自治权也小于特别行政区的高度自治权。在管理制度上，与特别行政区享有高度自治权相适应，基本法规定了一套可以相对独立运作的特别行政区制度，而其他地方行政区域的管理制度与整个国家的管理制度融为一体。在权力主体上，特别行政区制度强调当地人管理，行政长官和主要官员由当地人出任，在当地产生，由中央政府任命，而其他地方行政区域的主要官员是中央在全国范围内统一安排的。

由于在特别行政区制度下，中央和特别行政区权力是由基本法明确界定的，这样，对特别行政区的管理存在着两种权力，即中央的权力和特别行政区的权力，因而特别行政区制度主要由以下三个部分组成：一是中央与特别行政区关系的制度；二是中央权力行使的制度；三是特别行政区内部行使高度自治权的制度。其中，特别行政区行使高度自治权的制度可以进一步细分为特别行政区的政治体制，包括行政长官制度、行政制度、立法制度和司法制度等，特别行政区的法律制度、经济制度、社会文化制度、社会服务和劳工制度、处理对外事务制度等。上述这些制度相互联系、有机整合，共同形成特别行政区制度。

二 特别行政区基本法是专门规定特别行政区制度的全国性法律

特别行政区基本法是"一国两制"方针政策的法律化、制度化；特别行政区基本法是全国性法律；特别行政区基本法是授权法；特别行政区基本法是特别行政区的宪制性法律文件；特别行政区基本法是贯彻落实具有国际法渊源地位的中英、中葡联合声明的国内法；特别行政区基本法是专门规定特别行政区制度的法律。这些对特别行政区基本法的界定说明，特别行政区基本法是可以从不同角度来认识的。

从中国宪法出发，特别行政区基本法是专门规定特别行政区法律制度的全国性法律，特别行政区法律制度是特别行政区基本法的核心内容，特别行政区基本法的各项规定都是围绕这个核心展开的。特别行政区法律制度的主要依据包括：

第一，宪法依据。《宪法》第31条规定："国家在必要时得设立特别行政区。在特别行政区内实行的制度按照具体情况由全国人民代表大会以法律规定。"第62条规定全国人大的职权之一是"决定特别行政区的设立及其制度"。按照这两条规定，全国人大通过法律或专门的决定可以规定特别行政区内实行的法律制度。

第二，基本法依据。例如，香港基本法序言第三段规定："根据中华人民共和国宪法，全国人大特制定中华人民共和国香港特别行政区基本法，规定香港特别行政区实行的制度，以保障国家对香港基本方针政策的实施。"由此可以看出，特别行政区基本法核心内容就是规定特别行政区制度。

第三，立法法依据。《立法法》第8条第三项规定，"民族区域自治制度、特别行政区制度、基层群众自治制度"只能以法律规定。《立法法》是在中国法律中第一次使用"特别行政区制度"这个概念。宪法规定及全国人大制定基本法规定特别行政区制度的实践，确认了基本法的核心内容是规定特别行政区制度。从"一国两制"方针政策到基本法，实现了从政策到法律的转化，这个转化是通过创设一套特别行政区制度来实现的，特别行政区制度是"一国两制"方针政策的法律表现形式。

三 "一国两制"条件下特别行政区法律制度的特点

在中国国家管理中，特别行政区制度具有以下特点：

（一）特别行政区实行资本主义制度

社会主义和资本主义是两种截然不同的社会制度，尤其是第二次世界大战后，这两种社会制度作为彼此对立的意识形态，进行了长时间的对抗。特别行政区制度宣告这两种社会制度可以共存于统一的国家之中，并且可以长期共存。中国政府提出的"一国两制"之所以引起全世界的关注，主要也是这一点。《宪法》规定，中国是一个社会主义国家，特别行政区制度是出于在国家局部地区保持原有的资本主义的目的建立的，因此，在特别行政区实行资本主义制度，是特别行政区制度最鲜明的特点。

（二）特别行政区享有高度自治权

世界各国的宪政史，从某种程度上来讲，就是处理中央与国家各个组成部分权力关系的历史。其中，怎么做到国家主权由中央政府统一行使，同时又使国家某些组成部分享有高度自治权，是一个世界性的宪法难题。一些国家为了处理这个问题，采用重构国家的形式，但鲜有成功的事例。为了在特别行政区实行资本主义制度，特别行政区制度坚持维护国家主权、统一和领土完整的原则，强调中央统一管理国家的权力，在此前提下，授予特别行政区享有高度自治权。中国国家管理制度下，特别行政区享有的高度自治权的程度，是前所未有的，是特别行政区制度的又一个鲜明特点。

（三）特别行政区享有终审权

在联邦制国家中，各州或邦分别为独立的司法区域并且在州权范围内享有终审权，比较常见。单一制国家中，有些地方行政区域实行不同于国家主体的法律制度。例如，英国的苏格兰地区实行类似欧洲大陆法系的法律制度，不同于英国其他地方实行的普通法制度。在香港特别行政区成立之前，单一制国家中的地方行政区域的法院享有终审权，没有任何先例。

为了保持与香港资本主义相适应的原有法律基本不变，香港特别行政区不仅继续实行普通法制度，成为中国的一个独立司法区域，而且享有终审权，澳门特别行政区基本法也沿袭了同样的安排，这是特别行政区制度的又一个重要特点。

四 特别行政区制度符合宪法规定的国家管理制度

第一，特别行政区制度符合单一制原则，这是中国国家管理制度的普遍性原则。全国人大决定设立香港特别行政区，制定基本法规定特别行政区实行的制度，这就是单一制原则的重要体现。具体到基本法条文，也全面地体现了单一制原则。例如，《香港特别行政区基本法》第 1 条规定，香港特区是中国的一个不可分离的部分，第 2 条规定香港特区的高度自治权是全国人大授予的，第 12 条规定香港特区是直辖于中央政府的享有高度自治权的地方行政区域，第 45 条规定行政长官对中央政府负责等，这些规定背后的法理依据都是单一制原则。在单一制国家里，地方没有固有权力，地方权力来源于中央授予。这是单一制国家的特点，中央与地方是授权关系。在授权下，授权者拥有完整的管治权是授权的前提，而且做出授权后，授权者对被授权者具有监督权。中央和香港特别行政区之间的关系是授权和被授权的关系，从这个角度讲，基本法是一部授权法律。

第二，特别行政区制度符合人民民主原则，这是中国国家管理制度的普遍性原则，同时也考虑到香港的特殊情况。香港基本法是由包括香港同胞在内的基本法起草委员会在广泛征求意见的基础上起草出来，由全国人大通过的，这就是人民民主原则的重要体现。香港基本法第 21 条规定，香港居民中的中国公民依法参与国家事务的管理；第 3 条规定，香港特区行政机关和立法机关由香港永久性居民组成；第 45 条和第 68 条以及附件一和附件二规定，香港特区行政长官在当地通过选举产生，报中央人民政府任命，立法会议员由选举产生等，都是宪法确立的人民民主原则在香港居民行使高度自治权方面的反映。按照通常的宪法理论，任何国家或地区的民主权利，都限于本国国民才能享有。考虑到香港的特殊情况，香港基本法第67条规定："非中国籍的香港特别行政区永久性居民和在外国有居留权的香港特别行政区永久性居民也可以当选为香港特别行政区立法会议员，其所占比例不得超过立法会全体议员的百分之二十。"也就是说，香港永久性居民中的非中国籍人士，在香港也享有政治权利，这是特别行政区制度一项十分特殊的规定。当然，按照香港基本法的规定，香港特别行政区政权机关中的某些职位只能由香港永久性居民中的中国公民担任，这又回到了国家管理的普遍性原则。

第三，根据《宪法》第31条，由全国人大以法律规定的特别行政区制度的一项重要内容，就是在特区实行资本主义制度，这是中国国家管理制度所允许的特殊性。例如，香港基本法全面规定了香港特别行政区实行的资本主义社会、经济、文化等方面的制度。其中第11条规定，根据宪法第31条，香港特别行政区实行的制度和政策，包括社会、经济制度，有关保障居民的基本权利和自由的制度，行政管理、立法和司法方面的制度，以及有关政策，均以基本法为依据。

第四，特别行政区制度既肯定了人民代表大会制度是国家根本制度，又为特别行政区规定了一套政治体制，既体现有国家管理的共性，也有特殊性。例如，国家对香港特别行政区的管理体制，通俗来说，就是香港回归祖国后，全国人大及其常委会和中央人民政府保留一些体现国家主权必不可少的权力，同时授予香港特别行政区处理内部事务的高度自治权，实行"港人治港"。在"一国两制"下，中央行使对特别行政区权力的体制是宪法和国家法律规定的国家政治体制，这就是人民代表大会制度。按照基本法的规定，人民代表大会制度依然是包括特别行政区在内的国家根本制度，基本法由全国人大制定，特别行政区高度自治权由全国人大授予，特别行政区居民中的中国公民可选举人大代表，参加最高国家权力机关工作，都说明这一点。这是国家管理共性，特别行政区与各省、自治区、直辖市不同的是，它不设立地方人民代表大会，基本法为特别行政区行使高度自治权专门设计了一套特区政治体制，这是特殊性。需要特别指出的是，国家政治体制与特区政治体制不是截然分开的，而是有内在的联系。这不仅体现在特别行政区的设立及其制度是由全国人大决定的，中央人民政府负责管理与特别行政区有关的国防、外交等事务，而且体现在基本法有关全国人大及其常委会、中央人民政府与特别行政区政权机关权力关系之中。因此，讲特别行政区的管理，既要讲特别行政区高度自治权，也要讲中央的权力；既要讲特别行政区的政治体制，也要讲国家政治体制，这两方面构成有机整体。只有中央和特别行政区政权机构在宪法和基本法规定的框架下依法履行职责，才能把基本法的各项规定落到实处，把特区的事情办好，从而实现特别行政区的长期繁荣稳定和发展。

第三节　特别行政区法律体系是中国法律体系的子体系

一　"一国两制"并未改变中国法律体系的一元性

判断法律体系是一元还是多元的标准主要有两个：其一，最高规范是一元还是多元；其二，法律创制权的授权体系是一元还是多元。

一元法律规范体系中，具有最高法律效力的规范是一元的，只有立宪机关或全国最高立法机关才能创制最高规范，其他机关或地方单位均无权创制具有最高法律效力的规范。国家行政机关的委任立法规范和地方单位创制的法律规范，不得与宪法规范及全国性法律规范相抵触。最高法律规范在本国领域内的任何地方及对任何领域的事项，均具有最高法律效力，只有其自身可以规定其效力范围的限制。地方单位的法律规范无权限制最高规范和全国性法律规范的实施条件、范围及方式等事项，只能在最高规范或全国性法律规范允许的范围内，创制在本地方有效的法律规范。多元法律规范体系中，具有最高法律效力的规范是多元的。除立宪机关制定的宪法规范或全国最高立法机关制定的全国性基本法律规范在全国范围内具有最高法律效力外，拥有固有主权的地方单位的最高立法机关所创制的法律规范在本地方单位的辖区内，就地方自主事务而言，也具有最高法律效力。两者的管辖分工是全国性基本法律规范管辖全国公共领域的事项，而地方基本法律规范管辖地方自主事务。对于"模糊地带"的管辖，奉行"剩余权力"原则，凡是未明确规定由全国性法律规范规制的领域及事项，均由地方法律规范管辖。

一元法律规范体系中，法律创制权的授权体系是一元的。全国立宪机关或最高立法机关拥有源于一元的最高规范的、授予其他机关法律规范创制权的权力。在这一权力的许可范围内，下级立法机关和行政机关才获得制定规范性法律文件的权力。同样，在地方立法机关与中央立法机关的关系方面，地方的立法权是中央立法机关或全国性法律规范授予的，不是固有的。地方法律规范的效力来源于全国法律规范。行政机关的立法权也不是固有权力而是委任立法权力，行政立法的效力来源于法律或立法机关的授权。而在多元法律规范体系中，法律创制权的授权体系是多元的。全国性法律规范的创制权的授权体系与具有自主权的地方单位的地方法律规范的创制权的授权体系同时并存。在这两个体系的关系方面，地方单位的自主权是连接点。地方单位的自主权既是授权全国立宪机关或最高立法机关创制全国性基本法律规范的根本依据，又是授权该地方单位内部无自主权的地方制定自治性地方法律规范的最高依据。正是由于地方自主权的基础地位，全国性法律规范的创制权才仅限于"地方公意"的许可范围。并且出于对地方自主权的尊重，全国性法律规范只规制全国公共领域的事项，而不涉及地方自主事务，对"模糊地带"才奉行"剩余权力"理论，将之归于地方自主范畴。

"一国两制"构想是建立在单一制国家结构基础上的。而单一制与联邦制的重要区别就在于前者奉行"主权不可分割"的原则，实行立法主权一元化；后者遵从"主权可分割"的原则，实行立法主权多元化。在单一制国家由于立法主权一元化，国家的最高立法机关只有一个，通常是立宪机关，其立宪权或立法权是全国人民根据人民主权原则赋予的，而不像联邦制国家那样是由地方主权单位通过主权让渡赋予的。立宪机关制定的宪法规范不仅是单一制国家的最高法律规范，还是其他机关的立法权的授权规范。地方单位由于不拥有固有主权，其制定地方性法律规范的立法权不是固有的，也不是本地方的人民直接授予的，而是全国立宪或立法机关通过宪法或全国性法律授予的。"一国两制"构想并未改变中国的单一制国家结构，而是通过建立特别行政区的方式丰富了中国的单一制。尽管特别行政区拥有高度自治权，某些方面（如独立的金融监管权、终审权、军队单独建制等）甚至超过了联邦制国家中的州或邦的自由度，但特别行政区是中央政府依据宪法授权设立的，特别行政区的自治权不是固有的而是中央通过特别行政区基本法赋予的。特别行政区的立法权也是基本法赋予的，特别行政区立法机关所制定的法律规范的法律效力来源于基本法的授权规范并不得与基本法相抵触，而基本法规范的法律效力则来源于中国宪法的授权规范。因此，特别行政区的法律规范体系并不是绝对独立的规范体系，而是中国法律体系的一部分，其最高效力等级的规范是中国宪法规范而非基本法规范。鉴于实行"一国两制"后，全中国的最高效力等级的法律规范仍是中华人民共和国宪法规范，其他任何规范性法律文件的效力都是中国宪法规范赋予的，并且任何国家机关和地方单位的法律创制权均来自宪法及中央的授权，所以在"一国两制"条件下，中国法律体系仍然是一元的而非多元的。

需要强调的是，司法权和终审权的一元或多元性质，并不是法律体系一元性或多元性的判断标准。在一些联邦制国家，如印度和马来西亚，法律体系是多元的，但司法体系却是一元的。各州或邦并无最高法院也无终审权，州或邦的法院拥有普通案件的管辖权，并在审理过程中适用联邦和州的法律。联邦并无下级法院，只设有联邦最高法院并拥有终审权。采取一元司法体系的国家，多为有中央强势传统的联邦制国家，州或邦必须在司法事务上服从于联邦，加之联邦立法规制的事项和领域较为广泛，法律适用中很少出现仅适用纯粹的州或邦规范的案件。因此，这类国家实行一元司法体系也有利于减少成本、避免管辖争议、便利当事人。但是，由于最高法律规范及法律创制权的授权体系仍为多元性质，司法体系一元性并不妨碍州或邦行使立法自主权，法律体系的多元性并未改变。同样，在"一国两制"条件下，由于各特别行政区拥有独立的司法权和终审权，中国的司法体系是多元的。但是，由于全中国的最高法律规范仍是中国宪法，法律创制权的授权体系仍为一元性质，所以，法律体系的一元性仍未改变。

二 特别行政区法律体系与全国法律体系的关系

各特别行政区法律体系与内地法律体系同为全国法律体系的子体系。事实上，内地法律体系并不等同于全国法律体系。内地法律体系是由在内地实施的全部法律规范包括全国性法律规范和各级地方立法机关制定的地方性法律规范共同组成的。各特别行政区自行制定的自治性法律规范由于不在内地实施，不属于内地法律体系的组成部分，但它们却因所属特别行政区法律体系的子体系地位，而是全国法律体系的组成部分。同理，在全国性法律规范中，一部分是仅在内地实施，而不在各特别行政区实施的；一部分是在内地和某个特别行政区实施，而不在其他特别行政区实施的。

不在特别行政区实施的全国性法律规范，不属于该特别行政区法律体系的组成部分，但属于全国法律体系的组成部分。事实上，"一国两制"一个重要的表现形式正是全国法律体系的一元性及子体系的多元性。单一制国家结构的"一国"决定了全国法律体系的一元性，不同地方实行不同的社会制度、政治制度和法律制度决定了子体系的多元性。

（一）"一国两制"条件下中国宪法的地位和适用

全国法律体系一元性体现为中国宪法规范在各法域均具有最高法律效力。但宪法在特别行政区的适用则具有特殊性。宪法作为基本大法，在全国具有最高效力。各特别行政区是中国的地方行政区域，宪法的效力从整体上说当然也适用于特别行政区。但由于特别行政区按"一国两制"构想将实行资本主义制度而非社会主义制度，所以关于宪法在特别行政区适用的问题存在争议。有学者认为中国现行宪法不适用于特别行政区，因为《宪法》第31条与《宪法》序言、第1条、第5条规定一切法律都不得同《宪法》相抵触。宪法序言规定了四项基本原则，第1条规定社会主义制度是中国的根本制度，禁止任何组织和个人破坏社会主义制度。第5条规定一切法律都不得同宪法相抵触。《宪法》第31条起草的各特别行政区基本法自然也和宪法序言及许多含有社会主义性质的条文相抵触。由此部分人士得出《宪法》应当不适用于特别行政区，否则特别行政区基本法就会因为和宪法相抵触而失去效力的结论。①

将《宪法》的某些规范和另外一些规范的关系对立起来，或将《宪法》规范与特别行政区基本法规范的关系对立起来，是不适当的。《宪法》不仅存在第31条的特殊情况，其他的根据特殊情况所做的特殊规定也是存在的。例如，《宪法》第19条规定"国家推广全国通用的普通话"，第4条又规定

---

① 香港特别行政区基本法咨询委员会中央与特别行政区的关系专责小组：《基本法与宪法的关系（最后报告）》，1987年。

"各民族都有使用和发展自己的语言文字的自由";《宪法》第5条规定"国家维护社会主义法制的统一和尊严",第115条又规定民族自治地方的自治机关"根据本地方实际情况贯彻执行国家的法律、政策"。上述条文看来似乎是互相矛盾的,其实是普遍性与特殊性相协调、相结合的结果。其中特殊性的规范是整部宪法有机的不可缺少的组成部分。

还有些人士认为《宪法》只有第31条适用于特别行政区,其他条文则不适用。这种观点也是偏颇的。《宪法》中关于国家机构及其职权、公民基本权利及义务、国旗国徽首都等诸多方面的规范都部分或全部适用于各特别行政区,否则"一个中国"就成为空谈了。当然,其中有些方面,特别行政区与内地的确存在差异。如居民权利方面,特别行政区要宽泛一些;港澳居民中的中国公民实际上没有服兵役的义务,台湾居民按照台湾地区的法律履行兵役义务等。这些差异,按照"一国两制"的精神,以基本法规定为准,已经妥善地解决了矛盾。

在起草香港和澳门特别行政区基本法时,曾有人主张在基本法中明确规定宪法的哪些条文不适用,以便使宪法适用问题清晰明确化。对此,多数基本法起草委员认为《宪法》是根本法,如果在特别行政区基本法中对《宪法》的适用性加以规定,则不仅违反《宪法》第67条关于宪法解释权的规定,而且不符合宪法是国家根本大法,任何法律、法规不得与其抵触的宪政原理。况且精确地说明《宪法》的哪些条文适用于特别行政区,哪些条文不适用于特别行政区,这在立法技术上也是有困难的,尤其是那些部分适用、部分不适用的条文,列举清楚往往是不可能的。因此,对于《宪法》在特别行政区适用的问题,采取的是不明确列举而由基本法做个别处理性规定的办法。这样既维护了《宪法》的最高权威性,又顾及了特别行政区的特殊性及基本法的可操作性。

(二)特别行政区法律体系与全国法律体系的规范衔接

存在规范衔接是确认子体系与母体系之关系的标志,无规范衔接是确认独立法律体系的标志。特别行政区法律体系作为全国法律体系的子体系，通过特别行政区基本法规范以及基本法所列举的在本特别行政区实施的全国性法律规范，实现与全国法律体系（母体系）的规范衔接。

各特别行政区基本法属于宪法性法律，也是中国的基本法律，其法律规范从法律效力等级来讲是仅次于宪法规范的。依照中国宪法的有关规定，其他法律、行政法规、地方法规不得与基本法律相抵触，否则即为无效。特别行政区基本法的主要内容是关于特别行政区政治、经济、社会、文化制度及其实施方式的，但它又涉及中央与特别行政区的一些职权划分以及其他地区与特别行政区的关系。因此，不仅本特别行政区及其居民要遵守基本法，所有中国公民及外国人在特别行政区都要遵守基本法。这是法治社会的要求。

由于特别行政区实行不同于内地的制度，而这些制度又是由基本法具体规定和保护的，所以基本法必须有足够高的法律地位和权威性，才能承担得起落实"一国两制"决策，保障特别行政区正常运转和特别行政区居民的合法权益的重任。对此基本法规定，特别行政区原有法律与基本法相抵触者必须加以修改才能继续适用，而特别行政区立法机关制定的法律、法例则不得与基本法相抵触，否则即为无效。可见基本法在特别行政区法律体系中居于最重要的位置，这也是一些人士将基本法称为特别行政区"小宪法"的原因。考虑到基本法的重要法律地位，特别行政区基本法对自身的修改都采取了极为慎重的规定。基本法的修改权均规定为属于全国人大。而基本法的修改提案权则赋予全国人大常委会、国务院和特别行政区。其中特别行政区的修改议案，须经特别行政区的全国人大代表2/3多数和特别行政区行政长官同意后，交由特别行政区出席全国人大的代表团向全国人大提出。为了慎重起见，基本法的修改议案在列入全国人大的议程前，先由该特别行政区基本法委员会研究并提出意见。出于维护"一国两制"的考虑，各特别行政区基本法均规定其任何修改均不得同中华人民共和国对特别行政区的基本方针政策相抵触。如此严格的修改程序及修改限制正是基本法重要地位的体现和需要。

第四节 "一国两制"与中央守法护法

"一国两制"条件下的"法治"首先要求"中央"守法护法,即中央各国家机关及其工作人员必须严格恪守基本法以及附属的法律。"一国两制"实行后,"一国"原则要求内地、台湾、香港和澳门这些实施不同法制的地区必须认同"一个中央",即只有一套中央机关体制和"中央法制"。根据法律规范等级理论,中央机关体系和中央法制位于政权体制和法制金字塔的最高位置,任何地方机关体系和地方法制均处于低于其地位的位置,不能超越乃至凌驾其上。因此,"中央"守法的重要性就凸显出来。如果中央国家机关及其工作人员不能严格守法,依法行事,地方国家机关及普通公民就难以运用法律手段维护"高度自治","一国两制"也会成为空谈。

"中央守法护法"的第一个层次是权力机关即全国人大及其常委会必须遵守和维护宪法以及基本法。全国人大是中国宪法规定的最高国家权力机关,拥有制定和修改宪法、全国性法律的权力。全国人大常委会是全国人大的常设机构,在人大闭会期间代行全国人大部分职权,并享有解释宪法和全国性法律、监督宪法和全国性法律实施的权力。根据香港和澳门特别行政区基本法的规定,全国人大拥有修改两个基本法的权力,全国人大常委会则拥有基本法的解释权。全国人大及其常委会的上述地位和职权并不意味着它们可以凌驾于基本法及其附属法律之上。相反,宪法明确规定,任何国家机关、政治组织、社会团体和个人都必须遵守宪法和法律,不允许有超越乃至凌驾于宪法和法律之上的特权。香港和澳门特别行政区的基本法虽然没有明确规定全国人大及其常委会的"违禁"行为,但根据"公权力"的"法无明文许可即禁止"的行使原则，凡是基本法未明确授予全国人大及其常委会的权力，应推定全国人大及其常委会不得行使。即使基本法授予全国人大及其常委会的权力，也应当依法行使基本法规定程序。对全国人大及其常委会行使权力的限制与全国人大的最高权力机关的法律地位并不矛盾。值得注意的是，在宪法设计的权力金字塔中，全国人大居于最顶端的位置，所有其他国家机关均由全国人大授权产生并对其负责，宪法也未明确规定全国人大不能行使的权力以及其他国家机关监督全国人大及其常委会依法行使的程序。这种制度设计的缺陷容易使人产生误解，即全国人大的权力行使是不受制约的以及"全国人大不会为非"。实际上，任何个人或机关、组织都必然存在着不足，没有制约的权力必然导致绝对的腐败或专制。从目前中国宪法的规定看，对全国人大及其常委会的权力行使也还是有程序性限制的。对于这些程序性约束，其他国家机关也应予以高度重视，并树立"越权无效"的宪政法治原则。即使是最高国家权力机关如果没有按照宪法和法律所规定的要求行使权力，其"越权"或"滥用权力"或"违反正当程序行使权力"的行为都应视为"无效行为"，任何国家机关、政治组织、社会团体和公民个人有权拒绝服从。这种"不服从"是"和平抵抗权"和"法治"所允许的，不能视为企图凌驾于全国人大及其常委会之上的"非法行为"。自觉地抵制国家机关的违法行为，正是"依法治国"对每个公民的起码要求，也是"护法"行动的力量源泉。

在"一国两制"条件下，"法治"对全国人大及其常委会的权力行使有着特殊的要求。概括而言，这种特殊要求包含两个方面，第一是严格按照基本法的规定，履行职责，维护"一个中国"原则；第二是严格恪守"高度自治"原则，不干预基本法所规定的特别行政区自治范围内的事务，落实"两制并存"。在香港和澳门特别行政区基本法中均采取了中央与特别行政区分权的宪制模式，未来的台湾基本法中也必然会采取类似的设计。基本法的这种分权设计中，由中央行使的职权一般而言是维护"一个中国"

原则所必不可少的。这些职权中属于全国人大及其常委会行使的，主要有基本法的制定和修改权、基本法的解释权以及实施基本法中"一国"原则的监督权。基本法的制定和修改是十分慎重的事，所以基本法只将这项职权赋予全国人大，常委会则没有这项权力。这一细微但却重要的差别同样体现了法治的严格要求。由于全国人大是唯一有权制定和修改各特别行政区基本法的机关，所以任何其他国家机关、政治组织、社会团体和个人无权干扰全国人大行使这一职权，更不允许越俎代庖。而全国人大则应谨慎而负责地行使这项职权，对于确实已不适应"一国两制"现实或有严重缺陷的条款应及时合法地予以修正。在这一问题上需要注意的是，根据中国宪法和全国人大组织法的规定，在全国人大闭会期间，全国人大常委会有权在不违反全国人大所制定的法律基本原则的前提下，通过单项决定对这些法律进行局部修改和补充。在内地通行的民法、刑法、诉讼法等基本法律虽是全国人大制定的，但往往包括了诸多全国人大常委会修改和补充的痕迹。这种由全国人大常委会"变相"代行全国人大对基本法律修改权以弥补全国人大长期闭会的缺陷的模式，尽管在内地现行的政治体制下运行得十分有效，但却并不适用于"一国两制"条件下的特区基本法的修改。香港和澳门基本法均未规定全国人大常委会有权在全国人大闭会期间通过任何方式修改或补充基本法，尽管中国宪法和全国人大组织法中并未明确规定全国人大常委会在没有基本法律授权的情况下，不可以对基本法律做局部的修改和补充，但从法律保留的原则出发，全国人大常委会不宜采用"个别条款修正"的模式。当然，根据两个基本法的规定，全国人大常委会拥有基本法解释权，有权对基本法的条款中"不明确的概念"予以澄清或说明。这种法律解释行为不应与法律修正行为相混淆。

"中央"守法护法的第二层次是中央行政和司法机关守法护法。中央行政机关即国务院和其直属机构，担负着中央级执法工作的重任，并掌握着宪法和法律赋予的行政管理权。在"一国两制"架构中，中央行政机关不仅担负着管理与特别行政区有关的外交事务、国防事务、保障特别行政区高度自治的责任，还有权依照基本法的规定任免特别行政区行政长官和行政机关的主要官员。在必要时，可应特别行政区政府的请求，命令驻军协助维持社会治安和救助灾害。当全国人大常委会决定战争状态或因特别行政区内发生特别行政区政府不能控制的危及国家统一或安全的动乱而决定该特别行政区进入紧急状态时，中央人民政府有权发布命令将全国性法律在该特别行政区实施。上述职权和职责的重大，要求中央人民政府必须严格依法行政，同时对于法律的理解也要遵循民主法治原则和"一国两制"精神。例如，中央人民政府拥有包括行政长官在内的特别行政区主要官员的任免权。此种权力并非象征性或仅具程序意义的权力，而是实质性权力。国务院有权拒绝任命当选的候任人或不批准弹劾及辞职。但是，从"一国两制"的精神和尊重民意的民主原则出发，在行使重要官员任命权时，国务院应充分尊重特别行政区的民意和基本法规定的程序，不要轻易行使否决权。在特别行政区出现某些不正常情况时，国务院应充分听取各不同利益方的意见，不能仅凭主观好恶行事。即使在紧急状态下，中央人民政府也应慎重行使执法权，不要轻易实施不符合特别行政区"区情"的全国性法律（严格地讲是内地的法律），更要注意，即使是不得不实施该类法律，也不得造成危害"一国两制"基本国策的结果。对于特别行政区所实施的危及"一国两制"的行为，中央人民政府有权力也有责任及时制止。在万不得已的情况下，为了避免危害"一国两制"根本制度及使国家、特别行政区人民免遭重大损失，可以采取诸如暂时性权力克减等以较小的代价"紧急避险"的措施。

"中央司法机关"守法护法，主要是指"中央级司法机关"严格遵守基本法规定的"各法域司法管辖权"规定，不干预特别行政区独立的司法权和终审权。"一国两制"在司法制度领域最大的创新就是首创一国之内不同法域均享有独立的终审权。这意味着在"一国两制"条件下，实际上并不存在"全中国范围意义上"的"最高法院",只有四个法域(内地、台湾、香港、澳门)的"终审法院"。中央司法机关并不像中央立法机关和行政机关那样,拥有完整的全国性的管辖权限。而只是享有内地的司法权和终审权①。这一点对于理解"一国两制"条件下的司法冲突和协调至关重要。因此,中央司法机关应当充分、准确地领会基本法的相关条文,在充分尊重各特别行政区法院的司法权的同时,积极运用基本法赋予的权力,与各特别行政区法院维持良好的协作关系,在互利的基础上提供司法协助,既要避免"抢管辖"之类的司法冲突,又要消除"两不管"式的司法漏洞,还要注意协调程序的完善,防止"好心办坏事"的尴尬现象。同时,中央司法机关还要担负起引导地方司法机关正确掌握"一国两制"精神的重任,及时纠正相关的错误。

第五节 "一国两制"条件下不同法域的法制协调

一 "一国两制"带来的法制冲突

实行"一国两制"以后,在法律体系及法律适用上,将出现"一国两制三系四域"的独特局面。所谓"一国"是指一个独立统一的中国;"两制"是指两种性质不同的法律制度即社会主义法制和资本主义法制并存;"三系"是指香港的英美法系制度、台湾和澳门的大陆法系制度、内地的社会主义法系制度并存;"四域"是指内地、台湾、香港、澳门四个不同法律子体系和司法管辖区域并存。由于这种独特局面的存在,使得四个法域之间的法律规范冲突不可避免。所谓法制冲突正是指同时牵涉两个或两个以

---

① 从"一国两制"和"依法治国"的角度看,"最高人民法院"实际上主要是"内地终审法院"。

上的法制管辖区域的案件，应如何解决法律规范冲突和法律规范适用的问题。

实行"一国两制"以后的中国，其区际法制冲突有如下特点。

第一，中国的区际法制冲突，既有属于同一社会制度的法制之间的，如香港、澳门和台湾之间的法制；又有不同社会制度的法域之间的法制冲突，如内地的社会主义法制与特别行政区的资本主义法制之间的冲突。而当前世界上多法域国家内部的法制都是社会制度相同的法制冲突。前者比后者复杂得多。

第二，中国的区际法制，既有同属一个法系不同分支的法域之间的法制冲突，如台湾属于大陆法系德国分支的法制与澳门属于大陆法系法国分支的法制之间的冲突；又有属于不同法系的法域之间的法制，如属于英美法系的香港法制与属于大陆法系的台湾法制之间的冲突。

第三，中国的区际法制冲突，不仅表现为各地区本地法之间的冲突，而且同时还表现为各地区的本地法和其他地区适用的国际条约之间以及各地区适用的国际条约相互之间的冲突。如香港和澳门特别行政区基本法均规定《公民权利和政治权利国际公约》适用于香港和澳门的部分，在港、澳回归后仍然适用，而中国内地加入该公约的时间比两地回归的时间要晚，而且，三方对该公约的保留部分不同，这就造成了三地在适用该公约问题上的冲突。

第四，中国的区际法制冲突是一种特殊的单一制国家内的区际法制，既不同于联邦制国家中不同邦或州之间的法制冲突，也不同于某些单一制国家内由于历史原因所形成的区际法制冲突（如法国的阿尔萨斯和洛林地区由于1870年普法战争后被割让给德国，其现行法律带有很深的德国烙印）。

第五，中国各法域都有自己的终审法院，而在各法域之上无最高司法机关。因此，在解决区际法制冲突方面，没有最高司法机关可以行使协调权力。实行"一国两制"以后的中国，最高人民法院对香港、澳门和台湾法制管辖之下的案件和事务没有司法管辖权和法律解释权，仅在内地涉及香港、澳门和台湾的案件方面有终审权，实际已成为"内地的最高法院"而非"全国的最高法院"。

第六，在立法管辖权方面，没有中央立法权和各法域立法权的明确划分，仅有特别行政区就自治事务行使立法权和通过特别行政区基本法的附件载明在特别行政区实施的全国性法律的规定。内地的立法除了上述在特别行政区适用的法律外，均不在特别行政区具有法律效力。而在未来的"台湾特别行政区基本法"（权且作此称谓）中，由于台湾的防务自理、保留军队，在国防事务的适用法律方面又会产生与香港、澳门完全不同的情况，中央立法权范围会进一步缩小而区际法律规范冲突也会增加。况且香港、澳门和台湾的立法权均不是由中国宪法直接赋予的，而是由各自的基本法（或类似地位的法律）所赋予的，这就进一步增加了造成法制冲突的因素。由上述中国区际法制冲突的特点不难看出，中国区际法制冲突是极为复杂和纷繁的。

二 按照"一国两制"精神的法制协调

在"一国两制"条件下的法制协调，应当遵循以下基本原则。

（一）坚持维护国家统一的原则

维护国家统一是中国解决香港、澳门和台湾问题最重要的一项原则，也是解决中国区际法制冲突的首要原则。内地、香港、澳门和台湾都是中国领土不可分割的组成部分。虽然为了保持这些地区的长期繁荣和稳定，并考虑到它们的历史和现实情况，中国决定在香港、澳门和台湾设立特别行政区，让它们享有高度自治，并保留它们各自独特的法律制度，但在解决区际法制冲突时，归根结底不能有碍于国家统一和主权领土完整，法制协调必须有益于至少无损于中国的统一。因此，在考虑法制协调的途径和步骤时，各地区都应该以坚持维护国家统一为基本出发点，本着互助合作的态度，权衡利弊，决定取舍，一切都应以大局为重，而不能仅仅为了本地区的利益损害兄弟地区的利益。

（二）坚持"一国两制"条件下的和平共处

"一国两制"的精髓就是不同性质制度和平共处，共同发展。和平共处原本是国际法中处理国与国之间关系的准则，实践证明"和平共处原则用之于解决一个国家内部的问题，也是一个好办法"。"中国根据自己的实践，提出'一个国家，两种制度'的办法来解决中国的统一问题，这也是一种和平共处。"① 根据这一原则，中国内地与各特别行政区的法制差异将会长期存在，不应该操之过急地采取统一各地区法制的方式来解决区际法制协调问题；也不能以社会制度不同为借口，给法制协调设置障碍。

（三）坚持平等互利

不仅在国与国之间的正常交往中应贯彻平等互利的原则，在协调一国内部不同法域的法制的过程中也应执行平等互利的原则。就中国法制冲突而言，平等互利原则主要体现在以下几方面：（1）要承认内地、香港、澳门、台湾四法域的法律体系处于平等地位（全国普遍适用的法律规范应视为四地法制共同的组成部分）。各地区在一定条件下承认其他地区法制在本地区内的域外效力，并承认其他地区法律所产生的合法权利或权力。如果各地区都固守狭隘的属地主义或属人主义，在处理涉及其他地区的法律争议时，在法律适用上只强调本地区的法律优于其他地区的法律，对其他地

---

① 邓小平：《建设有中国特色的社会主义》，人民出版社 1984 年版，第 67 页。

区的法律体系一概采取排斥或消极态度，那么，各法域的法制平等就无从谈起，法制协调也就成为空谈。（2）承认各地区法人和自然人在法律上的平等地位，对其合法权益予以平等且适当的保护，不得采取地域保护主义或属人歧视态度。（3）在司法实践中，当需要适用其他地区法律时，应本着公平正义态度，准确适当地予以适用，并应尊重该法律所属法系的传统惯例和法治观念，不应按己方的习惯做法和意识形态行事。（4）在法域管辖权方面，应遵循法治原则所确立的惯例和规定，不得采取"抢管辖权"、"双重立案"等非法治精神的做法。（5）加强司法协助，在不违背法律规定和法治原则的前提下，尽量采取积极合作的态度，确保其他地区合法有效的判决、裁定在最短时间内高效率地得到适当正确的执行。

中国区际法制协调的途径主要有三种：立法协调、行政协调和司法协调。立法协调是指通过立法方式，制定统一的实体法和程序法或制定统一的法律冲突法，以便从根本上消除区际法律冲突或回避法律冲突。从中国的国情看，要实现全国不同法域的法制统一，在短时间内是不可能的，而且既不符合客观实际的要求，也有悖于"一国两制"的法制宽容多元精神。利用全国统一实现法制协调是不可能的。通过制定区际法律冲突法来实现法制协调不失为一种有益的尝试，世界上一些多法域国家也曾采取这种方式求得法制冲突的解决。一般有两种做法，第一种是由国内最高立法机关制定统一适用于全国的区际冲突法（或在具体法律中规定解决各具体问题的法律冲突规范）。第二种是不制定全国统一的调整区际法律冲突的法律规范，而主要由各地区在司法实践中类推适用或参照适用国际冲突法规范来解决法律冲突问题。有学者主张中国内地、香港、澳门和台湾先暂时参照适用或"准用"共同认可的国际冲突法来摸索法制协调的经验，在条件成熟时，制定适用于全国各地区的统一区际法律冲突法，并以"公共秩序保留条款"作为维护各法域特殊的合法权益的安全阀。这一观点值得重视和研究，但由于法律冲突法只是解决了适用法律的"唯一性"问题，并未真正消除不同法域法律规定的差异和法制的差异，所以，严格说来只是"回避了法律冲突"，并不是实现了"法制协调"。况且国际冲突法多为解决民商事法律即私法领域法律冲突的规范，而中国区际法律冲突不仅存在于私法领域，还广泛存在于公法领域。加上中国特有的不同社会性质的法制之间的冲突远非联邦制国家（或多法域单一制国家）的同一社会性质法制冲突所能简单类比。所以单靠制定统一的区际法律冲突法是难以真正实现法制协调的。此外，立法需要大量的实践经验归纳和严密的法理论证，制定任何法律都不是轻易、简单的事情。可见，运用立法协调途径实现中国区际法制协调，在"一国两制"实施初期不应作为主要决策考虑。

行政协调是指通过各法域行政机关在执法和委任立法活动中的相互协作、配合、实现法制协调。行政协调的优势在于充分利用行政机关的行政自由裁量权空间，在不修改现行法律或制定新法的情况下维持法制的连续性和稳定性，同时通过执法合作和委任立法的补充功能达到协调不同法域的法制的目的。实际上，早在新中国成立之初，中国政府就开始尝试通过行政机关的协作实现与香港、澳门的法制协调。"克什米尔公主号事件"发生后，通过内地公安机关与港府警方的协调，加上港府与台湾当局的协议，使台湾情报机关不再在香港从事针对内地的暴力恐怖活动。改革开放以后，内地与香港、澳门的行政机关之间的协调特别是警方之间的协作更加密切频繁。不仅三地警方在联手打击跨区域犯罪方面取得了巨大成功，而且在诸如内地赴港定居配额等棘手问题上也找到了较妥善的解决办法。香港回归以后，内地行政机关与香港特别行政区政府之间的行政协调由于有了基本法的保障，成效倍增。在亚洲发生金融危机之后，内地和香港的金融管理机构通力协作，为确保人民币和港币不贬值、维护香港的联系汇率制及香港经济的稳定繁荣起到了重大作用。这种特殊协调是立法协调和司法协调所无法取代的。通过行政委任立法方式即制定行政规章和规则的办法还可以弥补立法不能适应新形势快速变化和规定不完备的不足。例如，内地公司法关于上市公司的规定与香港公司法的相关条款有所不同。内地股份有限公司要在香港上市必须同时满足两地法律的规定要件。内地证券监督委员会通过与香港联交所等机构协商，制定了"内地在港上市公司章程必备条款"，以委任立法方式实现了在不修改公司法的条件下，协调两地公司法规的目的。同时还为内地借鉴、移植香港先进的法制提供了经验和操作模式。由于祖国大陆和台湾之间的对峙状态，两岸行政机关之间的直接协调目前还无法实现，尽管两岸关系协会（海协）和财团法人海峡交流基金会（海基会）的事务性商谈已在众多领域实现了两岸之间的法制协调，但是因台湾当局的"台独"行径，两会的正常交往基本停止，法制协调作用大打折扣。只有台湾当局放弃"台独"道路，随着形势的变化，两岸间接协调才可能逐渐向着直接协调的方向发展，其内容也才能由事务性协调向政务性协调迈进。可以预见，由于两岸民间交往的不断深化，未来两岸关系的发展中，行政协调（或以其他方式表现的间接协调）必将发挥重大作用。

司法协调是指通过司法机关在审理案件时运用司法解释权和司法自由裁量权以及不同法域司法机关之间的司法协助，实现不同法域的法制协调。司法协调的优势在于司法机关可以根据个案的具体情况做具体分析，并通过对大量案件的处理归纳出符合客观现实条件的司法经验，以判例或司法解释的方式达到普遍性与特殊性兼顾的目的。司法协调是联邦制国家（特别是英美法系联邦制国家）解决本国内不同法域地区法制冲突的主要途径。早在美国联邦宪法颁布初期，美国联邦最高法院就运用司法协调方式解决了州权力与联邦权力划分等重大法制冲突问题。内地与香港的司法协调也积累了相当丰富的经验，早在 1988 年，广东省高级人民法院与香港最高法院在多年协商的基础上达成了区域性的司法协议，相互委托协助送达民事和经济纠纷案件的诉讼文书。从目前的情况看，内地、台湾和澳门由于法制体制和习惯接近，司法协调的技术性难度不太大，而香港与上述三地之间的司法协调则存在一定的技术性难题。由于香港属于英美法系，其法制体系、法治观念、权力划分都与内地、台湾和澳门不同，所以司法解释协调关系重大。香港司法机关的地位较之其他三地要高，司法解释是唯一的法定解释，且判例具有法定的约束力。因此，内地、台湾和澳门未来与香港之间的法制协调可能会以司法协调为主，其他方式为辅。此外随着内地、香港、台湾和澳门之间经贸和民间往来不断发展以及法制建设的深化，司法协助的问题日益迫切起来。由于内地、香港、台湾和澳门之间尚无统一的司法协助协议，而跨地区的案件数量急剧增加，产生了大量的有效判决因跨法域而无法及时执行甚至不能执行的现象。这种局面不仅不利于四地经贸合作和民间往来，也不利于中国的法制建设，严重的还会损及祖国统一。在香港回归之后，内地与香港已有了司法协助的法律依据，并取得了很好的效果。澳门回归后，内地与澳门之间的司法协助协议也很快达成。唯有内地与台湾之间由于对立状态尚未正式结束，加上政治分歧严重，累及两地司法协助难以实现。尽管内地最高人民法院已制定了关于同台湾司法机关进行司法协助的司法解释，台湾地区也有相应对策，海峡两岸关系协会与台湾地区海峡交流基金会还于2009年签署了《海峡两岸共同打击犯罪及司法互助协议》，但是，两岸之间实现司法协调还需做大量的艰苦工作。

第十二章

国际法与中国法律体系

国际法与中国法律体系的问题实质是国际法与国内法关系的具体体现。本章将主要从国际条约的角度，论述国际法与中国国内法抑或国际法与中国法律体系关系问题的一些基本的理论和实践方面。

第一节　国际法与中国国内法的一般关系

一　国际法与中国国内法关系的一般理论

国际法与国内法关系的传统理论，即"一元论"和"二元论"。二元论先于一元论出现。这两种理论对立的焦点在于国际法和国内法是不是两个独立的法律体系。二元论主张国际法和国内法是两个独立的法律体系，一个独立于另一个而存在。一元论则主张国际法和国内法是同一法律体系的组成部分。二元论至今不论在理论上还是实践上均还有一定的影响。一元论则有所不同。

一元论有两种不同的论点，一是国际法优先于国内法的一元论，或说"国际法优先说"；二是国内法优先于国际法的一元论，或说"国内法优先说"。国内法优先说的思想根源是黑格尔的国家绝对主权的理论，并有着浓厚的强权色彩。国内法优先说根本否定国际法的存在。这一学说在理论上的片面性受到了其他理论学说，特别是二元论的强烈抨击；又因其不符合国际法的实践，在第一次世界大战后便逐渐失去了影响力。现已无学者支持这种理论。国际法优先说兴起于第一次世界大战之后。按照国际法优先说的典型代表汉斯·凯尔森（Hans Kelsen）的观点，国内法和国际法属于同一法律体系。在这个法律体系中，不同的法律规范有高低等级之分；而国际法优于国内法。凯尔森认为，若干规范都是从同一的基础规范得到其效力的。国内法基础规范的效力要追溯到国际法，从国际法中获得其效力。凯尔森还认为，国际法的法律效力范围是不受限制的；并且，国际法律秩序"决定各国法律秩序的属地、属人和属时效力范围"。[①] 国际法的效力则最终来自这一"基础规范"，即"约定必须信守"（pacta sunt servanda）。[②]国际法优先说虽未得到普遍承认，但迄今仍颇具影响。

中国大部分学者认为一元论和二元论均有缺陷，故既不赞同一元论，也不支持绝对的二元对立理论。针对二元论，中国学者认为，这一理论注重探究国际法与国内法的差异，强调它们在主体、渊源、调整对象、效力依据、实施方法等方面的不同，而忽视了国际法与国内法之间的联系。针对国际法优先的一元论，中国学者认为，凯尔森没有清楚地说明作为国际法优先于国内法的一元论基础的基础规范的效力来源与效力依据，因而不能令人信服；此外，凯尔森的理论学说主张国内法从属于国际法，在逻辑上将会否定国家主权原则，将国家主权置于国际法之下。

---

① ［美］汉斯·凯尔森：《国际法原理》，王铁崖译，华夏出版社 1989 年版，第335 页。

② 关于汉斯·凯尔森的国际法优先说的观点，可见汉斯·凯尔森《国际法原理》之第 5 章"国际法和国内法"，王铁崖译，华夏出版社 1989 年版；汉斯·凯尔森：《法与国家的一般理论》之第 6 章"国内法与国际法"，沈宗灵译，中国大百科全书出版社1996 年版。

　　为了逃避一元论和二元论的这种分法，或说为了避开它们的不足，有国外学者提出了国际法与国内法关系的"协调论"这一理论学说。① 按照协调论者的观点，一元论和二元论这"两种理论的逻辑推论均与国际和国家机构及法院的行为方式相冲突"②。协调论者认为，作为"体系"，国际法和国内法在不同的领域运作，并不会发生冲突；并且，它们在其各自的领域都是最高的，因此，两种体系间不存在孰更优越的问题。但因国家不能在国内层面上按照国际法要求的方式行事，故可能发生义务的冲突；但其结果并不是国内法无效，而是国家在国际层面上要承担责任。③

　　中国有学者也在反思一元论和二元论的基础上，提出了"自然调整论"或"自然协调论"的理论学说。

　　中国著名国际法学家周鲠生先生阐释了国际法与国内法关系的"自然调整论"。周先生指出，二元论偏于强调国际法与国内法二者形式上的对立，而忽视它们实际的联系。他认为："这种联系首先存在于这样一个客观事实，即国家是制定国内法的，同时也是参与制定国际法的。其次，国家的对外政策和它的统治阶级的对内政策都有密切的联系；法律是为政策服务的。国家对外政策自然影响它对国际法的态度和立场。因此，可以断言，国际法和国内法按其实质来看，不应该有谁属优先的问题，也不能说是彼此对立。"④ 他指出，国际法和国内法的关系问题，归根到底，是国家如何在国内执行国际法的问题，也就是国家如何履行国际法义务的问题。按其性质，国际法约束国家而不直接约束国家的机关和国内的人民，即使国内

---

　　① 协调论的主要代表人物有菲茨莫里斯（Fitzmaurice）、卢梭（Rousseau）、伊恩·布朗利（Ian Brownlie）等。

　　② Ian Brownlie, *Principles of Public International Law*, 5th ed., Oxford University Press, 1998, p. 33. 此书的中译本由曾令良、余敏友等译，名为《国际公法原理》，法律出版社 2003 年版。

　　③ Ian Brownlie, *Principles of Public International Law*, 5thed., pp. 33 – 34, 55 – 56.

　　④ 周鲠生：《国际法》（上册），商务印书馆 1976 年版，第 19—20 页。

法违反了国际法，其国内法庭仍须执行，但国家因此将负违反国际义务的责任。所以，国家既然承认了国际法规范，就有义务使它的国内法符合于它依国际法所承担的义务。而"从法律和政策的一致性的观点说，只要国家自己认真履行国际义务，国际法和国内法的关系总是可以自然调整的"。[①]持类似观点的其他中国学者也认为，国际法和国内法是不同的法律体系，但由于国内法的制定者和国际法的制定者都是国家，这两个体系之间有着密切的联系，彼此不是互相对立而是互相紧密联系、互相渗透和互相补充的。因而，它较好地反映了国际法与国内法关系的现实[②]，"自然调整论"与国外学者的"协调论"是相吻合的。这种理论似有中庸，或说折中的意味。

近些年来，有中国学者对自然调整论提出了质疑。他们认为，自然调整论消极地将国际法与国内法的关系置于法律规范之外进行任意思考；这一理论看似全面，实则回避了国际法与国内法关系的实质，即"国家如何在国内执行国际法的问题，也就是国家履行依国际法承担的义务的问题"。[③]为此，他们提出了国际法与国内法关系的"法律规范协调说"，或称"法律规范协调论"的理论。这一理论学说认为，法律规范的和谐一致是准确把握国际法与国内法关系的理论起点，法的内在特质的普遍性与形式特征的共同性，以及法治社会对法律体系融合协调的基本要求，决定了国际法与国内法必须而且只能在法律规范的统领下和谐共生、协调一致。国际法律

---

① 周鲠生：《国际法》（上册），商务印书馆 1976 年版，第 20 页。

② 持此类观点的中国国际法学者还有端木正、陈致中、梁西、程晓霞等。转引自王铁崖《国际法引论》，北京大学出版社 1998 年版，第 191—192 页。另见王铁崖主编《国际法》，法律出版社 1981 年版，第 44 页；王铁崖主编：《国际法》，法律出版社 1995年版，第 29—30 页；万鄂湘主编：《国际法与国内法关系研究》，北京大学出版社 2011年版，第 20—22 页。

③ 李龙、汪习根：《国际法与国内法关系的法理学思考——兼论亚洲国家关于这一问题的观点》，《现代法学》2001 年第 1 期。

规范与国内法律规范既分别在各自的法律系统范围内达到内部的和谐一致，又在总体上相互关联、互为因果、互相渗透、互相促进。①

对于"法律规范协调论"，另有中国学者做了回应或评论：一方面肯定法律规范协调论吸收了自然调整论的理论精髓，并从法律规范的视角论证国际法与国内法的关系，即为相对独立但又协调的关系，而非独立或混同的高低或优劣关系；另一方面则指出，法律规范协调论从规范本身来看国际法与国内法的关系，故在论证方法上存在欠缺或局限性。②

二 国际条约与中国法律体系的关系

在中国，国际条约与中国法律体系的关系主要涉及两方面的问题，一是国际条约是不是中国法律体系的组成部分；二是国际条约在中国法律体系中处于何种地位。

（一）关于"法律体系"的概念和争鸣

中国学者对于法律体系的界定多持这样一种观点，即"法律体系通常指由一个国家的全部现行法律规范分类组合为不同的法律部门而形成的有机联系的统一整体"。"在统一的法律体系中，各种法律规范，因其所调整的社会关系的性质不同，而划分为不同的法的部门，如宪法、行政法、刑法、刑事诉讼法、民法、经济法、婚姻法、民事诉讼法，等等。"③

由中国社会主义的这种制度性质所决定，中国法律体系也具有"社会

---

① 李龙、汪习根：《国际法与国内法关系的法理学思考——兼论亚洲国家关于这一问题的观点》，《现代法学》2001 年第 1 期。另见万鄂湘主编《国际法与国内法关系研究》，北京大学出版社 2011 年版，第 26—33 页。

② 万鄂湘主编：《国际法与国内法关系研究》，北京大学出版社 2011 年版，第 29—33 页。

③ 《中国大百科全书·法学》，中国大百科全书出版社 1984 年版，第 84 页。

主义"的特色。2011 年 10 月发布的《中国特色社会主义法律体系》（白皮书）对"中国特色社会主义法律体系"做了界定。它是指"以宪法为统帅，以法律为主干，以行政法规、地方性法规为重要组成部分，由宪法相关法、民法商法、行政法、经济法、社会法、刑法、诉讼与非诉讼程序法等多个法律部门组成的有机统一整体"。可见，不论是从普遍意义还是特定意义的界定来看，在中国法律体系的构成中均不包括国际条约。

然而，中国法学理论界也有学者认为，在以成文法为法律渊源的中国，法律体系的构成，除了法律规范的部门划分以及划分后的整体性外，还应当包括法律的渊源体系、法律的构成体系、法律的规范体系和法律的效力体系等。法律的渊源体系主要指直接法律渊源。它是指由一定权威机关按照法定程序制定的以规范性文件表现出来的法律，主要包括宪法、法律、行政法规、部委规章、地方性法规、民族自治条例和单行条例、条约等。显然，这种观点主张，国际条约是法律的直接渊源，故而构成中国法律体系的组成部分。

尽管有概念界定上的异议，但也有这样一个事实，即中国的多部现行法律中载有关涉国际条约或国际惯例与国内法关系的条款。最为典型的例子即前已述及的《民法通则》第 142 条，以及《民事诉讼法》（2012 年修正）第 260 条。① 基于此，为了厘清国际条约与中国法律体系的关系，中国学者做了着力探究。

（二）国际条约是不是中国法律体系的组成部分

由于中国宪法的沉默，以及作为宪法相关法的缔结条约程序法和立法法均未对国际法与国内法的关系做出规定，因此，国际法与国内法的关系迄今在中国仍表现出不确定性。这种不确定性的具体表现之一，是国际条

---

① 《民事诉讼法》第 260 条规定："中华人民共和国缔结或者参加的国际条约同本法有不同规定的，适用该国际条约的规定，但中华人民共和国声明保留的条款除外。"

约是不是中国法律体系的一部分尚未确定。

对于国际条约是不是中国法律体系组成部分的问题，中国国际法学者大致有两种观点：否定的观点认为，国际条约不是中国法律体系的组成部分；肯定的观点主张，国际条约是中国法律体系的组成部分。

否定者认为：（1）条约不是中国法律的渊源形式。因此，中国法律没有规定"条约是中国法律的一部分"，而只规定"条约优先适用"，并且这种"优先适用"条款只是规定在具体法律中，而在作为根本法的宪法中则付诸阙如。① （2）从国内法的角度看，制定法律和缔结条约属于两种不同的权限，前者属立法权，后者属缔约权，因此，国内立法和国际条约是两类法律规范。不过是在中国因缔约权和立法权在很大程度上是一致的，或基本一致的，故为国际条约在中国国内法体系中的直接适用创造了必要的条件。②

肯定者认为，中国缔结或参加的国际条约是中国法律体系的组成部分，其理由主要在于：（1）根据中华人民共和国的宪法和缔结条约程序法的规定，条约和法律的制定在程序上大致相同，因此，条约和法律在中国国内具有同等效力。③ （2）许多法律规定，在条约与中国国内法相冲突时，除中国声明保留的条款外，条约具有优先适用的地位。（3）除少数条约需经过转化后才能在中国国内适用外，从有关适用国际条约的国内法规定来看，很多条约都可以直接在国内适用。而中国直接适用国际条约的国内法规定说明，中国缔结或参加的国际条约是中国法律体系的不可或缺的组成部分，把条约排除在中国法律组成部分之外，不符合中国法律规定。④

---

① 万鄂湘等：《国际条约法》，武汉大学出版社 1998 年版，第 192 页。
② 王丽玉：《国际条约在中国国内法中的适用》，载《中国国际法年刊》，中国对外翻译出版公司 1994 年版，第 289—290 页。
③ 王铁崖：《国际法引论》，北京大学出版社 1998 年版，第 209 页。
④ 陶正华：《关于条约效力的几个问题》，载朱晓青、黄列主编《国际条约与国内法的关系》，世界知识出版社 2000 年版，第 36 页。

笔者认为，国际条约是中国法律体系不可或缺的组成部分。主要理由如下：

第一，国际条约的批准是国家的一项立法活动。何谓立法？中国学者对此有不同的界定。如："立法也称法律的创制，是指有权的国家机关或个人制定、修改、补充、解释、废止法律规范的行为。"① 再如："立法是由特定的主体，依据一定职权和程序，运用一定技术，制定、认可、修改、补充和废止法的活动。其直接目的是要产生和变更法这种特定的社会规范。"② 虽然以上关于"立法"的表述有所不同，但仍可从中获知立法必备的要素，即立法机关、立法权和立法程序。从这三个要素出发，对中国批准国际条约的过程进行分析，不难看出，国际条约的批准是国家的一项立法活动。

首先，国内法律的制定与国际条约的批准为同一国家立法机关依据其立法权所为。《宪法》第 58 条规定："全国人民代表大会和全国人民代表大会常务委员会行使国家立法权。"据此，全国人大及其常委会是国家立法机关。它们根据宪法的规定行使国家立法权。《宪法》第 62 条及第 67 条对这种立法权的行使做了具体规定。前者规定了全国人大行使的立法职权。后者则规定了全国人大常委会的立法职权。其中包括："制定和修改除应当由全国人大制定的法律以外的其他法律"及"决定同外国缔结的条约和重要协定的批准和废除"。可见，制定法律与批准条约和重要协定同为作为国家立法机关的全国人大常委会的两项立法职权。此外，《缔结条约程序法》第 7 条也明确规定，"条约和重要协定的批准由全国人民代表大会常务委员会决定"。据此，国家立法机关批准国际条约是一项立法活动。

其次，待批准的条约议案与制定法律的议案经同样的审批程序。根据中国宪法、缔结条约程序法和全国人大组织法的有关规定，条约和重要协定签署后，报请国务院审核，以国务院议案的形式，提请全国人大常委会

---

① 李林：《立法机关比较研究》，人民日报出版社 1991 年版，第 5 页。
② 周旺生：《立法论》，北京大学出版社 1996 年版，第 62 页。

审议批准。也就是说，待批准的、以议案形式提出的条约和重要协定与由全国人大常委会审议批准的制定法律的议案，其审批程序相同，并且它们均应由全国人大常委会以全体组成人员的过半数通过。这表明，国际条约的批准是国家的一项立法活动。

第二，国际条约是中国法律的渊源之一。国际条约作为中国法律的渊源，其主要表现是，中国多部法律中载有国际条约与国内法关系的条款。这些法律分属于中国法律体系的六个法律部门中，① 大致可划分为四种类型。

首先，既提及国际条约又提及国际惯例的适用的条款。例如，《民法通则》第 142 条规定："中华人民共和国缔结或者参加的国际条约同中华人民共和国的民事法律有不同规定的，适用国际条约的规定，但中华人民共和国声明保留的条款除外。中华人民共和国法律和中华人民共和国缔结或者参加的国际条约没有规定的，可以适用国际惯例。"与此有类似规定的法律条款还有《海商法》第 268 条、《票据法》第 95 条及《民用航空法》第 184 条。

其次，仅规定国际条约的适用的条款。例如，《民事诉讼法》第 260 条规定："中华人民共和国缔结或者参加的国际条约同本法有不同规定的，适用该国际条约的规定，但中华人民共和国声明保留的条款除外。"与此条款类似的还有《外交特权与豁免条例》第 27 条、《领事特权与豁免条例》第 27 条、《进出境动植物检疫法》（2009 年修正）第 47 条、《气象法》（2009 年修正）第 44 条、《水法》（2009 年修正）第 78 条、《野生动物保护法》（2009 年修正）第 40 条、《国境卫生检疫法》（2009 年修正）第 24 条、《海洋环境保护法》第 97 条、《环境保护法》第 46 条、《种子法》（2013 年修正）第 77 条、《行政诉讼法》第 72 条、《海事诉讼特别程序法》第 3 条。

---

① 在宪法相关法、民法商法、行政法、经济法、社会法及诉讼与非诉讼程序法等六个法律部门中，均有国际条约与国内法关系条款的法律。

再次，未附保留声明的条约的适用条款。例如，《继承法》第36条第3款规定："中华人民共和国与外国订有条约、协定的，按照条约、协定办理。"《测绘法》第16条、《渔业法》（2009年修正）第8条、《税收征收管理法》（2013年修正）第91条也可归于此类。

最后，条约和国内法可以平行适用的条款。例如，《公证法》第45条规定："中华人民共和国驻外使（领）馆可以依照本法的规定或者中华人民共和国缔结或者参加的国际条约的规定，办理公证。"《民事诉讼法》第261条也属此类条款。该条规定："对享有外交特权与豁免的外国人、外国组织或者国际组织提起的民事诉讼，应当依照中华人民共和国有关法律和中华人民共和国缔结或者参加的国际条约的规定办理。"

由此可推断，国际条约构成了中国法律体系中不可或缺的一部分。但如果就此认为中国已从法律上确定了国际条约与国内法的关系，也是不客观的。从实践的解读来看，国际条约是中国法律体系的组成部分的观点，应该更加符合中国法律体系的现状，也更能契合目前中国的立法和司法的现实需求。但是，由于宪法没有对国际法与国内法的关系做出规定，因而仍难以真正解决国际条约与中国法律体系的关系问题。

（三）国际条约在中国法律体系中的地位

所谓国际条约在国内法律体系中的地位，即指国际条约与国内法间的相互关系。中国著名国际法学家李浩培先生称之为"国内法上条约与国内法的相互地位"，并对此进行了阐述。按照李浩培先生的观点，在国内法上，各国关于国际条约与国内法的相互地位的制度大致可以分为四类：国内法优越于条约；国内法与条约的地位相等；条约优越于国内法；条约优越于宪法。①

---

① 李浩培：《条约法概论》，法律出版社1987年版，第393页。

虽然中国宪法及宪法相关法未对国际条约与国内法的相互地位予以规定，但是，中国国际法学者从宪法、宪法相关法及民事法律中有关条约的批准主体、缔结条约的程序性规定，以及与国内法冲突时条约的适用等角度，推定出国际条约在中国法律体系中的地位。由此，大致有四种观点：（1）条约处于低于宪法而优越于国内法的地位。（2）条约处于低于宪法而与法律同等的地位。[①]（3）条约处于低于宪法，而与相应的立法机关制定的法律法规同等的地位。据此，条约与中国国内法的相互地位由高到低依次为：宪法；基本法律；全国人大常委会批准的条约和重要协定，以及法律；国务院核准的条约和协定，以及行政法规；无须批准或者核准的条约及部门规章。[②]（4）条约和重要协定处于低于宪法而相当于全国性基本法律的地位。[③]

如果从中国法律体系构成中的"位阶"说来分析国际条约在中国法律体系中的地位，会对这一问题的论述和理解有所帮助。

中国法学理论界的学者主张，法律体系的构成还应包括法律的效力体系。持此观点者认为，根据宪法和有关法律，中国法律的效力体系主要是按照逻辑关系建构的，依据立法主体的权力位阶，形成了法律效力的位阶体系。而位阶则是指法律在一国法律体系中的不同地位和由这种地位构成

---

① 王铁崖：《条约在中国法律制度中的地位》，载中国国际法学会主编《中国国际法年刊》，中国对外翻译出版公司 1996 年版，第 5—6 页。另见王铁崖《国际法引论》，北京大学出版社 1998 年版，第 209—211 页。

② 吴慧：《条约在我国国内法上的地位及与国内法冲突的预防和解决》，载朱晓青、黄列主编《国际条约与国内法的关系》，世界知识出版社 2000 年版，第 125—128 页；陈寒枫、周卫国、蒋豪：《国际条约与国内法的关系和在中国的实践》，载朱晓青、黄列主编《国际条约与国内法的关系》，世界知识出版社 2000 年版，第 97 页。

③ 饶戈平：《关于条约在中国国内法上的适用问题》，载朱晓青、黄列主编《国际条约与国内法的关系》，世界知识出版社 2000 年版，第 186 页。

的不同法律之间上下左右的相互关系。① 笔者将借用这种"位阶"说，对国际条约在中国法律体系中的地位问题进行分析。

按照"位阶"说，法律效力的大小，取决于每个具体法律在法律体系中的位阶；而因立法机构的不同，法律的位阶就不同，法律的效力等级也就不同。在中国，由全国人大制定的宪法在中国法律体系中处于首位，具有最高法律效力，依次是基本法律—法律—行政法规—地方性法规—行政规章。在这种法律体系框架下，国际条约似也因具有立法权的批准机构的不同而处于不同的"位阶"或者不同的地位。

根据《缔结条约程序法》第 4 条的规定，中国与外国缔结条约可以中华人民共和国、中华人民共和国政府和中华人民共和国政府部门的名义。在条约签署后，视缔结条约的名义不同，由不同的批准机构审批，并相应执行不同的审批程序。按照这一线索的逻辑来推论，可得出的结论是：条约因其批准机构不同，在中国法律体系中所处的地位也不同。

具体从中国现行法律规定中来做如下分析：

依据之一：《宪法》第 67 条规定，全国人大常委会有权"决定同外国缔结的条约和重要协定的批准和废除"。② 依《宪法》第 64 条，宪法的修改必须经全国人大以全体代表的 2/3 以上的多数通过，方为有效。依《宪法》同条及《立法法》第 22 条，法律议案由全国人大以全体代表的过半数通过。根据《立法法》第 40 条和《全国人民代表大会组织法》第 31 条的规定，法律议案由常委会全体组成人员的过半数通过。这就是说，待批准的

---

① 李林：《中国特色社会主义法律体系的构成》，载刘海年、李林主编《依法治国与法律体系建构》，社会科学文献出版社 2008 年版，第 15—21 页。

② 根据《缔结条约程序法》第 7 条的规定，条约和重要协定的批准由全国人民代表大会常务委员会决定。条约和重要协定是指：友好合作条约、和平条约等政治性条约；有关领土和划定边界的条约、协定；有关司法援助、引渡的条约、协定；同中华人民共和国法律有不同规定的条约、协定；缔约各方议定须经批准的条约、协定；其他须经批准的条约、协定。

条约和重要协定与制定法律的议案均由全国人大常委会批准，并以过半数通过。这些立法职权和立法程序的规定表明，这类条约和重要协定的地位应该低于宪法，与法律同等。①

依据之二：《缔结条约程序法》第8条规定，国务院核准除全国人大常委会批准的条约和重要协定之外的那些协定和其他具有条约性质的文件。据此推断，由国务院核准的协定和其他具有条约性质的文件，其地位应与国务院制定的行政法规同等。

但需要指出的是，对于哪一类协定和具有条约性质的文件由国务院核准，中国法律并没有做出规定。换句话说，《缔结条约程序法》仅原则规定除全国人大常委会批准的条约和重要协定外，国务院规定须经核准为"协定和其他具有条约性质的文件"。其他法律也没有对条约、协定加以分类。由此导致的问题是：如果不能根据条约、协定的内容或内涵对它们进行分类，那么，随之而来的必然会是批准机构的难以确定，接着便是条约、协定的地位以致效力无从确定，条约、协定的适用也将产生问题。这最终将影响条约义务的充分履行。

综上，由于国际条约在中国法律体系中的地位是通过其批准程序推断而出的，因此，尚不能说中国国内法上已确立了条约之地位的原则。

三　国际条约在中国国内的适用方式

国际条约与国内法关系中最为重要的问题是国际条约在国内的适用问题。按照"条约必须信守"原则，一国在批准或加入国际条约之后，作为

---

① 从中国法律体系来看，由全国人民代表大会制定的基本法律及由全国人民代表大会常务委员会制定的法律其地位还是有区别的，但是，《宪法》和《立法法》均未对它们孰高孰低予以规定。从现有的条款规定来分析，条约和重要协定所处的地位应与全国人民代表大会常务委员会批准的法律同等。

缔约国，应该履行其所承诺的条约义务，在国内适用该相关条约。然而，对于国际条约在一国国内如何适用，或说采用何种方式适用，国际法并没有统一或强制性的规定。这就意味着，在履行条约义务的前提下，一国对条约在其国内的适用方式有自主选择权。而由于受到一元论或二元论的一定程度的影响，各国通常采取两种方式在国内适用国际条约，即"纳入"（adoption）和"转化"（transformation）。前者指国际条约在国内法上具有直接适用性，一国批准国际条约后，不需通过国内立法，该条约就可在其国内适用。后者指国际条约在国内法上具有间接适用性，一国批准国际条约后，须将其转化为国内法后才能在国内适用。

在中国法律体系框架下，由于国际法与国内法的关系尚未从宪法或法律上明确，因此，国际条约在中国国内的适用方式尚不确定。但是，从中国的现行法律及司法实践中，还是可以探知国际条约在中国国内的适用方式的。

（一）现行法律隐现的条约适用方式

"隐现"一词在《现代汉语词典》中的解释是"时隐时现；不清晰地显现"。这里之所以用"隐现"一词，主要是因为，从中国现行法律层面来看，国际条约在中国国内的适用方式迄今仍是不清楚或不明确的，因而"隐现"一词在一定程度上能够说明国际条约在中国国内的适用方式的现状。

从法律层面分析，国际条约在中国国内的适用主要是直接适用和转化适用两种方式。

1. 国际条约的直接适用

关于国际条约的直接适用问题，在前述论及作为国际条约是中国法律体系的组成部分之理由的"国际条约是中国法律的渊源"时已有所涉及。在那一部分中也详述了中国现行的多部法律中载有的国际条约与国内法关系的四种条款类型。这里不再赘述。但仍要指出，中国不少学者认为，在上述四类情况下，国际条约的规定具有直接适用性。虽然从法律条款的表述上并不能看出直接适用的迹象，但鉴于在民商事领域有直接适用国际条约的司法实践，故而可以说，至少在这些领域，国际条约在中国具有直接适用性。

2. 国际条约的转化适用

除上述国际条约的直接适用外，中国还存在国际条约的其他适用方式，即"转化"。通常作为例证的是：在批准 1982 年联合国《海洋法公约》前后，中国先后颁布了《领海与毗连区法》和《专属经济区和大陆架法》；2001 年加入世界贸易组织后，中国对国内法进行了大量的清理工作，制定或修订了《对外贸易法》、《保障措施条例》、《反倾销条例》、《反补贴条例》等法律法规。这些立法举措被看作是转化适用条约的行为。此外，作为例证的还有《香港特别行政区基本法》和《澳门特别行政区基本法》。前者第 39 条第 1 款规定："《公民权利和政治权利国际公约》、《经济、社会与文化权利国际公约》和国际劳工公约适用于香港的有关规定继续有效，通过香港特别行政区的法律予以实施"；后者第 40 条也对上述公约在澳门的适用做了相同的规定。这些规定表明，相关条约需转化为国内法方可适用。

事实上，对于国际条约在中国国内的适用方式应该还有不同的观点。例证就是中国的《妇女权益保障法》。该法规定保障妇女的政治权利、文化教育权益、劳动权益、财产权益、人身权利和婚姻家庭权益。有中国学者认为，该法是对《消除对妇女一切形式歧视公约》的转化立法。但另有学者主张，该法是对《消除对妇女一切形式歧视公约》的纳入。通过对《妇女权益保障法》的规定进行分析，不难发现，这部法律其实是将《消除对妇女一切形式歧视公约》的主要内容，或说主要权利融入其中，尚不能说是转化或是纳入。

（二）司法实践表明的条约适用方式

我们的一项调查研究发现，就私法领域的条约和公法领域的条约的适用方式而言，中国实务部门（包括司法部门）的做法是完全不同的。

民商事领域的国际条约通常被视为私法领域的条约。中国批准的民商事领域的国际条约主要有：《承认及执行外国仲裁裁决公约》（简称《纽约公约》）、《联合国国际货物销售合同公约》（简称《销售合同公约》）、《关于向国外送达民事或商事司法文书和司法外文书公约》（简称《海牙送达公约》）、《关于从国外调取民事或商事证据的公约》（简称《海牙取证公约》）。中国的司法实践表明，这些条约均是中国涉外民商事审判的法律依据，它们在中国国内可以直接适用是明确的。

作为司法机构，最高人民法院为了保证中国缔结的民商事领域的条约在审判实践中的顺利执行，单独或者联合其他部委颁布了一系列相关的法律文件。主要包括：（1）最高人民法院于1987年4月10日颁布的《关于执行我国加入的〈承认及执行外国仲裁裁决公约〉的通知》，就各级人民法院在执行《纽约公约》时应当注意的若干问题做出了规定。（2）最高人民法院于1987年12月10日颁布的《转发对外经济贸易部〈关于执行联合国国际货物销售合同公约应当注意的几个问题〉的通知》，通知各级人民法院在涉外民商事审判中正确适用《销售合同公约》。（3）最高人民法院、外交部和司法部于1992年3月4日颁布的《关于执行〈关于向国外送达民事或商事司法文书和司法外文书公约〉有关程序的通知》，就执行《海牙送达公约》的有关程序做出了明确规定。此后，三部门又于1992年9月9日颁布《关于执行海牙送达公约的实施办法》，制定了更为详细的并具有可操作性的实施办法。（4）最高人民法院于1988年2月1日颁布的《关于执行中外司法协助协定的通知》，就各级人民法院如何正确执行国际民商事司法协助协定的事项做出了规定。

中国法院在审理涉外民商事案件时，在许多方面都有适用国际条约的实践。主要体现在：（1）各级人民法院将有关国际条约作为做出实体判决的法律依据。以《销售合同公约》为例。在1987—2007年间，至少有8个高级人民法院所辖区域的许多个法院在审理国际货物买卖合同纠纷案件时，适用《销售合同公约》做出裁判文书，其中浙江 11 件、上海 6 件、山东 5 件、北京 2 件、广东 2 件、天津 1 件、辽宁 1 件、宁夏 1 件、湖北 2 件，共计 31 件；还有的法院有适用相关领域的双边条约做出民事判决的实践。(2) 各级人民法院在有关送达司法文书的案件中适用国际民商事司法协助领域的条约，特别是《海牙送达公约》。(3) 各级人民法院在当事人向法院申请承认和执行外国仲裁裁决的案件中适用有关国际条约，特别是《纽约公约》。(4) 各级人民法院在当事人向法院申请承认和执行外国法院民商事判决的案件中也适用了有关条约，包括中国与外国缔结的双边条约，如《中华人民共和国与俄罗斯联邦关于民事和刑事司法协助的条约》。[①]

中国法院在涉外民商事案件审判中适用国际条约的一个较为显著的特点是：在适用民商事领域的国际条约时，一般是直接适用，即将国际条约的有关条款直接作为法院做出判决或相关法律文书的法律依据。

但在中国，由于国际法与国内法的关系缺乏作为国家宪法规定，以及立法及司法实践中存在条约适用方式的不同实例，故国际条约在中国国内的适用方式并不统一。由此，不能说在中国法律体系下已形成或确立了国际条约在国内直接适用或转化适用的普遍原则。

第二节　国际人权法与中国国内法

国际人权法是第二次世界大战后随国际法发展而产生的一个新领域，是指尊重、保护、促进和实现人权的原则与规则的总称。国际人权法的主

---

① 以上资料及下文中的资料可参见高晓力《关于国际条约在我国涉外民商事审判中适用的调研报告》，载万鄂湘主编《涉外商事海事审判指导》2008 年第 1 辑，人民法院出版社 2008 年版，第 204—205 页。

要渊源是条约。基于此，本节将主要从国际人权条约的视角，讨论关涉国际人权法与中国国内法关系的一些问题。

一　国际人权法的特性：人权条约角度的分析

国际人权法具备国际法的一般特征，但又有一些自己的特殊性。与国际法其他部门一样，国家也是国际人权法的基本主体。国家根据国际人权法，主要是国际人权条约承担多方面和多层次的义务。由此，从国际人权条约方面也显现出了国际人权法的特性。

在国际人权法中，国际人权条约多以"公约"命名。但这仅是名称的不同。国际人权公约作为条约的一种类型，它们有着条约所具有的一般特性，即法律拘束力；同时又有自身所具有的特性，即非互惠性（non-reciprocal nature）。

何谓非互惠性？一种观点认为，非互惠性是国际人权条约与其他条约不同的最显著特征。之所以如此，就在于"与大部分多边条约不同，人权条约并不在缔约国之间创设互惠关系，而是创设了保护人权的一种客观体制。人权条约的义务不仅由国家间而且是针对个人而承担。它们被理解为是针对个人的单方面义务，而不像其他条约下的义务是国家之间互相承担的。与其他条约截然不同，人权条约的直接受益者是个人"[①]。

中国学者认为，国际人权条约中所包含的规范属于强行性规范，国家在国际人权条约下所承担的义务是普遍性义务，体现在一般性多边条约关系中的相互性原则不适用于国际人权条约。因此对于国际人权条约的任何

---

① Konstantin Korkelia, "New challenges to the regime of reservations under the international covenant on civil and political rights", *European journal of international law*, No. 2, vol. 13, 2002, p. 439.

保留都是无效的。①

国际人权条约具有非互惠的特性的理由还是站得住脚的。综合来看，非互惠性大致有两层意思：（1）从国家方面来看，国际人权条约不在缔约国之间创设互惠关系，而是在国际人权条约下创设了保护人权的国家义务及国际实施机制。（2）从个人方面来看，个人是权利的享有者，人权条约的义务常常被理解为国家针对个人的单方面义务。

可见，这种"非互惠性"意味着，一项国际人权条约的所有缔约国均可以提请其他缔约国注意履行条约义务，并且自己也承担该条约项下的缔约国义务，如向有关国际人权条约的监督机构提交国家报告的义务、对于违反条约的国家的指控义务等。但不可否认，国际人权条约下的国家义务实质上仍是指向个人的。国际人权条约的根本目的是为了保护和实现处于各缔约国领土内和其管辖权之下的一切个人的人权。由此，为了确保国际人权条约的实施而形成了国内和国际两个层面的实施机制。而且通常，国内实施机制是人权保护的第一道防线，国际人权实施机制是国内实施机制的辅助，或人权保护的最后屏障。这也是符合国际人权法的一般规则要求的，即必须在用尽国内救济之后，才可诉诸人权的国际保护。据此，国家应在其国内法律体系框架下，采取立法、司法、行政等措施，实施国际人权法，具体而言，即在其国内适用国际人权条约。

二　国际人权条约与中国国内法

据统计，截至 2010 年，中国已批准了 27 项国际人权条约。② 此外，中

---

① 邵沙平、余敏友主编：《国际法问题专论》，武汉大学出版社 2002 年版，第 171 页。

② 李君如主编：《中国人权事业发展报告（2011）》（人权蓝皮书），社会科学文献出版社 2011 年版，第 34—36 页。

国于 1984 年承认了国民党政府（1930—1947 年）批准的 14 个国际劳工公约，于 1998 年 10 月 5 日签署了《公民权利和政治权利国际公约》。

（一）国际人权条约在中国国内的适用分析

按照"条约必须信守"的原则，中国积极履行了已批准的国际人权条约项下的义务，如期提交了各相关人权条约要求的国家报告。然而，从国际条约在国内适用的角度分析，国际人权条约在中国国内的适用还是受到国际法与中国法律体系关系现况的宏观影响。

就国际人权条约的地位而言，受国际条约在中国法律体系中地位的不确定性影响，国际人权条约在中国法律体系中的地位也是不明确的。

就国际人权条约的适用方式而言，被一些中国学者用以证明国际条约在中国的直接适用性的法律条款，通常载于涉外关系的法律适用或涉外诉讼程序编、章或专门条款中。例如，《民法通则》第 8 章"涉外民事关系的法律适用"，《民事诉讼法》第 4 编"涉外民事诉讼程序的特别规定"，《海商法》第 14 章"涉外关系的法律适用"，《行政诉讼法》第 10 章"涉外行政诉讼"。再如，2013 年 8 月修正的《商标法》总则部分第 21 条规定："商标注册遵循中华人民共和国缔结或参加的有关国际条约确立的制度，具体办法由国务院规定。"尽管可以说，中国的这种立法方式表明了某些国际条约能够直接适用于相关的涉外法律关系，但并不能说明国际人权条约在中国国内的适用方式。

一些中国学者试图从中国政府在国际人权领域的实践活动来证明，国际人权条约应该能在中国国内直接适用。常作为例证的是：1990 年 4 月 27 日，中国政府代表在联合国禁止酷刑委员会审议中国政府提交的执行《禁止酷刑和其他残忍、不人道或有辱人格的待遇或处罚公约》的报告时，针对部分委员所提出的问题回答说："根据中国的法律制度，有关的国际条约一经中国政府批准或加入并对中国生效后，中国政府就承担了相应的义务。

也就是说，《酷刑公约》已在中国直接生效，公约所定义的酷刑行为在中国法律中均受到严厉禁止。"[1]

但另有学者认为，"中国政府代表的阐述与其说是中国政府的声明或承诺，莫如说是对条约在中国国内法适用方面的一种解释性说明，或者说是政府外交部门对条约与中国国内法关系的行政解释。如果作为中国法律的行政解释，在中国国内是没有法律拘束力的"。[2]

对于国际人权条约在中国国内具有直接适用性的主张，也存在着"融入"和"转化"的不同的例证。如前述所论及的《妇女权益保障法》以及《香港特别行政区基本法》和《澳门特别行政区基本法》。

此外，国际人权条约在中国国内能否直接适用，迄今仍缺乏法律上的依据，在中国司法实践中也还没有直接适用国际人权条约的法院判决。

由此可以说，虽然中国政府对待国际人权条约的态度是积极和明确的，但它们在中国法律体系中的地位及其在中国国内的适用方式均是不清楚或不确定的。中国如何在国内适用已批准的国际人权条约，仍是一个亟待通过国内立法加以解决的问题。

（二）中国的人权立法分析

为了尊重和保障人权，中国采取了国内立法及与国际人权法接轨的路径。虽然中国迄今尚无严格意义上的专门人权法案，但还是有多部关涉人权的法律、法规，以及宪法和法律、法规中的相关规定。

宪法对于中国的人权保护起着至关重要的作用。1949 年 9 月，中国人民政治协商会议第一届全体会议通过《中国人民政治协商会议共同纲领》。但在这部作为临时宪法的《共同纲领》中，"公民的基本权利没有独立的宪

---

[1] 《人民日报》（海外版）1991 年 11 月 16 日第 4 版。
[2] 龚刃韧：《关于国际人权条约在中国的适用问题》，载夏勇编《公法》第 1 卷，法律出版社 1999 年版，第 290 页。

法地位，反映了作为临时宪法的《共同纲领》还没有完全摆脱'革命宪法'的痕迹"①。此后，中国共制定过四部宪法，即1954年、1975年、1978年、1982年宪法。四部宪法均规定了公民的基本权利。1982年宪法即为现行宪法，它迄今经过1988年、1993年、1999及年2004年四次修正。经过较为曲折和漫长的过程，2004年3月14日第十届全国人大第二次会议通过的《中华人民共和国宪法修正案》，将人权写进了宪法。《宪法》第33条明确规定："国家尊重和保障人权。"这是中国第一次将保护人权的条款写进宪法。中国现已建立了"以宪法为核心、以法律和行政法规为主体的一系列保障人权的法律制度"。②

据统计，1978年以来，中国制定了近160部关涉人权保护的法律法规。③ 这些法律法规主要涉及：（1）经济、社会和文化权利的保护，包括《劳动法》、《就业促进法》、《劳动合同法》（2012年修正）、《安全生产法》、《职业病防治法》、《工会法》、《义务教育法》、《职工带薪休假条例》、《禁止使用童工规定》。（2）公民和政治权利的保护，包括《民法通则》、《刑法》（2011年修正）、《国家赔偿法》（2012年修正）、《消费者赔偿法》、《继承法》、《物权法》、《侵权责任法》、《婚姻法》。（3）特殊群体权利的保护，包括《婚姻法》、《妇女权益保障法》、《民法通则》、《劳动法》、《选举法》、《继承法》、《未成年人保护法》（2012年修正）、《老年人权益保障法》（2012年修订）、《残疾人保障法》、《卫生法》、《女职工劳动保护特别规定》。（4）司法领域的人权保护，包括新《刑事诉讼法》（2012年修正）、《监狱法》（2012年修正）、《民事诉讼法》（2012年修正）、《行政诉讼法》、

---

① 莫纪宏：《国际人权公约与中国》，世界知识出版社2005年版，第129页。

② 班文战：《人权立法分析报告》，载李君如主编《中国人权事业发展报告（2011）》（人权蓝皮书），社会科学文献出版社2011年版，第466页。

③ 李君如主编：《中国人权事业发展报告（2011）》（人权蓝皮书），社会科学文献出版社2011年版，第34页。

《国家赔偿法》、《律师法》（2012 年修正）等。此外，还有关于环境权利保护等方面的立法。

　　尽管中国的人权立法取得了长足的进步，但依然存在着明显的不足。主要是现行法律法规与国际人权标准间尚有距离，关涉人权的法律法规未涵盖人权的全部领域。例如，宪法规定的公民基本权利在主体、种类等方面与人权标准之间存在不同，这也在很大程度上造成相关人权法律法规中关于公民权利内容的欠缺。

第三节　世界贸易组织法与中国国内法

　　世界贸易组织法的重要组成部分就是世界贸易组织协定。1994 年 4 月 15 日在摩洛哥马拉喀什通过并于 1995 年 1 月 1 日生效的《马拉喀什建立世界贸易组织协定》（《WTO 协定》）及其四个附件构成一个国际条约群。WTO 协定①的性质是国际条约，而不是国际习惯；WTO 协定规定的权利和义务为约定产生。WTO 协定是现代国际法的重要组成部分，一般国际法原则同样适用于 WTO 协定。

一　WTO 协定设定的成员方义务

　　作为当今世界最具代表性的国际经济组织，世界贸易组织已建立起了以《WTO 协定》为核心、以四个附件所包含的具体类别协定为补充的世界贸易组织法律体系。这一法律体系构成了规制国际贸易的最重要

---

　　① 文中"WTO 协定"指由《建立世界贸易组织协定》及其四个附件项下的各具体类别的协定构成的国际条约群。如果特指《建立世界贸易组织协定》，将明确使用《WTO 协定》的表述方式。

的依据。

由国际法的性质决定，WTO 协定维护国际贸易秩序稳定的程度主要依赖于 WTO 协定的每一个成员在其国内法中忠实履行 WTO 协定所赋予的国际法律义务。任何加入 WTO 的国家（包括单独关税区）必须接受《WTO 协定》及其附件。该协定第 2 条规定："附件 1、附件 2 和附件 3 所列协定及相关法律文件（下称'多边贸易协定'）为本协定的组成部分，对所有成员具有约束力。"① 这无疑确定了 WTO 协定是具有强制约束力的规则的这种性质。

《WTO 协定》第 16 条还为加入 WTO 的每一个成员设定了一项重要义务："每一成员应保证其法律、法规和行政程序与所附各协定对其规定的义务相一致"；并且"不得对本协定的任何条款提出保留"。从而进一步确立了 WTO 协定对各成员的强制性法律约束力的地位。这也奠定了"WTO 法律制度或规则优于各国国内法的宪法性原则"。②

根据《WTO 协定》第 16 条的规定，WTO 的成员承担使其国内立法、行政措施与 WTO 协定相符合的义务。由 WTO 协定的条约性质所决定，这是一项条约义务。因此，国际法所特有的"条约必须信守"原则同样适用于 WTO 协定。

但是，以何种方式来履行第 16 条规定的这项义务，也就是说，在 WTO 成员各自的法律体系框架下，采取何种方式使其国内法律、法规、行政程序与 WTO 协定相一致，以保证 WTO 协定在国内的充分适用，这应是各成员依其法律体系予以选择并决定的问题。

---

① 本文所涉及的 WTO 规则条款，均引自对外贸易经济合作部国际经贸关系司译《世界贸易组织乌拉圭回合多边谈判结果法律文本》，法律出版社 2000 年版。

② 赵维田：《世贸组织（WTO）的法律制度》，吉林人民出版社 2000 年版，第 31 页。

二　WTO 协定在中国国内的适用

中国加入世界贸易组织后，自然应该遵循"条约必须信守"原则，履行其在 WTO 协定项下的义务，在国内适用这些协定。为此，中国所面临的且需要解决的即是国际条约与国内法关系的种种问题，其中，最为重要的就是 WTO 协定在中国法律体系中的地位及其在国内适用的问题。

（一）入世承诺的履行

2001 年，中国加入 WTO。入世以后，中国根据其在《中华人民共和国加入议定书》中的承诺，全面梳理相关国内立法，并通过废止、停止或修改与 WTO 协定不一致的法律、法规，以及制定新的法律法规的方式，履行其在 WTO 协定下的条约义务。为履行承诺，1999 年底以来，中国就开始对有关法律、法规、行政规章进行清理、修改，并制订了立、改、废计划。据此，全国人大及其常委会首先对《中外合资经营企业法》、《中外合作经营企业法》、《外资企业法》、《海关法》、《商标法》、《专利法》、《著作权法》7 部法律进行了修改，完成了中国正式成为 WTO 成员之前修改法律的承诺。其余的则按照承诺，在过渡期内完成。同时，为了适应入世后的需要，中国制定或修订了若干法律法规，包括《对外贸易法》、《保障措施条例》、《反倾销条例》、《反补贴条例》等，以便加速同国际接轨。

（二）WTO 协定在中国国内的适用：宏观与微观视角的分析

WTO 协定在中国被视为公法领域的多边条约。由于 WTO 协定的性质及其内容的复杂性，它是不同于民商事领域的国际条约。这里将从宏观和微观两个层面对 WTO 协定在中国法律体系中的地位，以及 WTO 协定在中国国内的适用方式加以分析。

从宏观层面分析，因 WTO 协定的条约性质，故在处理 WTO 协定与中国法律间的关系时，必然要受到中国法律体系框架下国际条约与国内法关系现状的影响。一方面，宪法尚未对国际条约与中国国内法的关系做出规定，故而国际条约与国内法关系的不确定因素同样存在于作为国际条约的 WTO 协定与中国国内法的关系之中。因而在此状况下，并不能确定 WTO 协定是不是中国法律体系的组成部分，同样也不能确定 WTO 协定在中国法律体系中的地位及适用方式，以及这些协定能否在中国法院作为判案依据直接援引。另一方面，在中国立法实践中，既有通过"纳入"也有通过"转化"方式在国内适用国际条约的实践。但是，哪一类性质或内容的国际条约适用"纳入"方式，哪一类国际条约适用"转化"方式？由于在国际条约分类上的欠缺或不足，以致难以确定在国内法上应以何种方式来适用性质、内容和作用各异的国际条约。这种现状势必影响 WTO 协定在中国国内的适用。

从微观上分析，中国加入工作组报告书称，根据宪法和缔结条约程序法，WTO 协定是需经全国人大常委会批准的"重要国际协定"。① 这似乎是对 WTO 协定在中国法律体系中的地位做了排序。其实不然。中国加入工作组报告书并不是具有法律效力的法律文件。此外，条约批准程序的法律存在也并不等于条约地位的确定，故而，WTO 协定的"重要国际协定"的地位还有待于法律或立法的确认。因此，无论从立法和司法实践上讲，WTO 协定在中国法律体系中的地位仍然是不确定的；WTO 协定在中国国内的适用问题仍是亟待解决的问题。

然而，虽然 WTO 协定不能在中国国内直接适用，但并不等于不能适用。在中国有为执行 WTO 争端解决机构的裁决，修改国内相关的知识产权法律的实际案例。这似乎意味着中国在采用一种实用性的方式适用 WTO 协

---

① 对外贸易经济合作部世界贸易组织司译：《中国加入世界贸易组织法律文件》，法律出版社 2002 年版，第 775 页。

定。此外，值得一提的是，2013 年 7 月 29 日，中国商务部发布了《执行世界贸易组织贸易救济争端裁决暂行规则》（2013 年第 2 号令）。该《暂行规则》第 1 条规定："为执行世界贸易组织反倾销、反补贴和保障措施争端裁决，根据有关法律、行政法规的规定，制定本规则。"对这一部门规章，如果从积极的方面来看，可以视为是为推动 WTO 协定在中国国内适用问题解决的一种举措。但事实上，由于缺乏相关的上位法，因此，该《暂行规则》并不能作为处理 WTO 协定与中国国内法关系问题的法律依据。

总之，从国际条约的视角来看国际法与中国法律体系的关系，至今依然不够明确：一是国际条约是不是中国法律体系的组成部分尚未确定；二是国际条约在中国法律体系中的地位尚未确定；三是国际条约在中国国内的适用方式尚未确定；四是中国法院可否援引国际条约（主要是公法类的国际条约）作为其判案依据的不确定。因而，最终也影响到国际人权法与中国国内法、世界贸易组织法与中国国内法的关系。从发展眼光来看，应当通过修改宪法、修改并完善《中华人民共和国缔结条约程序法》，才能从根本上解决国际法与中国国内法关系的基本问题。